高等院校创新规划教材·经管系列(二维码版)

公共政策学

桑春红　吴旭红　主　编

清华大学出版社
北　京

内 容 简 介

本书根据高等院校公共管理类专业公共政策学课程的教学大纲组织编写而成，旨在帮助读者理解公共政策的学科框架，认识公共政策的基本研究领域，掌握公共政策的主体理论与方法，厘清公共政策过程的发展脉络，达到对现实社会问题的理性观察与认识的目的。

本书的内容体系框架主要有两大部分：第一部分主要是公共政策理论部分。首先是对公共政策本身的理解，包括公共政策的概念、分类、功能、特点等内容；然后是对公共政策系统和公共政策环境的分析；最后是对公共政策工具的阐述。第二部分主要是对公共政策过程的分析。一个完整的政策过程是从政策问题开始到政策问题解决为止，即从政策问题的提出与确认、公共政策制定、公共政策执行、公共政策评估、公共政策调控，到公共政策终结这样一个完整的政策周期。本书结构清晰、论证严谨、分析深入，并且注重理论联系实际，突出了学术界最新研究动态、最新学术观点、最新案例。

本书可作为政治学、社会学、管理学等学科公共政策学核心课程教材使用，尤其适合高等院校公共(事业)管理、行政管理、政治学、社会工作等专业的学生使用，也可作为行政管理专业硕士研究生、MPA学员及公共政策研究者的参考用书。

图书在版编目(CIP)数据

公共政策学/桑春红，吴旭红主编. 一北京：清华大学出版社，2018（2023.3重印）
(高等院校创新规划教材·经管系列：二维码版)
ISBN 978-7-302-51637-8

Ⅰ. ①公…　Ⅱ. ①桑…　②吴…　Ⅲ. ①政策科学—高等学校—教材　Ⅳ. ①D035-01

中国版本图书馆 CIP 数据核字(2018)第 257344 号

责任编辑：梁媛媛
封面设计：李　坤
责任校对：李玉茹
责任印制：沈　露
出版发行：清华大学出版社
　　网　　址：http://www.tup.com.cn, http://www.wqbook.com
　　地　　址：北京清华大学学研大厦 A 座　　邮　　编：100084
　　社 总 机：010-83470000　　邮　　购：010-62786544
　　投稿与读者服务：010-62776969, c-service@tup.tsinghua.edu.cn
　　质量反馈：010-62772015, zhiliang@tup.tsinghua.edu.cn
　　课件下载：http://www.tup.com.cn, 010-62791865
印 装 者：三河市龙大印装有限公司
经　　销：全国新华书店
开　　本：185mm×260mm　　印　张：20.5　　字　数：495 千字
版　　次：2018 年 8 月第 1 版　　印　次：2023 年 3 月第 3 次印刷
定　　价：49.00 元

产品编号：070616-01

前 言

进入20世纪以来，科学技术的发展使人类取得了辉煌的成就，而人类直接用于政策决策的知识、处理社会问题的能力却十分有限。随着实践的探索，20世纪中叶以来，各种面向应用的综合学科大量涌现，而且它们有一个明显的特点，就是几乎所有的社会科学都与重要的政策问题产生了越来越密切的联系。但是，却仅有公共政策学作为一种全新的知识领域把研究的目标直接指向政策制定。1951年，哈罗德·拉斯韦尔和丹尼尔·勒纳发表了《政策科学：范围与方法的发展》一文，自那时起，公共政策分析作为一种新兴研究领域逐步成为学术界和实务界的主流话语之一，甚至被誉为“当代西方社会科学发展中的一次科学革命”(德罗尔语)。冯·贝尔称它是“当代西方政治学的最重大的突破”，罗迪更认为这是“当代公共行政学的一次最重要的发展”。

公共政策学之所以在较短的时间内迅速兴起和发展，既与现代政府和社会的经济治理特征息息相关，也与公共政策自身的学科特征相联系。公众所关心的问题和感兴趣的焦点已经不再是抽象的理念和原则问题，而是与自身利益密切相关的特殊的公共政策问题。例如，污染与环境保护、犯罪与社会安全、恐怖袭击、战争与外交方针、公平与社会经济发展、种族与社会和谐，还有住房、公共交通、医疗卫生、社会保障等一系列实际问题。这些问题直接关系到人们的生活境况，因而得到人们更多的关注，同时还产生了对政府制定政策的能力、程序、方式及公共政策的质量的疑问和不满。这就使一批具有一定学术素养的学者和具备丰富实践经验的政治官员们感到有必要建立一种能够兼容各相关学科的优势，且能够解决各种现实公共政策问题的全新的学科。这一学科就是公共政策学。公共政策学是一门科学性、实践性和应用性都很强的学科，它阐释了各种公共政策现象并试图寻找合理的解决方案。发展公共政策学，建立中国特色的公共政策学学科体系及现代政策研究组织，并大量发展相关的正规教育，是具有战略意义的大事。

本书的编写正是在这样的理解和背景下开始的，是在国内外相关学者研究成果的基础上，通过多年来各个层次的授课实践，以及公共政策分析近年来的长足发展所作的借鉴、概括和全面总结。

本书充分吸收了国内同类教材的优点，同时结合公共政策研究的最新成果，既注重理论的基础性、前沿性，又重视与我国社会实践相结合，有意识地突出了理论的系统化和本土化。本书在每章开头设置引导案例，文中还有以二维码形式呈现的拓展阅读，这些都更有利于学生分析和掌握本章的理论内容。

本书由哈尔滨师范大学的桑春红和北方民族大学的吴旭红主编，具体编写分工为：第一至五章、第九章由桑春红编写，第六至八章、第十章由吴旭红编写。

编　者

目录

Contents

第一章 绪论

公共政策学是一门发展中的学科，是在第二次世界大战以后逐步形成和发展起来的综合性、多元性的新兴学科，也是政策性、实践性和应用性较强的学科。公共政策学首先在美国兴起，它的出现被誉为“当代西方社会科学发展过程中的一次科学革命”(德罗尔语)、“当代西方政治学的一次最重大的突破”(冯·贝尔语)及“当代公共行政学的一次最重要的发展”(罗迪语)。它起初发端于美国等几个主要的工业国家，后来迅速扩展到许多国家和地区，成为第二次世界大战后社会科学领域发展最迅猛、影响面最大、应用领域最广、实证性最强、社会效用最明显的学科之一。

公共政策学既是政治科学的一个重要分支学科，也是公共管理学的一个重要分支学科，因此它既具有重要的理论探索价值，也具有广泛的社会应用价值。本章主要研究和阐述公共政策学的学科属性、研究进程及研究范围、方法与意义。

学习目标

- 了解公共政策学的含义。
- 掌握公共政策学的学科属性和研究方法。
- 理解公共政策学的现实意义。

【引导案例】

“8·12”天津滨海新区爆炸背后的“安评”隐患

一、事情的经过

2015 年 8 月 12 日 23 时 20 分左右，天津港国际物流中心区域内瑞海国际物流有限公司(系民营企业)所属危险品仓库发生爆炸。爆炸现场火光冲天，引发的烟尘高达数十米，伤亡惨重，在灭火过程中发生二次爆炸。第一次爆炸发生近震震级 ML 约 2.3 级，相当于 3 吨 TNT；第二次爆炸发生在 30 秒之后，近震震级 ML 约 2.9 级，相当于 21 吨 TNT。爆炸发生后，天津塘沽、滨海等区，以及河北河间、肃宁、晋州等地均有震感，造成轻轨东海路站建筑及周边居民楼受损。截至 9 月 13 日，已发现遇难者人数 165 人，尚有失联人数 8 人。

事故发生后，中共中央总书记、国家主席、中央军委主席习近平立即做出重要指示：要求组织强大力量，全力救治伤员，搜救失踪人员；尽快控制、消除火情，查明爆炸事件发生原因，严肃查处事故责任人；做好遇难人员亲属和伤者的安抚工作，维护好社会治安，稳定社会情绪；注意科学施救，切实保护救援人员安全。国务院速派工作组前往指导救援和事故处理。各地要汲取此次事故的沉痛教训，坚持人民利益至上，认真进行安全隐患排查，全面加强危险品管理，切实搞好安全生产，确保人民生命财产安全。

二、“走形式”的安全评价

此次重大爆炸事故的起因是天津东僵保税港区瑞海国际物流有限公司所属危险品仓库发生爆炸。天津东僵保税港区瑞海国际物流有限公司成立于 2011 年，是天津海事局指定的危险货物监装场站和天津交委港口危险货物作业许可单位，曾多次进行危化品事故演练。2014 年 8 月，公安部门对该企业进行了多方面检查。其仓储业务中主要的商品分类，基本上都属于危险及有毒气体。该企业安全工作的方针是“更科学、更严谨、更规范，对生命负责”，同时格外强调“安全”，并称“金钱再好，没有生命美好；时间再紧，没有安全要紧。”“安全不是万能的，没有安全却是万万不能的。”为瑞海公司提供安全评价服务的机构，是一家名为天津中滨海盛卫生安全评价监督有限公司。2012 年，该公司信息网上公开的情况曾受到国家安全总局办公厅的通报表扬。

类似于 PX(对二甲苯)等重大化工企业的安全事故，安全评价甚至要比环境影响评价更加重要，但无论是行业内还是法律管理上，安全评价的关注度都还赶不上环境影响评价，并且“走形式”是安全评价领域普遍存在的问题。按照规定，每 3 年须做 1 次安全评价，但很多时候企业和政府都因为中间没有出过事故，就忽略了更新安全评价这一环节，往往直接延期 3 年。

2015 年 8 月 14 日，国务院安委会发出紧急通知，决定立即在全国范围内深入开展危险化学品和易燃易爆物品专项整治，进行安全评价。根据国家安全生产监督管理总局 2007 年 1 月发布的《安全评价通则》，安全评价内容包括前期准备、辨识与分析风险、有害因素、划分评价单元、定性定量评价、对策措施建议和安全评价结论。其中，最关键的就是风险辨识，有何风险源，会有何影响，怎么进行应付。

案例思考：

天津滨海新区爆炸事故中反映了哪些安全评价问题？环境影响评价、安全评价为什么重要？公共政策应如何发挥应有作用？

第一节 公共政策学的学科属性

随着时代的进步和社会经济的发展，现代政府所面临的问题不再是个别的、简单的和基本稳定的社会问题，而是大量相互关联、相互制约的具有普遍性、复杂性和发展性特点的各种社会矛盾和问题。

什么是公共政策学？如何看待它的学科性质以及它与其他学科的关系？这是公共政策学的基本问题。本节要探讨的就是这几方面的问题。

一、公共政策学的概念

公共政策学的学科名称至今尚不统一。其应用名称有很多且并行于世，如 Policy Sciences，Policy Analysis，Public Policy Sciences，Public Policy Analysis，Public Policy Study，Public Policy Research，等等。在将这些英语名称译为中文时，也出现了不同的译名，如“政策科学”“公共政策学”“政策分析”等。英文名称的差异，主要反映了从事这门学科研究的学者在两个问题的认识上产生的差异。一个是这门学科的科学性问题，另一个是公共组织特别是公共权力组织的决策行为问题。在中国大陆，这门学科是改革开放以后才着手引进和逐渐发展起来的，大量的和基础性的研究成果是为大学本科教育编写的教材，所使用的名称有以下几种：公共政策学、政策学、政策科学、政策分析、公共政策分析、政策研究、公共政策研究。虽然不同的学者使用不同的学科名称，但是这些名称都是对同一学科的称谓，因此可以互相替代。本书以“公共政策学”为学科名称，但在行文中作为同一概念常常会提到其他六个名称，都是指这一学科。

那么，到底什么是公共政策学？学术界对它并没有一致的看法。德罗尔和戴伊等人对公共政策学做了最广义的理解，将它界定为一个跨学科、综合性的新研究领域，是为了解决各种具体社会问题而对不同的公共政策的性质、原因及效果的研究；奎德和邓恩等人对公共政策学做了一次广义的理解，将它看作是一种应用性的(社会科学)学科，强调使用科学的研究方法去解决社会问题，产生政策相关知识或信息，其范围涉及从问题发现到问题解决的整个过程；小麦克雷和帕顿等人则对该学科做了较狭义的理解，即认为公共政策学主要研究备选方案的评估和选择；而 D.韦默尔等人则强调公共政策学的职业化方向，即公共政策学以当事人为方向，并突出公共政策学与价值的相关性。具体如下。

拉斯韦尔提出，公共政策学是“以制定政策规划和政策备选方案为焦点，运用新的方法对未来的趋势进行分析的学问”。德罗尔提出，政策科学或政策研究的核心是把政策制定作为研究和改革的对象，包括政策制定的一般过程，以及具体的政策问题和领域；政策研究的性质、范围、内容和任务是理解政策如何演变，在总体上，特别是在具体政策上改进政策制定过程。那格尔提出，“政策研究可以总的定义为：为解决各种具体社会问题而对不同的公共政策的性质、原因及效果的研究”。克朗提出，政策科学是通过定性和定量的方法，探求对人类系统的了解与改进，它的研究焦点之一是政策制定系统。奎德提出，“政策分析是应用研究的一种形式，用来对社会技术问题的更深刻的理解，并提出更好的解决办法。政策分析试图利用现代科学技术去解决社会问题，寻求可行的行动过程，产生信息，排列有利证据，并推导出这些行动过程的可能结果，其目的是帮助决策者选择最优的行动方案。”邓恩提出，“政策分析是一种应用性的社会科学学科，它使用各种研究和论证方法，产生并转变政策相关信息，以便政治组织解决政策问题。”

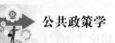

我国的政策科学学者给公共政策学下过一些定义，可以概括为以下四种基本看法：①认为公共政策学主要研究政策制定的理论和方法，是研究如何制定优化政策、避免错误政策的学科领域；②认为公共政策学是关于制定政策方案、规划政策的实施、评价政策的结果、预测政策的方向的一门学科；③认为公共政策学是研究政策的属性及特点、政策制定和执行规律的科学；④从广义和狭义两个方面界定公共政策学，认为广义的公共政策学是对不同的公共政策的性质、原因和结果进行的研究；狭义的公共政策学可以界定为对目标、方案及社会效果之间相互关系的研究。

由上述这些定义可以看出，国内外学者对公共政策学的界定有所不同，但一般都承认公共政策学以政策系统及政策过程作为研究对象，这正是公共政策学成为一个相对独立学科的关键条件。公共政策学以人类社会的政策系统及政策过程作为专门的研究对象，它既要研究政策的本质、原因和结果，注重内容分析；又要研究政策系统及政策过程(包括政策的制定、执行、评估等环节)，注重系统过程分析。从广义上说，公共政策学是一门用现代科学方法对公共政策的制定和执行过程给予评价并探索其规律的学问，公共政策学是研究公共政策及其自身规律的科学，是研究如何将科学知识运用到实际公共政策问题中的一门应用学科。

因此，一般地，我们将公共政策学定义为：综合地运用各种知识和方法来研究公共政策系统和公共政策过程，探求公共政策的实质、原因和结果的学科。它的目的是提供政策相关知识，改善公共决策系统，提高公共政策质量。

二、公共政策学的学科性质

公共政策学是研究公共政策制定与实施等系统及其规律的学科，其学科性质可以概括为以下几个方面。

(一) 公共政策学是一个综合性、跨学科的新研究领域

公共政策学是在吸收其他学科尤其是政治学、经济学、社会学、管理学、心理学、哲学、统计学、运筹学、系统分析等学科的知识和方法的基础上，形成和发展起来的，是一个全新的跨学科研究领域，具有综合、交叉的特点。但公共政策学并不是由这些学科的知识和方法拼凑堆积而成的，而是将科学知识尤其是社会科学知识与公共决策过程密切联系起来，提倡以问题为中心，而不是以学科为中心。公共政策学力求形成一门能把各种知识和方法直接运用于改进公共决策系统、提高政策质量的新学科，因而各种学科的理论和方法在公共政策学的新框架中获得了新的意义。同时，正因为公共政策学全新、综合的特征，所以使它本身就具有社会科学的某些意义，即它的理论和方法具有一般方法论的某些特点。

公共政策的目标是解决社会问题、促进社会发展。由于公共政策问题的复杂性和多样性，涉及社会的各个领域和社会生活的方方面面，任何一门现有的学科都无法独立承担解决这些问题的任务，相反，只有综合吸收多门学科的知识和方法才能更好地完成此

任务。各门学科或者为政策学提供理论视角，或者为其提供研究工具，彼此交融构建起公共政策学的研究框架，只有把它们有机结合起来灵活运用，才有可能改进公共政策决策系统，提高公共政策质量，最终解决政策问题。

公共政策学的倡导者力图创立一种新的知识框架，以便综合地运用迄今为止人类所创造的各种知识和方法为公共政策的制定及执行服务，以使社会科学能更好地解决社会问题。正如拉斯韦尔指出的："政策科学或社会科学中的政策方向可以超越社会科学的零碎的专门化，确立起一种全新的、统一的社会科学。"德罗尔也认为，跨学科研究是公共政策学必不可少的环节。德罗尔还批判了管理科学和行为科学的僵化性，并强调指出，公共政策学必须打破众多学科之间的传统界限，把各种知识结合为一体，针对政策制定工作建立起一门"超级学科"。美国学者罗伯特·M. 克朗则认为，政策科学不是作为某一现存学科的更新出现的，而是全新的跨学科领域。

（二）公共政策学是一门以行动为取向的学科，体现着理论与实践的统一

公共政策学是一门以行动为取向的学科，是适应人类利用已有的知识和方法去改进政策制定系统，提高政策质量的需要而产生的。公共政策学的研究对象和内容，决定了该学科必须始终关注着社会现实和政策实践，避免使自己陷入纯理论的思辨王国。它通过自身对公共政策的功能机制和运行规律的揭示、分析、总结和把握，向政策制定主体、执行主体和接受主体提供切实可行的指导和帮助，从而把研究成果直接转化为社会政治效益和经济效益。尤其是公共政策学中的政策分析、政策规划技术研究，目前正在朝着产业化方向发展，这已成为一个世界性潮流。公共政策学的基础理论研究具有明显的中介性，直接受应用性的制约，而不是一种纯思辨的结果。

公共政策学不是纯理论科学或基础研究，而是一门应用性较强的学科，可以说体现了理论与实践的高度统一。公共政策学既在实践中产生，又在实践中得到应用和发展。它要指导执政党和国家的各项政策的制定、执行和评估，以发现和解决社会的政策问题为宗旨，为实践服务；而政策实践为公共政策学提出需要解决的问题，提供经验教训，检验和发展公共政策学理论。公共政策学把改进政策制定作为最根本的目标，致力于提高它在实际政策制定工作中的应用，努力培养专业人员，使他们在遍布于公共政策制定系统中的各个政策科学的岗位上发挥作用。

公共政策学虽然把人类社会的全部政策历史和政策实践纳入到自己的研究视野，但它更为关切的还是特定时空下的特定社会现实的政策实践。这是由它的研究对象和目的所决定的。这需要我们在广泛借鉴和吸收国外在该领域及相关领域的一切优秀成果的基础上，大胆地从本国的实际出发，创建有中国特色的公共政策学理论体系和研究方法，不断拓展公共政策学的研究视野和思维空间。当然，随着对外开放和全球一体化进程的深入，公共政策学将越来越多地介入国际性或全球性政策问题和政策事务的探讨。但本土研究将依然是其主导方向和重心所在。

（三）公共政策学不仅是一门描述性学科，还是一门规范性学科

公共政策学的创始人宣称，公共政策学的产生标志着人类试图运用自己的智慧发出这样的挑战：人类能够有效地控制并塑造自己的未来。实际上，公共政策学正是在人类力求干预社会、控制未来的时代背景下产生的。这也就是说，公共政策学不仅是一门描

述性学科，还是一门规范性学科。它能够给人们的行动和人类的未来指明方向。“从哲学角度讲，公共政策学认为人类已经发展到了这样一个阶段——在这个阶段，人必须能够自己塑造自己的未来，否则就会因软弱无力而被不希望有的后果吞噬掉。”20 世纪 30 年代以后，西方资本主义国家纷纷改变“放任主义”政策，强调国家对社会生活的干预；政府也不再只充当“守夜人”的角色，而是运用公共政策积极主动地介入社会生活，规范社会活动。建立“福利国家”的实践活动，就是公共政策规范性的一种体现。

公共政策研究不仅关注社会现实和社会问题，更关心价值和行动，重视价值取向和价值评价；既关心工具的、规范的知识，又重视政策价值观的研究。德罗尔认为，公共政策学在把当代科学与价值的伦理学和哲学完全分开的坚实的墙壁上，打开了一个缺口，并将建立起一套实用的价值理论(包括价值形态学、价值分类学、价值的计量等，但不包括它们本身基本的绝对规范)作为公共政策学的一部分。公共政策学通过政策价值观来约束公共政策主体的思想和行为，指导其做出选择性决策，协调、平衡公众的利益矛盾和利益冲突，确保社会朝着公平、民主、和谐的方向发展。

(四) 公共政策学是软科学的一个重要分支

软科学就是指那些以阐明现代社会复杂的课题为目的，应用各种相关学科的理论和方法，对包括人和社会在内的广泛对象进行跨学科研究的知识领域。从 20 世纪初开始，尤其是第二次世界大战结束以后，出现了一系列新兴软科学学科，包括人工智能、战略研究、系统分析、未来研究、科学学、决策学、领导科学等。在国外，有一个更正式的名称来指称这一类知识，即广义的管理科学(狭义的管理科学是指运筹学)。公共政策学已经成为软科学的一个重要分支，甚至可以说是当代软科学的核心。软科学已经经历了较长的历史发展，在它发展的不同阶段呈现出不同的特点，并具有不同的重点。

按照我国一些学者的说法，软科学在 20 世纪 50 年代的重点是科学学尤其是科学社会学的研究；20 世纪 60 年代的重点是运筹学；20 世纪 70 年代的重点是未来学及预测学；到了 20 世纪 80 年代，其重点已经转向公共政策学了。公共政策学实际上是构成决策科学化和民主化的主要支持学科，它在解决政策问题和促进社会发展方面的重要作用正在被越来越多的人所认识。

三、公共政策学与各学科的关系

公共政策学综合地运用各种学科知识及科学方法去研究政策问题，具有跨学科性及相关性。但它作为一个相对独立的学科与其他学科之间又存在着较大的差别。

(一) 公共政策学与政治学的关系

在所有社会科学学科中，公共政策学与政治学的关系最密切。政治学是对整个社会或社团进行集体决策的组织的结构、过程以及公共政策进行研究的学科。它主要涉及权力的建立与运用的制定和行为，其研究范畴是政治系统。政治学注重分析公共政策的制定和执行过程，尤其关注利益集团和个体决策者的作用，重点研究具体领域的公共政策，对立法、司法、行政和其他政府部门的改革，以及国际关系和国外公共政策等问题都有着非常重要的分析。政治学通过建立因果关系的方法和在不同公共政策中进行选择的方法对公共政策进行比较分析。政治学注重研究政党、利益集团、公众舆论和选举行为，以及与住房、交通、贫困、犯罪、教育和环境保护等问题有关的公共政策。政治学是公共政策学的理论基础，它决定着公共政策研究的基本方向；而公共政策学是政治学的重要组成部分，是政治学的核心分支。政治学研究的是政治关系、政治行为及政治过程，而这种关系、行为及过程在现实的政治实践中主要表现为政治过程，即公共政策的制定、执行和评估等。日本学者药师寺泰藏指出，人们在探索政治学的过程中明白了一个道理，那就是公共政策学是政治学中必不可少的一环。同时，公共政策也是政治决策和政治管理的重要内容。公共政策的研究要以现代政治学知识为基础，公共政策的具体研究也可以丰富和发展政治学的理论和方法。从某种意义上讲，公共政策学是政治学的一个重要组成部分，甚至可以说是政治学的一个核心分支。

公共政策学与政治学又存在差别。公共政策学运用现代科学知识及方法研究政策过程，它对政策问题的研究更加具体、全面和专门化。它要详细分析政策的制定、执行、变更和终结等。政治学除了一般地研究政策问题外，还研究其他大量重大问题，如阶级、国家、政党、政治体制、政治民主和政治现代化等方面的问题。同时，公共政策作为一种方法可以运用于包括政治学在内的所有社会科学领域。公共政策学与政治学的区别还表现在，前者强调政策及其影响之间的关系，而后者强调政府的结构、作用和行为。

（二）公共政策学与管理学的关系

美国著名行政学家赫伯特·A.西蒙说过：“管理就是决策”。管理学是研究管理理论、方法和管理实践活动的一般规律的科学，以信息科学、运筹学、系统分析、管理经济学、系统工程和社会心理学为基础，其理论核心是改进管理决策。管理学对政策分析的最大贡献就是决策科学。没有决策就无从管理，任何管理都必须以决策为前提和依据。西蒙等人还提出用“令人满意”准则代替“最优化”准则作为决策的准则，同时对决策技术和决策中的思维过程进行了深入研究，这些都为后来的公共政策分析做出了贡献。管理科学对政策分析的贡献还在于它对待问题所偏爱的系统方法。政策科学或政策分析借鉴了管理学的经验，将系统分析方法及运筹学方法直接运用于政策研究，并且将其视为自己的方法论基础或组成部分。

一般来讲，公共政策为管理学确立整体性的行为方向与总目标，管理学的发展要在公共政策的指导下进行。由于公共政策从总体上来说是一种抽象的行为原则与规范，只有通过管理，才能将公共政策的目标变为现实。公共政策学与管理学尤其是公共管理学在研究对象上有很多共同之处——都是管理社会公共事务、解决社会公共问题，都要经过确认问题、制定方案、计划实施到结果评估的程序。管理学对公共政策学理论与实践的发展的影响也是非常广泛的。美国政策分析与管理学会的成立，说明了公共政策研究与管理学的关系已经得到了学术界的承认和重视。因此，管理学与公共政策学的联系更加紧密，尤其是行政管理与公共政策的关系更加密切，可以比作一枚硬币的正反面。公共政策必须通过行政管理来推行，而行政管理主要是对公共政策的管理。

然而，这两门学科的联系也是有限度的，系统分析及运筹学并不是政策科学或政策分析的全部，把管理学的方法和手段用于公共政策研究也不能满足公共政策分析的实际需要。正如德罗尔在《政策科学的构想》中所指出的：“管理科学可以就改进某些管理决策或者某些次要政策问题提供一些探讨方法和手段。管理科学并不能为改善政策制定工作做出重要贡献，使更好的政策制定在迅速变化的时代越发变得紧迫起来。而这种需要是不由管理科学本身来满足的。”

(三) 公共政策学与经济学的关系

经济学是研究人类经济行为尤其是经济选择行为以及经济政策的一门学科。经济学虽然不直接分析政策推论，但它却提供了研究公共政策的途径。经济学所提供的公共政策分析工作、视野或框架，都是公共政策研究中必不可少并且富有成效的。经济学在经济政策方面的研究起步很早，而且经济学研究途径历来都是公共政策研究或公共政策分析的一个主导途径。阿马切尔在《经济学和公共政策》中，高度概括了公共政策研究的经济学途径。诸多经济政策学著作的问世更是说明了这一点，如丁伯根的《经济政策理论》(1952 年)、阿克塞拉的《经济政策原理：价值与技术》(2001 年)等。

但是，公共政策学与经济学又是有很大区别的。经济学研究社会如何使用稀缺资源来生产有价值的商品，并且把它们在社会成员之间进行分配；而公共政策学则研究社会公共权威对社会稀有资源的分配。因此，公共政策既包括经济政策的内容，还包括经济政策之外的其他社会政策内容。公共政策虽然包括了经济政策的内容，但是它并不具体研究各种经济现象和经济行为，而是研究经济资源的社会配置。

(四) 公共政策学与社会学的关系

社会学就是研究社会现象的科学。从最广泛的意义上说，社会学既是一门特殊的社会科学，也是一门政策科学。社会学对公共政策学的主要贡献在于它对社会问题、种族关系、家庭问题、犯罪学和社会变革所进行的研究。社会学中关于政策的研究是描述性的，主要集中在政策过程特别是集中在公共政策的制定、实施和效果评估等几个阶段。社会学在社会控制、社会化和社会变化等广泛领域内，发展了大量的实践知识和理论，这些也都有助于理解不同公共政策的效果及公共政策制定者和执行者的行为。社会学对公共政策的发展提出了以下独特的评估方式或模式，并重视政策或项目失败的原因分析。社会学出现了政策研究的专门领域，社会政策学既是社会学的一个分支，也是公共政策学的有机组成部分。

但是，社会学与公共政策学是两门不同的社会科学。社会学是一门基础性的社会科学，而公共政策学则是一门应用性的、跨学科的综合性社会科学。在社会学中，政策研究或社会政策研究仅仅是社会学研究任务中的一个部分；而公共政策中除了社会政策之外，还有经济政策等其他方面。因此，社会学中的社会政策与公共政策只是有交叉而已，不能等同。公共政策研究的特点之一就是它的规范性；而社会学中的政策研究既有规范性的，也有解释性的，甚至还有描述性的。

(五) 公共政策学与其他学科的关系

公共政策学与自然科学、行政学、法学和哲学等学科，都有着密切的或一定的联系。从与自然科学的关系来看，自然科学的各门科学所研究的是自然现象及其规律，这种现象不同于公共政策制定中所呈现的复杂的社会动态关系。它对公共政策研究的贡献，主要是通过创造知识和为新技术提供理论基础，为各种具体政策提供知识基础。从与行政学的关系来看，公共政策活动在相当大的程度上也是一种行政行为。公共政策研究和行政研究并列，同属政治学的组成部分。但行政决策又受政策学的理论、原则和方法的直接指导，行政决策的实践经验又丰富着政策学的内容。从与法学的关系来看，法学以法律为研究对象，法律构成了一类非常重要的公共政策文件，因此二者关系是密切的。法学极大地影响着法规在立法者中间的表述，它还直接地控制各案件诉讼的过程，法律辩护为其他领域提供标准的实用辩护模型，因而对政策制定有贡献。公共政策往往是法律的前导和后补，法律乃是公共政策的升华和规范。但同时两者在内容上及其功能性、规范性、稳定性和适用性等方面，都有着较为明显的区别。似乎可以说，公共政策学研究的内容更广泛，涉及许多法律以外的规范或工作准则。从与哲学的关系来看，哲学对公共政策学的贡献比任何一门自然科学或社会科学都要大，构成了公共政策学的世界观及一般方法论基础，尤其作为哲学重要分支的逻辑学，为公共政策科学研究提供了基本的理论模型和研究工具；而伦理学则提供了公共政策价值分析的基本原理和方法。

第二节 公共政策学的研究进程

公共政策学作为一门科学研究虽然只有几十年的历史，但是也经历了一个演化变迁过程。正是在这一过程中，公共政策的研究对象与内容才逐渐变得清晰起来，公共政策作为一个学科门类才逐渐建立起来。

一、学科形成以前的政策研究(公共政策学诞生前的理论准备)

每一门科学知识都有其产生和发展的历史过程，公共政策学亦如此。对公共政策研究的历史进行考察是非常必要的。首先，通过对该学科历史演变的研究可以了解学科发展与社会实践及知识积累的关系。公共政策学不是从来就有的，它是在一定的社会实践和相关知识积累的基础上产生的。随着社会实践的深化和知识积累的增多，公共政策学研究的主题就会发生改变，结构形态也会变化，从而导致学科向前推进和走向完善。其次，通过对该学科历史的研究还可以了解学科内在要素的演变。公共政策学的发展与人们的政策实践有关，也与政策学科内在的逻辑变化有关。通过公共政策学者理论上的探索和各学派的较量，公共政策学的范畴不断得到更新、充实，原理不断得到补充、丰富。这两个方面对公共政策学发展较晚的国家来说，其意义更大，一些国家的公共政策学的形成与发展的历史会成为发展较晚的国家在建立和发展该学科时最好的参照系统。

人们经常谈到的西方公共政策学指的是美国的公共政策学。因为美国具有适合公共政策学生长的土壤，公共政策学诞生在美国，并获得巨大发展。所谓适合公共政策学生长的土壤，主要是指当时的美国社会所具有的三种特别的因素：普遍流行的行为主义方法、日益加剧的社会问题、政策领域扩大，正是这三种社会文化因素构成了公共政策学在美国诞生的现实条件。

以下介绍中国古代的政策思想和西方一些学者对公共政策学研究做出的贡献。

（一）中国古代政策谋略思想的主要内容

中国古代虽然没有形成专门的政策科学门类，但是在中国文化传统中有着丰富的政策谋略思想和政策实践经验。在浩如烟海的中国古典文献中，有很多关于治国安邦思想的推陈出新。

在中国历史上各个不同时期的古典文献中，都有着很多值得挖掘和总结的政策思想和决策方法。春秋时期的政治家管仲提出了“俗之所欲，因而与之；俗之所否，因而去之”的政策思想。司马迁赞赏管仲能够根据当时的社会实际情况来决定其政策的做法。在先秦诸子百家的著作中，随处可见兴邦治国的至理名言。例如，老子从小私有者的利益出发，提出了反对剥削的平均主义政策思想。他认为“天之道”本来是“损有余而补不足”的，但是当时“人之道”却相反，是“损不足而奉有余”，因而是极不合理的。老子还提出了“无为而治”的政策构想。他认为，人应该学习“天之道”，建立“小国寡民”的理想生活，主张统治者应实行“无为之治”。荀子认为，国家政治制度起源于对“礼”的规范。荀子在论述“礼”的起源时，认为“先王恶其乱也，故制礼仪以分之，以养人之欲”。从而提出“先王制礼”，也即统治者为了维护其统治秩序而建立起一系列“礼”的规范，同时又通过“礼”来约束人们的欲望，从而更好地维护统治。战国时期政治家、法家代表人物商鞅主张制定政策要“明世俗之变”。韩非子也提出“世异则事异，事异则备变”的谋略原则。

中国古代的统治者和政治家大多提出“民为邦本，政在得民”的治国策略，在制定政策时，大多考虑“养民”“惠民”“富民”。孔子主张施“仁政”，对百姓要“道之以德，齐之以礼”，反对“齐之以刑”。孟子继承和发展了孔子的德治思想，并发展为仁政学说，成为其政治思想的核心。孟子认为，诸侯如果施行了“民为贵，社稷次之，君为轻”的治民之术，人民就能安分守己，统治者也能长治久安，达到“劳心者治人，劳力者治于人”的境界。荀子在提倡“尊君”的同时，也主张“爱民”，提出“君者，舟也；庶人者，水也。水则载舟，水则覆舟”的名言。

春秋末期孙武所著的《孙子兵法》是我国现存最早的兵书，这部军事著作蕴含着博大精深的内容，被称为“兵经”。书中包含了大量的国策条目、谋略思想和管理策略，受到国内外的广泛重视，对后世的国家政治战略、军事战略战术以及经济竞争、企业管理等领域的研究与实践产生了深刻的影响。西汉司马迁所撰的《史记》是我国第一部纪传体通史，共 130 篇，记载了我国远古到汉武帝时的历史，其中蕴含了许多政策研究的真知灼见。西汉政治家贾谊的《论积贮疏》、晁错的《论贵粟疏》，都是典型的政策研究报告。宋代史学家司马光等人花了近 20 年的时间编纂了 294 卷的《资治通鉴》，叙述了上起战国，下至五代共 1 362 年的历史，其中包含了丰富的政策分析思想。

在我国，辅助统治者审时度势选择时间、进行政策咨询的“智囊”出现得也很早。春秋战国时期，群雄争霸，各据一方，诸侯们为独揽天下，纷纷招贤纳士，养聘食客，有识之士则挟术怀策周游列国。《史记》记载：“当是时，魏有信陵君，楚有春申君，赵有平原君，齐有孟尝君，皆下士喜宾客以相倾。”这些食客中有不少杰出智囊认为，他们为诸侯争霸立下汗马功劳。当时位于齐国国都临淄的“稷下学宫”不仅是我国战国时期齐国的官办大学堂，同时也相当于是当时的“齐国社会科学研究院”一样的智囊机构。《管子》就是稷下学术中心的一部论文总集。西汉末年，刘向校录群书时在皇家藏书中发现了六种记录纵横家的写本，但是内容混乱，文字残缺。于是，刘向按照国别编订了《战国策》。《战国策》专门记述了策士们的言论和行动，可以说是我国历史上第一部较为完整的政策研究及咨询的著作。东汉、三国、东晋时期设立监察军务的"军师"。汉以后实行"宰辅"制度，为智囊设立了正式的官职。未出茅庐而知天下的诸葛亮、敢言直谏的魏征等，都是典型意义上的智囊。明代大文学家冯梦龙所编的《智囊计》则更是一部政策案例分析的文献，全书共 10 部 28 卷，择录了从先秦到明代的智囊人物故事 1 238 则，堪称我国历史上最早的政策案例分析。

上述这些有关政府政策的知识、思想和观点对于公共政策学这门学科的形成和发展具有一定的影响。

(二) 近代直接为公共政策研究做出重大贡献的四位学者

近代直接为公共政策研究做出重大贡献的四位学者是：亚当·斯密、卡尔·冯·克劳塞维茨、卡尔·马克思和马克斯·韦伯。

1. 亚当·斯密的贡献

(1) 他谴责一切封建关系；既对重商主义进行了严峻的批判，又克服了重农学派认为只有农业才能创造财富的偏见；力图证明刚刚诞生的资本主义关系的合理性；证明只有分工进一步发展才能增进整个社会的福利；反对一切阻碍经济自由的政策和学说，并提出了一整套理论和经济政策。

(2) 他的有关政府与市场关系的理论对整个自由资本主义时期国家的经济政策和社会政策提供了一种基本的政策理念，界定了政策的范围和方向。经济自由是亚当·斯密的基本观念。他认为充分的经济活动的自由是国民财富不断增长的条件。他反对国家对经济活动的干预，主张国家实行自由放任的经济政策，让市场调节经济，政府只需要扮演"守夜人"的角色。他认为市场是一只"看不见的手"，它具有足够的力量来调节社会生产，调节生产规模，使经济活动沿着正常的轨道发展。

(3) 在研究方法上，亚当·斯密以经济人的利己心这一假设作为立论的基础。他认为人的本性是利己主义；在经济活动中经济人受利己主义的支配，个人追求的总是个人利益，但其结果却产生了相互的和共同利益。经济人假设即以尽可能少的投入获得尽可能大的收益，是亚当·斯密构建其政治经济学体系的基本分析方法。这一分析方法在第二次世界大战前后被一些学者发展成为理性选择理论和公共选择理论，二者对现代的政策分析产生了广泛而深刻的影响。

2. 卡尔·冯·克劳塞维茨的贡献

(1) 他提出系统的战略决策思想，认为应当把战争或战争中的各个战局看成一条完全由相互衔接的一系列战斗所组成的锁链中的一个环节。他正确地设定了战略、策略与战术之间的关系，为政策研究中"政策链""政策群"概念的形成奠定了基础。

(2) 他将战略要素区分为精神要素、物质要素、地理要素和统计要素。他所做的战略要素分析为公共政策研究中的因素分析提供了一个典范。

(3) 他强调战略决策须依据条件的变化而变化，从而为公共决策如何根据内部形势和外部环境的变化而予以修正和完善提供了很好的思路。

3. 卡尔·马克思的贡献

(1) 马克思主义的全部理论为世界各国无产阶级政党的战略与策略提供了理论指导，规定了根本的政策目标和实现目标的重要途径；为社会主义国家各个发展阶段的元政策(总政策、总方针、总路线、总钢领)和各项基本政策，甚至为各个领域的部门政策，提供了基本政策理念，界定了政策的范围与方向。

(2) 马克思主义的辩证唯物主义的认识论为公共政策研究从注重政策结果到注重政策过程的转变指明了方向，而且公共政策研究遵循这样的认识路线能够正确地勾画出政策过程及其各个主要阶段的一般特点。

(3) 马克思主义的历史唯物论为我们深入地研究各种社会现象、探索社会发展的固有规律提供了科学的方法论。运用这一方法论研究政策系统与政策环境之间、政策过程的诸环节之间、政策过程的各个阶段与其影响因素之间存在的因果关系或某种相关性。

4. 马克斯·韦伯的贡献

(1) 他强烈地主张对社会、政治现象进行文化解释，甚至将社会科学称作文化科学。他认为价值关联决定了社会科学与自然科学的分野。在价值关联和因果分析之间尚有一个中间步骤，这个步骤就是价值分析。

(2) 他认为，人的行动或社会行动包含两个基本因素：动机和目标。

(3) 他提出了官僚制理想模型，并通过对官僚制组织结构的设计而探讨了合乎理性的、科学的决策模型。

(4) 他在社会科学方法论上的建树，主要就是提出了理想类型和主张价值无涉。所谓理想类型，从形式上看就是一种抽象理论的概念结构，一种概念集合或概念框架。所谓价值无涉，就是划清科学认识与价值判断的界限，前者须坚持客观性原则，将价值判断从经验研究中剔除出去。

二、西方公共政策学研究的历史进程

如同其他任何学科都有自身的历史一样，公共政策学在西方经历了 20 世纪 50—60 年代的创建时期、60—70 年代的初步发展时期、70—80 年代的新发展时期和 90 年代以来的拓展新的研究方向等几个阶段的历史演化。

(一) 西方公共政策学的初创时期(20 世纪 50—60 年代)

20 世纪 50 年代，美国政治学界发生了一场革命性的变化，即政治科学开始从传统政治学中退出，并逐渐成长为一门新的交叉学科。1951 年，由美国著名的政治学家勒纳(D. Lerner)和拉斯韦尔共同主编的《政策科学：范围与方法的近期发展》一书面世。这本书被誉为“公共政策学的开山之作”“公共政策学的经典著作”，被认为是公共政策学诞生的标志。拉斯韦尔被誉为公共政策学的创立者，他同时也是政治学行为主义学派的先驱者和重要代表人物之一。在《政策科学：范围与方法的近期发展》这本书中，拉斯韦尔第一次对公共政策学的学科性质、研究内容、发展方向做了详尽的论述，从而奠定了公共政策学发展的基础。拉斯韦尔认为，现代社会错综复杂，而政府的决策机制却过于陈旧，已经不能承担起进行科学决策的重任。公共政策学或社会科学中的政策方向可以超越社会科学的零碎的专门化，确立起一种全新的、统一的社会科学；时下局部的问题并不是公共政策学所主要关心的，公共政策学将致力于一般选择理论的研究；公共政策学是某种不同于应用社会科学的东西，因为它主要关心“社会中人的基本问题”，关心“解释政策制定和政策执行过程”，关心“搜集数据并提供对特定时期政策问题的解释”。公共政策学采取一种全球观点，强调政策的历史脉络，尤其是面向未来，重视对变化、创新和革命的研究。

拉斯韦尔认为，公共政策学具有以下六个方面的特征。

(1) 公共政策学是关于民主主义的学问。由于公共政策既与公共权力有关，又与个人选择有密切关系，因此必须以民主体制作为前提，确保公共权力的行使以维护公民的自由平等权益为基础。

(2) 公共政策学的目标是追求政策的合理性，它必须使用数学公式和实证数据建立可检验的经验理论，而不仅仅是主观的价值判断。公共政策学是用科学方法进行分析研究的学问。

(3) 公共政策学是一门对于时间和空间都非常敏感的学问，即它所选择的政策分析模型必须在时间和空间上有明确的记录。

(4) 公共政策学具有跨学科的特性，它要靠政治学、经济学、社会学、心理学等各学科知识来确定自己崭新的学术体系。

(5) 公共政策学是一门需要学者和政府官员共同研究的学问，后者的实践经验对于公共政策学的发展具有重要的意义。

(6) 公共政策学必须具有“发展概念”，以社会的变化为研究对象，所以必须建立动态模型。

1956 年，拉斯韦尔写了《决策过程》一书，把政策研究的重点放在政策过程的各种功能活动上，提出了七个范畴的理论体系。①情报，即引起决策者注意的与政策事务有关的信息是怎样被收集并处理的。②建议，即处理某一问题的建议是怎样形成和提出来的。③规定，即普遍的规则是如何通过和谁颁布的。④行使，即由谁决定特定的行为是否违反规则或法律，并要求对规则或法律加以遵守。⑤运用，即法律和规则实际上是怎样被运用和实施的。⑥评价，即政策是如何实施的，怎样评价政策的成功或失败。⑦终止，即最初的规则与法律是怎样终止的，或经修改以改变了的形式继续存在着。

拉斯韦尔认为，公共政策学的研究者在政策过程中可做出三种贡献：确定一项决策的目标和价值；收集和提供有关信息；提出备选政策方案并比较其优劣，以做出最佳选择。

1963 年，拉斯韦尔出版《政治科学的未来》一书，认为公共政策学应该是重建政治科学的主要方向，人们不仅仅应该关心政策的理论问题，而且还应该关心政策的实践问题，以未来为导向，通过各种知识和思想，解决社会中人们所面临的各种实际问题。实际上，拉斯韦尔指出了公共政策学的应用性，只有通过解决各种各样的社会问题，才能使公共政策学更富有生命力。

除拉斯韦尔外，这一时期对公共政策科学的建立产生过作用的学者还有查尔斯·E.林德布洛姆、戴维·伊斯顿、托马斯·R.戴伊、加布里埃尔·A.阿尔蒙德等。

作为政治学家，查尔斯·E.林德布洛姆对公共政策分析的形成产生了较重要的影响，他的重点是在研究理论和研究方法上。

查尔斯·E.林德布洛姆是当代西方著名学者，美国耶鲁大学经济学和政治学教授，美国著名经济学家、政治学家和政策科学家。林德布洛姆最早提出了“政策分析”的概念，他是对公共政策学这个领域关注和贡献甚多的政治学家。1958 年，林德布洛姆在美国《经济评论》杂志社发表了《政策分析》一文，认为公共政策分析使用渐进分析方法有它的特殊性：①公共政策分析不能过多地依赖理论，因为政策分析大多只是渐进的、比较的、连续的；②渐进分析只关注几个比较重要的变量，并不是全部变量；③价值与事实在渐进分析中交互使用，混在一起，很难加以清晰地区分；④渐进分析以社会上既有的政策为前提，与现实的状况比较接近。

1963 年，林德布洛姆在《决策的策略》一书中提出了“断续渐进主义”。林德布洛姆认为决策者常常受两个方面因素的影响：①决策者主观意愿；②决策活动受信息的影响。在此基础上，他概括了四种决策类型：①决策者以充分的信息为基础，并且有主观的意愿想改变整个现实。这种类型，在历史上根本就没有发生过。②决策者掌握充分的信息，但只做较小的改变现状的决策。③决策者没有掌握全部的信息，只是根据主观的意愿对现状做出较少的改变。④决策者没有掌握全部的信息，但主观意愿上想完成重大的改变。林德布洛姆认为，③情况最多，也最为常见。

林德布洛姆的渐进调适学说反映出，在公共政策分析中决策活动注意现实、重视控制、着重努力不懈等方面的特点，这对公共政策分析学科的形成起了积极的推动作用。

戴维·伊斯顿于 1953 年著成《政治体系——政治学状况研究》一书，对公共政策学给予了特别的重视。他指出，政治学的任务就是了解社会政策应当是什么，哪种政策应当如何制定出来并付诸实施。政治学对权力的关注，只是从它致力于研究政策如何制定和执行中引申出来的。他又指出，政治学之所以要以政策为研究取向，原因就在于一项政策的实质是不让一部分人享有某些东西，而允许另一部分人占有它们；换句话说，就在于一项政策包含着一系列分配价值的决定和行动。

托马斯·R.戴伊是美国著名的非营利教育机构——林肯公共服务研究中心的主席，曾任佛罗里达州立大学麦肯锡政府研究系教授。戴伊在美国政府和公共政策研究领域享有盛名，撰写了大量专著和论文。戴伊在《理解公共政策》一书中指出，政策分析所关心的是政治生活中“谁获得”，而“为什么”以及“它有什么影响”却更为重要。我们要关心的不仅是政府所要推行的政策，还应有政府为什么要推行这些政策，以及这些政策的后果是什么。

加布里埃尔·A.阿尔蒙德是《当代比较政治学：世界视野》一书的作者。他先后任教于耶鲁大学、普林斯顿大学和斯坦福大学，曾担任美国政治学会的会长。他大力提倡应用政治学，即公共政策取向的政治学。他在 1960 年出版的《发展中地区的政治》一书中首次构建了他的结构功能主义政治分析的理论框架。阿尔蒙德的结构功能主义在两个方面对公共政策学做出了突出贡献：①它把政治系统的过程、政治过程、政府过程、政策过程作为一个统一的过程来进行分析，从而使政策研究与政治学研究紧密地结合在一起，这有利于克服政策研究中的纯技术、纯操作主义倾向；②它把公共政策看作政治系统输出的产品，并将公共政策的功能概括为四种类型，即提取性功能、分配性功能、管制性功能和象征性功能。

(二) 西方公共政策的形成时期(20世纪60—70年代)

20世纪60年代后期至70年代初期是西方公共政策学的形成时期。拉斯韦尔于20世纪50年代所提出的“政策科学”在美国掀起了一场来势凶猛的“政策科学运动”。但是，在此后的十几年中，公共政策学在学科建设方面并没有取得多大的进展。然而到了20世纪60年代中期以后，情况发生了变化。美国著名的哲学家托马斯·库恩于1962年发表的《科学革命的结构》起到了方法论的解放作用，推动了公共政策学的迅速发展。

在此背景下，一批学者为公共政策学的突破做出了贡献。其中，最为突出的是以色列著名政策科学家、耶路撒冷希伯来大学教授叶海卡·德罗尔。德罗尔领导了希伯来大学戴维斯国际关系研究所战略研究小组的工作，同时也是国际战略研究中心和罗马俱乐部的成员。他还在以色列国防部担任了两年高级政策规划与分析顾问，同时还是以色列内阁顾问，充当了几任以色列总理的咨询顾问。在1968—1971年旅居美国期间，他出版了所谓的政策科学“三部曲”——《公共政策制定检讨》(1968年)、《政策科学构想》(1971年)和《政策科学进展：概念和应用》(1971年)。同时，作为兰德公司的高级研究员，德罗尔还发表了一系列政策科学专题研究论文，从而奠定了这门学科进一步发展的理论基础。他还在加州大学洛杉矶分校和南加州大学兼任教职，讲授公共政策学课程。他与兰德公司高级研究员爱德华·S.奎德合作，在美国创办了《政策科学》杂志，倡导举办了政策科学国家培训班，为政策科学的传播与发展做出了杰出贡献。

在政策科学基本理念上，德罗尔继承和发展了拉斯韦尔的政策科学思想，对政策科学的一系列基本理论问题做了进一步的论证，从而形成了拉斯韦尔—德罗尔的政策科学研究传统。同时，他也批评了拉斯韦尔的政策科学观点，认为拉斯韦尔等人过分推崇科学方法论，尤其是行为科学方法的作用。德罗尔还对政策科学重新进行了思考，主要是围绕科学化的问题，他认为，政策科学的基本范式有14个方面，其中比较重要的有以下9个方面。

(1) 政策科学的研究重点是理解和改善社会的发展方向，具体的政策问题是次要的，重要的是改进了政策制定系统的方法和知识。

(2) 政策科学关注的是公共政策制定的宏观层次，包括跨国性的、全国性的和地方性的政策制定系统。

(3) 政策科学需要整合各个学科的知识。政策科学不仅需要行为科学、管理科学，还需要汲取其他学科的知识。

(4) 政策科学连接理论和实践。政策科学的理论研究和实践研究不可分离，政策科学的理论研究为实践研究提供指导，而政策科学的实践研究则检验理论研究的有效性，检验理论如何帮助并改进政策制定。

(5) 政策科学强调工具规范的知识。政策科学通过价值的内容、价值的成本、价值的一致性为基础对价值选择进行判断，因此它将当代科学、伦理学和价值哲学有机融合，使可操作性的价值理论成为政策科学的一部分。

(6) 政策科学需要鼓励有组织的创造性。如何鼓励和刺激有组织的创造性是政策科学研究的重要课题。

(7) 政策科学强调时间的重要性。政策科学认为过去、现在与未来是一个有机的整体，重视历史，也重视未来，反映出时间因素的影响是改善政策制定的一个不可或缺的要素。

(8) 政策科学突出了变化的过程和动态的情境。政策科学所思考的问题，不是静态的和固定不变的。我们通常要考虑在不断变动的环境中，如何改善政策制定。

(9) 政策科学关心知识的系统性和结构的合理性。在政策制定过程中，不仅要重视创造性、直觉和价值判断等超理性的作用，而且还不能忽视如深层动机之类的非理性过程的作用。

德罗尔的研究对公共政策学发展为一门独立的学科起到了关键的作用。日本公共政策学者药师寺泰藏认为，如果把拉纳和拉斯韦尔等撰写的《政策科学》作为公共政策学的第一个分水岭，那么以色列学者叶海卡·德罗尔的《政策科学的构想》则可以称之为这一领域的第二个分水岭。德罗尔通过自己的努力，使他的政策科学思想成为政策科学发展史上的第二个里程碑。

通过政策学者们的努力，拉斯韦尔所倡导的政策科学或社会科学的政策方向逐渐获得了独立的学科地位，成为一个独立的研究领域。

(三) 西方公共政策的发展时期(20 世纪 70—80 年代)

政治科学在初创和形成时期，注重对政策制定过程的研究。在公共政策领域做出杰出贡献的奥斯汀·兰尼曾经指出："至少从 1945 年起，大部分美国政治科学家把他们的专业注意力放在制定公共政策的过程上，而对于这些公共政策的内容则相对不太关心。"但是，20 世纪 70 年代中期以后，情况发生了变化——政策制定后的执行与评估，以及对公共政策的调整甚至终结，都受到了政策科学家的关注和研究。首先，政策评估成为一个重要的研究领域。20 世纪 60 年代，美国联邦政府推行了许多重大的改革和发展政策，20 世纪 70 年代对其中的一部分进行了评估，这在客观上促进了政策评估研究的发展。其次，政策执行也成为政策科学研究的一个重要课题。针对 20 世纪 60 年代美国社会改革政策的失败，政策执行的研究得到了加强。哈佛大学肯尼迪政府学院首先发布了《公共政策执行问题的报告》，指出对政策执行过程的政治与官僚发明的研究往往为人们所忽视；哈格罗夫等学者则指出，在政策形成与政策成功之间存在一个忽略或错失了的环节——政策执行，只有加以补充，才能使政策生效；加州大学伯克利分校公共政策学院的普雷斯曼和韦尔达夫斯基等人为奥克兰计划案例进行了详细的跟踪研究，写成了经典的《政策执行》一书。他们力图解决失误的政策能否终止这一问题。20 世纪 70 年代崭露头角的公共选择理论也可以视为政策科学在这一时期取得的一个成就，因为这种理论实质上是用经济学的视角来研究非市场决策即公共决策问题。

进入 20 世纪 80 年代中后期，政策科学研究出现了一些新趋势：①加强了政策价值观或公共政策与伦理关系问题的研究，政策科学的研究者从政治哲学、案例分析、职业道德等角度或方面去研究政策价值观问题，如布坎南的《伦理与公共政策》、高罗普的《公共部门的管理、系统与伦理学》等。②政策科学与公共行政学日益相互融合，并出现了用公共事务来统指这两个领域的新趋向，美国政策科学或政策分析最权威的组织——政策分析与管理学会的成立，目的就是要沟通政策分析研究和管理研究，促进组织管理与公共政策的融合。③公共政策研究的视野进一步拓宽，一些学者认为过去的政策科学片面强调经济理性和技术理性，无法解释丰富多彩的政策现象，因为这些学者主张用社会、政治和法律的理性取代经济和技术的理性。现在，政策科学在美国已经体制化了，包括学术团体、资金来源、出版发行渠道、教育培训和职业化等方面都已相当完备。在学术团体方面，出现了一批学会(如政策研究组织、评估研究会、公共政策分析与管理学会)和大量的思想库(如布鲁金学会、斯坦福研究所、企业研究所和传统基金会)。在出版发行渠道方面，出现了一批政策科学或政策分析的期刊(如《政策科学》《政策分析》《政策研究杂志》《公共政策》《政策分析与官僚杂志》)以及一批周边期刊(如《美国公共行政评论》《美国政治科学评论》)；出版了大量的评著或教科书。在教育培训方面，继第一批公共政策研究学院出现之后，许多大学纷纷效仿，设立相同或相似的学院或研究所。现在美国主要的研究性大学都设有公共政策研究生院、研究所或中心，一般的大学都开设了这方面的课程。在职业化方面，"政策分析师"已成为一种正式的职业，联邦、州和地方政府都设立了政策分析职位，再加上大学及思想库的教研职位，政策科学的职业化已达到相当的规模。总之，经过50年左右的发展，政策科学已成为美国及西方社会科学中一个独立而又有相当影响的领域。

(四) 西方公共政策拓展新的研究方向时期(20世纪90年代)

20世纪90年代，西方公共政策的研究表现出两种主要趋势：①对原有的研究主题进行深化；②拓展新的研究方向。

对原有主题的深化研究，主要集中在两个问题上：①公共政策的伦理、价值；②公共政策与公共管理的关系。关于公共政策的伦理、价值问题，自从有了公共政策研究，人们就已经注意到了。在20世纪90年代，学者们感兴趣的是究竟从哪些途径去探索公共政策的伦理价值。罗尔斯在《正义论》、布坎南在《伦理与公共政策》、高斯罗伯在《公共管理部门、系统与伦理》中分别提出了有关社会哲学、社会道德和专业伦理的研究方法。关于公共政策与公共管理的关系问题，也是一个老的课题。20世纪90年代的学者们不是去讨论二者的区别，而是去探索两者的结合。梅尔斯诺和贝拉威在《政策组织》一书中提出了政策管理、政策沟通、政策组织、政策行动等四者的相互联系理论；林恩则在《管理公共政策》一书中提出组织行为、政治理论与公共政策的融合思想。

对新研究方向的拓展也主要集中在两个方面：①开辟了新的领域，增强公共政策的应用性。在开辟新的研究领域方面，公共政策学家将研究的兴趣转向一系列新的社会问题，如网络犯罪、信息政策、试管婴儿、温室效应等。因为这些新的社会公共问题既是对人类的挑战，也是对公共政策研究的挑战。不少研究者感到单靠以往的纯客观研究方法不能完全解决这些问题，还必须采取后实证主义为主体的主观研究方法。②加强理性意识形态，由传统的政策决策研究转向政策调查研究。以往公共政策学家过于重视经济与技术理性为主体的政策抉择研究，总是强调如何使"利益最大、损失最小"，强调如何依据政策制定者的偏好，排列方案的优先顺序。这种研究方法在实际生活中已经暴露出弊端，许多政策学者转向政策调查研究。他们认为不存在一个最佳的即能被社会全体大众都接纳的政策。所谓好政策，就是具有法律正当性的政策。为此，就必须通过政策调查、政策辩论获得合理性，并由此确定是否接受某项政策的前提条件。

经过半个世纪的发展，西方的公共政策在经济和社会生活中起着规范和指导作用，但经历了从消极公共政策到积极公共政策的转变，即从政府采取“放任主义”的公共政策，到强调国家对社会生活的干预，主张公共政策应积极主动发挥作用；从经验性到规范性公共政策的变化，从单一型到综合型公共政策的变化及从解决一个问题到为解决“问题群”而制定公共政策的变化，目前它已成为美国及西方社会科学中一个独立而又有相当影响的领域。政策科学的产生是当代社会、经济和科技以及社会科学发展的必然产物。

随着技术革命、价值革命和管理革命的迅猛发展，西方各国的政府、公共机构和企业所要解决的社会生活中的公共问题也发生了变化。①各种社会公共领域的问题具有相互依存性，这种相互依存性不仅表现在一国内部政治、经济关系的连锁反应上，而且还表现在国家与国家之间的关联上；②公共领域出现的问题日益错综复杂，矛盾与冲突不仅频繁而且交错在一起；③公共领域中的问题具有不稳定性，一些问题的解决又引起另一些问题的出现，新的问题会出人意料地涌现，各种突发问题层出不穷。

顺应上述变化，20 世纪西方的公共政策无论是在理论方面还是在实践方面都出现了许多新的特点。首先，公共政策的数目增多，多数国家的政府放弃自由放任的理论，转而采取积极干预的立场，因而制定和实行了更多的经济、社会政策；其次，公共政策的范围扩大，政府要干预的不是社会生活的某个方面、某些部门、某些集团，公共政策几乎涉及所有的部门、层次、领域和集团，政策内容覆盖经济、政治、社会、文化、国防、外交、军事、技术、交通、卫生、教育等各个方面；再次，公共政策的目标增多，以往公共政策的目标可能是单元性的，但是社会生活的相互关联日益紧密，一种政策的实施，其产生的效果是多重的，有时甚至是意料之外的，因此政策的目标越来越复杂化、多重化；最后，公共政策的不确定性增强，政策制定和执行的环境日趋复杂、多变，因而制定政策时所要考虑的变量增多，不确定性因素也增多。

三、我国公共政策学的历史进程

(一) 我国公共政策学的发展阶段

1978 年的改革开放，为公共政策学在我国的发展奠定了坚实的基础。在我国，公共政策学的发展可以划分为三个阶段，各阶段呈现出不同的特点。

1. 公共政策学的孕育阶段(20 世纪 80 年代)

从 20 世纪 70 年代末开始，我国社会进入改革开放的新时期。这一阶段，邓小平支持和领导了真理标准大讨论，实现了第一次思想大解放。在此基础上，果断地抛弃了“以阶级斗争为纲”的错误政策，提出了以“一个中心，两个基本点”为主要内容的党在社会主义初级阶段的基本路线。与此同时，邓小平还在许多领域提出了一系列新政策。例如，“一个国家，两种制度”政策；“发展是硬道理”政策；物质文明和精神文明两手抓，两手都要硬政策；科技是第一生产力政策；允许一部分人、一部分地区先富起来的政策；等等。

在领导政策创新实践的同时，邓小平对新时期的政策理论做了研究。他指出，政策的本质要求是要讲求实效，给人们以物质上的实惠；检验政策是否正确的标准，不是人们的主观愿望，而是客观实践；政策的合法性是由多数群众满意来决定的，一项政策好不好，主要看个人、农民和知识分子赞成不赞成；政策执行必须坚持稳定性与连续性的原则，一项政策经过实践检验是正确的政策，就必须坚持，凡是被实践证明是不完全正确甚至错误的政策，就必须修正或抛弃。

公共政策的丰富实践为政策科学门类的创立提供了条件；同时，改革开放中出现的大量政策问题特别是社会转型时期的经济政策方面的问题也向公共政策研究提出了要求。1979 年 3 月，邓小平在全国理论工作务虚会上提出，在学科发展上要赶快补课，要重新恢复政治学、法学、社会学和行政学，其中也包括公共政策的学科建设。这为公共政策学的学科发展提供了条件。1983 年，孟繁森在《理论探讨》第 7 期上发表文章，呼吁“建立一门研究党和国家生命的科学——政策学”；1984 年，李铁映在《哲学研究》第 4 期上发表题为《决策研究》的论文，依据辩证唯物主义认识论对决策过程做了分析。这篇文章最后呼吁“加快决策科学化的步伐”，为此“各级领导应该学习决策科学的知识”。同时，“在各级干部学校、有关大学的某些系和专业应开设决策理论的选修课，系统地讲授各种决策知识和技术，培养造就未来的各级决策者”。科学决策和民主决策的问题引起了最高决策层的高度重视。1986 年 7 月，时任国务院副总理的万里在全国软科学工作座谈会上做了题为《决策民主和科学化是政治体制改革的一个重要课题》的讲话，认为软科学研究就是决策研究，就是把科学引入决策过程中，利用现代科学技术，采用民主和科学的方法，把决策变成集思广益的、有科学依据的、有制度保障的过程，从而实现决策的科学化、民主化和制度化，以加快我国的现代化建设。同时还提出了要做“政策研究”这一重大课题。

随着政治学、行政学等学科的恢复，高等学校、社会科学研究部门开始进行政治决策和行政决策方面的研究。此时的公共政策还没有独立出来，还包含在公共行政学和政治学这两门学科之中。与此同时，一些学者开始介绍和翻译我国台湾地区和国外的公共政策的文章和数据，还编写出有关政策科学的教材与读物。其中比较重要的有：克朗的《系统分析和政策科学》(1985 年)、林德布洛姆的《政策制定过程》(1988 年)、罗伯特·A. 达尔的《现代政治分析》、姜圣阶的《决策学基础》(1986 年)、张世贤的《公共政策析论》(1986 年)、刘悦伦等的《决策思维学》(1986 年)、黄净的《政策学基础知识》(1987 年)、孙光的《政策科学》(1988 年)、孙效良的《政策研究学概论》(1989 年)、林德全的《政策研究方法论》(1989 年)、伍启元的《公共政策》(1989 年)、朱松春和孙云荣的《实用决策科学》(1988 年)、舒扬的《政策学概论》(1989 年)、高长舒和张立荣的《社会主义政策学》(1989 年)、张尚仁的《现代决策方法学》等。

这一时期有关政策研究和分析的学术论文，对政府重大决策所做的论证报告和提交的备选政策方案、对政府某些重要政策(如人口政策、环境保护政策)的执行结果所做的阶段性评估或最终评估的报告，在一些社会科学杂志和党政领导机构内部刊物上发表，或者成为公共决策部门的决策依据和参考。党政各级领导部门体制内的决策调研机构在政策形成过程中起了相当重要的作用。

2. 公共政策学的开创阶段(20 世纪 90 年代)

20 世纪 90 年代是我国公共政策开始从政治学和公共行政学中分离出来成为一个独立的研究领域的时期，即公共政策学的开创阶段。其标志主要有以下三个方面。

(1) 开设了公共政策课程、培养了研究生、创立了研究机构。20 世纪 90 年代，在以下全国重点高等学院(如北京大学、复旦大学、吉林大学、中国人民大学、郑州大学等高校)的政治学专业、行政管理学专业中开设公共政策学课程。同时，北京大学、中国人民大学、上海师范大学、厦门大学、武汉大学等高校的政治学与行政管理学系率先在大学本科和硕士研究生培养方案中设置了公共政策学单科或系统课程，嗣后在党校系统、行政学院系统以及越来越多的高等院校内设立的公共管理系、行政管理系和政治学系里，也做了相同或相似的课程设置。北京大学和厦门大学在1993—1994年分别在行政学硕士点中设立公共政策分析方向，着手培养研究公共政策学的专业人才，接着又有一些著名大学也这样做。20世纪90年代还成立了专门从事政策研究的机构，进行相应的研究。1997年初，北京大学建立公共政策研究所，这是全国高校系统中第一个公共政策研究机构。随后，一大批高校相继建立了与公共政策研究相关的院系，如中国人民大学公共政策研究院等。

(2) 出版了一批公共政策译著和教材。译著主要有安德森的《公共政策》(1990年)、凯尔曼的《制定公共政策》(1990年)、药师寺泰藏的《公共政策》(1991年)、大岳秀夫的《政策过程》(1992年)；教材主要有：胡象明的《行政决策分析》(1991年)、桑玉成、刘百鸣的《公共政策学导论》(1991年)、张金马的《政策科学导论》(1992年)、陈振明的《政策科学原理》(1993年)、兰秉洁等的《政策学》(1994年)、陈庆云的《公共政策分析》(1996年)。

(3) 建立了全国性的公共政策研究会。1991年8月，中国行政管理学会在吉林省长春市召开了全国首届政策科学研讨会，这次会议除了进行政策科学研讨外，还就成立全国政策科学研究会的事宜做了讨论。1992年10月，在山东省曲阜市召开了全国政策科学研究会的成立大会，全国政策科学研究会作为中国行政管理学会的研究分会而存在，这次大会的成立标志着政策科学作为一门学科已得到许多人的认可和重视，极大地推动了政策科学在我国的发展，加快了政策科学在我国的学科化步伐。1994年，成立了挂靠国务院发展研究中心的全国政策科学学会。1998年成立了全国民族政策学会。此后，一些省、市、自治区也成立了综合性的政策科学研究会和一些部门政策研究会。

总体来说，到20世纪90年代中期，公共政策学在我国已经形成一个比较完整的学科。

3. 公共政策学的新发展阶段(21世纪至今)

进入21世纪以来，我国公共政策学科又进入了新的发展阶段，具体表现在以下三个方面。

(1) 我国的公共政策学成为教育、培训以及研究的热门领域。近年来，越来越多的学者在各种场合表明自己从事公共政策或政策分析领域的研究与教学工作。公共政策领域的教学、研究与咨询机构大量涌现。20世纪末，我国只有少数几所大学在政治学和行政系科中成立公共政策教研室或研究所，而目前大部分“985工程”和“211工程”院校以及MPA试点院校都设有公共政策教研室、系、研究所或研究院。现在，我国高校的公共管理、政治学等学科各专业的本科教育中，公共政策学已经成为最重要的基础课或专业课，不少高校还开出系列课程；北京大学、中山大学、西北大学等高校还开设了公共政策本科专业；还有一些高校在政治学与行政学专业或行政管理专业中设立公共政策方向。在研究生教育方面，许多大学在政治学、经济学、行政学和社会学等学科的硕士点中设立政策分析或公共政策方向。2001年国务院学问委员会批准设立公共管理硕士(MPA)专业学位，在该专业学位中，公共政策及行政管理是其最基本的学科基础，“公共政策分析”被列为最重要的核心课程之一；而且大部分MPA试点院校都设立公共政策分析方向。进入21世纪，政策分析的博士教育也开始起步，在1998—2002年国家设立的第一、二、三批行政管理的博士点中大多设有公共政策分析方向；到 2006 年为止国务院学位委员会批准的 13 个公共管理一级学科博士点以及后来设立的公共管理博士流动站大都设有公共政策二级学科或研究方向。2011 年国务院学位委员会新修订的学科专业目录中，公共管理一级学科拟增加的唯一一个二级学科就是“公共政策”，这将为公共政策学科的发展创造更好的条件。

(2) 公共政策的学术研究取得了丰硕的成果。近年来，我国公共政策学领域的文献迅速增加，国外公共政策学的一批代表性论著被引入进来，主要有帕顿、沙维奇合著的《政策分析和规划的初步方法》(2001 年)；拉雷·N.格斯顿的《公共政策的制定》(2001 年)；威廉·邓恩的《公共政策分析导论(第 2 版)》(2002 年)；托马斯·R.戴伊的《自上而下的政策制定》(2002 年)；金登的《议程、备选方案与公共政策》(2003 年)等。这些国外的公共政策分析教材和专著的引入，对了解国外的研究内容与研究方法有积极的推动作用。这一时期，国内学者也出版了大量的公共政策学专著或教材。宁骚的《公共政策》(2001 年)、郑传坤的《公共政策学》(2001 年)、陈振明的《公共政策分析》(2002 年)、中国社会科学院公共政策研究中心编的《中国公共政策分析》(2001 年、2002 年、2003 年)三卷、陈振明的《政策科学——公共政策分析导论》(2003 年)等。

(3) 公共政策的学术交流日趋活跃。大批国外著名的公共政策学家来华访问、讲学或参加学术会议；一批在国外学习公共政策学的学生和访问学者相继回国服务，他们带回了国外公共政策学发展的大量新信息；一些高校、科研机构、行政学院以及政策研究部门与国外大学的公共政策学院或思想库建立了正式或非正式的学术交流关系，使我国的公共政策学发展日益与国外接轨，有力地推动了我国公共政策学的国际化与规范化。特别是近 10 年来，国内公共政策学界的学术交流相当活跃，举办了大量的国际性和全国性的公共政策学方面的学术研讨会。与此同时，越来越多的公共政策学者个人及团队以各种各样的方式参与到政府的决策实践中。

(二) 我国公共政策学研究存在的问题

我国公共政策学研究及教学还处于起步阶段，仍然存在许多问题需要解决，主要表现在以下两个方面。

(1) 政府官员缺乏对公共政策学应有的认识。公共政策学是学者和官员共同研究的学问，公共政策学的学术价值和现实意义，特别是它可以成为决策科学化、民主化的主要支持学科并没有被人们充分认识。在我国，许多政府官员对公共政策学的知识知之较少，甚至不知道公共政策学为何物，但又习惯于长官意志，这就使公共政策学理论与技术无法应用，也就失去了实践的基础。正如我国的一位高级官员所说的“没有领导参加的研究是白研究，没有专家参加的研究是瞎研究”。因此，如果公共政策学不能引起人们应有的重视，要迅速发展并取得突破是不可能的。

(2) 没有形成具有中国特色的公共政策学理论。公共政策学研究发源和兴起在国外，国内学者在引进、吸收外来的政策科学知识和理论时，往往一时难以洞悉特定社会环境下产生的精髓，因而对政策科学的研究内容和学术水平不高，尚停留在西方政策理论的介绍与评价阶段，还没有深入到公共政策学的实质。许多政策科学的基本理论问题，包括政策科学的对象、性质和方法等问题还没有深入系统地探讨。尽管已有大批的论著问世，但是能融贯中外、特色鲜明、高水平的学术论著还较少，具有中国特色的政策科学理论体系的基本框架并未真正建立起来。

不过我们也要看到，西方政策科学理论的发展是半个多世纪专家与学者共同努力的结果，而我国政策科学的发展才只有20多年的时间，所以不能苛求我国公共政策科学迅速建立起一个完善的理论体系。未来公共政策研究可注重学术创新与学科理论构建、跟踪国外学科发展前沿、加强跨学科研究及学科间的合作、促进政策科学的学科分化、加大政策知识的开发与应用力度。目前，我国已经有了一个宽松的政治环境和良好的经济环境，有较为健全的政策研究机构和一大批专家与学者，以及对马克思主义经典著作和毛泽东及邓小平政策理论的研究、中国公共决策系统及其运行的探索、古今中外的政策研究经验、党的政策经验的总结等方面的工作成果，可以相信，建立既能充分吸收国外先进的政策理论和方法又具有中国特色的公共政策科学理论及其体系已为期不远了。

由此可见，公共政策研究作为一种社会政治现象，在国内外都有十分悠久的历史。公共政策的制定及其实施，对各国政府的管理和社会发展，都产生了和正在产生着极为重要的影响。随着现代科学技术的发展，公共政策科学在不系统、不自觉的基础上，逐步走向科学、成熟和完善。

第三节　公共政策学的研究范围、研究方法与现实意义

一、公共政策学的研究范围

作为一个具有明显综合性质的实证性学科，公共政策学的研究范畴是极为广泛的。因此，对于公共政策学的研究必定有不同的视角与重心，而选择必须依据一定的价值标准，必须在一定的范围内进行，必须使用一定的技术与方法。因此，我们认为，公共政策学的研究重点主要集中在公共政策的原理、公共政策的学科体系和公共政策的方法论三个层面上。

(一) 公共政策的原理

公共政策原理主要研究公共政策的一般性质、一般规律以及根本性的价值标准。公共政策一般性质的研究要回答的基本问题是“公共政策是什么”。它涉及的是公共政策的哲学基础，即公共政策的“元”问题。规律是客观世界的矛盾运动中具有相对稳定性、相对不变性和普遍适用性的规定性的现象。公共政策的原理就在于通过主观的努力去认识客观的现象，并从中归纳、抽象出规律性，经过实践的反复检验，进而用以指导公共政策的理论和实践。价值标准直接影响甚至决定公共政策的性质、方向、合法性、有效性和社会公正的程度。因此，价值标准的确认和选择是公共政策的决定性因素之一。从宏观上说，公共政策的根本性的价值标准可以包括政治公正标准、经济效益标准、社会可行标准和实践检验标准等。

(二) 公共政策的学科体系

就本体理论而言，公共政策学已经发展形成了一个学科体系。一般来说，这一体系主要由五个部分组成。

(1) 公共政策的基本理论，主要包括公共政策的基本理念、公共政策系统构成以及公共政策所涉及的知识等。

(2) 公共政策的逻辑过程，即公共政策的制定、政策的执行、政策的评估与政策的调整等环节。

(3) 公共政策的方法论，大致涉及公共政策的分析模型、公共政策的逻辑推理方法、宏观—微观分析方法、定性—定量分析方法、假设—验证分析方法、预测分析方法等。

(4) 公共政策制定系统及其改进，主要涉及政策制定系统的设计、设定、功效、最优化、更优化等。

(5) 公共政策的发展，主要涉及公共政策制定、宏观公共政策的科学化、比较公共政策、政策分析方法的丰富化、政策哲学完善、政策分析在政策实践中的效用及其提高等。

(三) 公共政策的方法论

公共政策的方法论是一种综合和提炼。它派生于政治学、社会学、心理学、经济学、哲学等诸多学科。相伴着社会问题的日渐复杂和历史发展进程的推进，特别是在分析政府面临的多种问题中，政策分析方法逐渐表现出较为一致性的核心性方法论。威廉·N.邓恩认为这种方法论的核心已经超越了逻辑实证主义而成为某种形式的评判性复合主义。它包括多元操作主义、多重方法研究、多重分析研究、多变量分析、利益相关者的多重分析、多角度分析和多媒介交流。实际上，这种多维定位在实践应用中已经形成了研究公共政策的方法论体系。这一方法论体系包括三个层次：①研究方法所依据的认识论；②政策分析的视野和路径；③政策研究工作的程序和步骤，以及搜集和整理研究资料的各种技术性手段和方法。

二、公共政策学的研究方法

公共政策学是一个跨学科、综合性的研究领域，它有鲜明的政治性和很强的实践性，这里主要介绍以下三种研究方法。

(一) 系统分析与比较研究的方法

系统分析方法是将系统论、信息论与控制论的现代理论、技术和手段运用于公共政策研究的一种科学方法。其基本要求是：①将社会政治领域看成是一个有机的整体系统即政治系统，以维护统治阶级的地位和利益，并充分发挥以国家机构为中心的上层建筑和意识形态的作用；②政治系统的结构是由各个子系统组成，并具有相对的独立性，但它们之间及其与母系统之间又是互相联系、互为作用的，所以公共政策的研究就必须既从整体的、长远的目标角度制定总的政策，又需要从全局出发制定各项具体政策；③政治系统所包含的子系统体现了横向的结构性和纵向的层次性，即中央政府和地方政府之间，地方政府上下级之间，以及国家、集体和个人之间的矛盾和关系，因此公共政策研究必须从这种客观实际出发，注意上下协调与平衡，以达到公共政策制定和实施的科学性、可行性和稳定性。

在系统分析方法的基础上，运用公共政策研究中的比较方法又是不可缺少的。比较研究方法的基本要求是：①对不同国家和政党的公共政策进行比较；②对不同时代、不同时期的公共政策进行比较；③对不同方面的公共政策进行比较。通过这种比较研究，以探索公共政策发展变化的本质及其规律性，做到洋为中用、古为今用、取长补短，不断提高制定公共政策的质量和水平。西方国家已形成的“比较政策学”，正是比较研究方法的理论升华，并具有重要的现实指导意义。

(二) 定性分析与定量分析的方法

没有区别就没有政策，公共政策研究中的定性分析是经常使用的方法之一。该方法就是区别事物的不同性质及其发展变化，决定不同的公共政策及其发展变化。某一事物的质的规定性总是由一定的量变为参数，量变引起质变。因此，公共政策研究不仅要做定性分析，而且还要做定量分析。随着现代经济技术的发展，电子计算机的广泛应用，量度设计和计算技术的改进，西方政策科学的研究已经普遍引入了数学和社会统计的方法。这种定量分析可通过各种统计数据和数值的计算，全面、系统地描述一定的社会政治现象，推断局部和整体的关系，具有逻辑的严密性和可靠性，结论往往也十分精确。但这种定量分析并不是对所有社会政治现象都适用，如文化教育和环境保护等管理的政策问题，涉及广泛的社会、政治、组织、心理、伦理乃至国际因素，由于情况的复杂性或某些因素不能量化，因而定量分析难以进行，也就难以收到预期的效果。

(三) 社会实验与综合运用的方法

公共政策研究的社会实验方法主要有中国传统的社会调查和典型实验，以及西方的模拟实验。一项新政策的制定与实施往往都要先做实验，取得经验，然后再全面推广实施。其基本要求表现在：①通过系统而周密的社会调查，确立政策实验的对象，选择政策实验的模式，制定政策实验的方案和措施，预测政策实验的发展和变化；②在整个公共政策实验过程中，要始终强化目标管理，紧紧围绕政策实验的总体目标，及时总结经验、捕捉信息、发现问题和调整修正，务必求得政策实验的可靠性和有效性；③公共政策所要解决的矛盾和问题，因为性质和范围的不同，所以所实验的具体要求、条件与方法应当因时、因地、因事而异。一般来说，实验可能成功也可能失败，成功的实验可证明公共政策设计的正确性，但也不尽然；失败的实验是否说明了政策设计的完全错误，成功的实验是否具有全面推广的可行性，还需要科学地判断。

此外，公共政策学又是一种交叉性、综合性的边缘学科，它不可能孤立地存在和发展，而是同其他学科相辅相成、分工协调发展。正确认识和处理公共政策学同其他相关学科的关系，既有重要的理论意义，又有方法论的现实意义。公共政策的内容涉及社会、政治、经济、文化、生态、环保等各个方面，也涉及国内和国外、现在和未来。因此，公共政策研究的综合性和复杂性，也决定了研究方法的综合性和多样性，如系统方法、控制方法、信息方法、预测方法、运筹方法、优选方法和概率方法等，都是公共政策研究中不可缺少的方法。

三、研究公共政策学的意义

在当今世界经济一体化程度日益加深、科学技术迅猛发展、国际竞争日趋激烈的时代，政府的宏观公共政策能力正在变得越来越重要，表现在：无论选择了哪种发展模式或社会制度的国家，都会要求政府在创造良好的投资条件方面发挥主要的作用，都会要求政府在加强和扩大国际贸易方面发挥积极的作用，都会要求政府在形成和提高本民族自主开发能力方面发挥扶持甚至主导性作用等。但本国政府是否能够及时、有力、有效、合理地发挥这些作用，从实践的结果来看毫无疑问是“因国而异”的。正因为如此，有关政府公共政策能力的提升和强化，就合乎逻辑地成了现代社会普遍关注的焦点问题之一，亦成为现代政治学、经济学、社会学、公共行政学等许多学科共同关注的焦点问题之一，并因此形成了以公共政策为研究对象的专门的知识、理论和方法——公共政策学。具体而言，研究公共政策学的意义主要体现在以下四个方面。

(1) 研究公共政策学有助于我们更好地了解社会政治生活及国情，推动我国社会科学研究的发展。公共政策学既然以政策系统及过程、政策的性质、政策的原因和政策的结果为研究对象，那么它的发展就必定会增加人们对这一领域的认知，增加人类对社会政治生活的了解。按照美国著名政策科学家兰尼的说法，研究公共政策学可以出于纯粹科学研究的理由。也就是说，对这个学科的研究有助于人们更好地了解政策的起因、发展过程以及它给社会带来的影响，有助于增加人们对社会政治生活领域的了解。同时，公共政策学之所以能成为社会科学的核心领域，其中重要的一点就是社会科学的各学科尤其是政治学、经济学和社会学等要转化为生产力，实现其价值，这在很大程度上依赖于其研究成果能否政策化以及政策化的程度。简言之，社会科学的成果必须通过政策这一中介为实践服务。研究政策科学，优先发展政策科学，可以在社会科学与政策实践中架起联系的桥梁。

(2) 研究公共政策学可以为实际的政策提供理论和方法。我国实际支出研究水平不高的一个重要原因就是缺乏公共政策学的基础理论研究和方法论的探索。缺乏基础理论的研究就难以得出高水平的政策及战略研究成果，因为没有理论研究就难以纵观全局、洞察入微，难以为政策奠定坚实的理论基础，导致缺乏预见和短期行为，使政策研究的主观随意性增加。西方著名思想库成功的主要经验之一，就是重视基础理论研究，以得出高层次的学术成果，促进实际政策水平的提高。因此，加强公共政策学的研究可以奠定我国政策研究的理论基础，提高实际政策研究水平。

(3) 研究公共政策学是为了改进政策系统，提高政策质量。公共政策的制定和执行是公共权力机关的基本活动，这种活动的出发点和归宿应当是人民群众的根本利益。但是，这一根本的价值取向只有通过科学决策和民主决策才有可能变成现实。学习和研究公共政策学，可以使我们认识到，一项好政策的制定并取得令人满意的政策结果，单凭良好的主观愿望是远远不够的，而是需要进行科学地政策分析，并通过分析得以洞察有哪些政策制定和执行的方向，是怎样影响的，影响的深度和广度如何，在政策系统内部做出什么样的改进就可以使政策的制定和执行获得更好的结果；同时还可以洞察一项政策的实施会对政策对象产生什么作用，对作为政策环境的事物有什么作用，在产生积极的、好的作用的同时会不会产生消极的、负面的作用，所产生的长期作用会不会与近期作用对人类的生存和发展来说具有正相反的意义，等等。这样，公共政策的制定和执行就可以成为遵循客观规律办事的自觉行动，人们就可以通过政策的制定和执行来有效地改造自然与社会。

(4) 研究公共政策学是为了引导群众理解公共政策，使其能够运用政策争取和保护自身的和公共的利益，以适当的方式向公共组织特别是公共权力组织提出政策建议。学习和研究公共政策学是对群众进行政策教育的一种基础性的、行之有效的方式。通过掌握有关公共政策学的知识、理论和研究方法，一方面可以破除对公共政策的神秘感、无力感，了解政策的制定过程和执行过程、元政策和基本政策的政策目标以及为实现目标而进行的资源配置，了解随着一项政策的实施会带来什么样的利益和价值的重新分配以及这种分配对个人的生活和社会结构产生什么样的影响，从而就可以更好地运用政策去争取和保护自身的和公共的利益；另一方面还可以通过对公共政策的形式构成以及政策过程的诸阶段、诸环节的了解，更加理性地决定通过什么样的渠道、以什么样的方式向政府提出自己的政策建议，使公共政策的制定和执行能够更全面、更真实地体现人民群众的根本利益，以避免盲动式的政治参与。

本章小结

公共政策学作为一门学科仅有几十年的历史，20 世纪四五十年代从政治学和行政学领域来研究公共政策问题标志着公共政策学的形成，并在学者和政府官员的共同努力下迅速发展壮大，成为各国政界和学术界共同关注的研究领域。经济学、社会学、政治学、行政学、运筹学、系统分析等学科领域的相关知识、研究理论和技术方法，构成了公共政策学研究与发展的基础。公共政策学是一个新兴的综合性、跨学科的研究领域，是注重行为性及实践服务的学科，是注重技术方法研究及其效率的学科，具有综合性、应用性、政治性和规范性的特点。公共政策学主要研究公共政策的原理、学科体系及其方法论等内容，运用系统分析与比较研究、定性分析与定量分析以及社会实验与综合运用的方法。

西方公共政策学经历了 20 世纪 50—60 年代的初创时期、60—70 年代的形成时期、70—80 年代的发展时期以及 90 年代以来的拓展新的方向时期，已经逐步走向成熟。我国公共政策学受到西方公共政策思想和公共政策实践的影响，正在不断朝着系统化、规范化和科学化的方向发展。

【关键概念】

公共政策学

【思考题】

1. 简述公共政策学的学科性质与特征。
2. 简述公共政策学和其他学科的关系。
3. 公共政策学的研究方法有哪些？
4. 西方公共政策学经历了哪几个发展时期？
5. 我国公共政策学研究有哪些问题？
6. 研究公共政策学的现实意义有哪些？

第二章　公共政策概论

公共政策是有权主体为了解决社会问题和公共问题在受到各种内外因素的影响下所制定的满足需求和配置利益的行为准则和活动方案，是调整、规范和管理社会经济的重要手段。本章主要研究公共政策的概念、本质与特征、功能与分类等内容。

学习目标

- 了解政策概念的起源。
- 理解和掌握公共政策的概念、本质和特征。
- 根据不同的标准，对公共政策进行分类。
- 理解公共政策的功能。

【引导案例】

教育公平与起点公平

2014年6月11日滨海市决定调整中考录取政策：加分考生可选择自重点高中录取工作结束后填报志愿，其录取名额不占用重点高中招生计划，由市招考办统一进行录取。随后市教育局又将艺术类查看录像及原定13日进行的体育加分考生成绩重测延迟。但部分家长对为艺体加分考生设单独通道的录取政策调整并不买账。许多家长提出要求取消中考加分政策，考生按“裸分”报考高中。

2014年6月24日市教育局对2014年滨海市报考重点高中拟享受政策性加分的考生名单进行公示，军人子女、七个少数民族、专家子女、华侨子女、归侨子女、台湾地区考生、侨眷子女、体优生和艺术类等可享受加分政策，826名考生的政策性加分分值从2.5分到20分不等。名单公示后便引发了中考考生家长的怀疑，他们认为加分政策幅面过宽、加分过多过滥，一些疑似不具备加分条件的学生享受到了政策性加分。于是，近2 000名家长通过加入QQ群，自发展开打假调查，并将一份疑似加分造假考生的“黑名单”上交市教育局。

对于家长的质疑，2014年7月6日市教育局决定采取三项措施严查中考加分造假。①对体育类比赛加分考生全部重新测试，如有问题按规定取消其录取资格，对拒绝参加测试的考生视为自动放弃加分；②对艺术类比赛加分考生，提供所有现场比赛录像；③关于少数民族子女、专家子女、华侨子女、军人子女中考加分，市教育局将成立四个专门工作小组，分别到各相关单位调查核实。

2014年7月11日傍晚，滨海市教育局向媒体发布了《滨海市调整2014年中等学校招生体育、艺术类享受政策性加分考生录取政策》(以下简称《政策》)。根据《政策》，加分考生可选择在重点高中录取工作结束后填报志愿，其录取名额不占用重点高中招生计划，由市招生办统一进行录取。同时，滨海市教育局表示，将继续会同相关部门严厉打击“中招”加分造假行为。《政策》还规定，享受体育类、艺术类政策性加分考生的重点高中统招志愿，可选择依据文化课总成绩、体育考试成绩两项之和与其他考生同时填报重点高中统招志愿、配额志愿并参加录取；或选择在重点高中统招录取结束后，参考各重点高中录取分数线，依据文化课总成绩、体育考试成绩、政策性加分三项之和填报重点高中统招志愿、配额志愿。

2014年7月12日，部分家长接到通知，延迟中考体育加分考生重测的时间。通知称，为维护考生利益，使对中考体育加分的测试更加公平公正，测试将进行司法公正，公证须公示3天，故测试由7月13日延迟至7月17日进行。同时，艺术类查看录像也延迟至7月17日。

一些家长对市教育局的政策表示担心，对市教育局随意更改录取政策感到不解。一位家长说：“体育、艺术类加分考生除加分录取外，还独立于艺术特长生和普通考生。这些加分考生不仅可以自由选择录取方式，可以参照普通考生分数段填报志愿，教育局还给他们单独增加统招名额、单独增加额外名额，这对于其他考生明显不公平。”有家长希望纪律检查部门介入调查。家长杨女士表示，如果教育部门自己查自己，是不会查出什么结果的。同时一些家长要求教育行政部门立即公布全市中考考生2014年7月17日排名，另有家长要求公布所有加分考生“裸分”成绩、最后录取结果，以防止暗箱操作。

在许多家长看来，此次成绩重新测试能否做到公正透明很值得怀疑。一些家长不支持对享受体育类加分的成绩重测。一位家长说：“重测就算应付这些家长，也解决不了实际问题。即使邀请家长现场监督，家长哪认得考生，有替考的我们也分不清。”部分家长多次聚集在市中心繁华地带，甚至下大雨他们也依然坚持。他们穿着印有“裸分中考，公平竞争”字样的文化衫，打出“裸分中考，取消加分”的红底白字条幅很是醒目。学生家长表示，反对加分政策不仅仅是为了自己的孩子，更是为了公平。

案例思考：

请根据上述资料从教育政策视角分析教育公平的重要性及其对策。

第一节 公共政策的概念

一、政策概念的起源

政策的历史源远流长，几乎与人类文明同样古老。在原始社会，没有阶级和国家，因而也没有体现统治阶级意志的政策。那时，调整人与人之间的关系，靠的是以血缘关系和原始公有制为基础的原始民主，这种原始民主所确立的行为规范成为氏族成员生存、发展的共同根基。这是最初的政策的雏形。当生产力发展到一定水平，生产、分配和交换的社会行为日益增多，人们自然需要响应的规则，并在反复的交往中形成习惯。随着私有制和阶级的出现，这种原始的交往习惯，逐步渗入了阶级的内容，成为奴隶主阶级维护其阶级统治的政策或者法规。

政策概念要比政策实践滞后得多。现代英语中的 policy (政策)是随着近代资本主义的发展，从 politics(政治)派生出来的。中国古代也无“政策”一词，但有类似的概念，如策划、策略、国策等。中国人使用“政策”一词是近代的事。据考证，19 世纪 60 年代末开始的日本的民治维新运动期间，由于西方政治、科技的影响，“政策(policy)”一词传到日本，日本人从汉字中选择了与 policy 含义相近的“政”与“策”联用，译为“政策”，以后传入中国。19 世纪末，梁启超在其 1899 年所写的《戊戌政变论》中，首次使用了“政策”一词，他写道：“中国之大患在于教育不兴，人才不足，皇上政策首注重于学校教育之中可谓得其本矣。”此后，“政策”一词在我国政治生活中逐渐流行。

在当代中国，日常所说的政策是指政府制定的所有规章制度、法规和文件。它常常与“路线”“方针”“战略”“计划”“措施”“策略”“纲领”等词互相替换使用。这些词语都可以归入到政策系统中。但是，这些词语还算不上是科学规范的学术概念，对于研究公共政策学的学者来说，必须从这些日常词语中抽象出更有代表性和精确化的概念，它必须能够准确反映出政策的本质特征。

尽管“政策”一词很早就在使用，而且使用频率很高，但是对于什么是“政策”，学术界并没有一致的定义，不同的学者有着不同的理解。

詹姆斯·安德森认为：“政策是一个有目的的活动过程，而这些活动是由一个或一批行为者，为处理某一问题或有关事务而采取的。”“公共政策是由政府机关或政府官员制定的政策。”

政策是某一团体组织，无论小如团体，大如国家政府，以及国际组织，为达到其自身的种种目的时，就若干可能采取的方法中，择一而决定的方法。奥斯汀则认为“政策是有选择的行动过程或者是有目的的声明”。

由此可见，“政策”一词并非政府或者政党专用，任何一个组织或者团体都可能有自己的政策。政策是一个社会组织为了达到一定的目的而采取的行动或者制定的战略、计划或规则。

这里的社会组织可以是非营利性的组织(如政府)，也可以是营利的组织(如企业)。最近几年，在国外的企业战略研究中甚至兴起了企业公共政策研究热潮。

阿奇·B.卡罗尔就认为：“企业公共政策是指企业从公众、社会及伦理方面对待其利益相关者以及行使其职责时所持的态度、立场、战略或者观点。”企业公共政策是企业战略管理的一个非常重要的组成部分。

虽然任何一个社会组织都可以有特定范围的政策，但是当我们谈到公共政策时，我们所指的仍是公共权威部门所制定的政策。

二、公共政策的含义

在现代这个复杂的社会里，公共政策可以说无处不在，如影相随，且已经渗透到日常生活的各个层面。它们有时对你有利，可以带给你愉快和欢乐；有时对你不利，会给你带来烦恼和痛苦。因此说，公共政策对大家的生活和情感都有着极其重要的影响。人们到医院看病，会受制于医疗卫生政策；孩子能进入学校读书，受益于国家的教育政策；出门旅行，开车上路，需要遵守交通管理规定……政策似乎与我们形影不离、息息相关。因此，我们需要对公共政策有所了解和认识。

(一) 什么是公共政策

在我国，“政策”一词经常被人们在日常生活中所使用，如“教育部权威发布 2015 年高考加分项目最新政策”“座谈会上专家激辩延迟退休政策”“中央最近打出房地产政策‘组合拳’”“呼吁 2015 年我国全面放开二胎政策”“大气污染治理迎来新的政策机遇”“市场迎来宽松的货币政策”等。当我们说这些话或者做这些事的时候，怎样理解“公共政策”这个词的基本含义呢？

(二) 公共政策的概念

(扫一扫，通过阅读拓展视野)

公共政策具有明显的跨学科特征并被广泛应用于社会各个领域，不同的研究者会从不同的分析角度，应用不同的理论和方法去研究不同的政策现象，而不同的公共政策实践也需要具有针对性很强的、不同的公共政策理论与方法，这就使对公共政策概念的解释达成一致遇到一些麻烦。在学术领域，人们在对公共政策含义的理解上也存在不少争议，并没有形成一致的界定和彼此的认同。下面是一些比较有代表性的观点。

1. 西方学者对“公共政策”的定义

公共行政学的最早开拓者威尔逊认为：“公共政策是具有立法权的政治家制定出来的由公共行政人员所执行的法律和法规。”威尔逊这个定义体现了行政与政治二分法的思想，将制定政策看作政治家的活动，而将执行政策看作是行政机关的活动。显然，随着社会事务的日益复杂，公共政策不能只限于法律、法规；而且制定公共政策的主体不只是政治家，还有利益集团、阶级、阶层、社会公众等；执行公共政策的也不只是公共行政人员，还包括政治家、司法人员和社会公众等。

美籍加拿大学者戴维·伊斯顿认为：“公共政策是对全社会的价值作权威性分配。”这种定义是从传统政治学原理的角度理解公共政策，侧重公共政策的价值分配功能。其中所涉及的“价值”应该从广义去理解，它是指所有有价值的东西，不仅包括实物、资金和知识，还包括权力、声誉和服务。这种理解隐含了一个最基本的政治学假设，即利益及利益关系是人类社会活动的基础，而政府的基本职能就是对利益进行社会性的分配。公共政策是政府进行社会性利益分配的主要形式，即决定什么人取得什么和取得多少。但这种理解至少忽视了公共政策除分配之外的其他功能。公共政策的内容远非“分配”二字可以囊括，它不仅涉及分配以前的事情，而且涉及分配以后的事情，即处理生产与消费领域的问题或若干其他不属于分配领域的问题。

美国政治学家拉斯韦尔在创立政策科学时曾提出，公共政策是“一种含有目标、价值和策略的大型计划”。这一定义强调了公共政策的设计功能及其目标取向，有一定的道理，因为理性的政策制定通常会有科学的论证和合理的程序。但是，行动计划和方案难以涵盖所有的公共政策，而且把目标要素当作公共政策的必要条件也欠妥当，因为公共政策的目标有时并不十分明确。

美国学者托马斯·戴伊认为：“公共政策是政府选择做的或选择不做的事情。”这一定义侧重了政府的作为和无为，突出了公共政策的行为特征，说明公共政策不仅涉及政府所采取的行动，而且还涉及政府决定停止的行动和根本不去做的事情。

安德森认为：“政策是一个有目的的活动过程，而这些活动是由一个或一批行为者，为处理某一问题或有关事务而采取的；公共政策是由政府机关或政府官员制定的政策。”计划的全部过程是动态要素的综合，如安德森；从静态角度，他们将政策看作是一种计划或一种法规，是政治机构通过的成文的、合法的规范性文件，如威尔逊。正如前文所述，以上概念都强调了公共政策的价值性和目的性。这是公共政策区别于一般个人决定和团体行为的根本特征，并且这种价值性和目的性是宏观的和全局的，它关注的是全社会和整个国家的公共价值与公共目的。这方面比较有代表性的概念就是拉斯韦尔的定义，即“全社会价值的权威性分配”。

2. 我国学者关于“公共政策”的定义

自从公共政策学开始在我国建立以来，我国一些学者也对这一概念进行过不同的定义，在提出我们的概念之前，可以先考察一下他们的定义。

孙光在《政策科学》一书中指出：“政策是国家和政党为了实现一定的总目标而确定的行动准则，它表现为对人们的利益进行分配和调节的政治措施和复杂的过程。”

林金德在《政策研究方法论》中指出：“公共政策是管理部门为了使社会或社会中的一个区域向正确方向发展而提出的法令、措施、条例、计划、方案、规划或项目。

王福生在《政策学研究》中指出：“政策是人们为实现某一目标而确定的行为准则和谋略，政策就是治党治国的规则和方略。”

张金马在《政策科学导论》中指出：“政策是党和政府用以规范、引导有关机构团体和个人行为的准则或指南。其表现形式有法律、规章、行政命令、政府首脑的书面或口头声明和指示以及行动计划与策略等。”

我国台湾学者林永波、张世贤在他们合著的《公共政策》中的定义为：“政府选择作为或不作为的行为。”

我国台湾学者伍启元在《公共政策》中的定义是：“政府所采取对公私行为的指引。”

陈振明等在《政策科学原理》中指出：“政策是国家机关、政党及其他特定政治团体在特定时期为实现一定社会政治、经济和文化目标所采取的政治行为或规定的行为准则，它是一系列谋略、法令、措施、办法、方法、条例等的总称。”

可以看出，我国大陆学者过于强调党和政府的政策主体地位，忽略了社会政治团体的主体性；过于强调政策的目标取向，忽略了政策的过程特点；强调政策的表现形式，忽略了其本质特征。

这类界定强调，公共政策是政府为实现某一目标而制定的谋略；公共政策是引导个人和团体行为的准则；公共政策是保证社会和某一区域内正确方向发展的实施计划或方案。

总之，中外学者都力图给政策一个恰当的定义，但由于角度不同及利益取向的差异，呈现出不一致的现象。

在本教材中，公共政策定义为社会公共权威在特定情境中，为达到一定目标而制定的行动方案或行动准则。其作用是规范和指导有关机构、团体或个人的行动，其表达形式包括法律法规、行政规定或命令、国家领导人口头或书面的指示、政府大型规划、具体行动计划及相关策略等。

在上述定义中，社会公共权威是一个较为宽泛的概念，它既包括国家政府或执政党派，又涵盖宗教团体或宗族势力，泛指具有特殊权力、能够制定公共政策的政治实体。当然，政策既可能是个人制定的，也可能是群体制定的。但个人是代表群体的个人，群体是作为组织核心的群体。特定情境是指特定的历史时期和特定的环境条件，以及公共政策特定的适用范围，即所谓的时空条件。政策目标是政策的灵魂，一般而言，制定政策总是为了达到一定的目标，从主观来看，不会有无的放矢的政策。行动方案是指政策的具体性和可操作性。行动准则是指政策的指导性和原则性。

第二节 公共政策的本质与特征

一、公共政策的本质

公共政策的制定、执行及其执行的结果都是为了解决一定的社会问题，调整社会利益关系。公共政策的本质主要表现在以下三个方面。

(一) 公共政策是阶级意志、利益的集中体现和表达

公共政策的本质首先表现在它是一定社会阶级意志和利益的集中体现。在阶级社会中，不同性质的国家政权和代表不同阶级、阶层利益的政党及其他政治组织，面对的是各种各样、错综复杂又千变万化的社会问题。为了解决这些社会问题，他们就必须制定自己的政策；而任何政策的制定和执行都是以维护本阶级的政治、经济利益为宗旨的。

公共政策在一定程度上表示着阶级力量的变化。由于公共政策是阶级利益的集中体现，因此任何阶级、国家在制定自己的政策时，首先考虑的是如何维护自己的经济利益，如何巩固自己的政治地位，如何削弱敌对阶级的力量，剥夺敌对阶级的政治经济权益，这是制定和执行政策的根本出发点。但是，任何阶级在制定和维护政策时，又不能不考虑到现实的阶级关系、现实政治力量的对比。一定的阶级为了本阶级的长远的、整体的利益，往往会在以前的、局部的利益方面向敌对阶级做出某种让步和妥协。政策在一定程度上变成了各阶级政治力量对比变化的“晴雨表”。公共政策体现了阶级的意志、利益，不同历史阶段的不同统治阶级，其政策的本质有明显区别，但都是为了巩固其统治、进行政治管理的基本工具。

(二) 公共政策服务于社会经济的发展

公共政策服务于社会经济的发展的这种本质是由国家职能的两重性所决定的。国家作为阶级统治的工具，除了维护其统治的政治职能外，还有维护其统治的社会经济职能。作为其意志与利益的直接体现的政策及法律当然也带着这样的特性。国家具有管理社会事务方面的职能，作为阶级统治的工具，国家总是力图把阶级矛盾控制在秩序的范围内，努力营造相对稳定的政治局面。这样，国家往往根据统治阶级的需要，组织社会经济活动，发展科技文化事业，管理某些社会公共事务，从而使国家履行管理社会事务方面的职能。这种职能必然通过国家政策体现出来，使政策在执行过程中，通过对各种社会资源的利用，对各种社会潜能的挖掘，在总体上实现政策目标的同时，推动社会经济文化的发展。例如，在 20 世纪 30 年代的大萧条时期，美国“罗斯福新政”既要缓解经济危机、维护统治，又要促进社会平衡、协调发展。当时，大量公共工程的建设，减少了失业人口，刺激了消费，使美国经济逐渐回升，走出低谷，从而促成了美国社会的再次繁荣。我国“西部大开发”的战略决策指出，必须缩小地区间差异，促进整体协调发展，保证社会的稳定和发展。

(三) 公共政策是各种利益关系的调节器

公共政策的核心就是要解决社会利益分配的问题，所有公共政策最终都表现为对社会利益关系的处理。在对社会利益分配的理解上，应该是既全面又重点突出。①公共政策的本质表现在它是一定社会阶级意志的利益的集中体现，政策所要调控的各种社会利益关系实际上是阶级关系的表现形式。②政策对社会利益关系的分配又是一种反映全体成员利益的全社会利益的综合性分配。③公共政策对利益的分配，是一个动态的过程。这种过程大致经历四个环节：利益选择、利益整合、利益分配与利益落实。

1. 利益选择

作为公共权力的占有者，政府把利益分配给谁，首先来自于政治统治的目的。政府

是利益的首先选择者，这种选择既有那些与社会整体利益一致的方面，也有与政府自身利益相一致的方面。这种选择使公共政策不可避免地带有明显的倾向性。这就是为什么现实中总会有事与愿违的公共政策出现。

2. 利益整合

美国著名政治学家罗尔斯认为，社会是为获取共同利益组成的协同事业体，因而各社会成员在通过建立社会机器相互协作以增加利益上，具有相互一致的利害关系。至于社会总体所获得利益如何向每一个社会成员分配，却构成了人与人之间表现在利害关系上的相互对立的态势。因此，政府在向社会成员分配利益时，除了考虑社会整体利益与政府自身利益之外，还得考虑社会成员之间的利益的相关性。现实社会生活中，各种利益有时可能相互矛盾，政府要善于综合平衡，要把灵活性与原则性结合起来，既要反映社会上大多数人的利益要求，又要兼顾保护少数人的合法利益，要力图调动最大多数人的积极性，排除消极因素，把各种利益矛盾尽量控制在较小范围内，以保证社会稳定。

3. 利益分配

政策对社会利益关系的分配从根本上说仍是服务于阶级的整体和长远的利益，服务于政府整体目标的需要，有时也取决于当时的社会环境，因此对于不同的社会群体而言，从一项公共政策那里得到的好处是不等的。例如，当前社会贫富分化严重，农村发展滞后，影响社会的和谐发展，因此关注农村发展和农民利益成为当前政策的重点，相对于前一阶段我国的社会发展政策而言，目前的政策对农民的利益给予了一定的保证。例如，最近两年颁布的加快新农村建设，减免农业税等政策，农民得到的好处就大于社会的其他群体，但是因减免农业税所带来的农民生产积极性的提高和农产品供应的增加则可能为城市居民带来间接的好处。一般情况下，公共政策容易把利益分配给与政府主观偏好一致或者基本一致者、最能代表社会生产力发展方向及普遍获益的社会多数者。

4. 利益落实

政策分配利益不仅是书面或者口头上的，而且更应该是能使政策所关注的利益群体得到实实在在的利益，否则政府会因此失去其公信力和权威性，这种利益的落实有公共权威作为后盾，以公共资源作为支持。例如，关于农民的社会保障政策的落实，政府不但有相应的政策，而且应该有相应的财政支持。

二、公共政策的特征

在不同的社会形态里，公共政策的社会内容和外在表现各不相同。然而在阶级社会中，公共政策一般都具有如下基本特征。

（一）阶级性

公共政策虽然是为了解决公共问题、实现公共利益而制定的，并且它的制定者是凌驾于社会之上的公共权力机关，但是具有公共权力的统治阶级选择或制定的政策方案，代表和体现的在实质上却不是社会全体成员的共同意志和共同利益，而是在政治上、经济上居于统治地位的那个阶级的意志和利益。一定的政策总是要为一定的统治阶级的利益服务的。“政策的确立和改变，必须根据统治阶级的政治天秤权衡决定。”阶级性是公共政策一项本质属性。

(二) 权威性

公共政策是社会关系的调节器，它的运行和有效性有赖于它的权威性。公共政策的主体是社会公共权威，主体权威性赋予了政策的权威性。政策与权威是紧密地联系在一起的，权威性是政策的另一本质规定性。公共政策的权威性和它的阶级性、政治性紧密联系在一起。权威性与统治阶级的地位相对应。公共政策都是统治阶级利益的体现。为了维护和实现自己的阶级利益，统治阶级在制定和执行公共政策时会赋予其合法性和权威性，必要的时候还会以强制性为后盾推动政策的执行。

(三) 公共性

公共政策主要用于解决社会的公共问题，保证社会的良性发展。公共政策是公共权力机关为解决公共问题实现公共利益而制定的，这就是公共政策的公共性。公共性是公共政策的本质属性。公共政策是政治系统、政府等公共部门进行社会公共管理、维护社会公正、协调公众利益、确保社会稳定发展的措施与手段。因此，公共政策必须立足整个社会发展，从全社会绝大多数人的公共利益出发制定和实施各种行为规范。离开了公共性，公共政策就有可能变为某些个人、团体、阶层牟取私利的工具。

(四) 普遍性

每一公共政策所制定的行为规则，在政策主体所框定的范围内都具有普遍的适用性。政策是要求普遍遵循的行为规范。政策须为人们在一定的情况下应当如何行为提供标准、设定限度，这种标准和限度在政策主体所框定的范围内不因各种各样的个别特点而失效，这就是公共政策的普遍性。

(五) 稳定性

对于任何一个政治系统及其政府来说，追求稳定是其基本目标。公共政策作为政治系统运行的中心、政府履行自身职能的手段和进行公共管理的途径，就必须保持稳定。政治系统和政府要想通过制定、执行公共政策来达到社会稳定，首先就要求社会的总政策、基本政策是稳定的。“政策不但要对，而且要稳定，要有连续性”。公共政策稳定性的前提是政策的正确性，只有政策对了，政策才能稳定。公共政策的稳定性最重要的表现是其连续性和严肃性。只有保持前后一致、新旧衔接、连贯不断，政策才能稳定；只有坚持原则、严肃纪律、规范程序、严禁曲解，政策也才能稳定。特别是一些关系全局和影响深远的政策，其稳定性具有极为重要的意义。而要保持这种稳定性最根本的途径就是政策的法律化，即将政策上升为法律，也叫政策立法。这样做能够防止因重要领导人更迭等因素所引起的政策大起大落。

“刚说不变了，又来文件了”。朝令夕改、变化无常的政策，是最不得人心的。这样做不仅会丧失政策的严肃性和权威性，大大降低公众对政策的信任程度，影响社会秩序的稳定和生产力的发展，而且还会给政策执行带来许多麻烦，使政策执行机构无所适从，导致政策难以贯彻执行。当然，公共政策还须以特定的客观情势及其发展变化为依据，也就是我国古代思想家所说的“世异则事异，事异则备变”。因此，一方面政策必须保持一定的稳定性，才有利于政策的实施及政策目标的实现；另一方面随着政治、经济、文化的发展和形势的变化，政策也须发生相应的变化。也就是说，政策是稳定性与变动性的统一。政策的变动性是绝对的，稳定性是相对的。

(六) 合法性

公共政策对社会、团体、个人的行为进行规范和指导，必须得到相关目标群体的认可与接受。这种无论出于自愿还是被迫的接受，是公共政策能够获得执行的前提条件，否则公共政策就没有约束力，也难以取得所期望的效果。因此，公共政策需要一个按照规定程序合法化的过程，使之具备合法性。从政策主体来看，只有合法的公共组织和机构才能够制定和执行公共政策，它们的行为方式也必须做到合法，即遵守宪法和法律，做到依法治国、依法行政；从内容来看，公共政策要符合社会上大多数人的长远利益，才能得到他们的认可，否则可能招致大部分人的抵制；从程序来看，必须经过特定的法律程序或规定的程序，以规范的书面形式制定并正式向社会颁布的公共政策才具有合法性。

(七) 价值性

毫无疑问，政策制定者的价值观体系对公共政策的内容有着非常重要的影响。政策制定必然涉及价值判断。例如，在选择政策方案的过程中，决策者需要回答“应当怎样做”“怎样做才有意义”等问题，这就是在进行价值判断。制定任何一项政策，其受益前提就是价值判断。政策制定者在政策制定过程中，不论其是否自觉地意识到，其行为都是在一定的价值观指导下进行的。当然，政策制定者的价值观绝非简单的概念，它受多种因素的影响，我们把所有这些主观和客观方面的影响因素统称为价值观体系。一些人极力推崇所谓价值中立的理性政策，从某种意义上讲，这种想法是不现实的，也是难以实现的。

(八) 周期性

公共政策过程具有周期性。公共政策是一个完整的实践过程，具有时空的相对性和循环性，其中包括不同的政策解读。例如，国内学界普遍把政策过程划分为：政策问题的界定，政策实现目标的确认，政策方案的拟定及政策的未来走向。这一简单的政策过程描述还未涉及实际政策过程中种种错综复杂的情况及相应的政策过程变动。在实际的政策过程中，政策会随着主客观因素的变化而改变政策原本的内涵，因此政策的生命周期会随之发生变化，甚至出现时过境迁的情况，最后结束了这次原本意义上的生命。取而代之的可能是具有新一轮生命周期的新的公共政策。同时，并非所有的政策过程都会按照以上简要概括的步骤进行。现实中，政策过程的各个环节之间会出现交叉、循环、反复的现象，从而使政策过程具有循环性的特点。正是政策过程具有的时空相对性和循环性，才表明公共政策像所有事物一样，有一个生命周期过程，具有周期性的特点。

(九) 复杂性

从执行结果来看，公共政策表现出多重作用。因为社会是复杂的，事物是变化的，所以任何一项政策都不可能尽善尽美、万无一失，它既可能产生人们希望看到的效果，也可能出现人们不愿看到的现象；既可能有意料之中的事，也可能有始料不及的事；既可能有易于发现的显现功能，也可能有难以觉察的潜在作用。以我国人口政策为例，其正功能不言而喻，可以降低人口增长速度，缓解人口压力，提高人口素质，促进经济发展；但它也有非常明显的副作用，使人口老龄化成为阻碍经济发展的因素之一。再如，我国“对内搞活”的经济政策使大批农民进入城市，其直接作用表现为满足了城市居民的某些“边缘”需要，对城市发展起到了极大的促进作用；其间接作用表现为改变了农民“故土难离”的小农封闭意识，使他们得以接受现代社会的精神洗礼。但其负面影响也不可低估，因为农村流动人口给城市管理带来了巨大的压力。

(十) 层次性

公共政策有其层次要求，“一刀切到底”的政策往往是要碰壁的。一般而言，高层次的政策对低层次的政策具有指导作用，但它往往都是概括性很强的原则规定，难以直接规范人们的行为，可操作性不强。只有把高层次的政策逐层分解并加以具体化，才能使之转化为低层次、具有可操作性的辅助政策。例如，中央政府制定的政策往往是从整个国家的全局出发，对地方政策具有宏观的指导作用；而地方政府应依照本地区的实际情况，具体分析政策的目标群体，以中央政府的政策为框架，制定出适合本地区情况的政策。

(十一) 阶段性

从动态角度来看，公共政策有一个发生、发展的变化过程，表现出阶段性的特征。从广义角度来讲，政策过程可以分为两个阶段，即政策制定阶段和后政策制定阶段(执行和反馈调节阶段)。前一个阶段涉及问题觉察、议程建立、方案评估、政策采纳及其合法化等环节；后一个阶段涉及政策实施、信息反馈、效果评估、调整变更和政策终结等环节。

(十二) 多样性

公共政策的多样性主要包括层次多样性、领域多样性、形式多样性、时间多样性、功能多样性等。从层次来看，公共政策可以划分为元政策、基本政策和具体政策；从领域来看，公共政策可以划分为政治政策、经济政策和社会政策等；从形式来看，公共政策可以划分为指示性政策、决定性政策、建议性政策和条例性政策；从时间来看，公共政策可以划分为即时政策、短期政策和中长期政策；从功能来看，公共政策可以划分为引导性政策、管制性政策、协调性政策和程序性政策等。

第三节 公共政策的分类

由于政策所涉及的范围十分广泛，内容异常丰富，表现形式也多种多样，因此按照不同的标准和依据，可以对政策进行不同类别的划分。在政策科学研究中，不同类别的划分便于从不同的角度来考察各种政策，各有其意义。

一、元政策、基本政策和具体政策

以同一政策体系内的各项政策相互间是否存在着涵盖与衍生的关系为标准，公共政策可以划分为元政策、基本政策和具体政策。在元政策、基本政策和具体政策之间存在着涵盖与被涵盖、衍生与被衍生、统摄与被统摄的关系。

(一) 元政策

元政策也叫总政策(或者总路线、总方针)，主要是指那些指导和规范公共权威部门政策行为的理念和方法。元政策是政策体系中总的或具有统摄性的政策，对其他各项政策起指导和规范的作用，是其他各项政策的出发点和基本依据。它的基本功用在于保障其他各项政策遵循同一套政策理念、谋求实现统一的政策目标。例如，我国以经济建设为中心，坚持四项基本原则，坚持改革开放的总路线也就是总政策。元政策涉及的内容包括：哪些团体或者组织，按照怎样的程序，依据什么样的原则，采取什么样的方式，如何制定公共政策等。

(二) 基本政策

基本政策是针对某一社会领域或社会生活的某个基本方面制定的、在该领域或方面起全局性与战略性作用的政策。基本政策是元政策在某一领域或者方面的具体化或者延伸，是具体政策的原则化，是联结元政策和具体政策的中间环节。基本政策一般反映统治阶级的价值观和政治信仰，其中包括政策制定者的价值观和政治信仰。一般也将基本政策称为基本国策、方针性政策、纲领性政策、根本政策等，它通常是对关系国家全局利益的某一领域、某一部门、某一方面的工作所规定的主要目标和任务。例如，人口与计划生育政策是我国的一项基本国策。

(三) 具体政策

具体政策是为了在某一个特定的部门贯彻基本政策而制定的具体行动方案和行为准则，也被称作部门政策或方面政策。它是针对特定而具体的政策问题做出的政策规定，社会生活的各个方面都有许多具体政策，而且通常都以政府文件的形式做出具体规定，如我国实施的积极或消极的财政政策。具体政策由元政策和基本政策所决定，体现和服从于元政策和基本政策。

元政策、基本政策和具体政策的区分具有相对性。同时具体政策又可分为若干等级层次，高一层次的具体政策相对低一层次的具体政策而言，又具有统摄作用。

二、政治政策、经济政策、社会政策及教育、科技、文化政策

从横向角度出发，按照政策所涉及的社会生活领域的不同，可以将公共政策划分为政治政策、经济政策、社会政策及教育、科技、文化政策。

(一) 政治政策

政治政策是指一定的政策主体在政治生活领域里为达到一定的政治目标而针对相关对象制定的行为准则与规范。它是政治体系(国家、政府、政党等)得以存续、维持和发展的根本举措。政治政策包括外交政策、国防政策、国家安全政策、公共安全政策、人力资源政策、阶级政策、民族政策、政党政策等。

(二) 经济政策

经济政策是政策主体在经济领域里为达到一定的经济、政治及社会目标而制定的调

整人们的经济关系、经济活动的准则与规范。宏观调控与微观管理是经济政策的两个基本层次，其基轴是国家与社会、政府与市场的关系问题。在一个社会中，人们的经济活动几乎涉及生活的方方面面，因此经济政策是国家管理活动的最重要政策之一。经济政策包括产权与经营权政策、农业政策、工业政策、金融政策、财政政策、货币政策、贸易政策、环境政策、房地产政策、区域发展政策等。

(三) 社会政策

社会政策通译为Social Policy，为德国新历史学派的经济学家于1873年首创，当时他们为解决德国的劳动问题而成立了“德国社会政策学会”，从此“社会政策”这一术语开始流行。社会政策是指政府用来处理狭义的社会问题所采取的行动或行为规范，它以社会问题为对象，专门解决社会问题，以提高人民生活，增进社会利益，谋求社会秩序平衡发展。社会政策是以解决社会问题、促进社会安全、改善社会环境、增进社会福利为目的，经由国家立法与行政的手段，促进社会各阶层均衡发展的一种途径。社会正义、社会公正、社会协调和社会稳定是社会政策的核心价值。社会政策主要包括劳动政策、医疗卫生政策、环保政策、治安政策、社会保障政策、公共救助(社会救济)政策、人口政策、宗教政策等。

(四) 教育、科技、文化政策

教育、科技、文化政策是国家在一定时期的总目标下，为了促进和调节科学技术以及文教事业的发展而制定的基本准则和规范，它包括科技政策、教育政策、卫生政策等。其中，科技政策又包括科技管理政策、高新技术开发政策、科技成果转化政策等；教育政策又包括国民义务教育政策、高等教育政策、职业教育政策、继续教育政策、社会教育政策等；文化政策又包括大众传播(新闻、出版、广播、电视)政策、文学艺术政策、体育政策等。

三、物质性政策与象征性政策

根据所要分配的利益类型，公共政策还可以分为物质性(或实质性)政策与象征性(或符号性)政策。物质性政策是将有形的资源和实质性的权利给予受益人，或者将真正的不利条件强加给那些受相反影响的人。确立最低工资标准、给公共住宅计划拨款、给农民提供收入补贴等政策在内容和效果上都具有物质性特征。

相比之下，象征性政策对人们几乎没有什么真正的物质性影响。它们并不交付表面上似乎要交付的东西，也不分配有形的利益。确切地说，这些政策多涉及人们所珍视的一些价值观，如和平理念、爱国主义及社会公正等。对这一类政策效果的评价有时似乎就显得没有那么必要了。

绝大多数政策既非纯粹的象征性政策，也不是完全的物质性政策。相反，这两类政策可以被视为一个物体的两极，大多数政策落在两极之间，并依据象征性或物质性的程度来确定其在物体中的位置。教师节在我国的设立明显表现出象征性政策的特征，对推动尊师重教的社会风尚、提高教师的社会地位具有重要意义。而政府的“限塑令”颁布后，虽然商场和超市的塑料购物袋使用量明显减少，但政策的棱角在农贸市场已被逐渐磨平。由此看来，“限塑令”从象征性走向物质性还有一段不短的路程。2008 年 5 月 1 日起开始施行的《北京市公共场所禁止吸烟范围若干规定》在执行中也遇到不少障碍，只能说是介于象征性政策和物质性政策之间的政策。

【拓展阅读】

象征性政策

例 1: 党的十八大报告用 24 个字提出覆盖全国各方面意见、反映现阶段全国人民最大公约数的社会主义核心价值观的表述。这个表述分别从国家、社会、公民个人三个层面进行。从国家层面来看，是富强、民主、文明、和谐；从社会层面来看，是自由、平等、公正、法治；从公民个人层面来看，是爱国、敬业、诚信、友善。

例 2: 全国人大常委会于 2012 年 12 月 28 日表决通过了新修改的《中华人民共和国老年人权益保障法》，自 2013 年 7 月 1 日起施行。法律明确家庭成员应当关心老年人的精神需求，不得忽视、冷落老年人。与老年人分开居住的家庭成员，应当经常看望或者问候老年人。用人单位应当按照国家有关规定保障赡养人探亲休假的权利。

四、实质性政策与程序性政策

实质性政策与政府将要采取的行动有关，如修建高速公路、实施福利计划、抓捕恐怖分子、禁止零售酒精饮料等。实质性政策会直接带来利益或产生不便，并分配相关收益和支付必要成本。2008 年，面对全球金融危机日益演化为全球经济衰退，中国政府强有力地启动了刺激内需计划。国务院出台措施计划在两年内新增约 4 万亿元的投资。相当于 2007 年全国固定资产投资的 29.2%。这项政策具有典型的实质特征。这 4 万亿元投资的大体构成涉及以下几个方面：民生工程(保障性住房、棚户区改造、农村电网改造、农村道路建设、农村危房改造和游牧民定居工程等)，基础设施的建设(铁路、公路、机场、水利等)，社会事业方面(教育、卫生、文化、计划生育等)，节能减排，生态工程，调整产业结构和进行技术改造，汶川大地震灾后重建。

与实质性政策相比，程序性政策只涉及怎样采取行动和由谁采取行动的问题。根据这样一个定义，程序性政策就包括了一些法律，如组织法。这些法律是行政机关创建的基础和依据，并决定行政机关的职权范围，规定行政机关在执行任务时的程序和手段，对其运作还提供了行政的、司法的和其他方式的控制。当然，程序性政策也可能会有重要的实质性结果，即“怎么做”和“谁来做”可能对“实际做了什么”(政策结果)具有重要影响。在行政领域，一些人往往会试图利用程序性问题推迟或阻止实质性的决定与政策的通过，他们擅长此道，有办法使用程序性规则来推迟行政机关的行动。某一行政行为可能因为采取了不恰当的程序而遭到诘难，看似是程序问题，但实际试图抵制的却是政策的实质内容。

五、分配性政策和再分配政策

这是美国学者西奥多·洛维为分析纽约市人事任免而做的一种类型划分。分配性政策是指政府围绕着权利、利益的个别分配而做的决策。例如，税额的减免、军工企业活动政府的订单等。有些分配性政策只向少数人提供利益。例如，美国发生次贷危机后，2008 年 6 月美国政府出手救助联邦国民抵押贷款协会和联邦住房贷款抵押公司。另一些政策则向大多数人提供利益，如农业收入补贴政策、房屋抵押贷款的减税政策、义务教育及职业培训计划等。

一般来说，分配性政策涉及使用公共资金来支持特定的团体、社区或产业。那些寻求利益的人并不相互直接竞争，这类利益并不意味着由任何团体支付，而是由公共财政承担，即由所有纳税人支付。因此，分配性政策一般只产生受益者，而没有明确的受损者。一个地方政府及其相关支持者在为他们的计划项目争取授权和资金支持的同时，并不会反对其他地方采取类似的行动，可能还会形成一定的同盟。因此，绝大部分项目在进入决策程序后往往支持者众多而反对者寥寥无几。

再分配政策是政府有计划地积极行动，涉及在社会各阶层和团体中财富、收入、财产及权利的转移性分配。例如，穷人和富人之间的利益再分配，“其目的不是财产的使用而是财产本身，不是平等地对待而是平等地拥有，不是行为而是状态”。再分配政策的通常模式是资源从有产者流向无产者。但是，这个流向也可能会出现相反的情况。由于再分配政策多涉及金钱、权利或权力的再配置，因此往往难以制定和通过。那些拥有财富和权力的人很难心甘情愿地放弃他们的既得利益，并会努力阐述他们为获得财富所承受的巨大压力和所承担的巨大责任。既然金钱和权力在政治世界中是很好的筹码，那么拥有者也就有了进行抵抗的有效手段。

具有或者曾经具有再分配性质的政策包括累进收入税、医疗保险和医疗补贴、扶贫计划、选举权法以及立法机关席位的重新分配等。以美国为例，约翰逊政府的“反贫困”计划代表了把财富和其他资源向黑人和穷人转移的政策努力，但遭到保守派的强烈抵制，而且总统班子的支持也不给力，以致该计划渐渐偃旗息鼓，无疾而终。美国司法部曾花很大力气去实施的《选举权利法》，使得黑人选民登记、投票的数量有了大幅增加，而且还使一些黑人在南部地区竞选成功。建立在支付能力基础上的累进收入税(即收入高的人应当适用更高的税率，税率从 14%～50%分成十几个档次)，由于边际税率的逐渐减少(一些人认为高边际税率既会侵害个人自由又会影响经济增长)，它的再分配效果也大打折扣。

总之，再分配政策不仅难以通过，而且难以维持。对大多数人来说，结果或条件的平等(即收入或生活水平的平等)对他们其实并没有太大的吸引力，他们更为关注的是机会上的平等。

六、管制性政策与自我管制性政策

管制性政策是对个人或团体的行动加以限制和约束的政策。或者说，这类政策减少了受管制对象的自由和权利。管制性政策不同于分配性政策，后者的实施只会增加利益相关者的自由与权利。当谈到管制性政策时，我们的注意力往往会更多地集中到商业领域，如对污染的控制和对汽车的控制。但对有些人而言，这些正是需要放松政府管制的领域。实际上，管制性政策涉及的最重要的领域还是针对个人权利、财产保护、打击犯罪、防范恐怖等社会性管制方面，这类政策主要包括平等就业、物权保障、刀具管制、扫黄打非等，其中也会涉及对个人行为的一些规定。

管制性政策的形成通常涉及两个团体或团体联盟之间的冲突。其中一个团体或团体联盟试图将某种管制加给对方，而另一方则试图加以抵抗，声称这种管制毫无必要或所提出的是一种错误的控制方式。在这种冲突中，管制性的决定会产生明显的赢家和输家，尽管最终赢家所得到的一般都少于他们想要得到的。当赢家是以公共利益为目标的团体时，他们并不会得到直接的物质利益，如2000年9月1日起开始施行的《中华人民共和国大气污染防治法》提供的是广泛的社会利益，而非集团利益。

管制性政策有以下三种形式。

(1) 某些管制性政策提出了行为的基本准则，即指定应该采取哪些行动，或命令不得采取哪些行动。例如，2008年8月1日起开始施行的《中华人民共和国反垄断法》(以下简称《反垄断法》)实际上就是明确地告诉企业，政府要“预防和制止垄断行为，保护市场公平竞争，提高经济运行效率，维护消费者利益和社会公共利益，促进社会主义市场经济健康发展”。这里的管制能够通过法院对违法者的起诉而得到实施。相比之下，公共事业性的管制多是由地方政府加以承担，往往包含一些更为具体的控制措施，如规定准入机制、服务标准、财务操作标准，以及电力、电话和其他公用公司的收费标准等。相对来说，《反垄断法》比公共事业管制更少限制企业的权利。

(2) 消费者保护政策能说明管制政策存在的另一些差别。有些立法，如1994年1月1日起开始施行的《中华人民共和国消费者权益保护法》明确规定，消费者为生活消费需要购买、使用商品或者接受服务，其权益受法律保护。这类政策试图向消费者提供有关做决策时所需要的信息。另一些消费者保护的立法，如1993年2月22日颁布的《中华人民共和国产品质量法》等确立了产品生产商必须遵循的质量标准。自2009年6月1日起开始施行的《中华人民共和国食品安全法》制定了食品安全国家标准。这类政策旨在阻止不符合预定标准的产品进入市场。

(3) 某些管制性政策，如限制企业进入广播、电视、煤炭、电力等特殊行业的政策，是通过将利益赋予某些人，而拒绝赋予另一些人的决定来加以贯彻实施的。对于某一行业的营业执照发放，会由若干申请者提出申请，但只有一家申请者的要求能够得到满足。这些政策可以称之为竞争性管制政策，因为它限制了特定物品和服务的提供商。但是，这样做也可能会降低服务效率和产品质量。

【拓展阅读】

岂能一限了之

道路拥堵不堪、住房供不应求、公共交通难堪重负——近年来，我国城市化进程加速，大量人口涌入城市，在促进经济繁荣的同时也带来了各种城市管理问题。怎么办？于是，限行、限号、限购、限贷、限流……“限字头”政策在各地轮番出台，“限象”频发。然而，问题真正解决了吗？这已成为目前大众热议的话题。

一项由北京市交通委发布的运行报告显示，2013年北京全路网工作日平均每天堵车1小时55分钟，比2012年每天多堵25分钟。这意味着，实施交通限行政策已经三年的北京，拥堵形势不仅没有明显改善，反而进一步严峻。除北京外，一些中心城市、省会城市，如广州、天津、成都、哈尔滨等城市接连出台限行政策，以期缓解日趋严重的交通拥堵问题，但从目前情况来看，普遍收效甚微。

除了限行，还有限购。据不完全统计，自 2010 年以来，作为一系列房地产调控政策的重要一环，限购、限贷、提高房贷首付比例等具体措施已经先后在 40 多个城市出台并实施，以期缓解住房供需矛盾，抑制房价过快上涨。然而，客观现实却是，2013 年 70 多个大中城市住宅销售价格除温州外 69 个同比上涨，最高涨幅达到 21.9%。这其中，为数不少的城市，房价相比三年前各地集中出台限购政策之时，已几近翻番，可谓越限越涨。

同管制性政策相似，自我管制性政策同样涉及对某些事物或某些团体的限制和控制。然而，二者的不同点在于，自我管制性政策受到被管制团体更多的控制，而且它们被用作保护和促进自身成员利益的一种手段。在一些国家存在几百种专业和职业执照，如树木整形师、拍卖师、调酒师、律师、教师和医师等。通常，发放的关于医疗方面的执照就有按摩师、牙医、牙科保健师、急救人员、验光师、药剂师、内科医师、脚病医师、注册护士、心理医师、保健医师和社会工作者。就这类政策的形成而言，通常的模式是，某一专业或职业团体主动从政府部门寻求关于营业执照发放的立法。由于利益关系，它们参与政策制定的热情很高。而在这些团体之外，社会上则很少有人对之感兴趣。结果便是某一关于发放营业执照的立法获得通过，实施权就被授予了行业协会。这类组织无疑会受到执照持有团体的多方面控制。不难想象，在相当长的一段时间内，要进入该行业委员会会受到诸多的限制，而且其索取的专门服务价格也会不断上升。这种自我管制很难说一定能够提高服务的质量。

七、能动性政策与被动性政策

政策主体根据客观形势的发展趋势所做的预测，面向未来而主动采取某种行动方案，就是能动性政策。政策主体以解决既存问题为根本目的而采取的行动方案，就是被动性政策。

八、鼓励性(扩大性)政策与限制性政策

这是以政策主体所希望的人们行为选择的范围为标准所做的类型划分。鼓励性政策指的是以奖励手段(含精神鼓励与物质鼓励)扩大人们行为选择的范围，激励人们向着政策主体希望的方向努力的政策。限制性政策指的是以惩罚或者声称要进行惩罚的手段限制人们行为选择的范围，制止政策主体不希望的行为发生的政策。

九、积极性政策与消极性政策

这是以政策主体是否行为为标准的类型划分。政策主体通过采取一定的行为以达到所希望的目标，这样的政策就是积极性政策。但是在很多情况下，无为就是有为，政府不采取行动就是最好的决策。例如，在我国改革开放的过程中，党和政府对城乡私人企业的重建和发展在相当长的时间里就是采取这种政策。这种通过不行为而达到所希望的目标的政策，就是消极性政策。

第四节 公共政策的功能

所谓公共政策的功能，就是公共政策在管理社会公共事务过程中所发挥的功效和作用，它通过政策的地位结构作用表现出来，它总是在与某种社会目标的联系中得到判定。公共政策总是要付诸实施，最终产生预期的效果才算完成自己的使命。公共政策最主要的功能是对政策所针对的公共问题产生治理效能。面对不同的公共问题，公共政策所发挥的功能不完全一样，其预期实现的目标也不一样。总的来看，公共政策的基本功能包括导向功能、管制功能、调控功能和分配功能。

一、导向功能

为了解决某个政策问题，政府依据特定的目标，通过政策对人们的行为和事物的发展加以引导，使得政策具有导向性。导向功能是政策的积极性功能。公共政策的引导是行为的引导，也是观念的引导。

公共政策的导向功能是指公共政策引导社会中人们的行为或事物的发展朝着公共政策制定者所期望的方向发展。公共政策的导向功能所包含的一项重要内容是规定目标。规定目标就是把整个社会生活(包括政治生活、经济生活、文化生活等)由复杂的、多面的、相互冲突的、漫无目标的潮流，纳入明晰的、单面的、统一的、目标明确的轨道，使社会有序地发展。公共政策的导向功能的另一项重要内容是教育指导、统一认识、协调行动、因势利导。任何政策，不仅要告诉人们什么是该做的，什么是不该做的，而且还要使人们明白，为什么要这样做而不那样做，怎样才能做得更好。

公共政策的导向功能具有两种作用形式，一是直接引导，二是间接引导。例如，我国改革开放后的农村政策直接调动了农民发展农业生产的积极性，引导他们走上脱贫致富的道路；而农村剩余劳动力向城市的大量流入，必然会对城市居民的工作与生活造成很大影响，这就是农村经济政策间接作用导向的结果。

公共政策的导向功能从作用结果看，既有正向功能，也有负向功能。所谓正向功能，是指政策对事物发展方向的正确引导，体现了公共政策与事物发展规律的协调一致；所谓负向功能，是指对事物发展方向的错误引导，表现了公共政策与事物发展规律的冲突和矛盾。这里要指出的是，不是只有错误的政策才具有负向功能，有时候一些正确的政策也会产生负向功能。例如，西方某些国家的一些社会福利政策，使社会寄生阶层同时受益，懒汉越来越多，这无疑体现了政策的负向功能。再如，我国用于调控房价的限购政策，对于调控房价起到了一定的作用，却也使得一些地区的离婚率骤然上升，这也体现了此项政策的负向功能。

公共政策所具有的导向功能是客观的，是不以人的意志为转移的。人们既要充分发挥政策的正向功能，又要清醒地认识到政策的负向功能，要主动调整社会的利益关系，克服它们的消极影响，特别是要尽量避免那些因错误政策而产生的负向功能。

【拓展阅读】

英国高福利政策之忧

英国首相卡梅伦在电视节目中曾多次呼吁英国的失业家庭不要再多生孩子，因为国家实在已经承受不起这种负担。卡梅伦坦率表示，希望英国人能改变一下领补贴的“价值观”，不要太过依赖政府帮忙抚养孩子。按道理说，生几个孩子本是家庭内部的事，无须政府首脑出面干预，但一涉及儿童福利政策就不一样了。据有关机构统计，英国约有 300 万个家庭没有一个人就业，基本靠领取政府福利过活。在这些家庭中，大约有 10 万个家庭有 4 个以上的孩子，其中有 9 00 多个家庭至少有 8 个孩子。具体而言，英国政府要为每家 16 周岁以下或 20 岁以下仍在读书的长子每周支付 20～30 英镑的补贴，这意味着那些辛勤工作的纳税人每年要为此承担 127 亿英镑的重负。目前，英国政府用于支付失业、住房、身体残疾和子女供养费等各种社会补贴的账单总额高达 1 800 亿英镑。这对赤字累累的英国政府来说实在是不小的负担，首相亲自出面劝阻失业人口不要多生孩子，实在是迫于无奈。这番实话在网上也引发了不少人共鸣，有人直呼“说得好”“绝对正确”“养孩子自己不能不掏钱”，但也有唱反调的，有人高喊“生孩子是那些家庭的人权，政府无权对此指手画脚，政府应该集中精力努力增加工作机会，而不是急于削减各种津贴”。

二、管制功能

政策问题的解决，可以通过政策对象不做什么来达成政策目标。政策主体要制约、禁止政策对象不做什么，或者说要使政策对象不发生政策主体不愿意见到的行为，就须使政策对政策对象的行为具有管制功能。

为避免影响社会良性运行的不利因素出现，公共政策就要发挥对目标群体的约束和管制功能。公共政策的管制功能是指公共政策对社会中人们的行为或事物的发展起到制约或促进作用。公共政策的出台都是为了解决一定的社会问题或是为了预防特定社会问题的发生；政策制定者在政策上对所希望发生的行为予以鼓励，对不希望发生的行为予以惩罚，从而达到对社会的控制。

公共政策的管制功能往往通过政策的有关条文规定明确地加以表现，通常采取以下两种途径达到这一目标。

1. 积极性管制

政策条文的规定突出正激励原则，即对某种行为加以物质或精神方面的奖励，以刺激这种行为重复出现的频率，从而达到减少其反向行为的目的，这是政策的积极性管制功能。例如，一些国家和地区的公务员制度条例规定高薪养廉，使公务员认识到奉公守法、忠于职守可以享用很好的待遇并有一个美好的前程，而贪污腐败、玩忽职守必定使这一切化为泡影。这样就在政策的条文规定上使政策主体禁止的行为在政策对象那里不发生。

2. 消极性管制

政策条文的规定使政策对象发生违反规范的行为时，受到相应的惩罚，这是政策的消极性管制功能。用于法庭审判的法律条文，一般都具有这种功能。在国际贸易关系中，有的国家践踏双边、多边协议或国际惯例，利益受损害的国家在交涉无效的情况下会采取报复措施，这也是政策的消极性管制功能的应用。

【拓展阅读】

税收政策要奖惩并重

以我国资源节约和环境保护的税收政策为例，目前制定的具有针对性的政策大概有30项之多，这些政策中绝大多数都是鼓励性、奖励性的政策，或可被称为税收补贴政策，涉及税种主要集中在企业所得税、增值税、资源税、出口退税等方面。毫无疑问，这些政策在提高社会认识度和推动节能减排工作中发挥了重要的作用。但是，形势的发展要求对当前过于倚重鼓励性政策的税收政策体系做出调整，即坚持激励机制与约束机制相结合。一方面要求有关部门通过制定税收优惠政策继续支持节约能源和环境保护的活动；另一方面，对高耗能、高污染、资源利用率低的行业和企业(包括产品)实行惩罚性的税收政策，适当增加新的税种，逐步建立有利于资源节约和环境保护的有奖有罚、奖惩并重的税收政策体系。

三、调控功能

公共政策的调控功能是指政府运用政策手段对社会生活中出现的利益冲突进行调节与控制。公共政策的调控功能主要体现在调控社会各种利益关系特别是物质利益关系方面。在社会生活中人们有着不同的利益需求，一些人或组织在一定时期内利益是一致的，而在其他时期又不一致，利益的差别使冲突不可避免。为了平衡各种利益矛盾，保持社会的稳定和经济的发展，作为政府重要管理手段的公共政策需要承担起调控社会利益的重大任务。

公共政策的调控功能也有直接和间接两种形式。对中央政策而言，那些宏观调控政策，如以产业政策为核心的经济政策，控制人口增长的人口政策，保护生态平衡的环保政策等，对我国经济的发展、人口数量和质量、环境保护方面都起到了直接调控作用；同时，它们对企业的发展还起到了间接调控作用，政府制定政策去调控市场，市场引导企业的生产、经营，促使资源的优化配置。

公共政策不仅需要指明人们应该做什么和不应该做什么，而且还需要指明人们应该先做什么和后做什么，并以此调控社会群体和个人的行为趋向。因此，公共政策的调控功能还常常表现出其特有的倾向性。政府工作在不同时期会有不同的侧重点，公共政策就应该对此加以倾斜，即在大的目标前提下，优先考虑某一地区或某一领域的发展，并相应地对某些利益群体加以保护，如我国特区经济政策和发展第三产业政策等就突出表现了政策的倾向性特征。

【拓展阅读】

《论十大关系》

《论十大关系》是毛泽东同志在听取了多部门工作汇报，并做了大量调查研究的基础上，于1956年4月在中共中央政治局扩大会议上作的讲话。这篇讲话论述了我国社会主义革命和社会主义建设中带有全局性的十个问题，即十大关系。它们是：重工业和轻工业、农业的关系；沿海工业和内地工业的关系；经济建设和国防建设的关系；国家、生产单位和生产者个人的关系；中央和地方的关系；汉族和少数民族的关系；党和非党的关系；革命和反革命的关系；是非关系；中国和外国的关系。毛泽东同志提出的社会主义建设中的十大关系，都是围绕着一个基本点——努力把党内党外、国内国外的一切积极的因素，直接的、间接的积极因素，全部调动起来，把我国建设成为一个强大的社会主义国家。毛泽东同志的讲话在总结中国社会主义建设初步经验的基础上，以苏联经验为借鉴，提出了探索适合中国国情的社会主义建设道路的任务，明确了党对每一种关系应当采取的正确方针，这对社会主义建设事业的发展具有深远的指导意义。从目前社会发展情况来看，结合新阶段的新任务重温《论十大关系》的基本思想，对于我们协调多方利益，解决社会各种矛盾，维护社会稳定，推动经济发展，具有重要的现实意义。

四、分配功能

从公共政策的界定中可以看出，它具有价值或利益的分配功能。这种功能需要回答三个方面的问题：将那些满足社会需求的价值或利益分配给谁？如何分配？什么是好的乃至最佳的分配？在通常情况下，公共政策容易把价值或利益分配给与政府主观偏好一致或基本一致者、最能代表社会生产力发展方向者及普遍获益的社会多数者。

公共政策之所以具有分配功能，是因为政府具有参与社会再分配的职能，政府制定与实施公共政策的目的就是要将社会公共资源正确、有效地分配。公共政策正是围绕这些问题制定与实施的。

一般来说，政府的公共政策所体现的分配原则主要有三种：①为追求效率而鼓励扩大差别的原则，②为消灭差别而牺牲效率的原则，③效率与公平相统一的原则。在计划经济体制下，政府推行的公共政策在分配功能上贯彻的是牺牲效率的平均主义原则；在市场经济体制下，社会主义国家的政府所制定与实施的公共政策实行的是效率与公平相兼顾的分配原则。

对社会公共利益进行分配是公共政策的本质特征。每一项具体政策都涉及“把利益分配给谁”这样一个问题，换句话说就是，都要面临一个“政策使税收受益”的问题。一般来说，能从公共政策中获益的社会公众通常有以下三类：①与政府的主观偏好相一致的公众。政府是公共政策制定与推行的主体，也是社会公共资源分配的主体。任何政府要维持自身的存在与发展，一方面要考虑社会的总体利益，另一方面也必然要维护与坚持其主观利益。因此，凡是与政府主观利益或主观偏好相一致的公众，必然会首先获利。②能代表社会发展方向的公众。当人们采取的行动与社会发展的方向相一致时，也必定符合社会运行变化的规律。这些行动即便有时受到阻碍，最终也必定会成功。因此，朝着社会发展方向努力行进的公众能够创造出更高的效率和更多的效益。③在社会中成为大多数者的公众。对大多数政府来说，它要维持自身的存在与发展，就必须考虑社会中绝大多数人的利益。如果一项政策遭到社会中绝大多数人的反对，那么或者政府垮台，或者政策执行不下去。因此，政府在制定公共政策时，一定会顾及公众中的大多数人，尽量让社会的大多数人获益。

(扫一扫，通过阅读拓展视野)

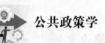

政策的导向功能、管制功能、调控功能和分配功能在政策实践中不能截然分开。任何政策都具有这四项功能，都是一种综合作用。只是每项政策的功能总有其不同的侧重点。

本 章 小 结

本章通过对公共政策概念的溯源，以及对中外学者对公共政策概念的界定，总结出公共政策的含义；分析了公共政策的本质：公共政策是阶级意志、利益的集中体现和表达，公共政策服务于社会经济的发展，公共政策是各种利益关系的调节器；公共政策具有政治性、多样性、层次性、阶段性等特征。

公共政策可以按照不同的标准划分为不同的类型，以同一政策体系内的各项政策相互间是否存在着涵盖与衍生的关系为标准，可以划分为元政策、基本政策和具体政策；按照政策所涉及的社会生活领域的不同，可以划分为政治政策、经济政策、社会政策和教育、科技、文化政策；根据所要分配的利益类型，还可以划分为物质性(或实质性)政策与象征性(或符号性)政策；除此之外，还有多种划分标准。公共政策具有较强的政治社会功能，包括导向功能、管制功能、调控功能及分配功能。

【关键概念】

公共政策　元政策　基本政策　具体政策　政治政策　经济政策　社会政策教育、科技和文化政策

【思考题】

1. 如何理解公共政策主体与客体的关系？
2. 公共政策的基本特征有哪些？
3. 公共政策有哪些类型？
4. 物质性政策与象征性政策有何不同？
5. 实质性政策与程序性政策有何不同？
6. 如何理解公共政策的功能？

第三章　公共政策系统

“系统”一词创成于英文 system 的音译，对应外文内涵加以丰富。系统是指将零散的东西进行有序的整理、编排而形成的具有整体性的整体。尽管“系统”一词频繁出现在社会生活和学术领域中，但不同的人在不同的场合往往赋予它不同的含义，许多社会科学的学者立足于自己的学科角度提出了种种界定。长期以来，系统概念的定义及其特征的描述尚无统一规范的定论。一般我们采用如下定义：系统是由若干相互联系、相互制约的组成部分结合而成的、具有特定功能的一个有机整体。当我们在研究某个系统时实际上是在考察种种因素及其相互作用。任何系统都可以发挥特殊的功能。世界上任何事物都可以视作一个系统，客观世界正是由许多系统组成的一个大的统一体。

公共政策系统是公共政策运行的载体，是公共政策过程展开的基础。按照某些西方学者的观点，公共政策系统是指其内外的种种因素及其相互作用，而由于存在认识角度及强调重点的不同，对它的分析与界定仍然存在着不同观点。公共政策是公共政策系统输出的公共产品。按照某些西方学者的观点，公共政策系统是“政策制定过程所包含的一整套相互联系的因素，包括公共机构、政策制度、政府官僚机构以及社会总体的法律和价值观”。我们对公共政策系统做了颇为不同的理解，将它界定为由公共政策主体、公共政策客体及其公共政策环境相互作用而构成的社会政治系统。本章主要介绍公共政策主体、公共政策客体以及公共政策系统的运行，对于公共政策环境，我们在下一章会详细讨论。

学习目标

- 了解公共政策主体、客体的构成。
- 理解公共政策主体、客体与环境的相互关系。
- 掌握公共政策子系统及其运行。

【引导案例】

中国与全球化智库

——中国最具影响力的新型民间智库

全球化智库(Center for China and Globalization，简称 CCG)，是智库机构的品牌，在政府有关部门注册登记的机构包括中国人才研究会国际人才专业委员会、东宇全球化人才发展基金会、南方国际人才研究院、北方国际人才研究院和中国与全球化研究中心以及东莞人才发展研究院等，是国内最大的社会智库型研究机构。

CCG 成立于 2008 年，总部位于北京，在国内外有近十个分支机构或海外代表处，“以全球视野，为中国建言；以中国智慧，为全球献策”，致力于中国的全球化战略、全球治理、人才国际化和企业国际化等领域的研究，目前拥有全职智库研究和专业人员近百人。CCG 是中央人才工作协调小组全国人才理论研究基地，中联部“一带一路”智库联盟理事单位，并被国家授予博士后科研工作站资质。在全球最具影响力的美国宾夕法尼亚大学《全球智库报告 2016》中，CCG 位列全球智库综合排名第 111 位，并在多个单项榜单中位列中国智库第一。在光明日报与南京大学联合发布的《中国智库发展评价报告》、中国科学院与四川省社会科学院联合发布的《中华智库影响力报告(2016)》中，CCG 均位列中国社会智库第一。

CCG 邀请了一批在政界、企业界、智库和学术界等领域具有广泛影响力的海内外知名人士担任顾问、理事和学术指导，已形成全球化、创新性的研究网络。CCG 同全国人大、全国政协、中组部、人社部、统战部、国务院参事室、国务院侨办、科技部、教育部、商务部、发改委、中国侨联、国务院发展研究中心和中国国际经济交流中心及欧美同学会等国家有关部委和机构保持密切联系，向政府部门积极建言献策，承担其相关政策研究课题，提供独立专业的政策咨询和决策参考报告；同时也多次为北京、上海、天津、广东、江苏、浙江、四川、湖南、山东、广州、深圳、大连、无锡、苏州、东莞等地方政府提供政策咨询研究与服务。

CCG 宗旨：以全球视野，为中国建言；以中国智慧，为全球献策。

CCG 使命：汇聚中国及国际精英优秀思想理念，提供优质研究成果和战略建议，影响国家、社会进步和政府决策；服务中国人才国际化和企业国际化战略；提升中国软实力和国际影响力。

CCG 定位：国际化、影响力、建设性。

CCG 愿景：打造具有全球影响力的中国国际化智库。

CCG 每年出版十余部研究著作，包括与社科文献出版社合作出版发布的《中国企业国际化报告》《中国留学发展报告》《中国海归发展报告》《中国国际移民报告》《海外华人华侨专业人士报告》《中国区域人才竞争力报告》等具有国内外影响力的蓝皮书；CCG 还承担国家多个部委的课题并举办多个论坛及智库研讨会。自成立以来，CCG 向中国政府有关部委提交过百余份建言献策报告，影响和推动政府的相关政策制定。

CCG 的真知灼见、建言献策受到中央的高度重视。全国人大常委会委员长张德江亲自参与 CCG 研究成果的颁奖，全国政协主席俞正声 2014 年对 CCG 的有关建议做了亲笔批示，国家副主席李源潮积极评价 CCG 的多项研究成果，国务院副总理汪洋向广东省领导推荐 CCG 出版的图书。

纵观西方近 500 年历史，几乎每一个强大国家的崛起，都伴随着该国智囊机构的涌现。智库是政府之外唯一专业从事政策研究的机构，世界上有超过 100 个国家的 7 000 多所智库。美国的崛起与其强大的现代智库体系息息相关。然而，作为世界第二大经济体的中国，都还没有一个真正具有世界影响力的顶级智库。官方统计，我国有近 2 500 家软科学机构，智库数量号称世界第二，但实际上获国际认可的智库仅有 400 余家，与世界大国地位极不匹配。

2013 年 4 月 15 日，习近平总书记对“建设中国特色智库”做出重要批示，党的十八届三中全会也强调“加强中国特色新型智库建设，建立健全决策咨询制度”。智库建设已经上升为国家战略，中国智库进入了快速发展的新时期。

案例思考：

智库对公共政策有何影响？从智库对大国崛起的影响力，谈谈对“智刃无锋、何以大国争锋？”的理解。

第一节 公共政策主体

所谓主体，就是指某个事物的所有者或某种行为的行为人。公共政策主体被界定为直接或间接地参与政策制定过程的个人、团体或组织，主要解决公共政策的所属问题，即解决是谁的政策和谁制定实施政策的问题，如国家的政策、政党的政策、国际组织的政策等。但是，由于各国社会政治制度、经济发展状况和文化传统等方面的不同，各国的政策过程存在着差别，因此公共政策主体的构成及其作用方式也有所不同。

西方学者以西方社会，尤其是以美国的多元权力结构为背景提出关于公共政策主体的观点。美国学者琼斯和曼特斯根据政府提案的来源，将公共政策的主体分为政府内部和政府外部两大类：前者包括行政长官(总统、州长、市长等)，官僚，咨询者，研究机构，议员及其助手，后者包括利益团体和协会、委托人团体、公民团体政治党派和传播媒介等。还有大多数学者把公共政策主体分为官方的政策制定者和非官方的参与者。美国学者詹姆斯·E.安德森认为，国家立法机关、行政机关、行政管理机构、法院以及利益团体、政党、作为个人的公民是政策产品的主要生产者和供应者，前四类是“官方的政策制定者”，后三类是政策过程“非官方的参与者”。安德森指出，官方决策者是指那些具有合法权威去制定公共政策的人。这些人包括国会议员、政府首脑、行政人员和法官，他们所从事的决策活动多少会有所不同。然而，除了他们之外，还有许多人参与了政策的制定过程，这些参与者中不仅有政治党派和利益集团的成员，而且还有代表个人的普通公民。

一、官方决策者

现代西方政治体制多以三权分立为原则构建国家的公共权力。立法、行政和司法三种权力分别由议会、内阁和法院掌握，这三大系统各司其职，彼此独立，依靠国家宪法所赋予的权力制定不同类型的公共政策。它们彼此监督、相互制约，以保持三种权力之间的平衡状态。一些国家所实行的政党制度从形式上看往往能够把政党政治排除于国家的三权之外，而实质上却能够使政党政治“一以贯三”或“以一治三”，从而实行对公共权力的制约和对国家利益的整合。因此，政党权力有时候完全可能成为凌驾于三种权力之上的至高权力，从这个意义上讲，政党有可能会成为站在官方决策者行列之外的“超官方决策者”。官方决策者一般包括立法机关、行政机关和司法机关。

(一) 立法机关

立法机关是公共政策主体最重要的构成因素之一，它的主要任务是立法，即履行制定法律和政策这一政治任务。立法机关在西方国家是指国会、立法会议、代表会议等国家权力机关，在我国则是指全国人民代表大会及其常务委员会。立法机关的基本职能是制定法律，即就那些具有稳定性、普遍性特点的社会问题制定法律，以确定政府与公民的行为准则。

在美国，国家立法机关常常能够在独立决策意义上行使立法权。例如，在国会中，常设委员会对提交的法案通常拥有“生杀”大权，它甚至可以置议会大多数成员的反对于不顾，强行通过有关法案。美国有关税收、人权、社会福利和劳动关系等方面的政策一般是由国会加以制定，但是在国防和外交政策的制定方面，总统拥有比国会更大的权力，国会要服从总统的领导。

在我国，全国人民代表大会是权力机关和立法机关，是我国的政策制定及立法的主要机关，也是政策执行和监控的制约机构。作为国家最高权力机关，全国人民代表大会有两个重要的职能：①把执政党即中国共产党对国家和社会的政治领导及其政治路线、政治纲领、政治意志以国家法律的形式体现出来，使其成为国家的意志——国家权力的灵魂；②建立政府权力体系——国家行政机关、司法机关等。它所制定的政策具有两个基本特征：①权威性——它们是经过法定的程序制定的，是一般的大政方针，因而具有权威性；②强制性——它们以国家强制力作为后盾，必须被坚决执行。

(二) 行政机关

行政机关是掌握国家行政权力，运用公共政策对国家公共事务进行管理的机构，它是立法机关所确立的国家意志的执行者。行政机关及其官员是公共政策主体的一个重要组成部分，尤其是在“行政国家”或“以行政为中心”的时代，行政权力扩张，行政机关在公共政策过程中的地位和作用就显得更加突出了。

西方国家的行政机关，主要有内阁制、总统制和委员会制等。内阁制国家的内阁是政府的领导核心，内阁对议会负责；总统制国家的总统是最高行政长官，具有内政、外交和军事等方面的重大决策权；委员会制国家的行政权力在于委员会，委员会是议会的执行机构。在我国，政府作为管理机关，是公共政策主体的一个重要因素。政府机关不仅是政策执行的主要机构，而且有权根据基本国策制定出具体的政策法规。中央人民政府即国务院是我国最高权力执行机关和最高行政机关，统一领导地方各级政府的工作；国务院各部委是政府内政、外交工作的主管部门，提出和制定本部门工作发展的战略，结合方针和政策及本部门工作实际贯彻党和国家的政策法令；地方各级政府是地方各级国家行政机关，依照法律规定的权限发布决定和命令，执行党中央和国家的方针、政策，并制定实施本级政府的具体政策。在我国，政府部门制定出的政策具有如下两个特征：①具体性——行政机关制定的政策绝大部分是党和国家权力机关政策的具体化，它们要体现党和国家权力机关所制定政策的基本精神；②补充性——对党和国家权力机关政策所没有涉及的领域，行政机关有权制定出一些补充性的政策规定，以防出现政策空白。

(三) 司法机关

作为国家或政府组成部分的司法机关，在公共决策过程中也占有重要的一席之地，它也是公共政策主体的构成因素之一。司法机关是代表国家对各类刑事、民事和经济等案件进行检查、审理和判决的管理机构。在现代社会中，司法机关对公共政策过程发挥着积极的作用，它不仅参与政策制定，而且在其中扮演重要的角色；不仅规定政府不能做什么，而且规定政府应该采取何种行动。尽管在许多国家特别是发展中国家，法院难以介入公共政策的制定过程，不具备实际的决策功能，对公共政策的影响较小，但是在有些国家(如美国)，法院已进入了许多社会与政治活动领域，它们不仅参与了公共政策的制定，而且通过司法审查权和法令解释权影响公共政策的性质和内容，通过判决对经济政策和社会政策产生影响。我国公安机关、人民法院和人民检察院及其各级机构是国家的司法机关，它们执行国家政策法律并维护其尊严，同时受党的指导对立法机关负责并报告工作，具有相对的独立性。近几年，司法机关侦破和查处各类经济和行政案件，显示了对公共政策的重要影响力。

二、非官方的公共政策主体

非官方的公共政策主体是指政治体制外的、不直接行使公共权力的政策过程的参与者，主要包括利益集团、政党、公民个人、大众传媒及思想库等。相对于官方的公共政策主体而言，尽管非官方的公共政策主体对政策制定过程的影响较为间接，但同样是政策制定过程中不可忽视的主体因素。

(一) 利益集团

当某个群体提出一项政治要求时，政治过程就开始了。这种提出要求的过程称为利益表达，利益表达的主体称为利益集团。所谓利益集团，是基于某种共同价值、共同利益、共同态度或者是某种职业和行业而形成的正式、非正式团体和群体等社会组织。其目的在于建立、维持、增进共同利益和共同态度所蕴含的行为模式；其职责是履行利益聚合功能，以保障或增进其成员的利益作为最高目标。利益集团对公共政策的影响一般取决于这样一些因素：团体的规模、资金及其他资源条件、团体的凝聚力、领导层的工作技巧、团体的社会地位、竞争性组织是否存在、官方决策者对其的态度、在政治系统的权力体制中所处的位置等。公共政策在某种角度上可以看作利益集团之间的互动、争斗和妥协的过程。当然，什么事情都不是绝对的，某一利益集团在某一政策问题上可能具有支配性影响，但在其他问题上的影响可能微不足道。各种利益集团参与和影响政策制定的形成过程，成为非官方公共政策主体的重要构成因素之一，它在公共决策过程中起着显著作用，是现代国家政治体制一个显著特征。

西方国家的利益集团在规模、成熟程度、管理状况等方面，特别是在行动的公开度和自由度上都超过我国，这是因为其市场经济的历史比我们的要长得多。利益集团影响公共政策制定的方式和途径是多样的，其有效程度也较高，主要有以下方式：①通过本团体在各种代表机构中的代表人物，就某个政策问题向政府陈述意见，提出建议或提案；②通过社会舆论表达本团体对某个问题的观点和见解，力图说服政府采纳；③对社会规范价值重新加以界定，也可以用现有法规、制度上的规定表明自己的立场；④由一个团体单独或几个团体联合向政府施加某种压力。

利益集团通过上述方式积极表达自己的利益倾向和价值追求，这对于为官方的公共政策主体提供更多信息资源、推动政策的合理化非常有益。正是由于西方国家的利益集团规模大且比较成熟，因此各种利益集团之间的利益之争同样影响到公共政策过程，当某项政策的实施有利于某些利益集团时，它们通常会表现出积极和拥护的态度，从而成为该项政策执行的动力；当某项政策的实施会损害或危及某些利益集团的利益时，它们通常会表现出消极或反对的态度，从而成为该项政策执行的阻力。

利益团体对于公共决策有其积极的作用。托克维尔和达尔关于现代民主的“社会制衡”思想强调：一个由各种独立的、自主的社团组成的多元社会，可以对权力构成一种“社会的制约”。启蒙思想家梁启超提出“道莫善于群”(这里的“群”就是利益集团)。维护自己利益的最好方法就是把同一阶层的社会成员组织起来，以组织的形式和组织的力量同其他社会阶层发生各种联系。其组织形式越完善，组织力量越强大，其利益保护就越有效。

(二) 政党

政党，尤其是执政党是公共政策主体中的一种核心力量。公共政策在很大程度上可以视为执政党的政策。现代国家的政治统治大都通过政党政治的途径来实现。在现代社会中，政党常常履行着某种“利益聚合”的功能，即政党努力将利益集团特定的要求转变为一般的可供选择的政策方案。在西方实行两党或多党轮流执政的国家，在野党的存在本身只是一种制约和监督力量，公共政策主体通常需要考虑在野党的存在及其所代表的利益；在野党通过议会的合法活动，如提出议案，促成议案通过，对公共政策议案投赞成票或不赞成票来影响公共政策的制定。在实行两党制的国家中，如英国和美国，政党总希望能够获得更多选民的支持，因而在它们的“一揽子”政策纲领中试图更多地体现多数人的需求，并尽力避免与势力强大的利益群体发生直接的利益冲突。在实行多党制的国家中，如法国，政党只代表着各种相对狭隘的利益，其“利益聚合”的功能不能得到很好的体现，它们更多的是以各种特定利益的经纪人而非倡导者角色出现的。中国实行的是中国共产党领导的多党合作与政治协商制度，政党是政策主体的核心力量，它在政策的制定、执行、评估和监控中起着主导作用。

在两党制和多党制的条件下，政党最重要的一件事就是争取在竞选中获胜，以便能够控制政府的人事安排。简言之，政党首先与权力而不是与政策相联系，它们只有在大选中取胜，把握了国家政权之后，才能把其政治纲领和政策主张转化为真正意义上的公共政策。也就是说，政党对政策制定的影响往往是靠选举来实现的。哪个政党控制了国会或赢得了总统竞选，它就将在政策制定过程中具有更多的发言权。

(三) 公民个人

公民是公共政策主体的一个重要的组成部分，或者说是一种最广泛的非官方公共政策主体。公民是指具有某国国籍并依照该国宪章享有权利和义务的个人，它表明了一个人对国家的隶属关系，既包括统治者，也包括被统治者。在当代，公民的含义更多地表达了法制和民主社会的基本准则。

作为公共政策主体的公民的地位：①普通公民的利益和愿望对公共政策仍有相当大的影响，政府也仍然十分关注多数公民的利益和需要；②现代民主社会的政策过程不仅强调公民参与，甚至将其视为公共政策的基石。

在现代社会，公民参与政策过程的主要途径包括：①以国家主权者的身份，采取全民公决的方式，决定某些重大的政策问题；②通过直接投票或代议的形式，选择公共政策的直接主体，或推举代表参与政策过程；③使用各种威胁和抗拒的方式(如示威游行、罢工等)或者反对某项政策的出台，迫使政府修改或废止这一政策或表达制定新政策的要求，迫使政府将问题提上决策议程；④通过参加政治党派或利益集团，借助团体的力量影响政策过程；⑤通过制造社会舆论或多方游说等手段，提出政策诉求，影响政策制定；⑥采取消极抵抗或不合作的态度，使政策过程扭曲，以此影响政策结果；⑦以个人的认知活动为政策制定提供实证依据或理论指导。

公民在公共政策制定中的地位不容忽视，这是因为政党和政府制定的公共政策所要解决的社会公共问题都与公民个人的利益密切相关。在大多数现代国家里，特别是人口众多和地域辽阔的国家中，公众不容易直接对中央政府的决策发表意见，但是可以在地方政府的公共政策制定中发挥更重要和更直接的影响作用。许多政策只有依靠公众的合作与参与才能得以贯彻执行，如环境保护、社区发展、社会治安等方面的政策，若没有公民的支持，即使政策制定出来了，贯彻执行也仍然相当困难。要保证政策有较高的支持度，就不能忽视公共政策制定中公民的有效介入。

(四) 大众传媒

决策中的信息总要借助一定的媒体才能传播，大众媒体则是现代社会最为普遍的信息传播载体。现代大众传媒主要是指广播、电视、报纸、杂志、书籍、电子信息网等人们借以表达思想和意愿、传播各种信息的舆论工具。它是现代社会最强有力、最直接、最方便的沟通手段。大众传媒对全世界的政治、经济、文化正产生着越来越大、越来越广泛的影响。以至于在西方有人将大众传媒称作是与立法权、行政权、司法权并列的“第四种权力”。大众传媒对政策制定的作用极为显著。在当今信息社会，大众传媒对政府的公共决策有着重要的影响，有时甚至是决定性的影响。它们的主要作用是传播信息、引导舆论、交流思想和传播知识，是政府、政党和其他利益团体的宣传工具。

大众传媒之所以成为现代社会中政策主体的一个重要因素，是由它的特点决定的。

(1) 大众传媒是传播政府政策意图的有效工具。现代公共决策需要社会公众的广泛参与，因而需要政府把其政策意图及时、迅速、广泛、有效地告知公众，以得到必要的反馈。仅凭机构自身的宣传渠道是不行的，必须借助现代化传媒工具。

(2) 大众传媒是社会舆论的风向标。它能及时有效地向官方决策者反映社会所需和公众所求，为公共政策的制定提供客观的依据，从而影响公共政策的内容，使政府出台的政策更加符合公众的实际需要。

(3) 大众传媒是社会舆论的导向舵。它总是或多或少、或隐或现地传达一定的思想和情感，能在很大程度上引导公众的价值取向，产生一定的宣传力量。借此，官方决策者得以实现有效的社会控制，从而有助于政策系统的良性运行。

(4) 大众传媒是生活信息分配的中枢。社会公众和各种利益实体往往需要借助传媒影响公共政策的制定。传媒利用自己优先或抢先获得信息的利益团体或公众在影响公共政策方面具有一定的优势，即优于那些没有掌握这些信息的其他团体或公众，这种由于信息差异而对政策制定造成不同影响的状况被称为“知识鸿沟”。知识鸿沟无疑会介入政治过程和政策过程。社会的知识鸿沟越大，则社会在公共政策方面具有的影响力的差异就越大。

(五) 思想库

思想库又称为现代政策研究组织、“脑库”，是由各种专家、学者组成的跨学科的综合性政策研究和政策咨询组织。其主要工作是进行综合性政策理论研究、政策规划、政策设计、政策分析、政策评估等，帮助政府部门和机构进行决策，以提高公共政策质量。思想库是公共政策主体的一个重要组成部分，它在当代政策研究中起着重要作用，有学者称“思想库是现代国家决策链条中不可缺少的一环”。毫不夸张地说，没有思想库卓有成效的研究，西方发达国家的政府就会在公共政策上束手无策。在美国，有一种流行的说法——思想库的研究成果，决定着美国人从摇篮到坟墓的一生。思想库已经成为现代公共决策一个不可或缺的组成部分，思想库的成熟程度是衡量一个国家公共决策水平高低的重要尺度。

(扫一扫，了解更多思想库的形成、特征和功能)

思想库既从事理论研究又从事应用研究，既关注学术问题又关注实际问题。其服务对象、成员组合、研究领域和构成形式有很大差别，在政策制定过程中所起的作用也不相同。一般来讲，可以把它们划分为如下四种类型。

(1) 官方思想库。这类思想库通常隶属于不同国家或地区的政府及其职能部门，带有明确的官方色彩，反映了政府一定的态度、立场和感兴趣的问题。它们直接研究政策问题，为决策提供咨询。官方思想库有三种次属类型。①最高行政长官的研究咨询机构。它们由最高行政长官的办事机构和专门委员会组成。例如，美国总统科学咨询委员会、荷兰政策科学评议会、日本审议会、法国总统府中的总秘书处等。这种机构与最高决策者保持密切联系，及时提供各方面的情报和资料，提供各种备选方案，作为政策制定者决策的依据与参考，对最高决策者起着巨大的影响作用。②相对独立的研究中心机构。它们与行政系统关系密切，成员由政府任命，但又保持自己相对独立的组织体系和研究方法。例如，法国的经济和社会委员会、荷兰的国务会议和社会经济理事会。这类思想库在西方政治生活中地位重要，对国家的立法、行政和司法都有很大影响。法国的经济和社会委员会素有“第三议会”之称。我国国务院政策研究室、国务院发展研究中心属于此类机构。③部门的咨询机构。它们为各部门提供研究咨询服务，其形式多样，层次分明，构成一个相互关联、各司其职的系统。例如，日本各部都有相当数量的审议会作为咨询机构。

(2) 半官方思想库。这类组织处于民间，但与官方的公共政策主体有着密切联系。国家和政府通过设立和资助重点研究领域和方向，使其为国家和政府服务；或者签订合同，建立合作关系。按照它们之间的关系状况可以细分为三种情况：①政府通过投资和资助重点研究领域和方向建立的决策咨询机构，如美国的国家科学基金会、德国基尔世界经济研究所。西方政府正是通过资金上的援助与这些思想库建立了长期的、稳定的、密切的合作关系。②与政府有合同关系的研究机构，如美国斯坦福国际咨询研究所总收入的70%来自政府和军方的合同收入，它是主要为政府和军方服务的半官方研究咨询机构。③与政府部门对口挂钩的研究咨询机构，如美国的对外关系委员会(与国务院对口挂钩)、经济发展委员会(与商务部挂钩)、税务基金会(与财政部对口挂钩)、日本的国家问题研究所(与外务省对口挂钩)。

(3) 民间思想库。民间思想库是由民间发起，得到基金会和企业资助，为国家机构及其长官服务的社会性政策研究机构，具有选题自由、研究范围广、独立性强、灵活性大等特点。它们熟悉技术方法，不为个人意志所左右，直接体察民情，既超越又接近实际，研究成果更具有客观性、正确性、全局性、有效性。例如，美国企业公共政策研究所、外交政策研究所。民间思想库是思想库的典型形式，其最大特点是独立性和客观性。由于中西方政治体制的约束程度不同，西方国家这类组织的规模大、成熟程度高、专业性强，可以细分为以下四种类型。①研究经济和国内公共政策问题，如美国的现代问题研究所、加拿大的公共政策研究所等。②研究对外政策问题，如美国的胡佛研究所。③研究军事问题，如伦敦国际战略研究所、瑞典的斯德哥尔摩国际和平研究所等。④研究国际性公共问题，如美国斯坦福国际咨询研究所等。民间思想库有两大优势：①由于民间政策研究组织有一定的社会性，在获取真实信息方面有较多优势和有利条件，可以克服行政性研究机构在搜集真实信息上的局限性；②可以保持政策研究的连续性和系统性，克服行政性研究机构因领导人更迭和领导注意力转移而影响政策研究课题和条件的弊端，有利于提高决策的透明度、开放度与民众参与度，对社会政治经济的稳定有积极意义。民间思想库对公共决策的作用巨大。例如，20 世纪 60—70 年代，美国布鲁金斯学会出版的《制定国家优先项目》(每年 1 卷)，由布鲁金斯学会的学者评价总体的全部规划，提出各种可供选择的方案，并对不同于总统设想的各种替代方案可能产生的影响做出评估，对政府的公共政策施加了很大的影响。

(4) 跨国思想库。这是由不同国家的学者和官员组成的，以国际问题为研究对象的国际性政策研究组织。其研究范围往往涉及人类共同关心的问题，如环境保护、气象服务、战争与和平、资源利用、人口控制等。首先，这类思想库研究的是在规模上具有全球性，在性质上涉及全人类的利益，在解决时需要世界各国协同努力、采取共同对策的问题。其次，它们经常与一些国家的政府首脑和著名政治家举行联席会议，共同磋商、讨论问题。最后，它们努力促进各国成员之间的交流，交流解决各国所面临的问题的经验与方法，探讨各种专业知识的综合方法。例如，著名的跨国思想库罗马俱乐部，其研究报告始终广泛地吸引着世界各国政府，并引发了 20 世纪 70 年代以来在西方世界中占有重要地位的社会运动——生态和环境保护运动。跨国思想库以研究课题的魅力和不为任何国家、政党利益服务，只关心全人类的利益和人类未来的宗旨，发挥着其他思想库所难以发挥的作用，影响着人类的明天。

改进公共政策过程、实现公共决策的科学化与民主化是思想库的最终目标，围绕这一目标，它对公共政策的影响表现在：①帮助公共政策决策者发现问题、确定目标。政策问题界定是否客观、全面，目标是否合理、准确，是公共政策制定者能否做出正确决策的前提和基础。思想库及研究人员必须通过广泛而深入的调查研究以及对所有信息的全面分析，才能客观、全面地掌握政策问题，确定合理、准确的政策目标，并向决策者提出科学的决策建议。②为公共政策决策者拟定、评估备选方案。即以丰富的背景知识和动态对称信息，借助各种定性、定量分析等科学方法，拟定、列举不同的政策方案，供决策者参考。③对政策执行情况进行检测和反馈。即对政策结果进行评估，对政策执行情况进行客观评价，发现政策实施过程中暴露出的问题，探索政策执行的障碍及原因，为政策主体对政策的修正或调整提供相应的对策建议。④提出相关思想理论和分析模型。影响公共政策的因素很多，且这些因素之间存在一定的因果联系或其他相关性，而对这些关系的认识，需要用科学的方法进行分析，思想库具备这方面的能力优势。

总之，思想库是西方政治生活的一个缩影和重要组成部分，是政策科学的发源地和主要研究机构，它对社会的影响不可低估，是决策过程不可缺少的环节；它的出现在一定程度上带来了社会管理上的规范性，减少了决策的主观随意性。随着社会科学化水平的提高和公共政策复杂化程度的加深，思想库的建设将会越来越发达，专家和学者的知识将随着这一潮流被大量而迅速地应用到政策中来，从而为公共政策的科学化提供更大的保证。虽然意识形态不同，但思想库中一些带有规律性的东西和研究方法，对我国公共决策科学化、民主化有一定的借鉴和参考意义。

第二节　公共政策客体

公共政策客体指的是公共政策所发生作用的对象及其影响范围，包括公共政策所要处理的社会问题和所要发生作用的目标群体两个方面。公共政策最基本的特征就是充当人们处理社会问题、进行社会控制以及调整人们之间关系特别是利益关系的工具或手段。绝大多数公共政策都肩负着如何解决特定的问题这一使命，它所制定的方案、准备调配的资源和确立的目标都是围绕着特定问题而产生的。

一、社会问题

从“事”的角度来看，公共政策所要处理的是社会问题。所谓社会问题，就是实际状态与社会期望状态之间的差距。这种差距往往会导致社会的紧张状态，它超越了个人稳定的环境和范畴，牵涉较为广泛的社会关系。从唯物辩证法的观点来看，社会问题也就是各种各样需要解决的社会矛盾。安德森则认为，公共政策问题可以定义为某种条件或环境，这种条件和环境引起社会上某一部分人的需要或不满足，并为此寻求援助或补偿。社会上存在各个各样的问题，并非所有的问题都必须通过公共政策来解决，只有那些被列入政府议事日程、涉及相当多社会成员利益的社会问题才是公共政策问题，才能成为公共政策的客体。也就是说，如果问题没有得到表达，就不可能构成公共政策问题。在琼斯看来，社会问题可以定义为产生“一些人的需要、挫折或不满足，由本人所认定，或被他人认定，而寻求解决办法”的环境或状况，而且也是人们主观构造的产物。社会问题具有如下特征。

1. 社会问题是一种客观存在

所谓客观存在，是指一种可以通过实证加以认识的情况。换句话说，它的存在及其数量大小能够被人们所认识，如国防状况、出生率倾向和失业问题等。客观条件是社会问题存在的必要前提，但不是充分条件。也就是说，没有客观条件就不可能形成社会问题，但仅仅有了客观条件还不足以构成社会问题。尽管不同地区的客观条件完全相同，但这种客观条件可能仅在一个地区会形成社会问题。例如，公共场所吸烟在一些地区是一个社会问题，而在其他地区则不是这样；离婚在一些地区是一个社会问题，而在另一些地区则不一定是。

2. 社会问题是一种主观定义

所谓主观定义，是指人对上述客观情况的察觉和认识，即他们明显感到目前的客观条件已经危及他们所珍视的社会价值观，是对他们所信奉的社会规范的一种背离。社会问题主要还是由人们加以定义的，如果某种状态并不被身处其中的人们认定为社会问题，那么对于这些人来说，这种状态就不会构成社会问题，尽管有时候在旁观者或其他人眼中，这种情况可能的确是社会问题。

3. 社会问题受价值判断的影响

研究社会问题不仅要研究其产生的客观条件，而且要研究身处其中的人们的价值判断。这些价值判断使这些人以不同的方式或从不同的角度看待同一种状况及其解决办法。社会问题之所以能够出现并得以持续，主要是由于人们具有不同的价值选择和目标取向。社会问题会涉及价值观的双重冲突：①在某些情况下，人们并不会一致认为某些状态对社会基本价值观构成了威胁，如种族歧视、离婚问题、童工现象等。②在另外一些情况下，尽管人们基本上一致同意某些状态对社会价值观造成了威胁，但由于他们对所采取的相关措施和解决办法抱有不同的态度，因而难以就改革的计划达成一致性意见。因此，人的价值判断不仅在被认定为社会问题的客观条件中起了一种非常重要的推动作用，而且对解决那些被定义为社会问题的客观条件有时还起到阻碍作用，这主要是因为人们不愿意去支持那些要求他们损害或放弃固有信仰和制度的改良计划。例如，要求采用社会接受避孕和堕胎的方法来解决私生子问题的解决措施就被部分人认为是对固有价值观的一种侵犯，受到他们的普遍反对。又如，安乐死的问题已经讨论了很久，人有没有权利选择结束自己的生命？在什么条件下有权利选择？在什么条件下没有权利选择？人们在这样一些问题上的看法有很大的分歧，难以达成共识。再如，经济的发展往往会经历一个从要钱不要命到要钱也要命，再到要命不要钱的观念变化过程，环境污染开始可能并不是什么问题，没有人去注意它，但越到后来环境保护及可持续发展的问题就显得越加重要。这也从一个层面反映出价值观对社会问题的影响。

4. 社会问题关系到大多数人的利益

如果某个问题只涉及个别人或少数人的领域，往往不能形成社会焦点，也难以引起人们的普遍重视，因而一般构不成社会问题。例如，一次偶然的歉收构不成社会问题，但大面积的饥荒却可以构成；某个工厂倒闭，一部分人失业，那只是他们个人的问题，但由社会经济动荡而造成的许多人失业就会形成社会问题；在一个本不富裕的国家，一家多生几个孩子，吃糠咽菜是他们自己的事，但家家都这样，那政府就不能坐视不管了。总之，政府是国民的代表，应该重视关系到多数人利益的社会问题。当然，这并不等于说对少数人的事政府就可以弃之不管，而只是表明政府应更多地关注那些引起社会普遍反响的问题。

5. 社会问题的形成具有一个发展过程

社会问题往往不是突然发生的，而是逐渐形成的，它是一个从小到大、从潜到显、从一般到突出、从小范围到大范围的变化过程。以我国老龄化问题为例，随着生活水平的提高，医疗条件的改善，人们预期寿命的增长，人口老龄化问题日益严重。虽然老龄化问题是一个世界性的问题，但是从目前情况来看，我国的老龄化问题尤为突出。我国老龄化问题有以下四个特点：①数量多。2015 年 60 岁以上老龄人口 2.1 亿人，65 岁以上老龄人口占 10%。②进展快。21 世纪前 30 年中，我国人口老龄化速度将是空前的。专家预计，到 2014 年老龄人口将突破 2 亿人(目前已经实现)，2026 年超过 3 亿人，2041 年达到 4 亿人。③我国生产力水平比较低，政府用来支撑这方面事业可动用的财力有限，不像一些国家是“先富后老”，我们是“未富先老”。④历史欠账较多。缺少养老积累，这是个沉重的历史包袱。

6. 社会问题往往是系统性问题

任何一个社会问题都不是孤立存在的，它往往是整个社会问题系统中的一个有机组成部分。一个小范围的社会问题往往是一个更大范围的社会问题的局部。不同范围、领域、层次的社会问题存在着相互联系、相互制约的辩证统一关系。例如，城市自行车被盗问题，必然会牵扯城市治安问题，由此又涉及流动人口问题、户籍制度问题、公房出租问题等。因此，社会问题的系统相关性要求我们在处理问题时必须从整体出发，从各个具体问题之间的相互关系上去把握，不能“头痛医头，脚痛医脚”。有时，同时处理几个关系密切的问题反而比单独处理一个孤立的问题效果更好，因为这样能发挥系统的整体效应。我们提倡搞综合治理，就是这个道理。

二、目标群体

从“人”的角度来看，公共政策的客体是目标群体。所谓目标群体，就是公共政策直接作用与影响的公众群体或那些受公共政策规范、管制、调节和制约的社会成员。人们在社会生产和生活中所处的地位不同，社会分工不同，必然会产生各种不同性质、不同层次的利益需求。公共政策所要调整和规范的对象就是这些具有不同性质和类型的利益要求的社会成员之间的关系。

目标群体的作用不可小视。政策能否落实，目标能否实现，不是政策制定者或政策执行者的一厢情愿，它与目标群体的态度有着直接的联系。目标群体理解、接受、遵从政策的程度是衡量政策有效性的关键性要素。一般来说，目标群体的态度有两种形式，一是接受，二是不接受。当然，接受又可分为完全接受或部分接受、积极接受或消极接受；不接受也可分为完全不接受或部分不接受、积极不接受(强烈反对)或消极不接受(不予合作)。从制度激励角度来看，一项政策如果能够使目标群体获得一定的利益，就容易被目标群体接受；反之，一项政策如果被目标群体视为是对其利益的侵害和剥夺，就难以得到目标群体的认可。例如，党的十一届三中全会以后，在我国广大农村推行了家庭联产承包责任制，这项政策适应了当时农民渴望致富的利益需求，因而赢得了他们广泛的支持与积极的合作，为政策执行创造了极为有利的条件，很快取得了超出预想的政策成果。再如，一些基层政策打着发展地方经济的旗号，以修建公共设施为借口，制定相应政策，大搞形象工程、政绩工程，在农民身上征收各种各样的费用，使农民的利益受到侵害，造成了政府部门与农民群众的严重对立。这类严重损害农民利益的政策，必然会受到广大农民群众的强烈反对和抵制，不可能会顺利推行，即使采取高压和强制措施，也只能得逞于一时。

目标群体是公共政策实施的重要环节，也是公共政策实施能够产生成效的重要决定变量。目标群体的特征在一定程度上决定了公共政策实施的成败。影响公共政策实施的目标群体因素如下。

1. 目标群体的规模

目标群体的规模越大，对公共政策的影响力越大，公共政策实施者不得不认真考虑这些群体的态度、利益和政治倾向。相反，目标群体较小，则对实施者来说压力也较小，实施公共政策就较轻松。但是，有些较小的目标群体也会有强大的政治能力，也可以给实施者带来麻烦。三峡工程需要移民数十万，这么庞大的目标群体自然会给实施这一政策带来巨大的困难。

2. 目标群体的结构

目标群体的结构是指目标群体是否组织化，组织化程度如何。一般来说，高度组织化的目标群体具有强大的政治表达力，能够利用他们的组织能力来实施影响，所以面对这种群体，公共政策主体必须有准备和按照法律规定来加强协调与合作。相对分散、组织化程度低的目标群体在政治组织力方面较弱，对其实施一些权威性政策比较容易，但如果要实施一种组织化和动员性的政策则比较困难。例如，在农村地区预防传染病就比较困难。

3. 目标群体的要素性质

目标群体的要素性质主要是指群体的文化塑造、阶层属性、年龄构成、身份地位等。这些要素明显地会对不同的政策产生影响。文化素质高的群体对公共政策的认知水平较高，较容易说服，但是也容易对不合理的地方提出反对意见。不同的阶层属性、年龄构成和身份地位的群体对有利于自己的政策会表现出支持的态度，而对不利于自己群体的政策则会表现出反对或者消极对待的态度。

4. 目标群体的认知态度

目标群体的认知态度是指他们对公共政策的认识、理解、同情和支持的心理状态，这种心理状态成为目标群体支持或不支持公共政策的重要力量。这就是在公共政策开始阶段要大力进行政策宣传的原因，宣传可以让公众更好地了解相关政策的内容、目的和价值，从而提高认识度和支持度。但是，目标群体对公共政策的认知态度受到多重因素的影响，宣传的效果最终也要看它和原有心理观念结合的情况。根据现有的研究成果，影响目标群体心理态度的要素主要有：政治社会化的影响；传统思想观念和行为习惯的制约；对政策形式合理与实质合理的看法；对成本—收益的权衡；对大局或整体的考虑；避免受到惩罚；环境条件的变化等。

第三节 公共政策系统的运行

公共政策是一个系统。克鲁斯科和杰克逊认为，公共政策系统是指“政策制定过程所包含的一整套相互联系的因素，包括公共机构、政治制度、政府官僚机构以及社会总体的法律和价值观等”。从系统发生论的观点出发，可以把公共政策看作公共政策主体、客体与环境相互作用的产物。公共政策系统的运行实质上就是公共政策主体、公共政策客体与公共政策环境相互作用的过程，它是由信息、咨询、决策、执行和监控等子系统所构成的一个有机大系统。公共政策系统是公共政策科学研究的一项重要内容，是研究政策过程的前提或出发点。公共政策系统内部各因素的联系是否得当，直接影响政策的运行是否顺畅，并决定政策效果的好坏。

一、公共政策主体、客体与环境的相互关系

公共政策系统是由公共政策主体、公共政策客体及其与公共政策环境之间的相互作用所构成的大系统，公共政策主体、客体与环境三者之间存在着相互依赖、相互作用的关系。

(一) 公共政策主体与公共政策客体的关系

当某一公共政策系统建立起来时，公共政策主体和公共政策客体就成为该系统两个相互依存、不可分离的组成部分。公共政策主体与公共政策客体相互依存，每一方的存在都以另一方的存在为前提；公共政策客体的种类、性质、内容、规模不同，公共政策主体也就各有所异；随着历史条件的变化，公共政策客体在政策过程中的地位和作用也发生变化，最终必然导致公共政策主体的职能也发生变化。同时，公共政策主体和公共政策客体之间是相互影响、相互作用的。公共政策客体不仅影响公共政策主体的性质和规模，而且制约着它的结构、功能和活动方式。可以说，有什么样的公共政策主体，就有什么样的公共政策主体的活动方式。但是，公共政策主体在公共政策客体面前不是消极、被动、无所作为的，而是积极、主体、在整个政策过程中起主导作用的。它们之间的这种相互影响、相互作用在社会管理中非常明显。这意味着，任何政策目标的实现，都取决于公共政策主体与公共政策客体之间的协调，尤其是公共政策主体要不断提高政

策水平，掌握现代政策理论与技术，并且深入实际，了解公共政策客体的真实情况，以利于政策的科学制定和良性运行。

(二) 公共政策主体与公共政策环境的关系

公共政策主体首先要实事求是地认识环境，把握环境，并了解它的各种优势和弊端，并据此预测某项政策实施的可行性和政策运行过程中可能遇到的各种问题。这其中包含的哲学含义是：公共政策主体在公共政策系统的运行过程中应当充分发挥自己的主观能动性和主体作用，但必须以尊重公共政策环境的实际情况为基本前提。否则，不仅政策在一开始制定时就是错误的，而且，即使政策方案是正确的，也会因为在执行过程中受阻而无法达到正常目标，最终与预期的政策效果相差甚远，甚至背道而驰。这就要求公共政策主体在认识和把握公共政策环境的情况下，尊重和适应公共政策环境的实际状况。例如，我国建立社会主义市场经济体制的有关政策的制定，必须从我国的国情出发，并符合当代世界的发展潮流；其中尤为重要的是认识我国目前的经济状况、管理体制和政治文化等诸方面因素的优势和不利之处，使这些政策能相互配套、相互协调地运行，从而保证我国经济与社会的良性运行和高速发展。

(三) 公共政策客体与公共政策环境的关系

公共政策客体与公共政策环境二者是高度融合在一起并且相互转化的。一方面，公共政策客体受到来自公共政策主体及其制度的政策作用之后，显现取得的政策效果。这些政策效果即政策的预期目标，有些是有形的，有些是无形的，它们往往构成公共政策环境的一部分，重新回到公共政策系统中，并对公共政策系统的运行过程产生影响。例如，国家的货币政策，假设国家的经济运行中出现了投资过热，投资规模超过了一定的限度，中央银行就会采取高利率的货币政策，迫使投资减少，有效地控制投资规模，这种货币政策的效果就会成为其他经济政策制定和运行过程中的环境因素。另一方面，公共政策环境也在一定的条件下成为公共政策客体。例如，管理体制是公共政策环境，当政府针对管理体制中的弊端采取一系列的改革政策时，管理体制就成为公共政策客体。由此可见，公共政策客体与公共政策环境在一定条件下是能够相互转化的。

二、公共政策子系统的划分

现代化、科学化的公共政策一方面是社会大系统中的，另一方面又自成系统，内部由各个子系统组成，它包括政策信息子系统、政策咨询子系统、政策决策子系统、政策执行子系统、政策监控子系统等。公共政策过程及其各项功能活动是由这些子系统共同完成的：一方面，它们按照各自的分工，相互独立地开展工作；另一方面，它们又紧密配合、协同一致，使公共政策系统得以正常运转。

(一) 政策信息子系统

政策信息子系统由掌握信息技术的专门人才组成，从事信息的搜集、整理、存储和传递等活动，为公共决策提供信息资料。现代社会已经成为一个巨大的信息社会，复杂多变的信息要求公共机构必须建立相应的组织来搜集、总结、编码和运用，这样才能够在制定政策和执行政策时提供信息保障，确保公共政策的科学性和权威性。

政策信息子系统在公共政策行为中发挥着重要的作用，主要有：①信息搜集。信息机构负责对埋藏在社会生活中的原始信息进行发掘、搜集，这些信息原来并不是完整的、容易被发现的，而是埋藏在社会生活中的，需要通过各种调查、访问、总结、报告等方式把这些信息发掘出来，建立信息库。②信息加工。原始信息被搜集来以后，并不是清晰完整的，需要对其进行科学的归类、整理、修改和加工，从而让公共决策者和参谋人员可以方便快捷地运用这些信息对决策进行论证和分析，从而制定方案。这一般要经过三个过程：纯化，即把杂乱的信息去掉，发现精炼的、有价值的信息；归类，即把杂乱无章的信息，按照不同的标准归入不同的类型中，从而方便信息使用者开发利用；存储，就是将已经归类好的信息放在不同的信息库中，进行保存，以备进一步的开发和利用。③信息传输。信息被加工好以后，除了存储以外，还要传输。信息传输是将信息运送到使用者手中，方便其利用。信息传输是信息开发的重要环节，需要有畅通的信息传输渠道。信息网络、媒体、各种公开的途径都属于信息传输的渠道。为了提供信息开发的效力，必须建立多样、便捷的渠道。

(二) 政策咨询子系统

政策咨询系统也称“思想库”“智囊库”或“外脑系统”，通常由一些专家、学者和专业人才组成，运用他们的专业知识和才能对政策信息进行加工处理，制定各种供决策者选择的政策方案，为决策和执行提供各种参谋意见的机构。政策咨询系统在政策决策过程中主要发挥参谋的功能。它以改进政策制定为目标，以开发大型综合项目寻求解决高度复杂的政策问题为己任，以规划和设计未来为导向，综合运用现代科学理论和先进的技术手段，相对独立地进行政策研究、政策规划和政策咨询，并向公共政策主体系统提供新思想、综合新认识、诊断新问题、提供政策选择方案、评估政策实施效果。

政策咨询子系统的基本功能有：①问题分析。各种社会问题纷繁复杂，当它们成为政策问题之前，咨询机构要对其进行分析，分析它的特征、原因、严重性和危害性，然后才可以确定是否是政策问题，是否是权威机构应该最先解决的对象。②方案制定。确定和分析了政策问题以后，咨询子系统要做的工作是制定出不同的政策方案，不同的方案是为了确保公共政策的科学性、经济性和效益性。这些方案可以用来比较，供决策者选择。③执行参谋。在政策执行过程中，政策咨询子系统也可以参与其中，因为政策执行会遇到各种未预期到的问题和变化，需要咨询机构来对这些问题和变化进行即时分析，从而帮助执行者尽快、有效地执行下去。④效果评估。政策执行完成以后，必然会产生各种效果，但是对政策效果的分析和评估必须由专业的评估机构来进行科学的评价。这种行为也属于咨询机构的功能。咨询机构可以帮助政策主体科学、规范地认识政策执行的效果。可以说，整个政策流程政策咨询子系统都参与其中，这是现代政策过程的重要特征。

(三) 政策决策子系统

政策决策子系统是整个公共政策系统的中枢，负责对政策方案的选定和对政策计划的决断。政策决策子系统是公共政策系统的最高权力部分，掌握着公共政策的最终确定权和指挥权，它负责对政策的战略、方案、计划实施进行决定，并对政策的实施效果负有法定的最高责任。政策决策子系统具有权威性和主导性的特征，享有法定权威，主导公共政策的全过程。

政策决策子系统的功能主要有：①提出政策课题。任何政策问题的确定都是政策决策子系统在信息、咨询等机构对问题的充分调查、比较、分析的基础上确定为政策课题的。这是政策决策子系统的基本职能，确定了政策课题，后面的环节才可以逐步开展。②确立政策目标。提出政策课题并不等于确立了政策目标。政策课题是政策的主要内容和方向，而政策目标是决策者针对这一政策课题所规定的发展方向和表现，是政策的目的。③组织政策方案设计。确定目标之后，政策决策者的任务就是对此课题进行方案设计。政策决策系统并不需要亲自去设计方案。一般来说，设计方案都是政策咨询子系统的责任，而决策者的职责是组织好方案的设计工作。④选择方案。政策决策子系统最关键、最重要的职责是对多种方案的挑选和确定，这是政策最终出台的标志，公共政策因此形成。方案选择也是公共政策实施的开始。政策决策子系统作为公共政策系统的核心部分，对公共政策的科学性和民主性负有重大的责任，必须在各个环节严格、规范地操作才能够确保公共政策更加有效，得到公众更多的认同和支持。

（四）政策执行子系统

政策执行子系统是在政策决策子系统之后的、由基层官僚来负责将政策落实的机构和人员。政策执行子系统在总体政府体系中主要是下层单位或者基层单位。执行子系统的特征是执行性和具体性，它们主要将政策科学、具体地落实，实现政策决策系统的目标和意志。

政策执行子系统的功能主要有：①对政策进行细化。政策执行子系统在执行之前必须对政策决策系统做出的决策进行细化。决策一般都是笼统的、宏观的目标和计划，没有具体的细则。政策执行于系统必须在政策决策系统规定的目标下制定出详细的、可供具体操作的细则后才能开始执行工作。②科学配置资源。政策执行子系统负责具体执行，必然需要配置政策决策系统所批准和下拨的资源，这些资源的配置是政策执行政策成败的基础。政策执行子系统必须依据严格的法律规章和政策决策系统的规定来科学、公正地调配，以保证执行的顺利进行乃至成功。③加强执行沟通。政策执行过程是一个复杂多变的环节，客观环境中和政策本身的诸多要素都可能影响政策的执行。为了便于政策要素的协作，必须进行必要的沟通，这是政策执行系统的重要功能。④进行分析总结。政策执行子系统在执行中必须及时对执行效果进行分析总结，发现执行中的问题和困难，要及时向政策决策系统反馈，对政策设计进行调整，重新调配资源，从而提高执行的效果。政策执行子系统的主要价值在于将政策付诸实施，没有政策执行子系统的工作，任何政策都是纸上谈兵。科学、有力地执行是政策效果的重要保证。

（五）政策监控子系统

政策监控子系统是指在公共政策大系统中专门负责对公共政策总过程进行监督和控制的系统。政策监控子系统的任务是保证公共政策系统的良性运行和政策目标的实现，减少决策失误，避免政策执行中发生变形。作为一个系统，公共政策过程必须具备一个循环的回路，而政策监控子系统就是这一回路的关键部分。这一部分对政策的制定、执行、终结等环节进行监督，从而保证公共政策过程在一个可预见和可操控的框架中运转，提高公共政策的科学性和有效性。

政策监控子系统的基本功能有：①确立政策监控标准。政策监控子系统必须对政策执行的时间、地点、主体、方式和目标是否符合现行法律法规制定出严格的标准，这样可以对政策执行进行规范，保证政策执行的合法性和程序性。②搜集政策过程信息。除了政策信息系统负责搜集政策过程信息以外，政策监控子系统也有责任搜集这类信息，主要目的是更好地监督和控制政策过程，监督机构将负责这一任务。③反馈政策执行信息。政策监控子系统负责对整个政策过程进行监督和控制，包括政策执行过程，将执行情况及时反馈到决策者那里，可以帮助决策者更好地调整政策。④防止政策出现偏差。政策监控子系统的主要作用是防止政策出现偏差，及时监控政策过程，将政策遇到的困难和问题反馈到高层，做出调整，从而保证政策按照预定的目标发展。政策监控子系统主要保证政策的正确性和及时完成。

公共政策系统正是由信息、咨询、决策、执行和监控等子系统相互联系、相互依存、相互作用而构成的一个大系统。在这些子系统中，政策决策子系统是公共政策系统的核心，具有权威性和主导性的特点。再好的方案不经过政策决策子系统是不可能转化为政策的。政策决策子系统根据信息系统、咨询系统提供的信息和预选方案，做出正确的判断和决策，并由总体设计部门做出切合实际的规划和计划。政策信息子系统是公共政策系统的一个基础。公共政策的过程就是信息的输入、转换和输出的过程，即从信息系统那里输入决策所需要的信息，掌握人民大众对政策的要求和意见，形成政策问题，经过研究、咨询之后制定、出台政策，通过政策实施把信息输送出去，再将其作用结果反馈回来，并据此调整和完善政策。对它的要求是客观、准确、及时。政策咨询子系统是公共政策系统的另一个基础部分，它参与政策的制定，主要是根据客观实际，参照历史经验和未来预测结果，以系统内外的各种信息为基础，对决策问题提出科学的依据和可行的方案，供公共政策系统参考。对它的要求是客观、准确，并富于科学性和创造性。公共政策系统的良性运行对决策子系统的要求是：决策正确合理，规划周密可行。政策执行子系统贯彻政策决策子系统的指令，实现科学、高效的管理。它是公共政策系统运行的实践环节，其作用是使条文上的政策转化为改造客观世界的活动，实现政策目标。因此，它是公共政策主体与客体相互作用中最具有直接性的环节。对它的要求是执行坚决、有力、科学、高效。政策监控子系统主要负责监督政策的制定和实施，以控制政策失误，确保围绕着政策目标执行政策，保证政策的权威性和严肃性。它还应灵敏地反映出执行结果与目标之间的差异，并及时向政策信息子系统提供信息，使决策能得到及时调整，提高效率。对它的要求是真实无误、及时迅速。公共政策系统的运行正是在这些系统的相互联系、相互作用的基础上展开的。

三、公共政策系统运行的各个环节

公共政策主体、客体与环境以及公共政策系统的各个子系统之间相互联系、相互作用，使公共政策系统呈现为一个动态的运行过程。从系统论的观点来看，公共政策系统的运行表现为一个系统的不断输入、转换、输出的过程。首先，公共政策环境把种种要求和支持传导给公共政策主体，从而输入公共政策系统。这里，所谓要求，是指个人和团体为了满足自己的利益而向公共政策系统提出采取行动的主张；所谓支持，是指团体和个人遵守选举结果、缴纳税收、服从法律以及接受权威性的公共政策系统为满足要求而做出的决定或采取的行动。这些要求和支持通过公共政策系统内部转换，变成正常方案输出，作用于环境，引起环境变化，产生新的要求；而这种新的要求反馈到公共政策系统，进一步导致政策输出。在这种循环往复中，政策便源源不断地产生，公共政策系统的运行得以持续进行。

公共政策系统的运行表现为各个阶段或者环节，或者说它是由一系列的功能活动所组成的一个过程。关于这个过程究竟由多少个阶段、环节或功能活动组成，政策科学家们有不同的说法。德罗尔在《公共政策制定检讨》一书中，将政策过程或者公共政策系统的运行分为四个阶段 18 个环节，即：①元政策制定阶段——即对制定政策的政策进行分析，包括处理价值，处理数据，处理问题，调查、处理和开发资源，设计、评估与重新设计公共政策系统，确认问题、价值和资源，决定政策战略七个环节；②政策制定阶段——资源的细分，按优先顺序建立操作目标，按优先顺序确立其他一系列主要的价值，准备一组方案，比较各种方案的预测结果，选择最好的一个，评估这个最优方案并确定其好坏等七个环节；③后政策制定阶段——发起政策执行，政策的实际执行，执行后的评估三个环节；④反馈阶段——多层面联结所有阶段的交流与反馈。

拉斯韦尔在《决策过程》一书中将政策过程的功能活动划分为五个范畴：问题的形成、政策方案的制定、政策方案的通过、政策的实施、政策的评价。

参考国外学者的看法，结合我国政策实践的情况，我们将公共政策系统的运行看作是由政策制定、政策执行、政策评估、政策监控和政策终结等环节所组成的过程，这些环节构成了一个政策周期。

(1) 政策制定——从发现问题到政策方案出台的一系列的功能活动过程，包括建立议程、界定问题、设计方案、预测结果、比较和抉择方案以及方案的合法化等环节。

(2) 政策执行——政策方案付诸实践、解决实际政策问题的过程，也就是将政策理想变为政策现实的过程，包括组织和物质准备、政策分解、政策宣传、政策实验以及指挥、沟通、协调等功能环节。

(3) 政策评估——依据一定的标准和程序，对政策的效果做出判断，确定某项政策的效果、效益以及优劣，并弄清该政策为什么能取得成功，或者为什么导致失败。

(4) 政策监控——为达到正常方案的预期目标，避免政策失误对政策过程尤其是执行阶段的监控，以保证政策的权威性和严肃性，包括监督、控制和调整等功能活动环节。

(5) 政策终结——在政策实施并加以认真评估之后，发现该政策的使命已经完成，成为多余、不必要或不起作用的，采用措施予以结束的过程或行为。

对于政策过程的这些环节或阶段，后面几章内容将分别进行详细的探讨。

本章小结

公共政策系统是政策制定过程所包含的一整套相互联系的因素，包括公共机构、政策制度、政府官僚机构以及社会总体的法律和价值观，它是由公共政策主体、公共政策客体及其与公共政策环境相互作用而构成的社会政治系统。在越来越民主的现代社会，公共政策主体越来越多样化，包括立法机关、行政机关、司法机关、政党、利益集团、公民个人、大众传媒、思想库等，它们都可以影响公共政策的过程。公共政策还包括两大客体，即社会问题和目标群体。

公共政策系统包括政策信息子系统、政策咨询子系统、政策决策子系统、政策执行子系统、政策监控子系统，各子系统互相作用，共同促成公共政策的形成及其效能的发挥。

【关键概念】

公共政策主体　利益集团　思想库　公共政策客体　社会问题　目标群体　政策信息子系统　政策咨询子系统　政策决策子系统　政策执行子系统　政策监控子系统

【思考题】

1. 公共政策系统的构成及其相互关系是什么？
2. 公民参与政策过程的主要途径包括哪些？
3. 大众传媒为什么会成为现代社会中的政策主体？
4. 思想库的基本特征有哪些？
5. 社会问题有哪些特征？
6. 影响政策实施的目标群体因素有哪些？
7. 现代公共政策系统由哪些子系统组成？它们的关系如何？

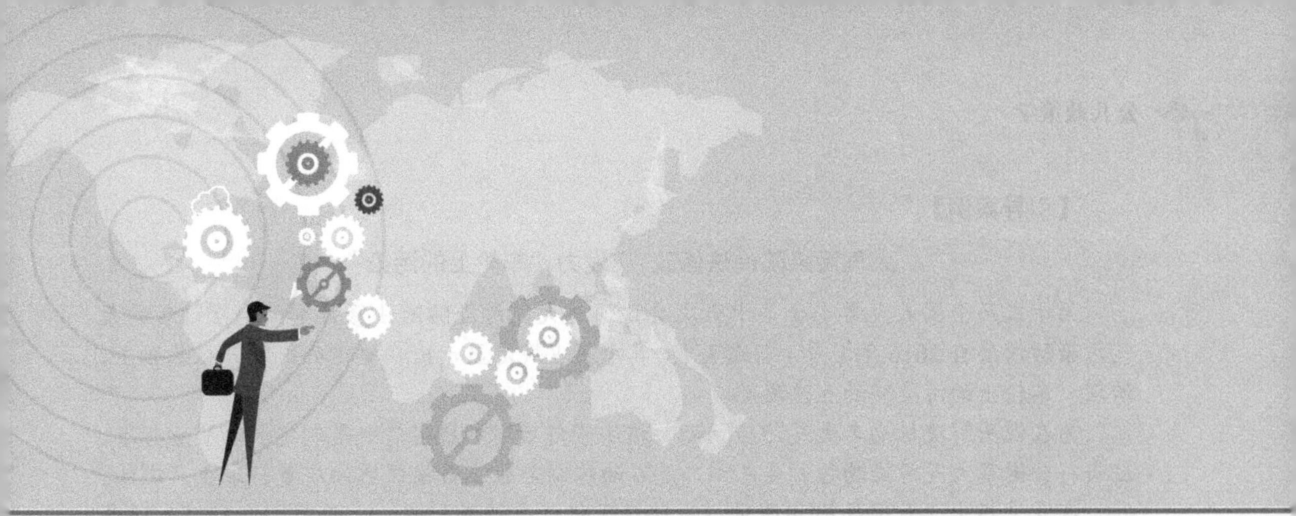

第四章　公共政策环境

公共政策是一个与外部环境紧密联系的输入—输出系统。公共政策的产生与执行从某种意义上讲就是与外部环境的互动过程，脱离外部环境来孤立地看待公共政策是不正确的，同时也不可能对公共政策进行合理的评估。从公共政策与环境之间的关系来看，其观察的要点不外乎两个：①考察公共政策的环境基础，研究环境对政策的影响；②考察公共政策的输出，即考察公共政策对环境的影响，二者相辅相成、缺一不可。

学习目标

- 了解公共政策环境的含义和基本特征。
- 明确公共政策与环境之间的互动关系。
- 掌握公共政策环境分析。
- 理解全球化对公共政策环境的影响。

【引导案例】

大气污染防治法修改　发力“车轮上的污染”

第十二届全国人大常委会第十六次会议通过大气污染防治法修订草案，修订后的大气污染防治法自2016年1月1日起施行。其中不少规定显示出在尊重公民财产权基础上，治理“车轮上的污染”的立法思路。

为在源头解决机动车大气污染问题，该法修订后增加规定：一是制定燃油质量标准，应当符合国家大气污染物控制要求；二是石油炼制企业应当按照燃油质量标准生产燃油。

有意见指出，我国的燃油质量标准落后于机动车排放标准，无论是国四标准，还是国五标准，部分环境保护指标如烯烃和芳烃的含量定得过高，而烯烃和芳烃是PM2.5的重要来源。因此，应当提高燃油质量标准，从源头上解决机动车大气污染问题。

遥感技术的使用在修订后的法律中得到明确，该法增加规定：在不影响正常通行的情况下，可以通过遥感监测等技术手段对在道路上行驶的机动车的大气污染物排放状况进行监督抽测，公安机关交通管理部门予以配合。

值得注意的是，该法最终未加入机动车限行的规定。2014年12月，第十二届全国人大常委会首次审议大气污染防治法修订草案。草案一审稿中规定，省、自治区、直辖市人民政府根据本行政区域大气污染防治的需要和机动车排放污染状况，可以规定限制、禁止机动车通行的类型、排放控制区域和时间，并向社会公告。二审稿中增加规定，限制机动车通行的类型、区域和时间应当征求有关行业协会、企业事业单位、专家和公众等方面的意见。

而在修法过程中，有意见提出，限制机动车通行涉及公民财产权的行使，应当慎重；解决机动车大气污染的问题，宜通过提高燃油质量、提高用车成本等方式解决；目前虽有一些地方限制机动车通行，但范围限于城市区域，授权省、自治区、直辖市人民政府规定限制机动车通行，范围太大，会影响流通，分割统一市场。

立法机关相关负责人此前表示，考虑到限制机动车通行的社会成本高，群众反响大，可不在本法中普遍授权实施，由地方根据具体情况在其权限范围内规定。

但这并不意味着限行措施将无法可依，可任性而为。今年修改后的立法法，对部门规章和地方政府规章权限进行规范，一些地方限行、限购等行政手段已不能“任性”。

《中华人民共和国立法法》中明确，没有法律或者国务院的行政法规、决定、命令的依据，部门规章不得设定减损公民、法人和其他组织权利或者增加其义务的规范，不得增加本部门的权力或者减少本部门的法定职责。这意味着，如果地方采取机动车限行等措施，因行政管理迫切需要可先制定地方政府规章，规章实施满两年需要继续实施规章所规定的行政措施的，应提请本级人民代表大会或者其常务委员会制定地方性法规。

此次大气污染防治法还明确，突发环境事件应及时监测并公开信息。其中增加规定：发生造成大气污染的突发环境事件，人民政府及其有关部门和相关企业事业单位，应当依照突发事件应对法、环境保护法的规定，做好应急处置工作。环境保护主管部门应当及时对突发环境事件产生的大气污染物进行监测，并向社会公布监测信息。

案例思考：

大气污染防治法的修订反映了什么原理？此法的修订是由什么变化引起的？新形势下如何处理环境与政策的关系？

第一节 公共政策环境概述

公共政策运行过程是一个循环往复的过程，这个过程构成了一个系统，这个系统构成了公共政策系统的外部环境要素，如一个国家、地区或整个世界的政治、经济、自然、文化和人口等。公共政策的运行总是在一定的环境中进行，研究公共政策环境对制定科学合理的公共政策具有积极的现实意义。

一、公共政策环境的含义

环境是指围绕某一事物并与该事物发生相互作用的外部因素。事物与环境之间往往存在着既可以相互分辨又可以彼此渗透的界限，环境对事物本身总会发生或多或少、或直接或间接、或强烈或一般、或明显或隐晦等形式多样、程度不同的影响。事物本身的发展对环境也有着较大的影响，一般有两种看法：①某事物发生、存在或某种活动进行时的生态条件或背景；②任何事物都可看作相对独立的系统，而任何系统又处于更大的系统之中，这个更大的系统称为该子系统的生态环境。

所谓公共政策环境，就是指影响公共政策产生、存在和发展的一切外部因素的总和。总的来说，公共政策是政策环境的产物，二者存在辩证统一的关系。环境决定和制约公共政策，起主导作用；公共政策则改善和塑造环境，具有反作用。

公共政策学对公共政策环境的考察一般是从两个角度展开的：①把公共政策系统视为一个因变量，研究公共政策环境对决策行为、政策过程的影响；②把公共政策系统视为一个自变量，探求公共政策系统的产品——公共政策对环境的作用和影响。

二、公共政策环境的特征

公共政策环境是公共政策的外部系统，在政策运行过程中表现出各种不同的特征。概括地说，公共政策环境有以下四个主要特征。

（一）复杂性

公共政策环境并不仅仅是一个单一因素构成的简单系统，也不仅仅局限于某个区域，随着社会的不断进步，公共政策环境所涉及的范围越来越大，影响程度也越来越深。以公共政策环境的影响力大小和影响方式来分，公共政策环境可以分为一般环境和具体环境；按公共政策环境的地域划分，可以分为国内环境和国际环境；从公共政策环境作用的时间划分，可以分为历史环境和现实环境；从公共政策环境的表现形式来划分，可以分为物质环境和精神环境，前者包括经济环境、地理环境等，后者则包括社会文化环境和制度环境等。因此，公共政策环境具有十分复杂的特征，要用综合的眼光看待它，尤其是要将公共政策环境置于各种不同的层面进行比较，全面地评估公共政策在公共政策环境各个层面上的影响，绝不能只见树木，不见森林，片面地强调和夸大公共政策环境的某个方面。例如，我国有些地方盛行的地方保护主义政策就是个例子。地方保护主义政策之所以在一些地方大行其道，一个重要的原因就是片面强调地方经济发展这样一个小的政策环境而忽视了整个国民经济发展全局这样一个大的政策环境，以偏概全，盲目追求地方小政策环境的利益而不惜损害大环境的利益。再如，一些地方片面追求招商引资项目，片面追求 GDP 增长，却忽视环境和可持续发展因素，甚至为了地方经济高速增长而不惜引进重污染项目，收益于当时，遗祸于子孙。究其原因，就是片面追求政策环境的物质方面而忽视其他方面造成的。因此，充分认识政策环境的复杂性对于制定科学的公共政策具有十分重要的意义，对于公共政策环境的各种偏见和误解最终将导致错误的公共政策。

(二) 差异性

公共政策复杂的环境因素本身就表明了其差异性的存在。再加上不同国家、不同地区、不同时期，公共政策主体面临的环境因素是不同的。既有地理位置、辖区规模、地形地貌、气候资源等自然环境方面的差异，也有社会结构、经济发展、历史传统、民族文化等方面的不同。这些巨大的差异使得不同的公共政策呈现出各自的特征。在我国，政策环境的产业型特征也非常明显，中央与地方、城市与农村、富裕人口与贫困人口都具有各自的利益，构成公共政策环境的某一个方面，并且致力于影响公共政策，这就是人们常说的众口难调。公共政策环境的差异性特征也常常导致公共政策摇摆不定，这在西方国家表现得更为明显，往往是新一届政府刚刚上台，上一届政府的许多公共政策就被推翻，使得公共政策缺乏长效性和延续性，严重时也会造成很大的损害。

(三) 变异性

从社会历史发展的角度来看，公共政策环境总是处于不断变化之中。这种变化既表现为人对自然的改造能力的不断提高，也表现为社会政治制度的演变，还表现为国家环境的变迁。这种变化不仅是已经发生的，还包括未来的变化趋向。这说明任何一项政策都不可能一劳永逸，必须用联系的、运动的观点看待问题，不断适应公共政策环境的变化，制定出与之相适应的新政策或调整已有的政策。我国进行的经济体制和政治体制改革，其直接的表现就是公共政策环境变化迅速，这对管理者驾驭变革的浪潮提出了更高的要求。在转型期，由于公共政策环境的快速变化，大批公共政策由于面临不能适应公共政策环境的问题而被淘汰，这些变化的公共政策反过来又进一步促进了政策环境的变化，从而形成了一个不断增强的循环过程。转型期的公共政策环境这种急剧的变化使得社会公众失去了原有的环境和位置，对社会公众产生了巨大的心理压力，也使得公共政策的终结成为一项重大的课题，这些都是公共政策环境的变异性带来的社会问题。

(四) 突发性

公共政策环境虽然处于不断的变化中，但其变化有一定的规律而且具有一定的确定性。在大多数情况下，公共政策环境变化趋势可以被感知或被预测，这也是政策制定时人们能够利用之前掌握的信息进行预测效果的依据。但也有一部分是不可控、无法感知和预测的。这些突发问题，往往出乎公共政策主体的预料，尤其表现为自然因素的突发事件，主要有以下三类：①特大自然灾害，人类虽然对自然变化已经具有一定的预测能力，但仍然无法准确地预防特大自然灾害，如我国 2008 年 5 月 12 日的汶川地震；②国家危机，人类现有的国际关系知识不足以预测和防范特大国家事件；③综合性危机，人们对环境因素中潜在矛盾和综合性的危机缺乏预测与预防能力。当今世界生态危机是人类面临的共同危机，导致自然灾害发生的频率加快，出现突发性的天灾。例如，“非典”和“禽流感”等突发事件，都会对公共政策产生猝不及防的影响。

环境因素的突发性往往给公共政策带来挑战。如果政府在突发性环境危机中能够做到沉着应对、信息沟通、协调有力和控制得当，那么它就会得到社会组织和公众的支持，提高执政威望。环境因素的变动性要求政府行为主体要善于审时度势，因时、因地制定、实施和评估资产，对公共政策进行动态调整，使环境与公共政策两者之间保持动态均衡。

总之，公共政策环境是一个包罗万象、复杂庞大、拥有多个层面和多种价值观的体系，这个体系无时无刻不在发生变化，公共政策在政策环境的变化中不断面临压力，不断获取动力，通过解决政策与环境以及环境内部的各种矛盾，改善政策环境，从而推动社会的进步和发展。

三、公共政策与公共政策环境的相互关系

公共政策是公共政策环境的产物，二者存在辩证统一的关系。它们相互联系、相互依存、相互影响、相互作用。就其关系而言，环境决定和制约政策，起主导作用；政策则改善和塑造环境，具有反作用。

首先，公共政策环境是公共政策赖以存在的前提和基础。公共政策之所以有存在的必要，其目的是实施有效的社会和公共事务管理，其前提是人类社会的出现。经济基础决定上层建筑是历史唯物主义的重要论断，在生产力水平极度低下、私有制尚未形成的阶段，生产关系十分简单，公共政策就没有存在的必要。随着生产力的不断发展，尤其是剩余劳动产品的出现直接导致了私有制的出现，在这种情况下，社会出现了统治阶级和被统治阶级。公共政策论作为统治阶级管理社会公共事务的工具也应运而生了。随着社会规模的不断扩大，生产力水平的不断提高，社会生产关系日趋复杂，公共政策也不断地复杂化、专业化和体系化。但是归根结底，公共政策都是在一定的公共政策环境下产生并且存在于特定的公共政策环境之中的，脱离了政策环境的前提，公共政策就没有存在的必要了。

其次，公共政策必须适应公共政策环境，有什么样的公共政策环境，就应该有什么样的公共政策。如果公共政策与公共政策环境存在严重的冲突和对立，也就是说，政府管理社会的政策手段与环境条件格格不入，那么这样的政策就必然走向失败。例如，非洲一些落后国家不考虑本国国情，盲目移植、机械照搬一些西方发达国家的政策经验，其实施结果往往事与愿违。

再次，公共政策环境的发展变化必然导致公共政策的发展变化。随着历史的演进、社会的发展，公共政策环境经历着不断的变化，这是不以人的主观意志为转移的客观规律，公共政策必须适应这样变化的需要，否则就会阻碍社会系统的良性运转，产生消极的影响。不同的社会形态需要不同的政策指导，而且就同一社会形态的不同发展时期而言，公共政策也表现出不同的特征。以我国为例，自改革开放以来，高度集中的计划经济体制向社会主义市场经济体制过渡，公共政策也随之进行了一系列改变，就是为了适应政策环境变化的需要。

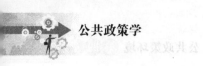

第二节　经济全球化与公共政策分析

在当今世界，经济全球化是以市场化与信息化为基础的，不以任何国家、任何人的意志为转移的历史发展进程。随着全球化进程的加快，国际环境对公共政策的作用将更为深刻、复杂和微妙。对于一个国家来说，制定与实施公共政策，不仅要冷静地面对国内的各种环境要素，而且要认真判断经济全球化的环境要素。

一、经济全球化的内涵

经济全球化出现于20世纪80年代中期，90年代得到认可，但目前没有统一的概念。国际货币基金组织(IMF)在1997年5月发表的一份报告中指出，“经济全球化是指跨国商品与服务贸易及资本流动规模和形式的增加，以及技术的广泛、迅速传播使世界各国经济的相互依赖性增强”。而经济合作与发展组织(OECD)认为，“经济全球化可以被看作一种过程，在这个过程中，经济、市场、技术与通信形式都越来越具有全球特征，民族性和地方性在减少”。为此，可从三个方面理解经济全球化：①世界各国经济联系的加强和相互依赖程度日益提高；②各国国内经济规则不断趋于一致；③国际经济协调机制强化，即各种多边或区域组织对世界经济的协调和约束作用越来越强。总的来讲，经济全球化是指以市场经济为基础，以先进科技和生产力为手段，以发达国家为主导，以最大利润和经济效益为目标，通过分工、贸易、投资、跨国公司和要素流动等，实现各国市场分工与协作，相互融合的过程。

经济全球化的内涵主要包括以下四个方面。

(一) 经济全球化是市场全球化

市场经济以一种神奇的力量将世界经济按照“看不见的手”整合起来，世界金融、世界贸易、跨国投资使全球经济紧密地融为一体。能源、资本、人力资源劳动等生产要素跨国界自由流动，在全球范围内配置，商品的生产、消费、服务分散于世界各个角落，全球大市场正逐渐形成。

(二) 经济全球化是信息全球化

从技术、时空的角度来看，经济全球化浪潮与市场化和信息化相伴随，通信技术和计算机技术的发展使人类社会进入信息时代，正在进行以信息和知识为动力的产业革命。知识与信息的制造、加工、贸易已经成为新的经济增长的重要源泉。现代化交通工具、信息传输手段、计算机网络和几十万个跨国公司，将各国、各地区的经济、政治、军事、科技和文化等方面结合起来。人类对于时间、地域的控制能力增强，也越来越意识到人类共同生活在一个舞台。现代社会的政治、经济生活均被嵌入计算机信息网络之中，各种信息能迅速传输。政府当局对信息性质和内容的筛选几乎成为不可能。“如果把大众传播的传统媒介比作一只信息沙漏，那么新的传播技术结构就将是一种散步型的信息交流结构，可以把这种结构比作信息交流的一个矩阵，一种经纬交错的渔网或四通八达的蛛网”。发散式的信息网络传播能提供最畅通的参与渠道。互联网将各终端用户都发展为潜在的信息源，人们可以自由地联入网络传播信息，访问各种信息资源，形成发散式的信息传播网络。

(三) 经济全球化是组织全球化

从组织形式及结构来看，经济全球化是指在全球范围内，国际政府组织、非政府组织以及跨国公司等国家行为体大量出现，这些国家主体广泛参与全球范围内各种资源与价值的分配，对于主权国家的公共政策的制定产生了不同程度的影响。

(四) 经济全球化是文化全球化

从文化角度来看，在全球化场域中，世界各国人民之间的联系和交往日益增多，文化互动逐渐增强，国家与国家之间、社会与社会之间文化的相互影响逐渐强化，这使得公共政策主体面临着其他社会的知识文化冲击。

总之，经济全球化是一个包含着机遇、矛盾、风险和不确定性的历史进程，对公共政策的制定与实施会产生重大影响。

二、经济全球化的载体

经济全球化从根源上说是生产力和国际分工的高度发展，要求进一步跨越民族和国家疆界的产物。经济全球化是当代世界经济的重要特征之一，也是世界经济发展的重要趋势。经济全球化有利于资源和生产要素在全球的合理配置，有利于资本和产品的全球性流动，有利于科技的全球性扩张，有利于促进不发达地区的经济发展，是人类发展进步的表现，是世界经济发展的必然结果。但它对每个国家来说，都是一柄双刃剑，既是机遇，也是挑战。特别是对经济实力薄弱和科学技术比较落后的发展中国家，面对全球性的激烈竞争，所遇到的风险、挑战将更加严峻。目前经济全球化中急需解决的问题是建立公平合理的新经济秩序，以保证竞争的公平性和有效性。

经济全球化包括以下四个主要载体。

(一) 贸易自由化

随着全球货物贸易、服务贸易、技术贸易的加速发展，经济全球化促进了世界多边贸易体制的形成，从而加快了国际贸易的增长速度，促进了全球贸易自由化的发展，也使得加入 WTO 组织的成员以统一的国际准则来规范自己的行为。

(二) 生产国际化

生产力作为人类社会发展的根本动力，极大地推动着世界市场的扩大。以互联网为标志的科技革命，从时间和空间上缩小了各国之间的距离，促使世界贸易结构发生巨大变化，促使生产要素跨国流动，它不仅对生产超越国界提出了内在要求，也为全球化生产准备了条件，是推动经济全球化的根本动力。

(三) 金融全球化

世界性的金融机构网络，大量的金融业务跨国界进行，跨国贷款、跨国证券发行和跨国并购体系已经形成。世界各主要金融市场在时间上相互接续、价格上相互联动，几秒钟内就能实现上千万亿美元的交易，尤其是外汇市场已经成为世界上最具流动性和全天候的市场。

(四) 科技全球化

科技全球化是指各国科技资源在全球范围内的优化配置，这是经济全球化最新拓展和进展迅速的领域，表现为：先进技术和研发能力的大规模跨国界转移，跨国界联合研发广泛存在。以信息技术产业为典型代表，各国的技术标准越来越趋向一致，跨国公司巨头通过垄断技术标准的使用，控制了行业的发展，获取了大量超额利润。

经济全球化的四个主要载体都与跨国公司密切相关，或者说跨国公司就是经济全球化及其载体的推动者与担当者。“经济全球化”这个词，据说最早是由特·莱维于 1985 年提出的，但至今没有一个公认的定义。有人从生产力运动的发展角度分析，认为经济全球化是一个历史过程。一方面，在世界范围内，各国、各地区的经济相互交织、相互影响、相互融合成统一整体，即形成全球统一市场；另一方面，在世界范围内建立了规范经济行为的全球规则，并以此为基础建立了经济运行的全球机制。在这个过程中，市场经济一统天下，生产要素在全球范围内自由流动和优化配置。因此，经济全球化是指生产要素跨越国界，在全球范围内自由流动，各国、各地区相互融合成整体的历史过程。也有人从生产关系的角度进行分析，认为经济全球化实际上是以美国为代表的发达国家和跨国公司利用科技进步，借自由化之名，行控制世界经济之实，使发达国家越来越富，发展中国家越来越穷的历史过程。20 世纪 90 年代以来，以信息技术革命为中心的高新技术迅猛发展，不仅冲破了国界，而且缩小了各国和各地的距离，使世界经济越来越融为整体。但经济全球化是一把“双刃剑”，它推动了全球生产力大发展，加速了世界经济增长，为少数发展中国家追赶发达国家提供了一个难得的历史机遇；与此同时，它也加剧了国际竞争，增多了国际投机，增加了国际风险，并对国家主权和发展中国家的民族工业造成了严重冲击。更为严重的是，在经济全球化中，由于实力不同，发达国家和跨国公司将得利最多，而发展中国家所得甚少。因此，发展中国家与发达国家的差距将进一步拉大，一些最不发达国家将被排除在经济全球化之外，越来越被边缘化，甚至成为发达国家和跨国公司的“新技术殖民地”。目前，经济全球化已显示出强大的生命力，并对世界各国经济、政治、军事、社会、文化等方面，甚至包括思维方式等，都造成了巨大的冲击。这是一场深刻的革命，任何国家也无法回避，唯一的办法是如何去适应它，积极参与经济全球化，在历史大潮中接受检验。

三、经济全球化开辟全新的公共政策领域

全球化、市场化和信息化对一国或一个地区的公共政策产生了深刻影响。世界经济一体化使得各国、各地区在制定经济、社会政策时必须考虑世界经济局势的发展变化。全球化为后发展国家技术进步、资金引进、产业升级提供了机遇，但也对后发展国家的经济、政治、教育、科技、文化等方面产生了巨大冲击。这意味着，后发展国家面临着一系列全新的经济问题、政治问题、社会问题，从而开辟了全新的公共政策领域。这使得后发展国家公共政策的制定需要超越传统的、封闭的决策环境，在全球化环境中，通过与多元化的国际主体相互沟通、协调、博弈，来制定与实施公共政策。

随着全球化发展，几乎所有国家都卷入了世界经济体系，但各国在世界经济体系中

的地位、力量、发展水平不同，先发展国家力图主导世界经济体系，以维护传统优势地位；而后发展国家则要求世界经济活动和决策过程的平等参与权，世界经济主导权之争开始成为世界经济领域的主要矛盾。在既充满机遇又充满挑战的国际环境中，后发展国家政府在制定和实施公共政策时，一方面要选择加强国际合作的政策途径，通过双边与多边方式参与国际合作，壮大自己；另一方面要利用国际规则，依靠实力参与竞争，在竞争中完善和发展自我。

以亚洲金融危机与中国经济政策为例，1997 年，亚洲金融危机首先从泰国开始，席卷印度尼西亚、马来西亚、菲律宾、韩国等，并且波及俄罗斯、美国等国家，成为全球性金融危机。即使美国也没能独善其身，1998 年美国对太平洋地区的出口猛跌 10%以上，经济增长率下降。受金融危机影响的国家，不得不宣布货币贬值，并且接受了国际货币基金组织和世界银行的贷款附加条件。国际货币基金组织向泰国提供了 172 亿美元的贷款，这一贷款要求泰国降低本国目前的赤字，从 1996 年占国内生产总值的 7.9%降到 1997 年的 5%，最终在 1998 年降到 3%。为达到这种目的，国际货币基金组织要求泰国采取增加关税、削减政府开支、提高利率、参与国际竞争等应对措施。有学者指出，国际货币基金组织等机构试图加强国家的消极主权，然而这些条件却损害了这些国家的积极主权，限制了债务国运用经济政策的范围，放弃了它们在危机之前所选择的经济发展进程，而屈从于国际货币基金组织和世界银行的经济发展构想。

四、经济全球化导致公共政策主体的国际化

全球化日益改变世界的政治和经济秩序，重塑全球经济模式及运行环境。在新技术革命、跨国公司的迅猛发展、自由化经济政策的推动下，国家边界已经无法阻挡经济全球化的渗透。全球化意味着不断相对缩小时空世界、通信工具与交通工具的科技革命使全球联系变得迅捷，世界变成一个“地球村”。跨国资本、人员、商品川流不息，人类逐渐卷入一个共同世界。全球化背景下，各国经济政策的制定及实施都被置于全球化环境之中，国家调节经济政策的手段、目标、自主性以及效果发生了巨大变化，一国政府已无力垄断全球性公共危机的信息与事务处理。面对环境污染、大规模武器扩散、金融危机等全球性问题，主权国家不再是唯一的治理主体，国际医疗机构、专家组、世界卫生组织都参与公共治理，并与各主权国家构成跨国领域的合作、协商和伙伴关系。各国政府应树立新的责任和合作意识，与国际组织、非政府组织、跨国公司等公共和私营机构建立公共治理的协作网络。

2016 年 9 月 4 至 5 日，杭州成功举办 G20 峰会。20 位 G20 成员领导人、8 位嘉宾国领导人、7 位国际组织负责人——出席杭州峰会的外方领导人和国际组织负责人，密集开展双边和多边外交活动。杭州峰会，成为 G20 历史上发展中国家参与最多、代表性最广泛的一次峰会。在峰会主题下，各方将围绕“加强政策协调、创新增长方式”“高效的全球经济金融治理”“强劲的国际贸易和投资”“包容和联动式发展”“影响世界经济的其他突出问题”等重点议题展开讨论。

跨国公司随着资本流动将经济活动扩张到全球，对各国公共政策的影响力日益增强，甚至影响一些国家的经济命运。先发展国家越来越感到控制跨国公司的困难，全球化条件下，跨国公司能够通过在海外建立工厂、转移资金等各种方式来逃避税收。而后发展

国家为获得投资，则千方百计地为外来资本提供各种优惠投资政策。资本的跨国流动已超出了主权国家所能够控制的范围，对国家经济政策产生了重要影响。

国际组织的存在和作用，使得主权国家在特定的政策领域丧失了部分决策权。国际组织把各国政府要员召集在一起，确定共同的国际议题，引起世界舆论的重视，并使国际社会采取一致行动。国际组织的规章、决议以及国际协定对各国政策制定具有明显的制约作用。例如，世贸组织对于各国经济政策的制定产生了非常重要的影响。世贸组织在促进全球贸易自由化，以及投资自由化方面起到了重要作用，特别是在贸易争端解决机制方面，具有相当大的权威性。国际货币基金组织和世界银行对需要金融或其他行使援助的先发展国家具有重要影响，哪个国家不执行世贸组织争端裁决小组的决定，该组织就有权对它进行惩罚，世界贸易组织的司法权和管理权的权威性史无前例。国际货币基金组织不仅监督国际货币体系，而且影响各国的公共决策。例如，国际货币基金组织鼓励巴西等拉美国家制定和实施经济稳定计划；监督东欧各国尤其是波兰的预算制定；研究东亚国际在市场化进程中出现的问题，并提出建议；批评某些先发展国家的军事政策，要求其削减军费开支。

总之，在公共政策流程中，国际环境已经成为影响各国公共政策的重要变量，全球化导致公共政策主体的国际化。在全球化背景下，政府只有建立公共事务治理的多元合作机制，建立跨国领域的合作、协商、伙伴关系，形成自上而下的管理、自下而上的自治、自外而内的信息输出，通过建立政府—社会、中央—地方、国家—国家间多中心的公共政策流程，才能最大限度地实现本国公共利益的最大化。

五、经济全球化影响着公共政策的价值选择

国际环境为政策制定提供了参照目标，既影响着政策的范围和功能，也影响着政策系统的价值选择。随着全球化进程的加快，国际环境内各系统的联系和交流日益加深，国际环境对公共政策的作用将更加深刻、更为复杂。一方面，世界经济多极化趋势正在加速形成，国际经济力量对比正在发生着深刻变化。新的国际经济力量和经济强国正登上世界经济舞台的中心，发挥着越来越重要的作用。面对这种局面，各国都在调整相应的政治经济政策，以在新的世界经济格局中占领有利地位。另一方面，世界经济发展的不平衡性进一步加剧，全球化进程中，各国经济相互依赖程度远高于先发展国家对于弱小国家的依赖。这种依赖的不平衡性导致各国在全球化进程中的资源与利益的非均衡分配。总体来说，和平与发展已成为当代世界的主题，国际环境要素的总体特征是从对抗日益走向协商、合作与竞争。在机遇和挑战并存的国际环境中，各国政府在制定和实施公共政策时，也会借助现存的国际规则参与竞争，并努力实现自身利益的最大化，确保双赢或多赢，避免零和博弈。

中国作为后发展大国，在制定对内对外的公共政策时，需要从国情出发，选择与本国国情相适应的政策价值。以“华盛顿共识”与“北京共识”为例来说明不同国情下公共政策的价值选择。“华盛顿共识”盛行于 20 世纪 90 年代，是主张以私有化、自由化和宏观稳定为主要内容的发展战略。作为“休克疗法”的理论基础，它使东欧陷入经济困境，而且这种模式在阿根廷等国的实践中并不理想。“后华盛顿共识”强调与发展相关的制度因素，认为发展不仅是经济增长，而且是社会的全面改造。因此，“后华盛顿

共识”不仅关注增长，还关注贫困、收入分配、环境可持续性等问题，它还从信息不对称出发，指出市场理论不能自动实现资源的最优配置，承认政府在促进发展中的积极作用，批评国际货币基金组织在亚洲金融危机前后倡导的私有化、资本账户开放和经济紧缩政策。

“北京共识”是由《时代周刊》外国报道编辑拉莫发表的，他将“北京共识”定义为：坚决进行革新和实验(如中国经济特区)；积极维护国家边境及其利益(如中国台湾问题)；以及不断精心积累具有不对称力量的工具(全球第一位的美元外汇储备)。“北京共识”的目标是：在保持独立的同时实现增长。“北京共识”还包括许多非经济思想，涉及政治、生活质量和全球力量平衡等问题。实践证明，中国以循序渐进的方式推进改革开放是果断、明智的，“中国奇迹”是依照中国国情制定一系列经济与社会政策的结果，创造了西方发展模式之外的新的公共政策价值选择。

第三节 公共政策环境分析

公共政策环境就是作用和影响公共政策的所有外部条件的总和，包括生态环境、政治环境、经济环境、社会文化环境和国际环境等。

一、公共政策的生态环境

公共政策的生态环境主要是指影响公共政策的地理因素(国土面积大小及肥瘠程度、海岸线的长度、地形地貌、气候)，自然资源(矿产的种类、品位与分布、能源、水资源、动植物的种类与分布)，环境保护(环境监测系统、环境治理政策与技术)，以及其他生态要素的总和。生态环境是一个国家生存和发展的物质基础，也是国家经济建设的立足点和出发点，构成政策系统最基础、最稳定的环境。公共政策与生态环境有着密切的关系，许多学者早已注意到了这一现象。让·博丹和孟德斯鸠认为，气候条件影响民族特性，决定国家的法律和政策。美国西奥多·罗斯福总统的对外政策深受艾尔弗雷德·马汉的“海权论”的影响。哈尔福德·麦金德的“大陆心脏说”则为第二次世界大战后美国政府实施的遏制战略提供了理论依据。

(一) 生态环境对公共政策的制约

1. 地理环境是公共政策的前提

地理环境是社会与经济生活的前提，社会生产与生活方式依赖于自然环境资源的支撑能力。世界各国各自拥有不同的生态环境，导致它们形成不同类型的生产和生活方式。差异性的生产和生活方式制约着公共政策的制定与实施。例如，美国的地理环境得天独厚，它东西两面有着漫长的海岸线，是天然的保护屏障，这也是美国成为世界超级大国的优越的自然条件和制定内政外交政策的天然优势。荷兰由于国土面积狭小，资源匮乏，因此一直把海军作为发展重点，军事政策一直富有企图性和扩张性，人们将这种民族心理称为“劣根性”。我国由于地处大陆，国土辽阔，资源绝对数量多，农耕文化发达，所以陆军在我国的军事力量当中一直占据重要地位，历朝历代多采取闭关锁国的军事政策，对于海上扩张一直没有多大兴趣，国防政策也多以防御型为主，绵延万里的长城就是一个最好的例子。到了20世纪80年代初，我国的沿海开放政策和经济特区政策，主要是针对和适用于沿海城市，因为这些城市在对外开放方面，拥有着内陆城市不可比拟的优势，在国家政策的扶助下，沿海地区经济在短短30年中实现了快速发展。由此可见，公共政策的制定和实施，受到地理位置等生态因素的影响，这就要求公共政策必须从一个国家或地区的生态环境出发，依照客观自然规律办事。

地理环境对于公共政策虽然具有很大的影响力，而且其影响力是长期的、永恒的，但是过分夸大其对公共政策系统的制约作用而忽视公共政策系统自身的能动作用，则会导致机械唯物主义的“地理环境决定论”，这是错误的。例如，以色列作为中东小国，地处沙漠地带，按照一般中东国家的发展模式，以色列的政策应当以发展石油工业为生，根本不具备发展农业的条件。但是，以色列通过开发世界最先进的滴灌系统，使得农业成为国民经济的重要支柱，这种发展模式就不是地理自然环境决定的。因此，地理环境对于公共政策的制定具有重要影响，但绝不是决定性因素，也不是不可以改变的。

2. 自然资源影响着公共政策的内容和方向

随着全球化与世界经济的发展，自然资源越来越影响着公共政策的制定。美国是能源消费大国，但是国内石油储量远远不能满足自身的需要，因而美国向来重视中东的石油资源，在外交政策方面注重与中东国家协调关系，并且对威胁其能源利用的国家，采取了严厉的政治、经济和军事政策。对于我国而言，随着经济规模的不断扩大，对石油资源的依赖程度也会加大。在国内资源不能满足的情况下，将会越来越多地转向国外资源，因而能源将逐渐构成影响内政外交政策的重要因素。

（二）公共政策与可持续发展

人类的经济社会活动既可以改善生态环境，也可以破坏生态环境。生态环境的状态取决于政府是否对生态环境具有科学的认识，能否按客观规律解决自然环境与经济发展的矛盾，在资源问题、生态环境等方面制定出科学的公共政策。长期以来，由于我国缺乏科学的政策观，使粗放型生产经营方式导致资源浪费和环境污染严重，生态危机已经成为关系国计民生、国家持续发展的重大问题。在全球层面上，环境问题全球化日益严重，沙尘暴、温室气体排放、赤潮、厄尔尼诺、拉尼娜等新名词频频进入公众视野，人类与生态环境的关系从未受到如此广泛的世界关注。预计到2030年，温室效应将会是产业革命以前的两倍，届时将导致全球气温上升1.5～3.5℃，最终直接导致海平面上升20～110cm。据统计，海平面每上升1m，将直接导致埃及GDP减少15%，孟加拉国GDP减少8%。同时，温室效应也会导致全球气候反常，厄尔尼诺等现象肆虐横行。

二、公共政策的政治环境

公共政策的政治环境是指对公共政策有重要影响的各种政治要素的总和，主要包括政治制度、政治体制、政治结构、政治关系、政治传统以及政治文化等。按照古德诺的行政与政治二分法，政治是统治阶级意志的体现，行政是统治阶级意志的执行。因此，政治环境是公共政策最直接的影响因素。

(一) 政治制度制约着公共政策的制定与实施

在政治环境中，对公共政策的直接影响最强的是政治制度。政治制度是指一个国家的权力构成及运行的组织制度，即居于统治地位的阶级采取何种形式组织政权，以使政权得以运作的规则体系，它具有权威性、阶级性、党派性的特征。政治制度规定了公共政策主体的执政地位及决策的运行程序，规定着社会各种利益要求进入政策议程的途径和方式。在不同的政治制度下，公共决策过程的内容和方式大相径庭，民主政体和极权政体公共决策过程截然不同，集权政治体制和分权政治体制下的公共政策过程也差别明显。不同的政治制度会对公共决策权力做不同分配，规定着不同的实际决策机构，使用着不同的决策程序。

公共决策者必须在既定的政治制度框架中，进行公共政策问题的建构。不同的政治制度往往存在着与之相适应的公共决策体制。政治制度决定了如下问题：公共政策体现谁的意志？为谁的利益服务？以何种方式进行决策？政策问题本质上就是要求通过政府的权力机制在公共资源的分配中占有更大的份额。

政治制度也直接影响公共政策的制定和执行的质量。公共政策制定后，还需要考虑该项政策是否能行得通，公共政策的制定机关涉及各个部门、各个层次，它们直接存在着复杂的利益分配过程。政策制定机构不仅为公共利益服务，本身也存在相对独立的利益需求，以及决策程序的科学化程度等，也是影响公共政策制定的重要因素。

(二) 政治环境决定着公共政策民主化的程度

公共政策流程本质上是社会多元主体参与，围绕着特定公共问题，为实现各自利益而相互博弈的公共选择过程。18 世纪的政治哲学家埃德蒙德·伯克认为，在决定公共政策的问题时，民主的代议者应该服务于公民的利益，而不是一味地顺从他们自己的意愿。合法的政治统治应基于人民的同意。公民通过普选制建立人民与政府间的从权利到权力的委托—代理关系，将属于全体人民的国家权力委托给人民选出的代表所组成的国家代议机构直接行驶，或委托给人民选出的立法机关、行政机关和司法机关分别行使。在政治市场中，选民依据个人偏好以最有利于自己的方式进行投票，这样选民与政治家就构成了政治交换的双方，政府与公民之间通过民主选举构成了一种特殊的委托—代理关系。委托—代理理论意味着公共权力机构获得人民直接或间接授权的同时，也承担了相应的责任。它要求政府必须回应社会和公民的基本要求并积极采取行动加以满足，积极地履行其社会义务和职责，同时接受来自内部的和外部的监督，以保证政策目标的实现。

公共政策的制定与实施过程，应建立民主参与机制，保证公共决策机构沿着法定渠道满足公共需求，实现公共利益。从世界各国的实践来看，公共政策流程中民主参与主要存在三种方式：告知、咨询和积极参与。推进我国公共政策的民主化进程，应建立健全民主决策、民主监督的程序和制度，扩大与公民的联系渠道。在政策议程的设定、政策内容的选择和确立、政策执行和评估的所有过程中，公民都能够积极地介入。在这个过程中，公民与公民之间以及公民与政府之间都能够形成一种公开对话。它意味着政府承认并支持公民在政策过程中发挥独立和自主作用。

三、公共政策的经济环境

公共政策的经济环境是指对政策系统的生存、发展与运行具有重要影响的各种经济因素的总和，包括整个世界经济的格局与运行状态，一国或一个地区的生产力性质、结构，生产资料所有制的形式，经济发展速度，经济结构，经济制度，经济体制，经济总量等。

(一) 经济环境对公共政策的决定作用

1. 经济环境是制定和执行公共政策的基本出发点

经济基础决定上层建筑，历史唯物主义表明经济基础对公共政策具有决定性影响。无论哪个国家或哪个地区，公共政策的制定、执行、评估都受到经济环境的制约。经济环境是人类社会生活中最基本的环境之一，政策系统不可能超越经济环境所提供的条件和要求。公共政策主体若想制定出科学合理的政策方案，必须从本国或本地区的实际情况出发，尤其是从社会经济发展阶段出发，制定科学的公共政策。戴伊通过对美国 50 个州的政策输出的研究，得出一个结论，即社会经济条件对公共政策产出有着重大影响，经济发展的影响甚至超过了政治系统的影响。他认为，经济发展水平(可以用人均国民收入、城市人口的比例、普及的教育水平和工业中就业人员的比例等各种变量来反映)是影响教育，福利，税收及公共调节等政策的最重要的因素。此外，道森和鲁滨逊的研究证明，社会经济因素对公共政策的影响比政治因素的影响更大。他们分析了党派竞争和某些经济变量对公共福利政策的影响，以便比较这两者中的哪个因素对福利政策有着主要的影响。结果他们得出结论，即社会经济环境对该政策的影响比党派竞争的影响更大。

2. 经济环境提供了公共政策制定和实施所必需的资源

公共政策的制定、执行、评估都要耗费一定的人力、物力和财力，并需要一定的经济制度作为支撑，这些就构成了政策过程的成本。因此，要使公共政策过程正常运行，就需要一定的资源和经济条件。资源的多少和经济条件的好坏对公共政策的质量和运行状况具有较大的影响。政策制定必须基于经济实力允许的范围，并在保留一定余地的情况下，对政策过程给予经济上的支持，并由此确定政策的可行性和有效性。否则，如果超越经济实力所及，过多投入人力、物力和财力，一旦环境形势有所变化，便难以向新的政策过渡，或在一定程度上排除了政策替代的机会。我国存在正反两方面的经验和教训。20 世纪 50 年代末的“大跃进”“人民公社化”，20 世纪 60 年代发起的“文化大革命”，这一系列公共政策失误的根本原因在于，决策者未能正确认识过去，尤其是社会经济发展阶段，政策制定超越了社会主义初级阶段这一历史前提，结果给国民经济带来了不可弥补的损失。十一届三中全会以后，党和国家对我国国情与经济发展阶段做出了科学判断，制定并实施“以改革开放和以经济建设为中心”的路线方针和经济社会政策，促进了国家经济与社会的全面发展。

3. 经济环境会影响公共政策的经济目标和方向

现代公共政策体系中占主导地位的是政府的经济政策。政策主体不可能仅凭自己的主观愿望制定和推行某些政策，而必须将特定时期的经济状况、经济利益矛盾、经济资源分配等因素作为制定和实施经济政策的基本依据和主要内容，并由此决定公共政策不同的经济目标和方向。

(二) 公共政策对经济环境的反作用

1. 公共政策改善与重塑经济环境

公共政策对经济环境存在着反作用，可改善与重塑经济环境。改革开放30年，一系列经济政策的目标，正是在于建立和完善社会主义市场经济体制。行政审批制度改革、国有企业制度改革等一系列公共政策变革，正是政企分开、清晰产权制度变迁过程，旨在建立与完善市场经济环境。市场经济是契约经济，生产和交换是借助于生产者之间、生产者与消费者之间的各种契约来进行的。市场有效运行的一个重要的制度条件就是明确产权，即明确国有资产在市场交易中的支配权，只有明确所有权，才能明确与静态财产权相关的收益与代价的直接责任者，也才能使市场制度的奖惩结构充分发挥作用。改革开放以来，各级政府通过一系列公共政策，转变职能，界定产权，建立现代企业制度，释放了企业生产力。随着经济社会资源的增长，市场和社会逐步形成自治空间，政府从日益增长的社会资源中相应获益，政府、社会、市场活动多赢，社会利益最大化与统治者利益最大化获得统一。

2. 公共政策调节经济利益的分配

公共政策本质上是对社会利益的权威性分配或再分配，经济政策是调节人们之间各种关系特别是经济利益关系的主要工具。市场经济体制是建立在社会化大生产基础上的经济运行机制。它通过价值规律、供求规律和竞争规律等来调节整个社会的经济活动，使市场在资源配置上发挥基础性的作用。在这一体制中，所有生产要素均进入市场，进行自由、公平的交易。市场经济环境中，由于人们在政治、经济生活中的利益矛盾。当财富、资源、权力被掌控在一部分人手中，被不平等地进一步扩大时，社会矛盾也在积聚，社会经济关系中诸多矛盾的存在与解决，便成为经济、社会政策产生、发展的基础。

以我国财政政策为例，来说明公共政策是如何实现经济利益的均衡分配，进而促进和谐社会构建的。我国财政理论代表性认识主要体现为国家分配论、价值分配论、国家资金运动论、共同需要论、剩余产品分配论和再生产前提论等观点。近年来，随着社会主义市场经济的不断完善与发展，国家分配论逐渐发展成为公共财政论。公共财政是在市场经济条件下，主要为满足社会公共需要而进行的政府收支活动模式或财政运行机制模式；是国家以社会和经济管理者的身份参与社会分配，并将收入用于政府的公共活动支出，为社会提供公共产品和公共服务，以充分保证国家机器正常运转，保障国家安全，维护社会秩序，实现经济社会的协调发展。我国财政体制逐步向公共财政体制转变是发展社会主义市场经济的必然要求，也是解决社会经济生活中各种矛盾的迫切需要。

财政政策是国家进行宏观调控的重要手段。在市场机制调节出现严重缺陷或不足时，国家可以综合运用预算、税收、国债、转移支付、政府采购、贴息、补助等手段，发挥财政政策见效快、导向作用大、配置资源较为合理的特点，对经济运行实施宏观调控：①调控经济运行，促进经济健康稳定增长。财政政策对经济周期波动可进行逆向调节，当经济过热或发生通货膨胀时，主要采取紧缩的财政政策，通过减少财政支出或采取增税措施，相应地减少财政赤字或增加财政盈余，遏制经济过热；当经济不景气或发生通货紧缩时，主要采取扩张性财政政策，通过增加财政支出或采取减税措施，相应地扩大财政赤字，刺激经济增长。②优化资源配置，促进经济结构合理调整。在市场经济条件下，市场对资源配置起基础调节作用，但鉴于市场机制本身存在的缺陷和不足，为了纠正市场配置资源的偏差，国家可以运用财政政策，优化资源配置及经济结构。③调节个人收入分配，保持社会的相对公平和稳定。国家可以通过税收、财政转移支付等手段，对收入分配进行合理调节。

四、公共政策的社会文化环境

公共政策的社会文化环境就是对政策系统生存、发展与运行产生重要影响的社会状况与文化状况，包括人口的规模、性别与年龄的比例、民族构成、社会群体的职业构成、社会道德风尚、人口素质、公民受教育程度等方面。公共政策的制定与实施无法脱离特定的历史文化情景，历史沿革、人口迁徙、教育状况、风俗民情等区域历史文化环境一旦形成，往往制约着政策主体的政策方案选择。社会文化作为社会成员认同的社会行为模式，规定了每个人的社会角色，规范着社会成员的行为，并衍生出一定的社会价值观和人类共同体的行为准则。因此，任何政策的产生都会打上一定社会文化的烙印，社会制度的组织功能、整合功能和协调功能在公共政策制定和执行过程中发挥着重要作用。

（一）社会文化环境影响政策系统运行的效率

若一个社会的教育、科技、文化程度较为发达，就能为政策系统运行的各个环节配备高素质的人员，提供现代化的科技手段和资讯，也就能更好地管理社会公共事务。一个社会具有良好的伦理道德，目标群体具有良好的心理素质，政策系统的运行就较为畅通；反之，公共管理部门和团队的效率越低下，公共政策也就越难以有效实施。例如，在某省的公务员当中，有研究生学历的公务员仅占0.8%，这成为制约公共部门管理能力的一个重要因素，于是发展MPA教育、对公务员进行培训就成为政策选择。

（二）社会文化环境决定了公共政策受众的基本素质

公共政策受众的基本素质同样是公共政策制定和执行过程的重要考量。我国庞大的人口规模催生了计划生育政策，而多民族的社会构成，以及“大杂居，小聚居”的民族地理分布现状则成为民族区域自治政策形成的基础。目标群体的素质越高，公共政策的推行就越顺畅；反之，阻碍就越大。构成社会文化环境的因素尽管很多，但最为核心的还是政治文化。政治文化是人类政治生活中的主观意识范畴，是人民对有关政治方面的信仰、理论、感情、情绪、评价和态度等历史和现实的总和。政治文化作为公共政策环境的重要组成部分，对政策过程产生着深刻影响。

五、公共政策的国际环境

（一）公共政策的国际环境的含义

公共政策的国际环境指的是对一个国家或地区的生存与发展产生影响的，由国家、国际组织相互间的竞争、合作、冲突所形成的带有一定稳定性的世界政治、经济、文化运行的秩序与格局。国际环境既包括全球范围内的政治、经济、文化发展演变的共同趋势、全球秩序及相应的规则，也包括对政策系统生存、发展和运行产生一定影响的民族、国家、跨国组织间竞争、合作与冲突而形成的具有一定稳定性的政治、经济、文化关系。

当代公共政策的国际环境虽然还没有从变动中完全稳定下来，但是，其主要的趋势已经显露出来。①国际环境正朝着和平与发展的方向演变。冷战结束后，以美国和苏联为首的两大阵营争夺世界霸权的国际格局，随着苏联的解体而宣告结束，和平与发展仍然是当代世界的主题。②全球化、市场化和信息化是当代人类社会发展的三大主要浪潮。全球化是当代世界的一大趋势，这种趋势在20世纪90年代清楚地显露出来。原联合国秘书长加利在1992年联合国日的致辞中宣称“第一个真正的全球化时代已经到来”；美国著名的未来学家奈斯比特也认为，进入20世纪90年代“全球一体化的新时代已经开始”，未来的世界是“一个不断增进彼此联系的世界”。我国知名学者李慎之将全球化看作21世纪的大趋势，并指出：“全球化是已经开始的过程，是已经出现的大趋势，任何看不到这个趋势的研究都是盲目的；任何违反这个大趋势的决策都是错误的。”

(二) 现代国际环境的发展趋势

公共政策的国际环境及其发展趋势，对一个国家或地区的社会经济发展和公共政策的制定产生了重要的影响，并有着积极的现实意义。现代公共政策的国际环境，虽然还没有从变动中完全稳定下来，但主要的趋势已经显露，体现了和平化、全球化、市场化和信息化的发展趋势。

1. 国际环境的和平化趋势

当前和平与发展是世界的主题，国际环境朝着和平与发展、多极化的方向发展，各种力量重新分化组合，大国关系在进一步发展变化，发展中国家的国际地位进一步增强。国际竞争已由军事对抗转向综合国力的较量，经济因素和科技进步在国际关系中的地位和作用在不断上升。20世纪90年代以来，虽爆发过波黑战争、海湾战争、科索沃战争和倒萨战争等，美国也企图凭借其繁荣的经济、发达的科技，借口人权问题大搞强权，试图独霸世界，但美国的这一企图已遭到世界爱好和平的国家与人民的反对。

2. 国际环境的全球化趋势

全球化是指世界各个分散的部分或因素，形成紧密联系的世界性网络。它是一种客观的历史进程，是不按各国具体环节、地域、制度、意识形态发展模式等为转移的发展趋势，其基本内容是各国(地区)的经济、政治、军事、科技和文化等方面密切联系和相互作用。全球化趋势最明显地表现在经济上，如各国或各地区间的经济联系日益紧密，商品、资金、科技成果和人员等的交流正在急剧扩大，技术、通信、运输、贸易的全球化趋势越来越突出等。

3. 国际环境的市场化趋势

市场化是20世纪末出现的一股强大潮流。“一只看不见的手”将世界经济按相同的规律整合起来，真正的世界市场正在形成。市场化浪潮席卷整个世界，整合、改造和重塑世界范围内的生产、经营、流通和消费方式。

4. 国际环境的信息化趋势

20世纪80年代信息化浪潮席卷全球，通信技术和计算机技术的迅速发展，为21世纪全世界“信息化时代”的发展奠定了坚实的基础。当今世界正在经历一场以信息社会为特征的产业革命，这场革命使世界经济从工业化阶段进入知识经济、信息化时代。知识和信息的制造、加工、传播和应用成为新经济增长最重要的源泉，知识和信息的获取、加工和处理将逐渐成为生产和工作的主要活动，信息化给全世界人民的生产和生活带来了巨大的影响。

(三) 国际环境对公共政策的影响

1. 国际环境影响公共政策的价值选择

当代世界和平与发展的主题要求各国政府应当将主要精力集中在经济建设上，尤其是发展中国家，更应全力以赴地把经济搞上去。但是，合理的多极化世界格局和秩序还没有完全建立起来。发展中国家，特别像我国这样一个大国，在制定对内对外政策时，既要维护本国的国家利益，又必须坚决反对强权政治、霸权主义。

2. 国际环境影响公共政策的目标选择

当代世界的全球化趋势为发展中国家技术的进步、资金的引进、产业的升级提供了机遇。这就要求发展中国家在制定新的经济政策、科技政策时，把目标放在积极参与世界经济的分工与流通上。同时，经济全球化又是一把双刃剑，也会对发展中国家的经济、政治、教育、科技、文化等方面产生巨大的冲击，因此发展中国家在制定相关政策时，不得不考虑国家主权、维护国家安全等方面的目标。

3. 国际环境影响公共政策的途径选择

在既充满机遇，又潜伏危机的国际环境中，各国政府在制定和实施公共政策时，一方面要选择加强国际合作的政策途径，通过双边的、多边的参与合作，壮大自己；另一方面又要利用已有的国际规则，依靠实力参与竞争，在竞争中发展自己。

本章小结

公共政策环境是作用和影响公共政策的所有外部条件的总和。公共政策环境与公共政策之间形成了一定的“输入—输出”关系。公共政策环境对公共政策起着决定性的作用，公共政策对公共政策环境起着能动的反作用，这就是公共政策环境与公共政策之间的辩证关系。随着全球化进程的加快，国际环境对公共政策的作用越来越深刻、复杂和微妙。对于一个国家来说，制定与实施公共政策，不仅要冷静面对国内的各种环境要素，而且需要认真判断经济全球化的环境要素。公共政策环境分析主要包括对生态环境、经济环境、政治环境、社会文化环境和国际环境的分析。

【关键概念】

公共政策环境　公共政策的生态环境　公共政策的政治环境　公共政策的经济环境　公共政策的社会文化环境　公共政策的国际环境

【思考题】

1. 简述公共政策环境的特征。
2. 试述公共政策环境与公共政策的关系。

3. 公共政策环境有哪几种类型？
4. 论述可持续发展与公共政策的关系。
5. 经济环境是如何影响公共政策的？

(扫一扫，看精彩案例)

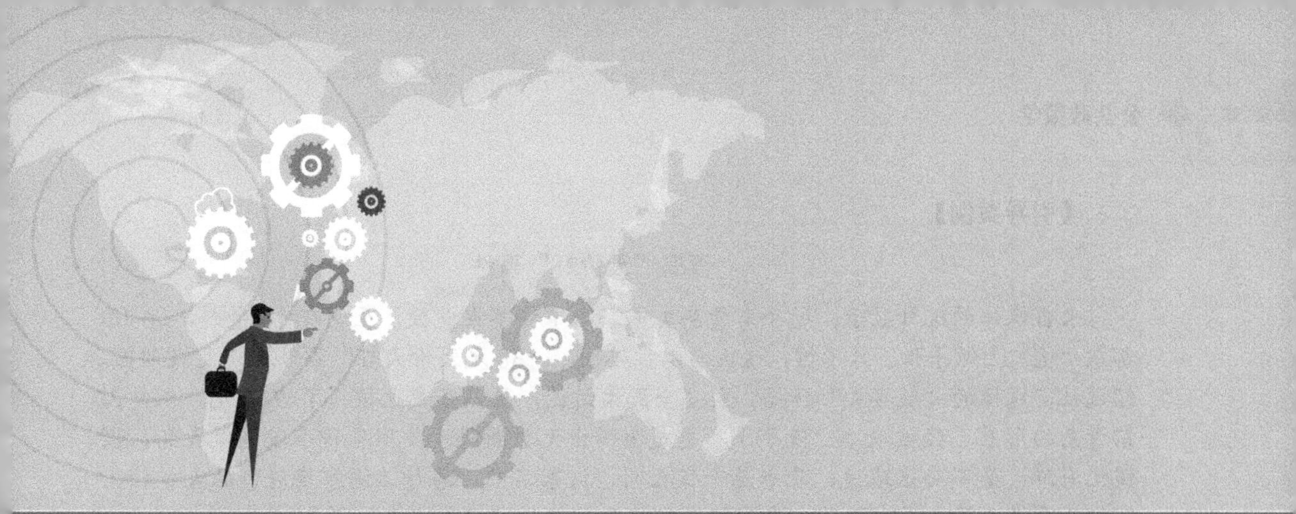

第五章　公共政策工具

公共政策工具也称政府工具，是政府治理的手段和途径，是政策目标与结果之间的桥梁。公共政策工具研究既是当地公共管理学理论研究的新的学科分支，又是当代公共管理实践的新的重大课题。在执行政策时，选择哪种公共政策工具以及用什么标准来评价该公共政策工具的效果等问题，对政府能否达成既定政策目标具有决定性影响。从这个意义上来说，公共政策工具研究是十分有必要的。然而，目前国内的公共政策工具研究还处于起步阶段，许多重大问题的研究才刚刚开始。本章将对公共政策工具的几个基本问题加以探讨。

学习目标

- 理解公共政策工具的基本含义、特征和功能。
- 了解公共政策工具的不同种类，包括财政性工具、行政性工具、政治性工具等。
- 掌握公共政策工具运用的意义和具体实践及影响公共政策工具运用的因素。
- 了解我国公共政策工具的特点、缺陷和未来的发展趋势。

【引导案例】

青岛“天价虾”事件

来自媒体的统计显示，近年来青岛类似宰客事件不在少数，至少有10余起，近1/3都在“吃”上做手脚。只不过，这次与以往不同，“38元天价大虾”事件在7天假期里，经过社交媒体的“病毒式”传播，引发全民大讨论，虽然店主也被罚了9万元，但是山东青岛的形象已经被毁。“段子手”更是演绎出无数新段子，用各种手段调侃青岛，调侃吃海鲜。毫不夸张地说，几乎是一夜之间，这家名叫“善德活海鲜烧烤”的大排档，不仅让青岛丢了人，也毁了山东省耗资数亿元打造的“好客山东”形象。

事件经过

来自南京的朱先生和来自四川广元的肖先生并不相识。国庆出游青岛，他们选在乐陵路92号“善德活海鲜烧烤”吃饭，都点了大虾且被“宰”，至此这成了两家人人生轨迹中一个并不愉快的交点。

据华西都市报报道，2015年10月4日，肖先生携妻女来青岛旅游，在“善德活海鲜烧烤”吃饭。正赶上店里的朱先生一桌与老板发生争执。原来38元/份的蒜蓉大虾在结账时变成38元/只。而肖先生点餐时已跟两位店员确认过大虾是按份卖的，对方明目张胆地欺诈惊得他把嘴里的虾都吐出来。

按这个算法，朱、肖两家人分别消费了2 175元和1 338元。不服气的两家人选择报警。民警来了之后说这属于价格纠纷，110管不了，建议找物价局。物价局值班人员又说太晚了，还是放假期间，建议找110协调。两家人作势欲走，老板恶狠狠地拿出大棍子威胁“不给钱别想走人”，还打电话叫人称“有人吃霸王餐想跑”。

二次报警后，双方被带到派出所。派出所协调，让朱、肖两家先把钱给店家。最后，当着警察的面，肖先生屈辱地掏出了800元给了店老板，只想尽快脱身。朱先生也支付了2 000元。

媒体报道

《京华时报》10月8日将“天价虾”事件报道后，引发网友关注。青岛市相关部门对“天价虾”事件相关部门人员做出处分决定：青岛市市北区市场监管局主要负责人停职检查，对该区物价、旅游等部门主要负责人进行诫勉谈话。青岛市物价局表示，节日期间物价部门已查处多起价格违法行为，并且对涉事大排档进行检查处理。

处理结果

青岛市物价局6日通报了涉嫌价格欺诈案进展。经现场检查，这家大排档名为“市北区善德成烧烤店”，其提供的菜品虽有明码标价但不规范，并涉嫌误导消费者消费。市物价局已责成市北区物价局根据价格法等有关法律法规予以立案处理。

青岛市市北区物价局表示，拟对该店做出9万元罚款的行政处罚，并责令其立即改正价格违法行为，这一行政处罚事先告知书已于6日下午送达该店。据介绍，青岛市下达了对该店停业整顿并吊销营业执照的行政处罚告知。7日，青岛市旅游局、工商局、物价局、公安局还联合发布了《关于进一步治理规范旅游市场秩序的通告》。目前青岛市物价部门已查处或配合工商等部门检查处理了市北区善德成烧烤店涉嫌价格欺诈案。

案例思考：

1. 结合上述案例，试分析“天价虾”事件处理过程中涉及哪些公共政策工具？

2. 结合本案例，探讨对公共政策工具基本概念、内容和功能的理解。

3. 结合绿色生态旅游，谈谈我国应如何运用公共政策工具规范旅游市场。

第一节 公共政策工具概述

公共政策工具的研究越来越引起学术界的重视。当我们研究公共政策工具时，首先会碰到这样一些问题。例如，公共政策工具研究从何时开始的？什么是公共政策工具？公共政策工具该怎样分类等。对于这些问题，从现有的文献中可以查出相当多的资料，然而却找不到一个统一的答案。本节主要谈一下公共政策工具研究的兴起，公共政策工具的内涵、特征、作用，公共政策工具的研究途径及公共政策工具研究的主题与走向等。

一、公共政策工具研究的兴起

公共政策工具研究最早起源于社会科学领域，当初的研究主要集中于一点，即个人或公共组织通过什么样的方式和途径来有目的地影响和作用于社会进步。此后，大量的假设和提问都是以这一点作为基础的。工具研究并不必然地只与一个单一的学科相联系，相反，它存在于社会科学的不同领域。在经济学领域，工具途径已经流行了相当长时间，为了达到既定的经济利益，工资、价格以及社会福利政策在传统上一直就被当成工具来使用。在政治学领域，达尔和林德布洛姆在《政治、经济和福利》(1953 年)中已论及公共政策工具的基本原理。在此之后，政治学中的公共政策工具研究沿着两个不同的方向发展：一是注重对工具的政治属性的研究，它以政治文化及意识形态的研究为基础；二是沿袭结构—功能传统，力求通过对工具的研究来确定公共政策功能。法学领域同样包含着工具研究途径，20 世纪初，庞德就提出过法律是一种社会控制工具的观点；公共行政学研究的发展也同样为工具途径的产生和发展做出了贡献。

在政策科学领域，对公共政策工具的研究是在 20 世纪 80 年代以后得到西方公共政策学界普遍重视的。这一时期出现了一些论著。其中，在 80 年代最有影响的著作可能要算胡德的《政府的工具》(1983 年、1986 年)；在 90 年代，最有影响的著作可能要数彼特斯和尼斯潘的《公共政策工具》(1998 年)(该书是 1992 年春在荷兰鹿特丹大学举行的公共政策工具研讨会的论文集，较全面地反映了当时公共政策工具研究的现状，是一本很好的参考书)。

最近几年，公共政策工具研究开始盛行，在公共管理领域也出现了众多公共政策工具研究，这些研究大部分是在德国、荷兰和美国进行的。那么，是什么推动了工具研究的盛行呢？

(1) 理论与实践的结合。大学学者与公共政策工具领域的实践者 (实际操作者) 保持密切的联系，如高校法律权威同时也参与实际生活中法律的制定、执行、评估以及终结等过程。这种学术与实践的密切结合刺激了更多的学者投身于解决实际社会问题。因此，推动了对公共政策工具的研究。

(2) 近代以来政策执行难度和复杂性程度的大大提高以及政府职能的扩张，导致对政府管理相关知识的需求增大，这就要求对社会政策问题做更多的科学与实证分析和研究。

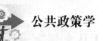

由于公共政策工具研究致力于如何把一个简单但却难以回答的社会问题付诸实施，因此根据政策目标和途径来进行思考使公共政策工具研究为公共管理做出重大贡献。

(3) 工具研究途径的倡导长期以来得到政治和意识形态方面的支持。对福利国家的某些政府部门的不满使人们要求对政策失败的分析予以更多的关注。20 世纪 80 年代初，荷兰的吉尔霍德委员会得出结论：公共政策工具知识的缺乏和不足是导致政策失败的重要原因。因此，解决政策失败问题的关键在于建立和发展一门公共政策工具理论并将它付诸实践。

二、公共政策工具的内涵

关于工具概念的最常见的定义是：“一个行动者能够使用或潜在地加以使用，以便达成一个或更多目的的任何事物”。而对于什么是公共政策工具，由于研究者们的理解角度不同，给出的定义也各不相同。有学者把公共政策工具定义为“影响政策过程以达到既定目的的任何事物”，或“一个行动者能够使用或潜在地加以使用，以便达成一个或更多的目的的任何事物”；也有学者通过分类或列出几组具体工具来对公共政策工具进行描述。这些观点都把公共政策工具看成是拥有某些共同特征的活动，如一项计划、一条法令。还有学者认为公共政策工具只具有正式(官方)和合法性特征，如尼达姆的定义就是“相对于公共主体的可用的具有合法性的治理”，许多坚持公共政策工具正式特征的学者都赞成这个定义。

简单地说，公共政策工具就是达成政策目标的手段。尽管“内部管理”“人力资源政策”“网络管理”“政策实验”等在某种意义或角度上可以看作公共政策工具，但最好是将公共政策工具限定在实现政策目标或结果的手段这一特性上。事实上，公共政策工具既可以界定为一种“客体”，也可以界定为一种活动。一方面，我们可以将工具看作为一种客体。例如，在法律文献中，人们往往将法律和行政命令称为工具。另一方面，工具也可以看作是一种活动。因而有学者将公共政策工具定义为：“一系列的显示出相似特征的活动，其焦点是影响和治理社会过程”。这种定义扩大了工具的范围，将某些非正式的活动也纳入工具之中，然而却使“政策”与“工具”的界限更加模糊。

另外，欧文·E.休斯在《公共管理导论》一书中将公共政策工具定义为：“政府的行为方式，以及通过某种途径用以调节政府行为的机制”。我国学者张成福给出的定义则是：“政府将其实质目标转化为具体行动的路径和机制”。要界定什么是公共政策工具，必须弄清楚以下几点。①公共政策工具存在的原因是为了实现政策目标，它是作为目标和结果之间的桥梁而存在的。②公共政策工具仅仅是手段，而不是目的本身。公共政策工具的范围相当广泛，对它的选择也可具有相当大的灵活性。③公共政策工具的主体不仅是政府，其他主体也可以拥有自己的工具。

综上所述，我们将公共政策工具定义为：公共部门或社会组织为解决某一社会问题或达成一定的政策目标而采用的具体手段和方式的总称。

三、公共政策工具的特征

每种工具都有其自身固有的特征、适用范围及优劣程度。作为政府治理、实现政府职能、解决公共问题的公共政策工具具有如下基本特征：①客观存在性。公共政策工具既然被界定为一种“客体”，那么它最基本的特征就是客观存在性。公共政策工具限定在实现政策目标或结构的手段上，它作为手段，无论是决策者、政策执行人还是政策对象，都可以对公共政策工具的存在有明确的感知。②多样性。公共政策工具可以是一种类型的物品或服务的工具，如税收系统、司法系统；或是一套规则，这些规则包括正式的或者非正式的，它主要是界定各提供者之间的关系。③动态性。公共政策工具并非一经选定就固定不变，它必须不断挑战以满足社会经济发展的需要。在使用过程中，它会随着时间推移而发生改变，即使其本身不变，主体运用它们的方式、策略以及目标团体为了逃避该工具的影响而采取的策略也都有可能发生巨大改变。此外，一种模式不能适应各种不同的情况，政策主体应在不同的情况下选用不同的公共政策工具。

随着理论的逐步完善，理论界对公共政策工具提出了新的评价标准，公共政策工具也有了一些新的特征，具体如下。

（一）有效性

公共政策工具是能够解决公共问题的工具，而有效性是判断政府公共行动是否成功的最为重要的标准，也就是我们经常说的社会效益。有效性表明一项公共行动达到了目的，虽然成本也将成为一个考虑的重要标准，但是有效性常常可以独立于成本，如果一项公共行动没有达到预定的目标，即使所付成本很少，这项公共行动也没有任何意义。因此，有效性就成为公共政策工具的一项基本特征。

（二）公平性

最好的政策工具是那些能够满足社会公平要求的工具，因此公共政策工具必须满足公开、公平、公正的特性。例如，社会保险可能会被认为是最好的公共政策工具，因为它的目标是为了保障所有个体的基本权利，包括弱势群体的利益。

（三）适应性

适应性在现代社会中具有越来越重要的地位，诺斯通过对适应性效率的研究指明了制度在经济生活中的重大意义，从而修正了古典经济学。奥斯特罗姆通过对基础设施的研究指出：“如果制度安排不能对变化的环境做出反应，那么基础设施的可持续性很可能遭到破坏。”公共政策工具的适应性是指公共政策工具不仅能够适应当时的环境，而且能够随着环境的变化而变化。

（四）可操作性

除了有效性、公平性和适应性之外，最近的研究还表明，在项目执行过程中管理问题逐渐变得越来越重要。工具越复杂，所涉及的参与者越多，管理的难度就越大。虽然有些工具在理论上会许诺可带来更多利益，但是实际上往往都会因为管理方面的原因而使其失效。正是这个原因，有学者甚至把可操作性作为项目设计的第一标准。公共政策工具必须是最简单的和最直接的可操作的工具。

（五）合法性和政治可行性

公共政策工具的选择还会受公共行动的合法性和政治可行性的影响。一项公共政策工具即使效率很高、效果很好，但是如果没有政治的支持，那么这项工具也不可能被采用。这事实上又回到了公共行政之责任的问题。正如布鲁金斯研究所关于新公共管理的研究，新公共管理关注绩效，而不是财政和公平；关注结构，而不是过程。因此，新公共管理与民主价值发生冲突，新公共管理如果要取得合法性就必须重建其伦理和民主价值标准。因此，公共政策工具还具有合法性和政治可行性的特征。

四、公共政策工具的作用

公共政策工具的重要性在于，运用它就能够改变政策标的群体的行为，使之更加符合政策目的和目标的要求，并最终绕过政策目的和目标从理想蓝图变为客观现实。公共政策工具是联系政策目的和目标与政策结构之间的纽带。政策行动主体在确定了政策价值和由政策价值规范的目的和目标之后，最为重要的事情就是选择合适、有效的公共政策工具。

公共政策工具作为公共行政决策的重要组成部分，在政策活动中发挥着重要作用，主要表现在以下四个方面。

（一）公共政策工具是实现政策目标的基本途径

政策目标与公共政策工具相辅相成、缺一不可。没有目标或目标不明确，即使有最先进的工具也毫无意义。政府为了有效地管理国家政治事务、经济文化事务和社会公共事务，必须根据政治、经济、文化和社会发展的情势，针对现实中出现的重大公共问题，制定相应的公共政策，并确定合理的政策目的、目标。被制定的政策通过有效执行最终达成了既定的目的、目标。在这一过程中，与政策目的、目标的达成密切相关的是公共政策工具，政策目的、目标的实现必须以相应的公共政策工具作为媒介与手段。但是，正确合理的目标如果没有实现的手段和方法，目标也难于达成。正如毛泽东所说：“我们不但要提出任务，而且要解决完成任务的方法问题。我们的任务得过河，但是没有桥或没有船就不能过。不解决桥或船的问题，过河就是一句空话。”

（二）公共政策工具是把公共决策变成现实的桥梁

政府为了有效地管理国家和社会事务，必须根据社会政治、经济、文化发展的需要和态势，针对现实中的重大政策问题，确定正确的政策目标。政策目标要变成现实，必须以各种公共政策工具作为媒介，在政策执行中充分运用经济性的、行政性的以及政治性的工具手段，才能使政府决策真正变成现实。如果没有具体的公共政策工具予以贯彻，任何公共决策产生的思想、理念和原则都只能是纸上谈兵。

（三）公共政策工具是实现公共管理职能的重要手段

随着政府职能的转变，政府的主要职能被定位为制定法律和规章制度，监督和执行法律法规、公共服务成为政策的基本职责。例如，政府的财政开支，相当大的部分应该用于教育和社会福利事业。同时，要建立比较完善的社会保障制度，使政府的公共服务得到较好的实施和加强。政府要从参与办理经济实体和社会团体的大量社会事务中解脱出来，要掌好舵而不是要划好桨，这就要借助公共政策工具实现公共管理的职能。

(四) 公共政策工具的选择是关系政策成败的关键

公共政策工具的选择在政策规划、决策阶段，公共政策工具的使用主要集中在政策执行阶段。政策执行的核心在于选择和设计有效的工具，政策执行过程实质上就是一个公共政策工具选择和确定的过程。美国学者艾利斯认为：“在实现政策目标的过程中，方案确定的功能只占 10%，而其余的 90%取决于政策的有效执行。”政策执行失败最重要的原因，“关键性的不是管理技巧而是执行的工具”。戴维·奥斯本也曾指出：“今天我们政府失败的主要之处，不在目的而在于手段。”在政策执行中，如何选择公共政策工具、选择何种公共政策工具以及用何种标准来评价公共政策工具的效力等问题对政策的有效执行和政策目标的顺利达成具有决定性的影响。

五、公共政策工具的研究途径

国外公共政策工具的研究已形成了多种途径，根据《公共政策工具》一书的说法，主要有如下四种基本途径。

(一) 工具主义

这种途径又称古典途径。它认为，人们知道一种特殊的工具，了解其内在的作用机制；这种工具的效果已被证明或具有充分的现实性；人们在大部分可预测的环境中可以期待其产生的效果；并且，恰当的工具可以将政策失败转变为政策成功。因此，公共政策工具研究应弄清工具的属性与特点，以便辨别、提炼少数具有普遍适用性的工具，扩大其应用范围。

工具主义认为工具的属性本身就构造了政策过程，即工具使用及其效果的好坏是由政策工具的特性先决定了的，政策失败是由于所选择的公共政策工具存在着缺陷，这是一种工具至上主义。这种途径假定，人们可以通过对各种工具进行逐一的经验研究从而形成对各种工具及其应用的解释；而且经过一定时间的研究，有望形成一整套工具理论以及确定有关工具的各项原则。

(二) 过程主义

这种途径的支持者并不承认存在着超出特殊具体问题之外的工具。他们认为，各种工具之间有着重要的差别，没有哪一种或哪一类工具具有普遍的适应性；恰当的工具并不是抽象计算的产物，而仅仅是一种在动态适应过程中的试探性解决办法；工具的恰当与否是因具体情况而定的。因此，过程主义者所强调的是工具发展的重复性过程，而不是工具的特性。

(三) 权变主义

这种途径又称工具—背景研究途径。它所持的是传统的社会计划观点，认为工具选择的根据是：工具的绩效特征是如何满足某种特殊问题背景需要的。一旦政策的目标或目的明晰了，那么直截了当的事情就是要去工具箱中找出最适应的工具。因此，工具的研究既要注意弄清解决问题的特定要求，又要注意选出最适合这种要求的工具。

权变主义途径试图通过同时考察工具本身的特性和工具的应用背景来解释工具的应用过程，这种途径与古典途径的区别在于：它认为工具的使用过程及其效果不仅由工具的特性所决定，而且由工具应用的环境或背景(包括执行组织、目标团体及其他利益相关组织和人员等)所决定。这种途径注意到工具使用过程中环境因素的作用。在这里，那种无所不能的工具至上主义受到了极大挑战。

(四) 建构主义

这种途径比权变主义前进了一步。它认为，要了解特定工具被采用的脉络背景的特殊性，就必须了解这些工具的主观意义。在这里，主观意义既表示非工具性的方面(如符号的或伦理的内涵)，又表示那些其意义和解释被价值和感知所总结的工具性特征。依这种途径，并不存在关于工具及其特征的客观现实，相反，工具代表了一种社会活动建构了的实践形式，其意义和合法性被不断地加以建构和再建构。建构主义研究途径在修正工具地位方面走得很远。它认为公共政策工具在政策系统内、在决策领域和执行过程中并不起决定性作用，而仅仅是决定政策过程的众多因素之一。这样一来，工具主义特征完全消失了。在这里，研究重心发生了转移，人们关心的不再是工具，取而代之的是政策系统、政策网络、决策系统和执行过程。

通过对这四种研究途径的介绍可以看出，公共政策工具似乎是在逐步变得越来越自我否定，从第一个途径到第四个途径的演变使得公共政策工具的“工具性”特征的重要性被降到如此低的程度，以至于给人们造成这样一种印象——似乎工具理论不再适用了。虽然实际情况还没有这么严重，但是这种研究途径的变化却在一定程度上反映了公共政策工具的研究走向及其发展过程中面临的威胁。

六、公共政策工具研究的主题、走向、成就与不足

(一) 公共政策工具研究的主题

公共政策工具研究实际上就是一些问题的集合，这些问题是关于如何将政策意向转变为管理行为。以往的研究表明，该领域并不存在单一的中心主题，而是存在一系列相互关联的研究主题，下面介绍几个重要的主题。

1. 公共政策工具的应用

评价工具的效力是古典研究途径中最重要的问题之一，虽然在目前的研究中，效力仍然具有重要性，但它却日渐失去了往日的地位，人们逐渐将注意力转移到了公共政策工具的具体应用过程中。在这里，关注的焦点集中在：哪些主体参与了工具的应用过程，这些主体对于各个过程的影响及其程度，以及各参与者之间的协调与合作等问题。对公共政策工具主体的研究是对效果视角的补充，这一转变体现了人们对前面探讨的第四种研究途径——建构主义研究途径的兴趣的日益增长。

2. 新工具

近年来，人们开始关注新工具的运用，休普在其著作中提到了“后现代工具”；有学者提出了“第二代工具”的概念。政策执行者也呼吁采用新工具，对新工具的引进可以看作是对社会经济发展的一种回应。虽然新的公共政策工具常常与旧的公共政策工具相提并论，但其着重点已经不再是政府统治的单方性，研究更多地聚焦于治理的双边性甚至是多边性上。同时，新工具的提倡伴随着对旧工具的批判，如传统意义上的管制就被认为是过时的。另外，新工具中的“新”并非绝对化，旧工具也可以用新策略来实施。

3. 偶发性事件

古典途径的一个隐含假设就是“社会过程在一定程度上是可以控制的”，但事实上并非总是如此。在政策执行过程中，人们往往会碰到一些非预期状况或突发性事件，这种偶然性因素是不可忽视的。公共政策工具研究过度强调“工具”“政策”和“社会问题”等概念，忽视了偶发性事件对公共政策工具应用过程的可能性影响。

4. 政策网络

公共政策工具并非自行生效的，它要发挥作用必须得借助组织的努力，而且不仅局限于政府组织的执行活动。近年来，人们对政策执行网络中的各种主体进行研究。库尔瓦斯提到，目标团体中的权威人物的影响以及公共政策工具施行者与其他主体间的互动；赫林指出，组织文化和官员所承受的压力对公共政策工具产生的影响；阿伦森则指出，公共政策工具执行领域以外的主体也具有一定影响。不同的研究表明，探寻政策网络的性质，对于研究公共政策工具及其功效将是一个良好的开端。

5. 工具的动态性

公共政策工具并非一经选定就永久不变，它必须不断地调整以跟上社会经济发展的需要。在执行过程中，它会随着时间推移而发生改变，即使它们本身不变，主体运用它们的方式、策略以及目标团体为了逃避该工具的影响而采取的策略都有可能发生巨大改变。此外，一种模式并不能适应各种不同的情况。因此，需要对工具的多样性和动态性做更多的研究。神经机械学为研究工具的易变性提供了研究框架，另一种有益的研究则是把工具的实施看作一个学习的过程。

6. 工具的优化组合

古典研究途径的支持者们提倡一种“纯”工具研究和“纯化”的工具应用实践。他们认为对各种具体工具的研究应分别独立地进行，人们应要么使用这种工具，要么使用那种工具，工具的组合运用是导致政策失败的原因。然而，要对各种工具做出非常明确的区分显然是不可能的，目前的分类法还做不到这一点。现在，人们认为，走向工具的同时并且协调的运作更符合现实社会经济发展的需要，工具的优化组合可以取长补短，避免单个工具应用的片面性。

(二) 公共政策工具研究的走向

随着公共政策工具研究的发展，这个领域也逐渐出现了一些新的变化，这些新变化反映出工具研究范围的转变和扩展。首先，转变是指工具适用的环境及其背景受到更多的关注。从古典途径向建构主义途径的转变，使得公共政策工具研究从微观层面上升到中观层面，即走向网络研究，并且其研究重点也发生了转移。其次，扩展是指这个领域内出现了许多新的理论，如网络理论、执行理论和学习理论等。同时，通过介绍新工具和工具应用新策略而充实了整个工具研究，为其理论发展与实际应用做出了极大贡献。这两个变化从某种程度上扩大了公共政策工具研究的范围，但同时也削弱了工具本身的重要性，因为公共政策工具逐渐被看成是影响政策产出的变量之一。公共政策工具研究从最初的强调工具本身到注重环境的影响，再到认为工具只是影响政策的因素之一，这个过程显示出了对公共政策工具本身的威胁。

(三) 公共政策工具研究的成就与不足

工具研究对政策科学的直接作用也许是微小的，但其间接影响却是不容忽视的。它使得政策制定者开始改变思考方式，同时也促进了政策制定者之间以及制定者和分析家之间的相互交流。它紧跟政策实践的发展，为实际操作提供方法论，成了政策执行实践与理论之间的桥梁。

虽然研究是颇有成效的，但却并不能掩盖其不足。除了分类法方面的缺陷外，研究还存在着理论上的片面性。①研究片面地集中于环境和经济政策领域；②研究片面地关注于工具的运用，而实际上，工具选择的过程及历史同样有助于解释其功能；③目前的理论对工具应用的环境的复杂性重视不够。另外，对公共政策工具研究的另一个批判是针对该领域的一个隐喻，即把工具比作工匠手中的锤子或钳子，这种隐喻看起来似乎很形象、很合理，但它实际上却是对人们的一种误导：它容易使人们把工具看成是中立的手段而忽视其政治性；容易让人们把效力看成是评价工具的唯一标准(事实上，政府评价工具还要考虑别的价值标准)；它还给人们一种错觉，即政策制定者控制着工具，而实际上，他们并不能做到这一点，对工具的控制受着诸多方面的限制。

现在，公共政策工具领域仍然存在大量的问题需要我们进一步探讨，对于很多问题，至今仍然没有统一的答案。例如，公共政策工具应怎样分类；在评价某一具体工具时，应采用何种评价标准；在理解工具在政策过程中的角色时，是工具自身的属性重要，还是工具选择的过程重要。对于诸如此类的问题，人们还远远没有达成共识。因此，虽然公共政策工具的研究已起步，但仍然有很多工作要做。

第二节　公共政策工具的分类

在很长一段时间里，公共政策工具的分类主要依据工具特性来进行。为了形成一种明确的分类，人们已经投入了不少的时间和精力。然而，现有的分类却都不能让人满意，没有一个能够对公共政策工具做全面详尽的介绍。由于分类标准不统一，学者们对于工具分类也都各持己见。荷兰经济学家科臣最早试图对公共政策工具加以分类，他着重研究这样的问题，即是否存在着一系列的执行经济政策以获得最优化结果的工具。他整理出 64 种一般化的工具，但并未加以系统化的分类，也没有对这些工具的起源和影响加以理论化探讨。

美国政治学家罗威、达尔和林德布洛姆等人也做过类似的研究，但他们倾向于将这些工具归入一个宽泛的分类框架中，如将工具分为规制性工具和非规制性工具两类。萨尔蒙推进了他们的讨论，增加了开支性工具和非开支性工具两种类型。著名政策分析家狄龙将公共政策工具划分为法律工具、经济工具和交流工具三类，每组工具都有其变种，可以限制和扩展其影响行动者行为的可能性。另一种分类方法是将公共政策工具分为管制性工具、财政激励工具和信息转移工具。

胡德提出了一种系统化的分类框架。他认为，所有公共政策工具都使用下列四种广泛的“政府资源”之一，即政府通过使用其所拥有的信息、权威、财力和可利用的正式组织来处理公共问题。麦克唐纳尔和艾莫尔根据工具所要获得的目标将公共政策工具分为四类，即命令性工具、激励性工具、能力建设工具和系统变化工具。英格拉姆等人也做出了一个类似的分类，将公共政策工具分为激励、能力建设、符号和规劝、学习四类。

加拿大公共政策学者霍莱特和拉梅什在《公共政策研究》(1995 年)一书中，根据公共政策工具的强制性程度将公共政策工具分为自愿性工具(非强制性工具)、强制性工具和混合性工具三类。与其他分类方法相比，他们的分类框架更具解释力，更合理。

欧文·E.休斯在《公共管理导论》一书中认为，绝大多数的政府干预往往可以通过四个方面的经济手段得以实现，即：①供应，政府通过财政预算提供商品和服务；②补贴，它事实上是供应的一种补充手段，政府正是通过这种方式来资助私人经济领域的某些个人，生产政府需要的商品和服务；③生产，政府生产在市场上出售的商品和服务；④管制，政府运用国家强制力批准或禁止私人经济领域的某种活动。林德和彼得斯认为公共政策工具是多元的，他们列出了以下工具：命令条款、财政补助、管制规定、征税、劝诫、权威、契约。

我国学者张成福在《公共管理学》中按政府介入的程度对公共政策工具进行了分类，即：政府部门直接提供财货与服务、政府部门委托其他部门提供、签约外包、补助或补贴、抵用券、经营特许权、政府贩售特定服务、自我协助、志愿服务和市场运作。

借鉴公共管理学者的现有研究成果并充分考虑公共政策工具的运用实践，我们将公共政策工具分为四类，即市场化工具、行政性工具、管理性工具和社会性工具。

一、市场化工具

市场化工具指的是政府利用市场这一资源有效配置手段，来达到提供公共物品和服务的目的的具体方式。市场作为公共政策工具的基本指导思想，是利用市场机制达到资源的最佳配置，向社会提供更好的公共服务。市场本身是自愿性组织，被用来作为提供公共服务的手段时，是以政府的强制力作为其后盾的。民营化、用者付费、管制与放松管制、合同外包、分权与权力下放、内部市场等都可以用来帮助政府达成政策目标。

(一) 民营化

广义而言，民营化可以界定为更多依靠民间机构，更少依赖政府来满足公众的需求。它往往是指所有权的转移，“将原先由政府控制或拥有的职能交由企业私方承包或出售给私方”。通过市场的作用，依靠市场的力量来提高生产力，搞活国营企业。其中最典型的做法是国营公司一半以上的股票出售给私人或全部直截了当地出售国有或国营企业。民营化的实质就是通过市场机制合理配置资源，使资源能够流向使用效率更高的部门。民营化并非为了弥补政府的预算缺口，而是要实现对公共部门资源的再分配。

民营化可以通过多种途径来完成：①把政府机构利用其雇员直接提供的职能以合同的方式承包出去；②出卖政府资产和垄断权，把国有企业转让给私人部门和企业，如电信系统；③在某一公共问题上，政府和私人部门共同合作，并明确各自的角色；④鼓励某些特定的私人部门行为，如纽约市通过税收减免计划来改善城市的居住条件，通过免除资产税(地产税)，市政府鼓励私人部门(如房东和承包商)承担起发展和维护低收入群体的居住条件。

作为一种公共政策工具，民营化的优点是：①可以促进管理者降低成本，提高质量；

②是一种新的管理形式和技术，同时也是获得资金的新来源；③通过减少政府的直接行为，公共管理者可以专注于政策制定。但是，民营化的弊端也是显而易见的：①政府丧失了对实施公共政策的公共物品和服务提供的直接控制；②由于民营化，政府在经济发展方面的功能和角色有所消退；③对私人部门管理的控制不容易做到；等等。

(二) 用者付费

用者付费是指政府对某种物品、服务或行为确定“价格”，由使用者或行为者支付费用，其主要目的是通过付费把价格机制引入到公共服务中来。用者付费经常被用于控制负的外部性，特别是控制污染的领域，它也被用于城市交通控制。例如，我国将对排污费的征收、管理、使用范围等进行改革。改革后，排污费将作为对环境造成的损害的补偿费用，逐渐提高征收标准，最终使之高于污染治理的成本，促使排污者治理污染。英国、美国等国在很多服务领域(除教育、卫生和社会服务等领域之外)都采取用者付费制作为公共政策工具。用者付费是一种灵活的工具，它的主要优点是：①能够克服免费提供公共服务所导致的对资源的不合理配置和浪费；②无偿提供公共服务将导致无目的的补贴和资助，对社会公平造成损害；③通过付费制，价格可以真正起到“信号灯”的作用，从而使市场机制在公共服务领域得以良好运用；④客观上，通过付费制也可以增加政府的财政收入，缓和政府的财政危机。其主要缺点是：①收费水平难以准确确定；②在得到一种最优化的收费标准的过程中，资源有可能误置；③不能作为处理危机的工具；④管理成本高且繁杂。

(三) 管制与放松管制

根据里根的说法：管制是一种活动过程，在这种活动过程中，政府对个人和机构提出要求或规定某些活动，并经历一种持续的行政管理过程(一般通过特别指定的管理机构来完成这项工作)。管制是由政府做出的，它们必须为目标团体及个人所遵守、服从，不遵守或不服从将受到惩罚。

大部分管制是通过行政法规来进行的(有时，管制实际上就是一般的法律)，并由政府部门或特别的机构(如美国的独立管制委员会)来管理。管制采取了不同的形式，如规章、标准、许可、禁止、法律秩序和执行程序等。政府管制遍及社会生活的许多领域，尤其是物品和服务的价格和标准等方面。

放松管制就是在市场机制可以发挥作用的行业完全或部分取消对价格和市场进入的管制，使企业在制定价格和选择产品上有更多的自主权。其基本的观念是“政府无效率的主要原因是对管理层进行干预控制的内部管制的数量太多……基本的假设是，如果公共组织能够清除戒律，它就能更具灵活性和效率。”它与管制一样，是“一种政府与其公民之间特殊的关系”。具体做法包括：①放松对定价权管制，放宽或取消最低限价和最高限价；②逐步减少价格管制所涵盖的产品的范围；③放宽或取消进入市场的规制等。

放松管制在北美的行政改革中比较盛行。放松管制包括放松市场管制、社会管制和行业管制等，其重点是放松市场管制。它在 20 世纪 70 年代成为经济理论的热门话题，80 年代形成高峰并扩展到各个领域。但是，放松管制并不是不要政府的干预，只是减少政府不必要的干预与控制。

管制所需的信息较少，较容易实施和管理，成本较低，效果具有直接性，更适合作为处理危机的工具。但是管制扭曲自愿性和私人活动，可能导致经济上的无效率，不利于革新和技术进步，还可能导致过于刻板而缺乏灵活性等。放松管制可以使服务多样化，通过削减行政费用来减轻国民负担，并且在宏观上由于减低收费水平和使服务多样化扩大了需求和投资，从而使经济增长率得到提高。但是不易操作，因为会遭到既得利益集团的反对。

(四) 合同外包

合同外包也称合同出租、竞争招标，指的是政府确定某种公共服务项目的数量和质量标准，对外承包给私营企业或非营利机构，中标的承包商按照与政府签订的合同提供公共服务，政府用财政拨款购买承包商的公共产品和劳务。它以合同双方当事人协商一致为前提，变过去单方面的强制行为为一种双方合意的行为。政府与其他组织一样都以平等主体的身份进入市场。政府的职责是确定需要什么，然后依照所签订的合同监督绩效，而不是靠强迫。

政府可以通过与营利性民间组织签订关于物品和服务的承包合同的形式来实现某一活动。在合同承包形式中，政府的理想角色是：①评估公共物品和服务的需求状况；②向私营部门购买物品和服务来提供给公众；③检测和评估所购买的物品和服务。合同外包制非常普遍。在英国，竞争性合同外包(招标)是对某些地方政府服务的强制性要求。在美国，地方政府的 200 多项服务由合同承包商提供。不论哪个政党上台执政，合同外包方式在州和地方政府都急剧增长。政府和私人组织签订直接面向公众的“产出”服务合同，如垃圾收集、救护车服务、路灯维修、马路维修和多样化的社会服务，其中大多数社会服务是由非营利组织提供的。政府也可以通过签订合同来获取多种多样的“投入”服务，即面向政府部门的辅助服务，如人员监护、秘书和书记工作、计算中心管理、内部车辆维修、培训等。

公共服务合同外包的一种特殊形式是：政府保留设施和资产的所有权，让私人企业去经营。供水系统、废水处理厂、资源回收工厂、垃圾填埋场、医院和会议中心等都可以采取这种形式，以求达到更高的效率。这和租赁有所不同，因为私营企业不能将所租用的资产用于自己的其他业务，只能代表政府从事经营并从政府获取相应的报酬。

合同外包的有效实施需要一些具体条件：①工作任务要清楚界定；②存在潜在的竞争，能够创造竞争气氛；③政府能够监测承包商的工作绩效；④承包的条件和具体要求在合同文本中明确规定并确保落实。

合同外包被视为既提高服务水平又缩小政府规模的重要途径，是降低成本、节约开支的有效手段。作为一种公共政策工具，合同外包可以利用竞争力量给无效率的生产者施加压力，提高生产率；能够摆脱政治因素的不当干预和影响，提高管理水平；可以把通常模糊不清的政府服务成本以承包价格的形式明确化，有助于强化管理。但是，承包权的授予上可能存在腐败和寻租行为；可能形成对承包商的依赖，承包企业雇员罢工、怠工和企业破产会使公众利益受到损害。

(五) 分权与权力下放

实行分权与权力下放的主要目的是要通过公共组织政治和执行的分离来赋予执行者更大的自主权，使被授予权力的下级组织成为独立的单位，能够自己控制自己的预算，自由地与其他组织进行竞争，而政治家只是确立目标并对绩效进行有效控制。分权与权力下放既涉及中央—地方关系，又涉及中央政府部门内部上下级关系。后者最典型的是英国的“下一步行动方案”和新西兰的公司化改革。

分权往往体现了决策与执行分离，它超越了层级节制的传统集权模式，实行参与管理，分散部门权力，组织结构扁平化，层级简化，致力于公共人力资源的开发和培训使之有能力开展创造性的工作，实现了上下级关系由直接隶属到契约关系的转变和上级对下级的控制由着眼于工作流程到着眼于工作效果的转变。

分权的一种方式是通过财政分权来实现的。这种方式在英国得到广泛的应用，英国财政部于 1982 年公布的财政管理新方案的主要特征就是采用财政分权的方式。分权的另一种方式是通过建立内部代理机构来实现的。这些代理机构享有更大的自主权，在决策和执行上更为灵活。与财政分权相比，在这种形式下等级官僚组织链条被打破得更彻底。

作为一种公共政策工具，分权与权力下放给下级组织和人员以自主权，有利于培养其积极性和创造力，可以在政治和执行两者之间达到制衡。但是，在市场经济转型中，不能一味追求分权，分权与权力下放是有底线的，超过这个底线，分权就会变成分裂，分权不当会导致权力分散，造成新的集权，从而造成腐败，分权还必须考虑下层组织的承受能力。

(六) 内部市场

它的最大特点是将提供公共物品和服务的政府部门人为地划分为生产者和购买者两方，这样在政府组织内部就产生了“生产者”和“消费者”两个角色。一个政府可以雇用或付费给其他政府以提供公共服务。小的社区可以从一些专门化的政府单位购买图书馆、娱乐设施或消防服务，这些单位由该地区的政府部门共同组织并向政府部门提供服务。公共服务提供的内部市场方式相当普遍，在社会服务提供中的运用最为普遍。内部市场在英国行政改革中得到广泛应用，并成为英国行政改革的一大特点。例如，从 1992 年开始，英国政府把原来给医院的大部分款项拨给家庭医生。医院的手术和住院服务明码标价，形成医疗服务的内部市场。家庭医生与病人协商选择医院，然后从自己的预算中向医院交付手术费和住院费。在不影响公民免费医疗权利的前提下，这一改革不仅彻底改变了医院效率越高越容易亏损的局面，而且迫使各医院提高质量，降低价格，为吸引更多的“顾客”而开展激烈的竞争。

内部市场的实现需要具备三个要素：①要明确划分生产者和消费者；②内部市场的主体在内部签定准合同和商业契约，并在此基础上运作；③要求一定的付费制度和会计制度作为保障。内部市场是公共管理改革的一个新思想，很有创新性。但是，运作起来需要许多条件来支持，需要政府形成一种契约意识和平等的竞争环境，以及高素质的管理人员和完备的信息管理系统。

(七) 产权交易

财产权利指的是“一系列用来确定每个人相对于稀缺资源使用时的地位和经济社会关系”，它由使用权、收益权、决策权和让渡权等组成。产权交易基于这样的假定：市场通常是最有效的配置工具，政府通过产权拍卖，在没有市场的公共物品和服务领域建立起市场。政府通过一定数量的为消费者指定的资源和可转移的产权而建立起市场，这可以创造人为的稀缺，并让价格机制起作用。

这种政策工具使用的一个典型例子是污染防治。许多国家采用了这种工具来控制有害污染物的排放。基本思路是：政府确定可以进入市场的污染物的量，并定期拍卖可利用的释放数量的产权。我国已开始了这方面的实验(太原市的控制二氧化硫排放量就采取了这种办法)。另一个典型的例子是控制城市道路机动车数量尤其是出租车牌照的拍卖。

产权交易的最大优点是它创造了市场，将竞争机制引入公共物品和服务的提供，并且它是一种具有灵活性的工具。其最大的缺点是鼓励投机行为甚至产生欺诈行为，同时，它也是一种不公平的工具。当然，各国在公共管理中应用的市场化工具远不仅限于这几种，凡是在某一方面具有明显市场特征(如价格、利润、私有产权、金钱诱因、自由化等)的方式、方法和手段，都是市场机制的反映，都可以视为市场化工具。

市场作为公共政策工具在应用时也有局限性。①市场不适于有效提供诸如国防、警察、路灯等纯公共物品。②因为市场存在失灵的可能性，它在提供收费物品与公共物品时存在困难。③市场还会造成不公平，它会拉大贫富差距，容易导致政治对立与社会动荡。正因为如此，没有一个国家的政府会将市场作为唯一的公共政策工具。当政府借助市场工具来解决公共问题时，通常也会用其他工具作为补充。

二、行政性工具

行政性工具就是政府利用公权力和权威，采用行政命令、指示、规定及规章制度等行政方式，按照行政系统、行政层次和行政区划来实施政策的方法。行政性工具有着显著的特点：①权威性。采用行政性工具的行为主体是上级政府机关或上级领导，作用对象是下级政府机关或工作人员。他们之间强调的是垂直领导关系，下级服从上级的关系。行政性工具依靠强制性的权威将国家的各项方针、政策准确无误、坚决有力地推行和落实。②强制性。强制性体现于行政组织体现在思想上、纪律上要服从集中统一的意志，这就是说，行政主体所发出的命令、规定、条例等都必须执行，有时属于根本不考虑价值补偿问题的无偿性服从，更有甚者是要求无条件地绝对服从。当然，这同法律所具有的普遍约束力那种强制不尽相同，它允许特别情况下的灵活机动。③对象的有效性和时效性。在实际工作中，行政指示、命令等往往是解决某一具体问题、完成某一项具体任务而做出的，因此，它的内容和发表的对象是具体、有限的。不仅如此，行政指令还有时效性，即它只对特定时间和特定对象有限。

行政性工具包括行政干预、行政法律、行政奖惩、行政诱导等。

(一) 行政干预

所谓行政干预就是政府凭借政权力量，依靠从上到下的行政组织制定、颁布、运用政策、指令、计划的方法，来实现公共政策的目标。行政干预一般分事前即预防性干预、事中即工作进行中的干预和事后干预三种。通常以后两种干预较为普遍。其特点是以国家权力为基础，强调垂直领导关系，下级服从上级的权威性。以中央政府为行政系统中心，保证全国政令统一；性质是指令性的，令行禁止，须无条件落实执行，具有强制效力。行政干预的方式是多种多样的。根据社会状况的发展对公共利益、国家利益和国家生存可能造成损害及威胁的程度的不同，而分别选择使用不同的行政干预方式，其严厉程度和强制程度也有所区别。

(二) 行政法律

行政法律是指国家行政机关在行政管理领域内，依照法定职权和程序，把国家法律、法规实施到具体的行政活动中，以达到有效而合理的管理目的。

(三) 行政奖惩

作为实现公共政策的一种行政性工具，行政奖惩的对象应当包括行政人员和管理相对人。公共政策的执行固然需要行政机关及其行政人员来负责，但也需要管理相对人的支持、协助和配合。通过奖励和惩罚，将两方面的经济性都调动起来，才能使政府决策落到实处，实现政策目标。

(四) 行政诱导

行政诱导是指除经济诱导之外的诱导性手段。它用非强制性手段使行政人员和管理对象自觉自愿地去从事政府所鼓励的工作或活动，其方式有启发教育、说服劝告、建议协商、标榜典范乃至舆论抑扬等。

三、管理性工具

管理性工具是指将企业的管理理念和方式借鉴到公共部门中来，吸取有效经验达成政策目标的方法，它包括战略管理、绩效管理、顾客导向、目标管理、全面质量管理、标杆管理等。

(一) 战略管理

战略管理最初源于军队的“决策过程”，在这个过程中，内容主要包含着为了任一最后结果而做的大量准备工作。战略管理的核心是广泛的参与。

战略分析、战略选择和战略执行三部分构成战略管理的核心框架。这三者之间的相互作用形成战略。其中，“战略分析”解决政策的定位问题，如某一项政策所要解决的问题是什么，它面临什么样的外部环境。“战略选择”对可能的行动进行评估并形成选择方案。“战略执行”将战略推向实施。

公共部门的战略管理，是一个使组织和领导者能够通过资源分配和工作分工来达到组织目标的过程。布莱森等人所下的定义是：“设计一系列的程序和工具来帮助领导者和管理者明白，他们的组织应该如何做才能生存和发展。”

大多数的学者赞同这一观点，但他们同时也认为，战略管理最大的价值在于它能使组织的使命、目标和方法连接起来，并利用可获取的资源来实现目标。

作为一种公共政策工具，战略管理提供了一种全面、综合的组织观念，可以实现重心从即时的工作任务向组织整体目标、层次和影响的转变，更好地实现对组织资源和目标的控制。但是，它需要花费大量的管理性实践和分析性资源，同时战略管理不仅要让人明白组织要做什么，还要说明组织不做什么，对于公共部门来说，这可能产生政治上的困境，因为它可能激起反对派和利益团体的反对。

(二) 绩效管理

绩效管理是指为了达到组织的目标，通过持续开放的沟通过程，形成组织目标所预期的利益和产出，并推动团队和个人做出有利于目标达成的行为。

绩效管理是一个完整的过程，绩效管理的过程通常被看作一个循环。这个循环的周期通常分为四个步骤，即绩效计划、绩效实施与管理、绩效评估、绩效反馈面谈。

所谓政府绩效管理，就是通常说的“政绩考察”和“政绩评估”，即“看政绩用干部”的管理制度。上级领导部门通过对下属机关的业绩考核，确定和判断该部门的工作优劣情况，并以此作为从该部门选拔人才的基础。

绩效管理的目的并不是纯粹进行对个人绩效的评估而设计的，它更深层的目的是有效推进个人的行为表现，引导组织全体人员从个人开始，以至个别部门或事业部，共同朝着组织整体战略目标迈进。其优点是：它与每个人的切身利益密切相关，可以充分激发个人积极性和主动性，尤其是地方政府，其管理事务多是比较具体、可量化的工作，故而绩效管理的成效更是立竿见影。不足之处在于：绩效指标的量化比较难，其可行性也是有待检验的，绩效的基本资料来源是否可靠也会在很大程度影响管理的成效。

(三) 顾客导向

公共部门管理以顾客满意为导向最初是从企业管理中借鉴过来的，其基本取向是：①以顾客为中心，即从顾客的角度出发开展活动和提供服务；②以追求顾客满意为基本精神；③以社会和顾客的期待为理想目标。这些基本取向被发达国家引入到政府公共部门的管理中。

“新公共行政学”的代表人物弗雷德里克森认为，在组织形态的设计上，要坚持顾客导向，即将公众——公共行政服务对象的需求作为组织存在和发展的前提。以奥斯本为代表的企业家政府理论强调，引入竞争机制，树立顾客意识，制定顾客驱使政府的制度，使政府自觉地为顾客服务。

在当代，政府活动已不是简单的公共物品和服务的提供，而是必须及时了解公众需求并设法满足，即从“供应顾客”到“创造顾客”的转变。因此，顾客导向的政府无论是进行公共物品和服务的创新，还是制度创新和管理创新，都必须立足于顾客。

相对于政府而言的顾客，一是指公共物品和服务的最终使用者；二是指相对意义上的顾客，即公共物品和服务供给过程中的参与者。顾客导向的技术是“倒金字塔式”的方式，政府关注的是顾客即公众的需要，提供“回应性”服务。政府的一切职能、行为和改革等都要围绕顾客来展开，以顾客满意作为政府机构的考察量度。

作为一种公共政策工具，顾客导向技术要求公共机构像管理其他资源那样对顾客进行管理，做到顾客至上，民众优先，了解顾客，针对顾客的需求生产和提供公共物品和服务，以顾客价值作为政策的基点，注重与顾客互动、沟通，依据收集到的顾客相关信息改善行政机关的产品和服务，为顾客创造利益和价值。

(四) 目标管理

政府中的目标管理就是通过预先设计的政府工作目标，激励和引导政府部门和公务人员的管理行为，并对这种行为实施控制，最终实现政府工作目标的管理方式。通过目标管理，把发展和改革的总体目标转化为政府工作目标，协调发展，突出政府工作重点。作为一种公共政策工具，目标管理在公共部门中的应用，要求按照统一、效能的原则，将竞争机制引入公共管理活动，落实公共管理系统工作责任制，促进公共部门转变作风，克服官僚主义，提高工作效率，按照职能和目标逐步理顺公共部门的权限和职责，把各部门、各单位的思想和行动统一到实现预定目标上来。通过目标管理的导向和协同作用，加强政府工作的横向联系，减少内耗，以获取更好的整体功能和管理绩效。

目标管理的优点是：可以调动每一个雇员的积极性，提高公共部门的工作效率；把总目标分解下达到各部门，可以增强部门间的沟通协调，保证政令畅通，从而强化行政权威。缺点在于：目标体系的构建，公共管理目标的量化和可行存在技术难题；目标管理的双向沟通等均与员工素质有极大关联，尤其是在公共组织中，创造一种上下级共同议事、平等对待的氛围，无疑对上级和下属的素质都有特殊要求。

（五）全面质量管理

20 世纪 50 年代，美国通用电器公司的费根堡姆和质量管理专家朱兰提出了“全面质量管理”概念。其基本含义是：①单靠数理统计方法来控制生产是不够的，还要有组织管理工作；②产品质量是在质量螺旋前进中形成的，包括市场调查、设计、生产、检验、销售等；③质量不能脱离成本。当然，这三个方面无论是从时间上还是内容上看，都应当是一个相互联系、发展与提高的过程。全面质量管理主要包括以下几项业务活动：①与你的供应商协作，确保生产过程使用的供应品是根据你的需要而设计的；②坚持不懈的员工工作过程分析，改进工作，减少工作过程中无谓的重复；③与顾客密切交流，明确和理解他们的要求及对质量的评定。

作为一种公共政策工具，全面质量管理技术就是将产品生产的全面质量管理的基本观念、工作原则、运作模式应用于政府机构之中，以求达到政府机构在提供公共物品和服务的全面优质、高效。旧有的官僚体制——通晓规章制度，能在制度限定内完成工作任务，并且不惹麻烦——已经证明是低效率的了，而在全面质量管理体制下，顾客与质量才是最有价值的。一个高效率的公共管理人员，他会以某些更简单、更快捷、更经济的方法来完成工作。理解规章，并在其限定范围内工作已经不那么重要了，采用这些规章并为改进质量而改变工作程序更具有价值。

全面质量管理技术的优点是：促使政府学会如何利用现有的资源配置取得更多的成果，改进政府所提供的服务质量；激发员工的积极性，赋予他们一些权利，能够激励成功。但是，它也存在一些难题：全面质量管理是一种新的思维方法，人们无法一下改变原有的工作方式——官僚作风；只有机构人员有这种意愿，全面质量管理才能起作用，但人们接受新知识、变革工作方式的能力各不相同，且绝对是有限的，所以需要勇气和决心。

（六）标杆管理

标杆管理技术是一个甄别和引进最佳实践，以提高绩效的过程——包括那些使标杆管理具有独特性和有别于程序改进活动的主要理念，使之尽可能包含在我们探求最佳实践将碰到的各种活动和目标中。

标杆是一种业绩标准，这种标准可能是组织为达到某个目标或期望的业绩水准，或出于其他各种原因而订立的。标杆管理是一个帮助机构发现其他组织更高绩效水平的过程，并尽量了解他们是如何达到那种水准的，以便产生那种水准的做法和程序得以应用到自己的组织机构中来。威廉·盖伊称标杆管理是“消费者给公共部门的报告”。他说，标杆给市民——消费者提供精确的、可靠的信息，通过这些信息，可以建立标准，做出比较和评判绩效。

应当注意，标杆管理并不是简单地抄袭其他组织的做法，它是组织机构之间合作的过程，具有匹配性(如相同或类似的工作条件和工作要求)的组织机构(包括公共机构及私营部门)之间，采取对革新和新思想的开放态度，彼此合作、信息分享，相互了解对方是如何实施某项具体程序，并借鉴到自己的组织机构中来。

作为一种公共政策工具，标杆管理可以激励公共部门组织进行改变，积极采纳私营部门优秀的工作和管理程序；可以促成合作，使各不相同的职能部门聚合在一起，一旦一个机构与外部合作伙伴就标杆管理开展合作，那么各类公共部门、私营机构和其他参与此项目的组织就成了合作关系。它主要的不足是：实施标杆管理的组织与其合作伙伴之间的相似度不易达成；一个组织的行政主管和标杆管理小组为了引入最佳实践所做出的努力和对革新的态度，很大程度限制了标杆管理的成功；尚有大量的准备工作要做，如文化方面、运作方面、技术方面等的准备。

四、社会性工具

社会性工具是指政府利用社会资源，在一种互动的基础上来实现政策目标的方法，如社区治理、个人与家庭、志愿者组织、公司伙伴关系、公众参与及听证会等。

(一) 社区治理

有一位政府官员说：“加强社区建设……是重要课题。随着社会主义市场经济体制的逐步建立和完善，从政府和企业分离出来的社会职能，大部分需要依托于城市社区来承担。同时，下岗失业人员一部分滞留在社区，流动人员大量涌入社区，城市老龄化和贫困人口等问题，都需要尽快发展和完善基层社区的功能，向以社区为依托的新的管理、保障和服务方式转变。”

在我国大力发展社区建设和社区服务的实践中，社区治理是一种重要的公共政策工具。开发和利用社区文化资源、人力资源等，在社区内通过建立各种敬老院、福利院、康复中心、医疗站、托儿所、幼儿园等设施，对老年人、儿童和残疾人等实行社区照顾；调动社区居民不定期地参加保护社区环境的清洁卫生工作，美化居住环境；加强社区治安管理等。社区治理的优点在于：不花或者很少花政府的钱；调动公民积极参与，受到广泛的支持和欢迎。但是，社区治理作为一种公共政策工具，是虚弱无力的，往往只能作为一种辅助工具来使用。

(二) 个人与家庭

在任何社会中，家庭和个人都提供了无数的物品与服务，政府也往往有意识地来扩展它们在达成政策目标上的作用，尤其是在提倡“小政府，大社会”的当今现实状况中。安装警报器预防火灾，锁上房门防止偷盗等是最早的也是最基本的个人服务方式。人们自己包扎伤口或者自己存钱以保证退休后的生活，都是个人服务行为。作为一个服务单位，家庭是人们在住房、健康、教育、福利和养老等方面最古老也最有效的服务部门，它为其成员提供了广泛而又重要的服务。在美国，每八个就业人员中大约有一个直接照顾老年父母，这个比例预计还会增长。作为一种公共政策工具，个人与家庭可以做好政府无法做或做不好的许多事情，可以减轻政府的负担。但是，它也同样只能作为一种辅助工具来使用。

(三) 志愿性组织

志愿性组织逐渐成为重要的公共政策工具。志愿性组织既不是在政府的强迫下成立，也不是以赢利为目的的社会组织。志愿性组织既可以免受国家强制力的约束，又能排除经济利益分配方面的干扰。志愿性组织可以提供某些社会公共服务。例如，可以向低保人群、受伤害的妇女、走失的儿童或故意离家出走的少年提供一定程度的医疗保健服务、教育以及食品、衣服等；志愿者团体提供诸如海滩和公园的公益服务等。

在传统社会里，志愿性组织或非营利组织提供了大量的社会服务，尤其是从事公益事业，现代福利国家的出现曾一度降低它们的重要性程度。但是，在当代社会中，它们仍然被广泛地当作一种处理社会问题的重要手段。在我国，随着政府职能的转变，志愿者或非营利组织作为一种公共政策工具的地位和作用也将日益重要。

志愿性组织作为公共政策工具的优点在于：①社会组织是自愿地而且是有效率地采取行动来提供社会公共服务的，从而能节约很多的公共服务成本。②志愿性组织的服务具有灵活和反应迅速的特点，同时还能为某些新型的公共服务提供实验的机会。③志愿性组织的公共服务既可以满足社会的需要，又能减少人们对政府服务的依赖，还能减少政府的负担。④志愿性组织的公共服务是一种平等的、社会必需的公共政策工具，因为志愿性组织只有在真正需要的时候和地方才会存在，而且提供的公共服务都是处于基层的公众所需要的。⑤志愿性组织的公共服务能在推动社区服务、促进社会团结以及平等有序地扩大政治参与方面发挥积极作用。

志愿性组织能够创造性地迅速确认并满足需求的能力(如在救灾方面，志愿者组织的行动往往比政府快)。由志愿者提供社会服务还可以减少对政府行动的需要或减轻政府的负担。但是，其应用范围有限，大量的经济与社会问题不能通过这种手段来处理；志愿者组织容易蜕化变成准官僚机构，从而降低它的效能和效益。

(四) 公私伙伴关系

我们可以从三个层面来使用公私伙伴关系：①广义上是指公共和私营部门共同参与生产与提供物品和服务的任何安排；②它指一些复杂的、多方参与的并被民营化了的基础设施项目；③它指企业、社会组织和地方政府为改善城市状况而进行的一种正式合作。

为了满足人们的需求和促进经济的发展，政府部门正在努力寻求资金进行基础设施建设。在基础设施领域中公私合作的发展，为政府提供了一个解决之道。

公私合作伙伴关系在实践中有几种典型的形式：租赁/购买—建设—经营(LBO/BBO)——民营企业从政府手中租用或收购基础设施，在特许权下改造、扩建并经营该基础设施；它可以根据特许权向用户收取费用，同时向政府交纳一定的特许费；建设—转让—经营(BTO)——民营企业投资兴建新的基础设施，建成后把所有权移交给公共部门，然后可以经营该基础设施20～40年，在此期间内向用户收取费用。BOT与BTO类似，不同在于：

基础设施的所有权在民营部门经营 20～40 年后才转移给公共部门。建设—拥有—经营(BOO)——民营部门在永久性的特许权下，投资兴建，拥有并经营基础设施。

在各种公私伙伴关系的形式中，民营部门可以是企业、咨询者以及专家的集合，包括设计工程师、建筑公司、银行家、律师、设备制造商、科研技术单位、房地产开发商等。作为一种公共政策工具，公私伙伴关系可以利用民间资本市场弥补政府资源的不足，帮助政府发展基础设施；民间投资者和有经验的商业借贷者的参与，有助于更好地保证一个项目在技术上和财政上的可行性，分担一些本来由公共部门承担的风险；在开展合作项目中，民营部门可以促进技术转让，并为政府部门培训人才。但是，公私伙伴关系有多种形式，每一种形式都十分复杂，需要公共部门和私营部门双方具备相当的专业知识才能成功；竞争是一个关键性的因素，但在这些形式中引入竞争却需要高超的技能；如何适当而合理地分担风险也是必须考虑的问题。

(五) 公众参与及听证会

政府决策民主化要求增强政府决策的透明度，建立公众参与的制度，赋予公众在国家决策上的发言权，公众依照法律赋予的民主权利，通过各种形式反映社会生活中的各种问题，提出各方面的建议。

公众参与是衡量现代社会民主化程度和水平的一项重要指标，它的具体形式很多，包括直接选举和全民公决，还包括公共决策听证会。其中，公共决策中的听证制度是现代民主社会普遍推行的用于保证各方利益主体平等参与公共决策过程，最终实现决策民主化、公开化、科学化和公正的一种重要制度安排。

听证源于英美普通法上自然正义观念的听取两方面意见之法理，最初仅用于司法权的行使，作为司法审判活动的必经程序，谓之"司法听证"。后来随着司法听证的广泛应用和不断发展而移植到决策领域，形成"决策听证制度"。决策听证是指在政府决策过程中，听取有关专家学者的意见，特别是听取与该决策有利害关系的当事人的意见，它把科学引入决策过程中，运用民主和科学的方法，把决策变成集思广益的、有科学根据的、有制度保证的过程。

作为一种公共政策工具，听证会提高了决策的民主性和科学化，扩大决策参与，增加决策透明度和公开性。但是，作为一项全新的工具和制度，在我国应该有一个逐步推广的过程。我国现在尚不具备将所有的政府决策都纳入听证程序的经济实力，民主和法律观念也有待提高。

第三节 公共政策工具的选择

公共政策工具选择是公共政策工具研究中的一个重要组成部分，是工具执行和工具效果研究之外的一个重要方面。这一节主要讨论公共政策工具选择的意义、公共政策工具选择的影响因素及公共政策工具的选择三个问题。

一、公共政策工具选择的意义

公共政策工具是用来达成政策目标的手段。政策目标主要是在政策制定阶段确立的，因此公共政策工具选择主要发生在政策执行阶段。公共政策工具选择在政策执行中占据着重要地位，这主要表现在以下三个方面。

(一) 公共政策工具是实现政策目标的基本途径

政府为了有效地管理国家和社会事物，必须根据社会政治、经济、文化发展的需要和态势，针对现实中的重大政策问题，确定正确的政策目标，设计和选择达成政策目标的行动方案。而政策目标要变成现实，必须以各种公共政策工具作为媒介，对实现政策目标的各种资源进行有效配置。没有有效的公共政策工具，就不可能最有效地实现政策目标。所以说，有效的公共政策工具是实现政策目标的基本途径和重要保障。

(二) 政策执行过程本身就是公共政策工具选择的过程

政策执行是一个复杂的过程，它包含了一些基本环节或一系列的功能活动，而这些活动的完成必须依靠一些必要的执行手段(即公共政策工具)。政策目标的确立，实现政策目标方案的确定，并不意味着公共政策的完成。一方面，正确的公共政策方案要变成现实，有赖于有效的政策执行，如果没有政策执行，再好的政策方案也只能是一纸空文，政策目标也实现不了。要把有效的政策方案变成现实的政策目标就必须借助于一定的执行工具。另一方面，由于现代公共政策环境的复杂性和政策主体认识能力的局限性，已确定的政策方案不符合或不完全符合客观实际的情况时有发生，这要求在执行过程中运用有效的公共政策工具加以纠正。同时，在特定背景下，一些工具会比另一些工具更有效；而一种工具失效后，就要转变为其他工具。因此，政策执行活动作为一个动态过程，就其本质而言就是一个针对具体情况对各种执行工具不断做出选择的过程。

(三) 公共政策工具选择是政策成功与否的关键

政策是主体服务于特定目标而采取的一系列活动，在这一系列活动中，公共政策工具选择是关键。公共政策工具为这些活动提供了路径，路径选择正确与否自然是政策成功与否的关键。有学者认为，自 20 世纪 70 年代以后，西方国家面临的政府危机，主要就是在公共政策工具的层面上产生的，即传统的公共政策工具失灵。“今天我们政府失败的主要之处，不在目的而在手段。”当代西方政府改革运动正是致力于公共政策工具的选择而获得了成功。可见，能否选择恰当的公共政策工具是政策成功与否的关键。

二、公共政策工具选择的影响因素

关于公共政策工具选择的影响因素，西方学者做出了不同的分析，他们各自强调影响工具选择的某一或某些方面的因素，甚至将某一影响因素推崇到极致而忽略其他因素。综合西方学者的分析，并结合我国的实际情况，我们将影响公共政策工具选择的因素归纳为政策目标、公共政策工具自身的特征、政策环境、政策主体与客体、公共政策工具选择的实践和经验总结五个方面。

(一) 政策目标

政策目标是政策制定者希望通过政策实施所达到的效果。政策目标来自政策问题，只有首先对问题进行诊断之后明确目标，才能找到一个全面的解决办法，选择有效的政策工具。政策目标为公共政策工具规定了方向，为判断公共政策工具的有效性提供了评判标准。在进行公共政策工具选择时，关于政策目标要考虑以下几点。

1. 要明确政府的基本职能和政策的根本宗旨

执政为民，是政府的根本。政府的主要职责是为公众提供有效的公共服务和公共产品，实现社会经济全面协调发展。维护公共利益是政府存在和运作的基础，是政府的神圣职责，也是政府的义务。因此，公共利益是公共政策工具的基本出发点。为此，在选择公共政策工具时，必须坚持多元化的评判标准，主要包括：①效果，就是某一公共政策工具是否能够产生有价值的行动结果，如更好地解决问题，为社会公民提供更多更好的产品和服务。②效率，是指产生某一效果水准所付出努力的程度，也就是该公共政策工具能够以最小的成本获得最大的效果。③充分性，即某一效果能够满足问题的需要、价值或者机会的程度，它通常表示公共政策工具和价值后果之间的关系强度，如果关系强度越密切，就表示充分性越高。④公平，是政府资源和服务在社会不同阶层和群体之间的公正分配，也就是公共政策工具的选择是否意味着政府行为的公正对待。⑤回应，即公共政策工具能否满足某一特定群体的需求、偏好。

2. 要明确政策目标的数量

如果目标是单一的，就要明确目标是什么。目标不明确所带来的工具选择失误是政策实践中经常出现的问题。例如，把禁止捕杀珍稀动物政策的目标看成是“禁止捕杀”，就会导致规制工具的较多使用，而这一政策的最终目的是为了“达到一种生态平衡”，所以在规制工具的基础上，我们要呼吁人们树立环境保护的意识。过去我国在执行“林业禁伐政策”时，单纯强调“禁伐”而忽视“林业资源的保护”，没有注意纠正导致不当使用和不可持续地管理天然林的潜在原因。“森林禁伐”是一种管制工具，往往是为了集中解决由于管理不善所造成的一些后果，而这种工具并不能有效地达成“林业资源保护”的目标。这两个例子就是政策目标的不明确所带来的公共政策工具选择的错误。如果目标是多重的，就要明确目标构成。因为政策所要解决的常常是比较复杂的问题，因而政策目标往往不是单一的，而是多重目标的有机结合；有些目标甚至是相互冲突的，反映不同的利益诉求。复杂的目标体系为公共政策工具选择提出了挑战。例如，有些目标仅具有象征性意义，并不具备实质性后果，不是为了解决问题，而仅在于影响公众的看法、观念或思想意识。这样，所选择的工具并不会达成实质性后果。这种工具只是给行动者一些信号，政府在认真考虑这件事情，准备采取一些行动，而实际上政府在很长一段时间内并没有做什么事情。

3. 公共政策工具在执行一段时间后，要考虑政策目标是否已发生转变

如果目标已经转变，就要考虑达成目标的工具是否还有存在的理由，是否需要选择新的工具。实践中经常出现的问题就是，目标已经改变，工具却因其具有惯性而长期存在。人们批评工具主义忽视目标和工具之间的动态联系，目标被认为是一劳永逸的。但是如果目标已经过时，用它来评价工具的有效性是没有意义的。如果在政策变化前后使用同样的工具，那么政策改变几乎没什么意义。一方面，它会传达错误信息即政策是成功的；另一方面，它会掩盖政策失误这一事实。工具主义的研究途径致力于目标理性，认为手段是依据目标做出选择的，并主张目标和手段关系的最优化。而事实上，目标只是影响工具选择的一方面因素，此外还受其他因素影响，所以在实践中往往很难实现最优选择，只能作为一个努力的方向。

(二) 公共政策工具自身的特征

每种工具都有其特征、适用范围及优劣。每种工具的倡导者都想让人们相信他们偏爱的工具是管理者的“灵丹妙药”。事实上，每种工具都有其适用范围，都有其价值，但不能包医百病。每种工具有其自身优缺点。以治理污染为例，减少污染有多种手段。过去常见的办法是“管制”，这一工具有直接性和更易见效的优点；但它会扭曲自愿性和私人活动，导致经济上的无效率，不利于革新和技术进步，并无法完全解决经济增长所带来的环境污染问题。现在，一些国家采用“污染许可权交易”这一工具，即某工厂只要能成功地把污染量降低至标准以下，就可以获得“降低污染信用额度”，将其卖给其他工厂，来支付其污染量超过最低标准的部分。这一工具的优点是使一些能够用最低成本来降低污染量的工厂，有经济诱因去降低污染。而大部分降低污染排放的工作，都由执行时最有效率的工厂来完成，整个社会将以最低的社会成本，达成空气品质标准。这就是经济学家所谓的用人类理性自利的天性来达成公共目标。但这一工具也有缺陷，这一工具强调经济理性，却减弱了某些工厂保护环境的自觉性。所以选择工具时要将其优缺点都考虑在内，以避免工具的滥用。

同时，不同工具有其不同的适用范围，被用于解决不同的问题，运用于不同的组织环境。如战略规划最适于处理外部问题；流程再造适合处理大规模的内部问题；全面质量管理适合处理小规模的内部问题。有时，流程再造会成为一种灾难，破坏组织内的功能系统，将组织置换成一个不能运作的系统；有时候政治状况不允许政府组织运用标杆管理；在一个没有实施战略规划的组织，全面质量管理会导致以更有效的方式做错误的事情。这些都是选择公共政策工具时应该考虑的因素。工具主义途径认为每种工具均有其子程序、主要的活动、实施中的问题及影响，主张通过对每种工具进行经验研究来解释工具的运用；并认为许多工具构成一个工具箱，在仔细研究影响和环境的需求后，就可以做出选择。这就是说，工具主义往往把注意力放在目标和手段的联系上，而忽略了工具应用的背景。

(三) 政策环境

过程主义认为，各种公共政策工具之间有着重要的差别，没有哪一种或哪一类工具具有普遍的适用性；恰当的工具并不是抽象计算的产物，而仅仅是一种在动态适应过程中的试探性解决办法；工具的恰当与否是因具体情况而定的。政策环境影响到政策目标制定、执行的整个过程，对一国的内外政策具有影响或制约作用。包括政治状况、经济状况、教育状况、法律状况、人口状况、科技状况在内的政策环境，对公共政策工具的选择有着直接而重要的影响。例如，市场机制工具的效果，取决于市场的完善程度、产品和服务的性质、有关财产权的法律和其他保障市场主体利益的法律、民间资本的发达程度、政府的态度和政策等；管制机制是否能够发挥作用取决于管制的法律、管制的机构、管制的机制、管制人员等。政府治理工具的效果也与公共问题的性质、政治的风险、利害关系人、政府的能力、政府所拥有的资源等各种因素有关。

公共问题的复杂性、政策环境的变幻莫测使得任何单一的公共政策工具都不足以完全解决某一公共问题；同时也使得公共政策工具的选择具有很大的随机性和不确定性，必须根据环境的需要来进行选择。

(1) 公共政策工具的选择要从本国和本地区的实际情况尤其是社会经济发展的现实出发。任何与社会经济发展水平不相适应的公共政策工具，都必将无法有效地实现既定的政策目标。具体到我国的实际情况，在政策的执行过程中，在公共政策工具的选择时，就必须考虑我国东、中、西部地区不同的经济发展水平，考虑城乡不同的经济发展程度，考虑不同行业的不同发展状况。

(2) 公共政策工具的选择要充分考虑制度和体制条件。制度和体制条件影响着整个政策系统，当然也制约着公共政策工具的选择。例如，政党制度、国体、政体，都毫无疑问地会影响公共政策工具的选择。同样，体制因素也影响着公共政策工具的选择。如果政出多门，政策上出现不一致，公共政策工具的选择将非常困难，甚至政策执行者在面对不同的利益群体时，根本无法选择有效的公共政策工具。

(3) 政策环境中的其他因素也同样影响公共政策工具的选择。公共政策工具的选择必须与一定的环境因素相协调，与一国或地区的教育发展水平、公民的教育文化素质相适应；与一国或地区科技发展水平同步。当我们在遭受频繁发生的重大自然灾害、日益污染的自然环境所带来的灾难时，当我们在同恐怖主义进行斗争时，就应该反思长期以来所选择的公共政策工具是否正确。

(四) 政策主体与客体

任何一个公共问题，都会涉及或多或少的利害关系，而每一种利害关系都会涉及某些人或者团体，涉及不同的利益群体。不同的利益群体受公共政策工具的影响，同时利益群体也影响公共政策工具的选择。公共政策工具的选择必须考虑到多元利益群体，进行多元利益群体分析。对于某些利益群体而言，他们可能是某种公共政策工具或者政策的受益者；而对于另一些利益群体而言，他们则可能是受害者。从政府的角度来看，政府在进行公共政策工具选择时必须公平公正地权衡不同利益群体的立场和态度，才能制定出公平的政策和选择恰当的公共政策工具。具体的公共政策工具的选择中，主要涉及政策主体和政策客体两大利益群体。

1. 政策主体

政策主体就是直接或间接地参与政策制定、执行、评估和监控的个人、团体或组织。任何公共政策工具的选择所产生的效果都必将使一部分人受益而使另一部分人受害。公共政策工具的选择会对政策主体产生正面的或负面的影响，在选择公共政策工具时，政策主体也一定会考虑这些影响。在大多数情况下，如果某个公共政策工具能够使政策主体受益最大化，政策主体一般就会积极选择该公共政策工具；如果某项工具的选择会降低政策主体的地位或者使其受益最小化，这种工具受抵制的可能性就大。即使公共政策工具就实现目标而言是更有效的，政策主体也会抵制它。同时政策主体的范围相当广泛，不仅仅局限于政府，其他主体也可以拥有自己的公共政策工具。

2. 政策客体

政策客体就是政策所发生作用的对象，包括政策所要处理的问题和所要发生作用的社会成员两个方面。政策所要处理的问题就是政策目标，前面已经专门讲过，这里只探讨政策作用的对象对公共政策工具选择的影响。国家的总政策和基本政策所涉及的几乎是所有的社会成员；而特殊政府部门或地方政府的政策法规只涉及部分成员、某一阶层、某一行业或某一部门的就业者或某个地区的居民。由此可知，目标团体是政策直接作用、影响的对象，公共政策工具的选择对目标团体有直接的影响；而不同的公共政策工具会对目标团体产生不同的影响。目标团体会抵制对自身不利的公共政策工具，使其无法开展；同时会通过各种手段使对自身有利的公共政策工具具有可行性和可接受性，在二者产生矛盾的情况下，往往是选择具有较少可行性和较高可接受性的工具。

因此，公共政策工具的选择必须是理性的，而且必须以多元理性为基础。在公共政策工具选择的时候，不仅要考虑经济理性，即公共政策工具是否有助于解决问题，符合经济上的成本与效益，而且还必须考虑社会理性，是否代表先进文化的前进方向，是否体现先进生产力的发展要求，是否满足最广大人民的根本利益。

(五) 公共政策工具选择的实践和经验总结

建构主义认为，公共政策工具选择的内涵可以从三个方面来理解：①公共政策工具选择不是自由选择，也不是自我利益的较量过程；改变工具不仅要求扩充工具箱，而且需要改变组织的文化。②公共政策工具选择代表一种递增的发展，涉入其中的个体行动者决定和控制它的能力很小。新工具的主要组成部分出现在旧的范式，这意味着旧的范式依然有影响。旧的范式会破坏新工具的实际意义。③政策执行者在选择公共政策工具时受传统、路线和特定的思考和行动方式支配。尽管某种公共政策工具并不被认为是达成既定目标的最有效的工具。但是，这一工具却依然被频繁地使用，因为行动者能够达成一致，使冲突最小化。

总的来说，公共政策工具会受到先前公共政策工具选择的限制，因此，公共政策工具的选择有一定的路径可以依赖。一方面，有过去常常使用某一公共政策工具而形成的惯性，这种惯性会在将来的一定时期内影响以后的公共政策工具选择，尤其是当该公共政策工具选择带来了较好的政策效果的情况下。如果在影响公共政策工具选择的其他因素没有发生大的变化的情况下，这种状况将很难改变。由于这种工具是在过去选择的，要转换成其他工具就会很难。这种工具在经过一段时间后已经成了一种路线，背离它会付出额外的努力和代价。从纵向看，这种工具已经内化为组织和执行路线，可选择的其他公共政策工具根本不被考虑；从横向看，它和其他工具或执行活动交织在一起。另一方面，某一公共政策工具的选择效果，也为将来的工具选择提供了参考。不管是公共政策工具选择中失败的教训还是成功的经验积累都将成为下一次公共政策工具选择的重要参照物。

以上是五种主要因素，当然也还有其他一些因素会影响到公共政策工具的选择。公共政策工具的选择必须在充分分析问题的基础上，适应内外环境的变化，根据工具的不同特点进行有效运用，实现政府治理目标，从而最大限度地满足人民的利益诉求。

三、公共政策工具的选择

下面将通过两个案例(案例一和案例二)来具体说明政府在政策执行中是如何选择公共政策工具的。

案例一

建筑保护能否走市场化道路

苏州市拥有各级文物保护单位140处，控制保护古建筑200处，总建筑面积达33.8万平方米。但有不少古建筑常年失修，濒临坍塌，需尽快实施抢救性保护措施。控保建筑的保护不尽如人意，尤其作为江南传统建筑的典型代表，在中国建筑史上有十分重要的地位，占文物古建筑总量50%以上的民居建筑部分，长期以来只偶有零敲碎打的修修补补。原因很简单：缺钱。市房管部门公房管理处的一位负责人举了一个例子。一处1 000多平方米的古建筑，较好地修复保护每平方米约需1 000元，就是100万元；这还不算搬迁费用，在居民杂居的古宅中，每搬迁一户面积在四五十平方米的住户要10万元。但事实上，房管部门根本拿不出这笔钱。根据1993年后的房租标准，每平方米使用面积的租金为0.7元，1 000平方米为700元，连发放公房管理员的工资都不够。探索市场化运作方式此时被提出来似乎有些“水到渠成”的感觉。好处很明显，售出的古建筑，业主自己会维修，而从中获得的资金可投入其他古建筑的维修保护。

老宅上市，该怎么卖？

市场对新推出的老宅反响颇佳。据了解，对古建筑有意者主要是海外华人，还有在苏州有业务的南方企业，或是居住用，或是做办公场所。还有不少房地产商人也瞄准这一块想做投资。

有需求并不等于万事大吉。老房子看着好看，住着未必舒服，如楼梯窄而陡，上下不方便；古建筑中还有规定不能用明火，但若要居住，厨房禁火让人难以适应；更有许多小巷深处的老宅，汽车无法直达。在古建筑定价上也颇费斟酌，太高则门槛过高，吓退客户，太低则有国有资产流失之虞。

古建筑不能一卖了之，问题接踵而来。“不是卖，是保护”，在接受采访时，文物管理委员会办公室的有关负责人一再强调这一点，这种坚持中，隐含着某种担心——保护与开发站在不同角度上，会有矛盾。走向市场的古建筑，不能否认是一个商品。但正因为是古建筑，不是普通商品，不能像甩包袱，卖完算数。将开发与保护联结起来的是“有效保护”，让控保建筑“活”起来。扔在那里，不拆，让其自然坍塌，并非有效保护。找一个合适的主人，能对其负责，保养，不失为一种办法。由此，双向选择在交易中显得特别重要。业主在选，“我们也在选业主”，这位负责人说，买主要有对古建筑的热爱，有保护的责任感，有一定的文化素质。但是一个亟须填补的空白是对古宅出售之后，业主成了保护的责任主体，该如何维修养护才算妥当？当发现业主不能尽其保护之责时，政府部门是否有权强制回购？这些目前都尚无细则可循。还有人担心，售出的古建筑成为私宅后，是否就不再对外界开放，古建筑文化的交流与传递会否受到影响？千头万绪，最后还得归结到有关法律法规的健全。对古建筑保护中遇到的新情况、新问题，还须制定相应政策来处理。据悉，目前有关苏州市古建筑的保护条例，已进入人大审议程序，人们期待着面前的问题能有好答案。

10月23日，江苏省九届人大常委会第32次会议通过《苏州市古建筑保护条例》，其中第十五条规定：“鼓励国内外组织和个人购买或者租用古建筑”；第八条规定：“古建筑保护管理责任人应当履行下列职责：1.按照古建筑保护的要求进行日常养护、维修，2.落实防火防盗等安全措施，3.接受文物行政主管部门有关古建筑保护的业务指导和培训。”12月3日，私人可购卖苏州古建筑政策已紧急叫停，原因是它与新近通过的《中华人民共和国文物保护法》相抵触。苏州文化局文物处潘处长解释《苏州古建筑保护条例》说：“《条例》的设想是反映了对古民居不仅要控制，而且要维修保护的要求，把维修、改造和日常保护性措施都纳入规范化管理，并确定法律保护的责任人。”但令苏州文保单位感到尴尬的是，《中国文物保护法》修订案在《苏州古建筑保护条例》颁布后一个月姗姗来迟，尽管修订案放松了对私人收藏文物的流通许可，但仍明确规定，国有文物保护单位和未列入文物保护单位的古建筑不得转让和抵押。

“两者确实有不一致的地方。”潘处长说，“我们的考虑主要是结合苏州的实际情况，苏州地面古建筑数量仅次于北京，政府财政有限，发动社会力量参与古建筑保护是一条新思路。而且苏州作为经济发达地区，存在这样的社会需求。文物本身不可再生，也许私人买下不是最理想的方式，但总比看着文物自然损坏要好。”“对古建业主我们有严格规定，例如不能对古建布局、结构和装修进行改变，不得改换现代材料门窗，电线线路也要规范。《条例》对违反者都有明确的处罚规定。”潘处长最后说，“小法必须服从大法，我们将根据国家文物保护法修改《苏州古建筑保护条例》。”继续探索新的保护方式。

分析：

苏州市政府过去在古建筑保护方面采用的是“直接提供”这一传统工具，即由政府出资并承担维护和修缮责任。因为政府无力保护所有古建筑，而古建筑又有市场需求，苏州市政府开始尝试“变更产权”这一新工具，即出售部分古建筑，由私人来承担保护古建筑的责任。苏州市政府还通过《苏州市古建筑保护条例》以法律的形式将这种新方式固定下来并加以规范。但这一公共政策工具最终因与国家法律相冲突而被迫放弃。我们用上述的理论框架做简要的分析。

(1) 影响工具选择的一个重要因素是政策目标。苏州市政府出台政策的目标是保护古建筑。古建筑作为历史文化遗产，有着重要的观赏价值和文化价值，而苏州市大量古建筑却因政府无力保护，面临着坍塌和毁损的威胁。苏州市政府意识到这一点，并深知保护古建筑的迫切性和深远意义。由此看来，苏州市政府的目的是明确的。

(2) 工具自身特征是影响工具选择的又一个重要因素。“变更产权”能解决“直接提供”运用中存在的问题，其优势体现在：①产权私有后，业主成了古建筑保护的实体，减轻了政府负担。苏州市古建筑数量众多，完成修缮任务耗资巨大，单靠政府拨款往往难以保障。市场中的交易者是理性的“经济人”，在实现古建筑效用最大化的同时，为了维持其价值，自然会承担起古建筑维护、修缮的义务。这些单个的个体具备维护、修缮古建筑的经济实力，能解决政府集中维护带来的资金不足问题。②政府可以将从中获得的资金，投入其他古建筑的修缮工作。通过出售古建筑，政府可以从中获得可观的收入，而这些收入拓宽了政府的资金来源，弥补了政府资金不足。③“变更产权”可以克服政府“直接提供”效率低下的弊端。政府承担古建筑修缮任务，周期长，效率低下。需要保护的古建筑不在少数，而政府或是因为缺乏相应信息渠道无法获知其价值，或是知道其价值但由于官僚作风而延误了保护。④市场中的竞争机制有利信息渠道的畅通。有意购买古建筑者会采取积极的方式，从各个渠道及时获取信息，发现古建筑的价值，将其控制保护起来，避免了政府因信息渠道不畅通，行动迟缓带来的古建筑的灾难性命运。当然，“变更产权”也有缺陷，主要表现在：①开发和保护的矛盾。私人购买古建筑是为了一定用途的。不管是居住还是商用，都存在能否使古建筑维持原样的问题。古建筑看着好看，但其内部结构未必符合现代需求。在这种情况下，如何能不违背政府保护古建筑的初衷，使老宅保持原样呢？②产权私有化后会产生公平方面的问题。古建筑作为历史文化遗产，应该为社会成员所共同享有。古建筑私有后，是否就不再对外开放，古建筑的交流和传递是否会受到影响？如果是这样的话，其他公民就被剥夺了与古建筑的购买者共同欣赏人类文化遗产的权利。“变更产权”的这些优势和缺陷都在苏州市政府的考虑范围之内。在“变更产权”试行一段时间后，苏州市政府通过了《苏州市古建筑保护条例》对这种市场化行为加以管制。③公共政策工具选择受政策目标和公共政策工具自身特征以外因素的影响。令苏州市文保单位尴尬的是《中国文物保护法》修正案在《苏州市古建筑保护条例》颁布一个月后姗姗来迟。尽管修正案放松了对私人收藏文物的流通许可，但仍明确规定，国有文物单位和未被列入文物保护单位的古建筑不得转让和抵押。苏州市政府必须服从国家大法，根据文物保护法修改《苏州市古建筑保护条例》，并继续探索新的保护方式。苏州市政府在选择公共政策工具时，考虑到了传统公共政策工具即“直接提供”运用过程中存在的问题，也考虑到了新工具即“变更产权”的优势和缺陷，企图将“直接提供”“变更产权”及“管制”工具结合起来，克服单一工具的不足，从而更有效地达成“古建筑保护”的目标。而其失败又使我们看到，工具选择能否成功不仅取决于目标和工具能否匹配，而且取决于许多复杂因素尤其是不可预知的因素的影响。

案例二

纽约市公园及娱乐管理局实施“全面质量管理”技术

纽约市公园及娱乐管理局的主要任务是负责城市公共活动场所(包括公园、沙滩、操场、娱乐设施、广场等)的清洁和安全工作，并增进居民在健康和休闲方面的兴趣。市民将娱乐资源看作是重要的基础设施，因此公众对该部门的重要性是认同的。但是在采用何种方式实现其使命，及该城市应投入多少资源去实施其计划却很难达成共识。该部门面临着管理巨大的系统和减少的资源。和美国的其他城市相比，纽约市的计划是庞大的。该部门将绝大部分资源投入现有设施的维护和运作，但是为设施维护和运作投入的预算也从 1994 年到 1995 年削减了 4.8%。为了对付预算削减，并能维持庞大复杂的公园系统，该部门的策略包括：与预算和管理办公室展开强硬的幕后斗争，以恢复一些已削减的预算；发展公司伙伴关系以取得更多的资源；等等。除了这些策略，该组织采纳了全面质量管理技术，以求“花更少的钱干更多的事”。

全面质量管理有以下三个核心理念：①工作过程中的配备必须为特定目标设计；②分析职员的工作程序，以进行路线化的组织运作并减少过程变动；③加强与顾客的联系，从而了解顾客的需求并且明确他们对服务质量的界定。在任何环境下产生真正的组织变化是困难的，工人们会对一系列的管理实施产生怀疑。因此，该部门的策略是将全面质量管理逐步介绍到组织中，即顾问团训练高层管理者让他们接受全面质量管理的核心理念，将全面质量管理观念逐步灌输给组织成员。这种训练提供了全面质量管理的概念，选择质量改进项目和目标团队的方法，管理质量团队和建立全面质量管理组织的策略。虽然存在问题，但这些举措使全面质量管理在实施的最初阶段获得了相当的成功。

有关分析显示了该部门实施全面质量管理所获得的财政和运作收益。启动费用是22.3万美元，平均每个项目2.3万美元。总共节省了71.15万美元，平均每个项目一年节约7.1万美元。这个数字不包括间接收益和长期收益，只是每个项目每年直接节约的费用。在全面质量管理技术执行五年后，情况出现了变化。该部门是政治任命的。以前的官员落选了，新一任官员就任后，全面质量管理执行计划被搁浅了。新上任的负责人将其前任确立的全面质量管理技术看作是他能够忽略的其前任的优势。大部分成员没有完全理解或赞成全面质量管理哲学，认为只是前任遗留下来的东西。但是新任同样面临着削减的预算和庞大的服务系统的问题，但却没有沿用前任采取的工具，其采用的是私有化、绩效管理等手段。

分析：

纽约市公园与娱乐管理局的主要任务是负责城市公共活动场所(包括公园、沙滩、操场、娱乐设施、广场等)的清洁和安全工作，并增进居民在健康和娱乐方面的兴趣。该部门面临着如何以较少的资源提高服务绩效的问题。在前期该部门将“全面质量管理”确定为一项重要举措并取得了一定成效。但是到后期因为领导人变更而放弃该工具改用其他工具。我们用上述的理论框架做简要的分析。

(1) 公园与娱乐管理局的目标是在面临预算削减的情况下，继续维持庞大复杂的服务系统。该局面临的问题是减少的预算和增加的顾客需求。市民将娱乐资源看作是重要的基础设施，因此，公众对该部门的重要性是认同的。但是在采用何种方式实现其使命，及该城市应投入多少资源去实施其计划却很难达成共识，为设施维护和运作投入的预算从1994年到1995年削减了4.8%。因此该局的目标是以最小的成本达成目标。

(2) 公园与娱乐管理局在前期采用的最重要的一项公共政策工具是“全面质量管理”。实践证明，“全面质量管理”是一种有效的工具。有关分析显示了该局实施“全面质量管理”所获得的财政和运作收益。

(3) 公园与娱乐管理局在运用“全面质量管理”技术时考虑到组织路线的影响。在任何环境下产生真正的组织变化是困难的，工人们会对一系列的管理实施产生怀疑。因此该局的策略是将全面质量管理逐步介绍到组织中。这种训练提供了全面质量管理的理念，和建立全面质量管理组织的策略。虽然存在一些问题，但这些举措使全面质量管理在实施的最初阶段获得了相当的成功。

(4) 公园与娱乐管理局在后期因环境改变而放弃“全面质量管理”工具。“全面质量管理”强调主要领导者的作用，这在政府部门是一个挑战。委任的领导人经常会落选，继任者都想证明他们的工作较之前任要有所改进，这常常会使新的管理者抛弃其前任的管理方法。在“全面质量管理技术”执行五年后，情况出现了变化，以前的官员落选了。新一任官员就任后，只把“全面质量管理”看作是前任遗留下来的东西，其大部分成员也没有完全理解或赞成全面质量管理哲学。尽管同样面临着削减的预算和庞大的服务系统的问题，但该局却没有沿用前期采取的工具，而是采用“私有化”“绩效管理”等手段。

在该案例中，尽管“全面质量管理”这一工具与该局以“较少的成本维持庞大的服务系统”的目标是匹配的，而且该局在运用“全面质量管理”这一新工具时也考虑到组织路线的影响并采取了一定策略以减少推行该工具的阻力，从而使该工具在经过一段时间尝试后被证明是达成目标的有效工具，但最终却因为领导人的变更而被抛弃。可见，决策者选择公共政策工具并不完全是理性的。这个案例的意义在于展现了公共政策工具选择面临的政治压力。

通过以上两个案例的分析，可以看到现实中的公共政策工具选择是一个非常复杂的过程，各种因素都会起到影响和制约作用。

第四节 我国公共政策工具

伴随着我国社会的全面发展，我国政府经历了大量的治理实践，既有失败的深刻教训，也有成功的经验总结；同时，也不断地学习和借鉴了国外公共政策工具选择中的先进理念和经验积累，使我国公共政策工具的选择和创新在改革中呈现出了一些新的特点和趋势，当然，也不可避免地存在一些缺陷。所有这些，为我国公共政策工具的理论和实践发展既提供了契机，也发起了挑战。

一、我国公共政策工具的特点

20 世纪 80 年代以来，面对信息社会、知识经济和全球化的挑战，面对日益复杂和变化的环境，为了解决政府自身存在的诸多问题，适应政治、经济形势的发展变化，提升国家竞争力，我国政府先后进行了一系列以政府职能转变为主要内容的行政改革。政府管理方式的创新成为政府机构的主题，而政府治理工具的创新也成为这次改革的核心。我国公共政策工具呈现出如下一些新的特点。

(一) 由以行政性工具为主转向多种公共政策工具并用的格局

市场化机制在我国开始受到重视和广泛运用。长期以来，由于受社会主义意识形态和计划经济体制的影响，我国公共政策工具的运用主要局限在一些传统的，以强制性、行政性等为特征的，满足当时政府管理需要的范围内。然而，经过几十年的实践，原来公共政策工具的弊端逐渐暴露出来，如政策执行失效，政策目标无法实现，政府管理无法适应我国政治、经济、文化和社会全面发展的需要。伴随着我国政府的改革开放，政治、经济体制改革的大力推行，受新古典经济理论等的影响，为了解决财政赤字、效率赤字等政府问题，我国政府开始强调和重视市场机制在政府治理过程中的作用，主张把公共服务尽量交由市场机制来处理，由习惯于使用“一刀切”的行政手段，逐步向行政手段、法律手段、经济手段、信息手段综合运用过渡。因此，从最保守的建立内部市场，到最激进的公共服务的民营化，在我国都有不同程度的体现。越来越多的人意识到，对于许多的公共产品和公共服务，政府实际上越来越多地扮演的是产品和服务的安排者或者提供者的角色，而不是生产者的角色。

(二) 由强化管制性工具到放松管制性工具的改革

管制性工具就是政府利用公权力和权威，利用法律和法规，来规范社会组织和公民的行为，以达到政府治理的目标。管制性工具的最大特点在于：它以公共权力为后盾；

以法律、法规为依据；以限制或者剥夺政策对象的自由和权利来贯彻政策。管制性工具的主要目的在于：维护社会的秩序和公共的利益；防止生产过程中产生外部成本；消除市场交换过程中出现的信息不对称现象；维护交易的公平，防止出现偏差行为。管制可以是经济性的管制，也可以是社会性的管制。经济性管制在于鼓励企业或者其他经济行为者采取某种行为或者避免某种行为；而社会性管制的主要目标在于保护公民和消费者的利益和公共的利益。

针对传统管制制度的一些缺陷，我国政府开始致力于管制制度改革。管制制度改革涉及多个层面，包括程序性改革、结构性改革和实质性改革。程序性改革着重于完善管制的程序，目的在于促使管制的过程更加透明、更加公平、更加具有效率；结构性改革主要着重于管制机构本身，包括重组管制机构，使政府管制更加一致，管制机构的工作更加有效率，同时加强对管制结构的监督，防止管制过程中出现腐败行为；实质性改革涉及重新审查政府的管制，进行政府管制的影响评估。

为了避免传统管制性工具的缺陷，我国政府进行了一场放松经济性管制的运动。放松经济性管制主要集中在证券、铁路、航空、通信能源、银行等领域。从效果上来看，放松经济性管制在一定程度上起到了改善企业效率、扩大经济需求、降低收费水平、促进服务多元化等作用。但是，在放松经济性管制的同时，为了加强企业的社会责任，国家建立了企业对其产权和服务的自我约束和责任制定，政府也通过建立相应的制度，如产品责任指导、消费者保护制度、损害赔偿制定等，保护社会和公平等权益。需要说明的是，国家在进行放松经济性管制的同时，加强了社会性管制。社会性管制是以确保人民生命安全、防止灾害、防止公害和保护环境为目的的管制。更重要的是，近几年，在我国开展的行政审批制度改革正在逐步破除以管制性工具为主要内容的旧的行政管理方式，为新的公共政策工具的引入以及改进政府管理方式创造了条件。

(三) 公共政策工具的选择由“官本位”向“民本位”的转变

“民为邦本”，只有民众才是国家的根本。人民当家做主是社会主义民主政治的本质要求。政府治理的根本目的就是最广泛地动员和组织人民群众依法管理国家和社会事务，管理经济和文化事业，维护和实现人民群众的根本利益。在我国，一切公共权力来自人民，政府由人民产生，对人民负责，受人民监督。

公共政策的对象是社会的全体公众，只有让公众参与，才谈得上“以人为本”。公共政策要实现“以人为本”，一方面，在政策的制定过程中要积极开发多渠道的参与途径，扩大政策参与主体，鼓励公众和社会组织通过不同的方式参与到政策制定过程中来；另一方面，政策的执行，公共政策工具的运用同样也必须听取公众的意见，体现公众的意志，即并不完全由政策主体说了算，必须结合公民的需要，根据政策客体的具体需求进行选择，加以运用，打破传统的“官本位”。

为了实现公共政策工具的“民本位”，我国政策部门开始实施公开化和民主化原则。公开化原则是公共政策工具运用的行为方式。公开，是现代公共部门的要求，也是公共政策工具运用必须选择的行为方式。公共政策的根本目的是服务公众，政策的作用效果是否公平、公正，必须让公众参与和检验。具体做到：建立政策咨询机构，做到政策的民主化；加强官民一体，实现上情下达、下情上传，只要不是国家机密，都应公开向社会征求政策方案；更要加强公共部门与公众的交流、沟通与协作；运用现代公共政策工具，大力推行电子政务，提高公共政策的信息化、网络化和资讯化水平；根据公众的需要，落实公民的政治参与权和知情权；建立和完善社会公示和社会听证制度；等等。

二、我国公共政策工具的缺陷

由于我国公共政策工具研究起步晚，又长期受计划经济体制的影响，因此存在以下缺陷。

（一）公共政策工具的选择缺乏科学的和理性的依据

公共政策主体和客体缺乏对公共政策工具的正确认识和理解，缺乏成本效益分析，公共政策工具的运用往往缺乏科学的和理性的依据。其主要表现在某些公共政策工具的选择没有反映客观存在的现实情况，没能结合我国的具体国情，公共政策工具的使用不符合、不适应客观事物的发展规律等方面。公共政策工具的选择缺乏理性的依据，不可避免地导致其在执行过程中与客观实际需要发生强烈的冲突，使公共政策执行和公共政策工具的运用失去了实践基础。在这种情况下，公共政策工具的运用不但达不到政策目标，有时甚至是公共政策工具执行得越到位，实际造成的损失就越大，导致公共政策执行效果与政策目标背道而驰。

公共政策工具的运用缺乏理性的依据，还表现在缺乏成本效益分析，这主要是指在进行公共政策工具选择时，不是根据效益的最大化和最优化原则，不是依据客观标准，而是凭政策主体和执行者的主观意识，凭以往经验，以自身利益的最大化为选择标准。长期以来，我国的粗放型经济的增长方式在不同程度上影响了政府治理领域，我国的政策执行者缺乏市场经济意识，缺乏成本意识，只讲投入，不求回报。

（二）公共政策工具的运用缺乏法制化规范

公共政策工具的运用缺乏法制化主要指公共政策工具的运用不能依法进行，缺乏制度和法律、法规的限制。由于我国法制化进程的缓慢，法制建设的不健全、不完善，导致政策的制定和执行、公共政策工具的运用缺乏法律规范和依据。公共政策工具必须在法律和公众的有效监督之下，才能避免公共政策工具运用的盲目性和不规范性，从而保证公共政策工具运用的合法性。

（三）公共政策工具的运用缺乏程序化指导

公共政策的科学化和民主化，不仅要求政策制定的公开民主，还要求政策方案的执行和公共政策工具的运用要有严格的执行界限、科学的操作程序、准确的评估标准等。缺乏明晰性的政策将使公共政策的可操作性减弱，使政策执行者与政策目标群体无所适从；同时缺乏明晰性的公共政策工具执行和运用程序，将会引起公共政策工具运用的界限不清，运用范围的任意扩大或缩小，运用效能缺乏有效评估，导致公共政策工具滥用，无法实现政策目标。

（四）公共政策工具的运行缺乏稳定性和灵活性

缺乏稳定性表现为公共政策工具的运用在一定时间内或者在解决某一公共问题中不能保持其连续性，无视客观需要，根据政策执行者的主观意志和利益需求朝用夕改。缺乏灵活性表现为公共政策工具的运用无视公共政策的精神实质，不考虑客观环境条件，对相关问题不能因时、因事、因地做出具体分析，机械地照搬其他地区、部门或行业的公共政策工具；或者表现为无视公共管理中各种新情况、新问题、新特点，机械地照搬陈旧的、过时的公共政策工具；或者无视公共事务的时效性，面对亟须解决的公共事务问题无所作为，因坐等上级政策部门的意见而丧失解决问题的最佳时机。例如，在进入到结构性需求不足的条件下，经济发展中的需求约束更为明显，因此，政策的重点应当是刺激需求，包括增加投资和消费需求。但在经济周期性变化的不同阶段，供求矛盾的表现会有所不同，与此相适应的公共政策工具的选择就应当有某些区别。

(五) 公共政策工具的运用效果缺乏有效评估

评价公共政策工具的好坏，并不是政策主体和政策执行者的主观臆断，也不是政府的自我评价、自拉自唱，应该以社会评价来作为判断好坏的标准。公共政策工具的运用效果应从效率、效益、公共责任和社会公众满意程度等方面来判断，对公共政策工具运用的投入、产出、中期成果和最终成果进行评定。在评估绩效时，不仅要看直接效益，还要看其带来的长期的、间接的效益，更要看其运用的过程，要把增进全社会和每个人的利益总量作为评价和衡量公共政策工具绩效评价的终极标准，做到效率与效益的双重考核。我国公共政策工具的运用一方面缺乏有效的评价，即使有，更多地也只考核其带来的单纯的经济增长，而忽视了很多指标，如社会、人文、基础教育、公共设施、能源消耗、环境生态等。

三、我国公共政策工具的发展趋势

在我国，随着市场经济体制的不断完善和成熟、行政体制改革的深化以及政府职能的转变，政府的治理模式与方式、方法和手段亟待创新。20 世纪 90 年代以来，随着市场化进程的加速，我国政府管理的某些部门、某些领域已尝试引入市场竞争机制，如政府采购制度，公共工程的招标投标，土地的有偿使用，营业执照的拍卖，公共服务如环保、治安、公交的委托承包，以及自然垄断行业的开放竞争等，都是将市场机制引入公共部门的具体体现。同时，目标管理、绩效评价、全面质量管理、合同聘任制等一类的工商管理工具，以及社区治理、志愿者服务、公私伙伴关系、公众参与及听证会一类的社会化手段也逐步在公共部门推行。更重要的是，近几年在我国开展的行政审批制度改革正在逐步破除以行政干预为主要内容的旧的行政管理方式，为新的公共政策工具的引入及改进政府管理方式创造了条件。然而，目前国内学界对公共政策工具尤其是市场化工具、管理性工具和社会性工具缺乏深入的理论研究和实证分析，不能为公共管理方式的创新提供理论基础及行之有效的工具。因此，必须高度重视公共政策工具的研究。

公共政策工具的研究在我国仍然处于起步阶段。伴随着我国社会和经济的快速发展，公民政治、民主意识的增强，对加强公共政策工具的研究具有重要的理论与实践意义。从理论上说，可以全面理解公共政策工具的内涵、性质、类型和作用，以及每种工具的潜力、优劣和应用范围等问题，形成关于公共政策工具的系统化知识，有利于拓展政策科学的视野，使公共政策学与政治学、经济学、管理学的理论、方法相互渗透、融合和借鉴，完善其学科体系；从实践上说，有利于推动我国政府治理工具的发展，从而更有效地选择和运用公共政策工具，让公众了解和拥护公共政策工具的执行。

本章小结

公共政策工具研究既是当代公共管理学理论研究的学科分支，又是当代公共管理实践的新的重大课题。而管理方式的改进必须靠引入新的政策工具或现代化公共管理技术来实现。

当前，我国加强对公共政策工具的研究具有重要的意义。①可以全面了解公共政策工具的内涵、性质、类型和作用，以及每种公共政策工具的潜力、优劣和应用范围等问题，形成关于公共政策工具的系统化知识，建立起作为公共管理学的一个分支学科的政策工具学。②可以扩展公共管理学以及公共政策学的视野，促进公共管理学与经济学、管理学的理论、方法相互渗透、融合和相互借鉴，丰富公共管理学的理论内容，完善其学科体系。③可以更好地把握21世纪国内外公共部门管理研究领域的发展前沿，推动我国公共管理理论在新世纪的全面发展。

在我国，公共政策工具的研究应采取理论研究与实证分析相结合的方法，结合我国政治进行的政府机构改革，落实到如何改善政府职能和提高行政效率问题上来；并通过对各种不同类型工具的分析研究，提供一个适应我国公共管理实践的公共政策工具体系。

【关键概念】

公共政策工具　市场化工具　行政性工具　管理性工具　社会性工具

【思考题】

1. 简述公共政策工具的兴起及其原因。

2. 公共政策工具研究有哪些基本途径？

3. 简述主要的市场化工具、行政性工具、管理性工具和社会性工具的内容、特点和优劣。

4. 简述公共政策工具选择的影响因素。

5. 根据我国政策实践，论述我国公共政策工具的发展趋势。

6. 结合书中案例，说明在政策执行实践中应如何进行公共政策工具的选择？

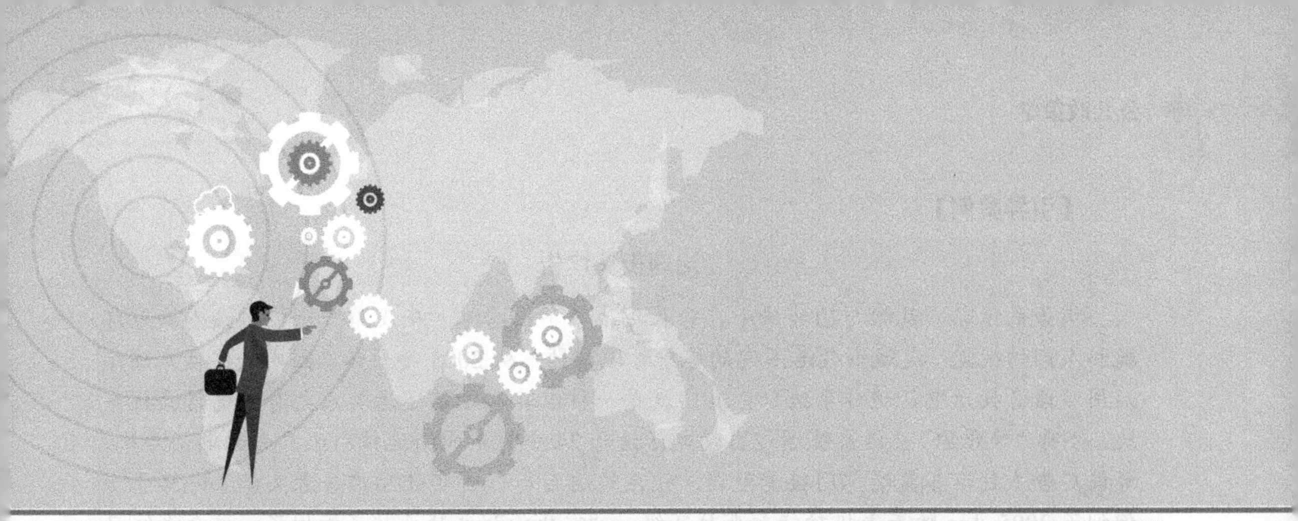

第六章　公共政策制定

公共政策制定是公共政策过程的首要环节，是调整、规范和管理社会经济活动的重要手段，是政策科学的核心主题。面对现实中需要解决的一系列公共问题，任何国家的政府都面临着政策制定的任务。政策制定本身是一个复杂的活动过程，一般来说，制定一项政策必须经由公共问题转化为政策问题，再提升到政府议程，进行政策规划，进而制定出合法化的公共政策这样一个过程。本章围绕这个过程，主要研究公共政策问题的产生、识别和确认；公共政策议程建立的过程、模式；公共政策规划；公共政策的采纳与合法化；公共政策制定的中国视野等内容。

学习目标

- 掌握公共政策问题的内涵与分类。
- 理解公共政策问题确认的过程、障碍和准则，掌握影响公共政策问题的主要因素。
- 理解政策议程的概念、类型、建立的条件、触发机制及建立的障碍等。
- 掌握公共政策制定的模式。
- 了解政策规划的概念、主体、原则和思维方法，掌握政策规划的程序。
- 理解政策合法化的意义，熟悉政策合法化的具体内容。
- 分析我国公共政策制定的特征及其效能。

【引导案例】

治理街头广告

街头乱张贴、乱涂写的非法小广告长期屡禁不止，像“牛皮癣”一样污染着城市环境和人们的视觉，是城市久治不愈的尴尬管理难题。从2003年开始，国内一些城市陆续启用“语音提示电话追呼系统”，其实就是一种以其人之道还治其人之身的电话骚扰系统，俗称“呼死你”。该系统通过自动电话语音24小时不间断地拨打小广告的电话号码，督促广告主到市容监察部门接受处罚。该系统运行后，着实让贴广告者头疼了一阵子。但到了2005年，随着手机功能越来越高级，“呼死你”也越来越不管用了，这个系统只对双向收费起作用，而对单向收费无可奈何。“制癣者”有时还会钻空子。他们一听到语音提示就将此号码屏蔽起来，或转接到别人的手机上去。许多无辜的电话号码遭遇此系统轮番轰炸，而真正的目标号码却仍然继续使用。城管曾遭遇尴尬的一幕——“制癣者”把号码转接到城管大本营，绕了一个圈子原来城管在呼自己。为了解决这类问题，城管部门又想出了新办法，他们采用了短信扣费系统——“收死你”取代了“呼死你”。“收死你”系统可在有关部门调查听证后，如违法者到期拒不前来，系统可定时将警示短信不断发往所留手机，所产生的短信费用在其账户中扣除。“收死你”系统与以往查处方法最大的不同就是，无论违法广告主关机与否，短信都将“如影随形”，定时发出，直至其话费被全部扣除。这在增加其违法成本的同时，又降低了执法成本。此外，接收短信不影响手机短信的正常通信，不涉及个人通信权利保障问题。“收死你”系统逐渐成为城市“牛皮癣”制造者的新克星。一些城市采用了这一措施后效果明显，已有不少“制癣者”受不了这种经济压力，纷纷“缴械投降”。

案例思考：

假设你是公共政策的制定者，针对“小广告”问题，你是否有更好的解决对策？

第一节 公共政策问题概述

公共政策的制定是为了解决问题，因此制定政策首先要认清问题。问题是公共政策的逻辑起点。当社会上对某方面的主张表示不满，或采取行动，或改变行动，就表示问题已经发生。但是，问题通常在人们表示不满之前就已经存在，只是那些受其影响的人或因畏惧社会习俗或政府权威，或因没有自觉意识到存在不公或应该改革。在这种情况下，问题虽然没有被发现，但的确已经发生并存在一段时间了。政府是在受到问题的刺激之后才采取行动，谋求问题的解决之道。美国学者利文斯顿曾这样说道：“问题的挖掘和确认比问题的解决更重要，对于一个决策者来说，用一个完整而优雅的方案去解决一个一个错误的问题对其机构产生的不良影响比用较不完整的方案去解决一个正确的问题大得多。”从一定程度上说，认清问题就已经解决了问题的一半，由此可见认清政策问题的重要性。一个政府如果能及时确定或认清所有重要的问题，并及时采取适当的办法予以解决，那么这个国家就能达到一个安定的境界。如果我们要解决某一问题，那么就必须知道该问题的性质、特点、类型等。

一、问题、社会问题与公共问题

人类社会面临的问题成千上万，无边无际。旧的问题刚刚解决甚至尚未解决，新的问题又产生了。问题的存在是日常生活的常态，一个人无时无刻不在面对生活中的各种问题，如个人生活贫困、失业，或者遇到交通的堵塞而耽误时间等。人类就是在不断解决问题的过程中进步和发展的。政府的功能和公共政策的社会意义就在于及时和有效地解决人类面临的诸多问题，“问题”是任何公共政策的起点。但是，在何时何地，通过什么方式，解决什么问题，解决到什么程度却不确定，这取决于特定的问题是否能够引起公众的关注进而引起当局的关注，即由问题—社会问题—公共问题—公共政策问题，并进一步合法地进入公共政策的议程，最终成为政策决定。

(一) 问题

所谓问题，是指社会现状与社会期望之间的差距，这种差距往往是产生社会紧张状态的原因。问题的概念是极为宽泛的，可以是个人问题，也可以是社会问题，但大量的问题属于个人范畴。就一个社会而言，问题可以分为个人问题、集体问题和社会问题等。应当说，个人问题与集体问题、社会问题之间的区别比较容易辨识。一般来说，仅仅涉及某个人的期望与实际状态之间的差距问题无疑具有个人性，当两个以上或很多人的期望与实际状态出现差距时，问题就超出了个人的界限，而呈现出集体性或社会性。当然，也有人将问题仅仅区分为私人问题和社会问题或公共问题两类，把纯个人问题与少数人的问题并称为私人问题。私人问题不一定是社会问题。某个人或组织可能将某件事看成是问题，如将缺少某种罕见疾病的知识看作一个问题。尽管对于他们来说这个问题可能是真实的，对于其本身可能也是重要的或必要的，但是这时受影响的只是总体中的一小部分，他们的问题可能不会广为扩散到足以成为社会问题的程度。当然个人问题经过一定的发展过程也可能成为社会问题。例如，艾滋病在早期就被大多数人视为严重的个人问题，但当它影响到社会上越来越多的人的时候，包括婴儿、孩童、社会名流和体育明星等，大多数人才将艾滋病视为社会问题。再如，前面提到的失业问题，一个人失业，无论这种失业出于何种原因，这都是私人的问题，而一旦社会上在一定时期很多人失业，造成国家或某一地区失业率的提高，那么它就转变成了社会问题或公共问题。公共政策所要解决的就是带有社会性、公共性的社会问题或公共问题。

(二) 社会问题

1. 社会问题的认定

所谓社会问题，就是由社会内部矛盾引发的人与人的关系或人与环境的关系的失调，对社会造成了广泛的影响，由此产生的现实状态和失望状态的差距。人与环境之间以及人与人之间关系的失调在一定条件下会引发社会问题。任何社会在其运行过程中都会产生这样或那样的社会关系失调，并由此带来不同类型的社会问题。乔恩·谢泼德(Jon Shepard)和哈文·沃斯(Horwin Vois)是美国在社会问题研究领域很有影响的两位社会学家，他们在其代表作《美国社会问题》一书中把社会问题定义为：一个社会的大部分成员和一部分有影响的人物认为某种社会状况不理想或不可取，应该引起全社会关注并设法加以改变的问题。然而，同样，并非所有的人与人及人与环境关系的失调都能成为社会问题，只有失调对社会产生了广泛的不良影响，违背了社会公认的规范和价值准则，同社会发展方向相背离，社会上大多数人或相当多的人对这种社会现象持否定态度，它才能成为社会问题。社会问题往往具有公共性，但公共问题并不都具有社会性，它涉及的范围更广。一般而言，公共政策所要解决的是那些社会性的公共问题。

2. 社会问题的分类

饥饿、贫困、吸毒、贩毒、卖淫、嫖娼、酗酒滋事、种族歧视、性别歧视、精神疾病、家庭暴力、就业问题、人口问题、资源问题、环境问题等，许多人都能亲眼看到或亲身体验到这些社会问题的存在。根据对社会问题的意义进行划分，可以把社会问题分为两大类：①过失性社会问题，②结构性社会问题。

过失性社会问题产生于偏离社会正常生活和规范的一些过失行为，如青少年失足和社会犯罪等。一些社会规范允许一定程度的行为偏差，但并不认为这种行为偏差是超越了规范极限的过失行为，也就并不形成社会问题。

结构性社会问题是指社会自身结构不合理所导致的一些社会现象。这类问题涉及社会生活的许多方面，其中最为突出的就是各种各样的不平等现象和问题。例如，经济发展不平衡带来的贫富两极分化，并由此基础上产生的贫困问题。除了贫困问题，还有由民族歧视和种族偏见所引发的民族矛盾，由政治不平等所产生的政府权力滥用，由教育不平等所导致的社会不满等，都属于结构性社会问题。

(三) 公共问题

每个社会都有其问题，但并非所有问题都是公共问题，也并非所有的公共问题都能够进入政策议程。那么，什么是公共问题呢？公共问题是指社会成员在公共生活中共同受其广泛影响，且具有影响的非排他性和不可分割性、与公共利益密切相关的那些公共性社会问题。

1. 公共问题的内涵

公共问题是公众性的社会问题，是人们的价值、利益或生存条件受到了威胁而出现的问题，有时也泛指那些人类社会普遍存在的某种危机和困境。它一般超越了个人特定的环境和范畴，它与人类整个的社会生活、制度或全部历史有关，公共问题有时也泛指那些人类社会存在的某种危机的困境。例如，一个农户偶然的歉收不是公共问题，但某个地区大面积的饥荒无疑就是公共问题。一般来说，公共问题具有两个基本特征：①公共问题具有广泛的影响力，集中表现在：它超越了“私域”的范畴，并不仅仅影响单个的个人或团体，而是对多数或绝大多数人或团体产生普遍的影响。②公共问题具有影响社会的非排他性和不可分割性。影响社会的非排他性可以理解为：公共问题超越了人为的地理界限，它对所有个体或团体产生的影响都是相同的，没有一个个体或团体可以置身于这些问题之外。

公共问题既反映了某种客观状态，又反映了某种主观状态。社会上某些人失业，这是客观的，是可以通过数据指标测量出来的。但是在古典资本主义时期，失业被看作是个人问题，是个人由于懒惰或能力低下而在竞争中失败而已。但是在当代社会，越来越多的人认为，失业是公共问题，它是因个人以外的原因而引起的，它反映了市场运转不良，或政府保障不足。然而仍然有很多人，包括一些著名的经济学家坚持，失业不可避免，某种程度的失业对于保持市场效率是必要的。可见，所谓“问题”，其实也反映了主观上的理解和标准。同样道理，要不要把失业作为一个公共问题看待，并将其列入政策议程，也是既反映了客观存在的现实，也反映了某种主观判断。

2. 公共问题的分类

(1) 按公共问题的结构质量划分，可以分为三类：结构优良问题、结构适中问题和结构不良问题。

结构优良问题涉及一位或数位决策人员和在少数几个方案中进行政策选择的问题。其效用(价值)反映目标的一致性，这些目标是按决策者的喜好顺序排列的。每种选择的结构要么具有完全的确定性，要么在可接受的可能错误范围内。这类问题的原型是完全可以计算处理的决策问题，所有政策备选方案的结构都可以预先加以规划。在公共机构中存在的相对低层次的操作性问题中，有一些例子可以对结构优良问题加以说明。

结构适中问题是那些涉及一位或数位决策者和数量上相对有限的备选方案的问题。其效用(价值)也能反映明确排序的目标的一致性。然而，备选方案的结果既不确定也无法在可接受的误差范围内加以计算(风险)。也就是说，误差的概率无法统计。结构适中问题的原型来自政策模拟或博弈，可以用所谓的“囚徒困境”的例子来说明。

结构不良问题通常涉及许多不同的决策者，其效用(价值)既不可知，也不可能用同意的形式加以排序，结构不良问题表现出有争议的目标之间相互冲突的特征。在这种情况下，政策备选方案及其结果也可能是未知的，不可能对风险和不确定性加以估计。很多重要的公共问题都是结构不良问题，因为解决公共问题的公共政策是一系列长期由许多政策的利益相关者制定和影响的相互关联的决策。

(2) 按公共问题涉及领域划分，可以分为政治、经济、社会(狭义)和文化等领域的公共问题。不同领域的公共问题往往以不同的形式表现出来，处理这些问题的措施或办法就是政治政策、经济政策、社会政策和文化政策等。

政治领域问题涉及政治系统的问题，包括政治体制、国家机构、军事外交、人事、行政管理、民族、阶级等方面的问题。政治领域问题具有很强的政治性，可以为社会中具有政治意识的各种组织或人所感觉，对整个上层建筑的构建、完善具有重要意义。经济领域问题与我们每个人都息息相关，具有直接性和现实性，包括经济体制和经济发展问题，生产过程中生产、交换、分配、消费等各个环节的问题，财政、金融和产业等方面的问题。社会(狭义)领域问题是关系社会本身发展常态与变态冲突等问题，如环保、人口、治安、福利、保障、贫困等方面的问题。文化领域问题包括科技、文教、体育、卫生等方面的问题。

(3) 还有学者把公共问题划分为实质性公共问题和程序性公共问题两种。实质性公共问题涉及人类活动所产生的实际后果(如言论自由、环境污染等)；程序性公共问题涉及政府如何组织和如何采取行动。罗威根据受问题影响的人数多少及其相互关系，将问题分为分配型、调节型和再分配型。

二、公共政策问题的内涵

当公共权力主体体会到公众的公意并趋同于公众的诉求时，该问题就成为一项公共政策问题。对公共政策问题的理解，学术界存在着许多不同的观点。詹姆斯·E.安德森认为，政策问题是一种引起社会上某一部分人需要或者不满足的某种条件或者环境，并为此寻求援助或者补偿的活动。邓恩认为，政策问题是还没有实现的，通过公共行动可能追求得到的需求、价值或改进的机会；林水波认为，政策问题是为多数人察觉到的，对其利益造成影响，且必须向政府提出，并属于政府可以解决的权限范围的社会问题；张金马认为，政策问题是由个人或团体的行动向政府有关部门提出的，属于政府职权范围内的，政府试图加以干预将其列入政府议程的，采取行动的社会问题。就前因后果而言，公共政策问题就是“在一个社群中，大多数人觉察或关心到一种情况，与他们所持的价值、规范或利益相冲突时，便产生一种需要、受剥夺或不满足的感觉，于是透过团体的活动，向权威当局提出，而权威当局认为所提出者属于其权限范围内的事物，且有采取行动加以解决的必要性”。

当然，并不是所有的公共社会问题都能成为公共政策问题。因为任何一个社会的公共管理机构在一定的社会发展阶段与时期都会有总体目标，公共机构所拥有的解决社会公共问题的资源、手段和能力是有效的，因此，任何一个社会的公共管理机构在一定的社会发展阶段和时期，只能将一部分社会公共问题确定为政策问题。一般地说，当公共权力主体意识到社会问题已经妨碍整体社会发展，充分了解公众的公意性并认同这种公众的政策要求时，公共问题就成了公共政策问题。也就是说，社会上的一些满足下列条件的现象就是公共政策问题。

(1) 它是一种客观存在的社会失调现象，对部分特定的个人或社会群体有一定的影响和波及范围。

(2) 它能够被人们认知、察觉和感受，由公众诉求和利益没有途径输出或得不到反馈而产生强烈的不满足感和被剥夺感所引发。

(3) 它反映了一种团体活动的过程和多元力量的加入。

(4) 它属于政府机关权限解决范围之内，能够列入政策议程并且引起政府机关必须采取行动加以控制和解决。

三、公共政策问题的类型

公共政策问题的范围广、层次多、数量大，对其进行一定的分类，有利于我们更好地认识公共政策问题，有利于分析和解决政策问题。从不同的角度可以对公共政策问题进行不同的分类。

(一) 确定的问题、比较确定的问题和不确定的问题

按公共政策问题的确定程度，可以分为确定的问题、比较确定的问题和不确定的问题。

确定的问题的特点是确定的问题所面临的情境是相当确定的，只有一个或几个政策的决策者，数量很少的备选方案，政策制定者具有共同的价值取向，预计政策实施中也不会存在多大的风险，对政策执行的结果可以进行事先的预测与计量。比较确定的问题

的特点是政策的制定者少，政策备选方案也有限，政策决策者也具有共同的价值取向，但后果具有不确定性，政策实施的结果也难以预计。不确定的问题的特点是涉及的决策者较多，提出的政策备选方案也较多，所涉及的人在目标上相互冲突，政策结果难以计量，后果未知性大。

(二) 政治问题、经济问题、社会问题和民俗问题

按公共政策问题发生的不同领域，可以分为政治问题、经济问题、社会问题和民俗问题等。

公共政策问题往往以具体的形式表现出来。政治问题涉及国家权力的分配、组织及运用过程中所出现的问题；经济问题通常涉及一国经济环境、经济发展等方面的问题；社会问题往往涉及一个社会所持有的某些社会道德规范产生的偏离情况；民俗问题涉及风俗、道德问题等。但是，在一定的情况下，各种公共政策问题如前所述是相互关联的。经济问题往往与政治问题、社会问题等密切相关，政治问题又与社会问题、民俗问题等相关。

(三) 全国性问题和地区性问题

按公共政策问题的作用范围，可以分为全国性问题和地区性问题。

在我国，由于地域广阔，各地传统、习俗和文化特征的不同，地区和地区之间存在着各种各样的差别。虽然作为一个统一的疆域，全国具有一些共同性的政策问题，但是，在相当多的情况下，此地的政策问题在彼地不一定是政策问题；反之亦然。就是说，除了能够作用于全国范围内的政策问题以外，还有仅仅能够作用于地区性范围的政策问题。因此，制定政策的时候，既要注重政策统一性，又要考虑政策的地区差异性；各地在执行统一的全国政策的同时，也要根据本地的实际情况，制定一些切合本地实际的地区性政策。

(四) 指导性问题、分配性问题和限制性问题

按公共政策问题的功能分类，可以分为指导性问题、分配性问题和限制性问题。指导性问题，是指某些工作或事物的进展缺乏一定的方向，从而需要政策性指导；分配性问题，是指涉及各个行业、产业、部门、企事业单位及社会成员之间有关资源调整、转移和利益分配的问题；限制性问题，是指涉及对某一行业、产业、部门、单位及部分社会成员之间资源、利益、行为进行控制，需要对社会某些成员的利益或行为做出政策性限制的问题。当然，这种区分也不是绝对的，在很多情况下，它们可以相互交叉，有些政策问题可能既是分配与再分配问题，又是限制性问题。

此外，按政策问题对人类行为的影响，还可以将政策问题分为以下五类：影响身体健康方面的问题；影响生活方式方面的问题；影响人类道德的问题；影响人类平等方面的问题；影响人类机会方面的问题。

第二节 公共政策问题的确认

前面对公共政策问题的内涵、特征及类型做了分析。但是作为政策制定基础的公共政策问题到底从何而来，它是如何发生和发现的，最终公共政策问题是如何确认的，也应当是我们研究的对象。在什么样的条件下，什么问题会被大多数人看作公共问题，并

且被政府纳入政策议程？这对于公共政策研究非常重要。传统上，人们比较看重解决问题的手段和方法。但是当代的公共政策研究和实践却明显地更加强调：问题的确认更重要。把失业看作个人问题、市场问题还是政府问题？这决定了解决方法的不同。

一、公共政策问题确认的过程

公共政策问题的确认是指对于公共政策问题的察觉、界定和描述的过程。公共政策问题源于社会问题，又区别于社会问题，它是社会问题的发展变异和转化。从认识论的角度上看，这是一个从客观事实到主观认知的过程。因此，这种主观认知是不是反映了客观存在着的政策问题的实质，对于政策问题的解决至关重要。在一定的意义上，观念的改变会导致问题的改变议程的改变及政策方向和政策手段的改变。

一般而言，问题的有效确认比方案的精心设计更为重要，对于决策者而言，用一个设计精妙的方案去解决一个错误的问题(本不用解决或不该解决的这类根本不是问题的问题)，其带来的不良影响比用有重大缺陷的方案去解决一个正确的问题还要大得多。这不仅是政策资源的浪费问题，而且可能引发更大的社会问题。

公共政策问题的确认是问题求解过程中最为关键的一环。对问题进行明确和系统地阐释是探求问题解决方案的有效途径。通过提出恰当的疑问和进行有效的分析，那些起初看起来无法解决的问题有时就能够被重新构建，以致先前未被发现的解决方案会凸现出来。发生这种情况时，“没有解决办法就等于不存在问题”这句话恰好可以反过来表述为：“有效地阐释问题就等于解决了一半的问题。”三国时期诸葛亮的“空城计”和“草船借箭”就是很好的例证。

(一) 政策问题察觉

政策问题察觉是指某一社会现象被人们发现并扩散，逐渐引起社会公众和政府有关部门关注的过程。在这个过程中，人们普遍感到应该行动起来做点什么，以改变目前这种状态。但究竟做什么和怎么做，人们并没有认真考虑。政策问题察觉能否实现，不仅取决于客观条件，而且还取决于相关人员的主观条件，如政治立场、思想意识、个人利益、价值观念等。

(二) 政策问题界定

政策问题界定是指对问题进行特定分析和解释的过程。

首先，需要通过一定的方法对问题进行必要的归类，如前所述，根据政策问题的性质可以把其界定为政治的、经济的、文化的，等等；根据政策问题的作用范围可以把其界定为全局的/局部的、国际的/国内的、全国性的/地区性的；根据政策问题的作用方式可以把其界定为指导性的(涉及指导方向方面的问题)、分配性的(涉及资源配置或利益分配方面的问题)和限制性的(涉及行为或利益限制方面的问题)，等等。

其次，需要对问题进行必要的诊断，就像医生给病人看病一样，诊断了病情，知道病人得了什么病，才能决定治疗方案。诊断应主要解决两个问题：一是差距何在。一个问题的存在，实际隐含着现实状态与理想状态之间的距离，任何解决办法无非都是为了缩短或消除这种距离。因而，能否准确表达这种差距，就成为能否发现解决办法的必要前提。二是原因何在。只是找到差距还不够，还要弄清楚产生这些差距的原因。正如医生给病人量血压、测体温一样，只知道血压和体温不正常不行，还要想办法知道是什么原因引起的血压和体温不正常，否则就无法对症下药，无法标本兼治。

最后，需要把问题情境转化为实质问题。问题情境实际上包含了问题牵涉到的众多因素及其相互间错综复杂的关系。政策问题界定的主要目标就是要把复杂、混沌的问题情境总结概括为清楚明了的实质性问题。分析主要矛盾，关注重要因素，是情境转化过程中必须注意的问题。

政策问题界定阶段涉及的主要方法有类别分析法、类比分析法、假设分析法和层次分析法等。

(1) 类别分析法是为了澄清、界定、甄别和区分问题情境而对问题进行类比划分的一种方法。问题依据不同的标准可以进行多种分类，如根据地理范围、影响程度、政治性、确定性、结构功能、性质特点等进行分类。分类的目的是有效地鉴别问题。

(2) 类比分析法是建立若干类比的标准和模型，对已经出现的问题成因、表现形式、具体特征、类比因素等与其他问题进行比较分析，以发现此问题与彼问题的相似性、相关性和差异性，并以类比的结果为基础，对问题的性质和特点进行确认。

(3) 假设分析法是通过假设一定的前提，推导相关的结论，提供有效的方法。假设的焦点在于问题的主要因素尤其是相互冲突的因素。例如，设定问题的利害关系人，提出相应的主客观依据，对假设条件进行检验，在评估分析的基础上提出政策建议。

(4) 层次分析法主要用于帮助认定问题的三种原因，即可能的原因、合理的原因和可行的原因。可能的原因是可能导致问题出现的原因；合理的原因是以可行性研究或直接经验为基础获得的并可以确认的原因；可行的原因是可以通过行动加以解决的原因。

(三) 政策问题描述

政策问题描述是指运用可操作性语言(如运用数量的、文字的、符号的、图表的等表达方式)对问题进行明确表述的过程。问题描述要尽可能量化，使问题分析具有一种定量特征。对“不足”或“过剩”都应该有个强度的描述。“太大”是多大？“太小”是多小？“太慢”慢到什么程度？“太快”快到什么程度？例如，对于人口问题的描述，就需要准确记载一些相关的指标，并做出量化标准，如人口现有数量、人口的增长率、人口发展趋势等。又如，城市中打工子弟学校，到底有多少进城务工人员子弟进入了学校？还有多少没有进入？再如，农业用水的问题，目前有多少水资源可以利用，实体设施的发展能力如何？随着时间的推移，这种能力会提升还是会降低？如果有必要，就要设法收集一些信息以便对这一具体的“大小”“程度”进行核准。在多数情况下，必须估计(或更为可能的是猜测)问题的有关强度，有时需要设定一个范围并估计出一个强度。这种对问题所做的描述将作为政策制定的直接“原料”输入决策系统。

在一般的决策系统中，政策问题的确认与政策方案的选择之间往往存在着一定的距离。这个问题并不难理解，因为对政策问题进行确认与直接拍板决策是两个系统。也就是说，觉察、界定和描述问题的人并不直接参与政策的决定，决策者更多地依赖于问题的描述而不直接参与问题的确认。这种情况在我国的决策过程中表现得尤为明显。

很多政策问题的确认都是通过自上而下的报告体系来完成的。由于传统的、文化的、体制的和环境的种种原因，在这种报告链条中，经常会出现沟通的障碍和信息的失真，从而导致决策的失误。因此，为了进行有效的政策制定，在问题确认过程中应注意以下两方面问题。

(1) 问题描述应做到真实详尽，切忌人为夸大或缩小。在现实生活中，我们不难看到，迎合上级旨意，满足个人或集团利益的需要，是一般心态；夸大工作成绩，缩小存在的问题，是普遍现象。所有虚假与半虚假的问题描述在日常工作中并不鲜见，对决策中的正确选择构成很大障碍。因此，有时就需要建立多个平行的报告渠道，以比较和鉴别信息的真伪。

(2) 尽量缩短报告链条，减少报告层次。从组织原则的角度出发，越级报告本属于不当行政行为，然而层层报告不仅会造成时间的延缓，而且掺杂了层层的筛选与加工。由于政策问题的不确定性和多变性，时间的延误很可能造成问题描述的失真。另外，由于信息上达需要经过许多环节，过滤的层次越多可能与所要反映的问题出入越大。所以，在政策问题的确认过程中，越级行为有时是完全必要并值得鼓励的，特别是发生在一些重大政策问题的时候。

总而言之，对于政策问题的描述，要尽量做到以客观代替主观，以直接代替间接，以准确的事实代替加工过的材料，坚持实事求是的原则。当然，有效的制度安排是不可或缺的要素。

二、公共政策问题确认的障碍

一个政府如果能及时确定和认清所有重大的政策问题，并及时运用政策手段加以解决或缓和，是再好不过的事情。但令人遗憾的是，许多时候政府不能够及时发现和认定重大的政策问题。当然，这是有很多原因的。

在公共政策问题的确认过程中存在着一些障碍性的因素，同时在政策问题的确认过程中有很多途径及需要遵循的一些准则，也包括需要确认的主要因素，这些都有必要进行理解。

因此，在公共政策制定的过程中，首先要从众多的社会问题中确认出公共政策问题，掌握问题产生的背景和原因，弄清楚问题的性质、涉及的范围及其对社会的影响程度等，然后据此明确公共政策的性质和目标。同时，还要分析此项政策的实行对其他政策产生的影响，以确保政策之间相互连接和匹配，避免政策间的冲突。具体如下。

(1) 在现代社会中，各种问题都很复杂，有的问题不易认清。例如，犯罪问题，罪犯的行为受国家的政治、经济、社会环境、风俗习惯、社会道德及其个人素质等的影响，在不同的国家，主要的犯罪种类不同。在有的国家，贩毒是社会主要的犯罪问题；而在某些国家，偷盗是社会主要的犯罪问题；等等。要真正了解某一社会问题，必须对该国的实际情况加以分析和研究，而不是单凭理论分析。

(2) 许多问题是隐含而不明显的。因为社会上存在的问题很多，政治领袖对不明显的问题也没有精力全部加以注意。在这种情况下，学者和研究人员有责任发现社会上各种隐含而不明显的问题，未雨绸缪，防患于未然。

(3) 政治人员通常为目前迫切的问题所困，没有时间注意将来的问题。例如，世界汽油供需问题在 20 世纪初就已经表现出来，但是直到 20 世纪 60 年代，各石油国的决策者还未意识到这个问题。到 20 世纪 70 年代初期，这个问题突然爆发，从而引起了世界范围的石油危机。这种情况与各个国家的政治制度有关。当今各国，在大多数的政治制度下，大选每隔数年举行一次。在一个政府成立的初期，需要花费大量的时间和精力来完成政府的组阁，应付当前的问题。等到安定下来，又要计划下一次的选举。因此，能够关注将来问题的时间非常有限。英国的富尔顿曾经指出，英国公务员是终身制，不受大选的影响，他们有责任去发现和分析将来的问题，使政府能够未雨绸缪。英国政府接受了富尔顿的建议，在政府各个重要的部门设立对将来预测及将来问题研究的机构。但是，现在各国的各机构能对将来可能发生的问题予以注意的只是少数。

三、公共政策问题确认的准则

一个问题在经由问题、社会问题、公共问题之后是否能够上升为公共政策问题，需要经历一定的阶段。它既取决于客观情势的性质或严重程度，也取决于政策问题确认的标准和程序。反过来说，公共政策问题确认的标准，将会直接影响到公共政策问题的确认。一个问题是不是公共政策问题，一般有一定的判断标准。这些判断和确定公共政策问题的标准如下。

（一）社会问题的确认

公共政策问题必须是有一定代表性的社会问题，如前所述，个人问题就不是政策问题。例如，家庭财产纠纷，本身并不是政策问题，只需要按照有关法律处理即可。但当家庭财产问题成为普遍的社会现象，并且由于缺乏必要的法律规范和政策规定，致使问题迟迟得不到缓解时，在特定时期内这一问题就上升为社会问题了。而按照现行法律已有的明确限定，只是部分群众尚难以接受时，必须通过说服教育、加强宣传来解决。只有一个问题被确定为社会问题时，它才可能成为公共政策问题。

（二）客观情势确定

客观情势确定是指一种客观事实与主观认识相统一的过程。其中，“客观情势”是指出现和形成了某种客观事实，并且这一客观事实可以直接观察，可以通过自然语言描述，可以通过广泛的符号系统表述。例如，降低失业率的政策以失业率为基础，失业率可以通过就业率、失业率、隐性失业率等统计资料表述。一般而论，不能明确表述的某种客观事实很难被确认为政策问题；“确定”是指公众和政府对某一客观事实的存在及严重性达成了统一的认识的过程。

（三）出现强烈的公众要求

当某种客观事实持续存在甚至出现扩大或趋于严重的时候，社会公众的政策要求也更加的强烈。这种情形反映出公众的利益由于某种客观事实的存在而遭受了较为严重的冲击和损害，或者反映出公众的价值观由于某种客观事实的存在而遭受了冲突和挫折。公众由于强烈地感觉到了不安或威胁，因而强烈地要求政府承担责任、采取行动，以有效地解决问题，消除众人的不安。

(四) 形成明显的政策需要

当现实公共问题被认为到了非解决不可的程度，从政府的角度来说就已经形成了明显的政策需要。现代政府的绝大部分公共政策都做对现实公共问题的某种反应，并且这些问题事实上已经严重到了非解决不可的地步。政府也对潜在的公共问题做出评估，对认为严重性的问题进行确认。反过来说，这些问题对政府履行政治责任、行政责任的能力已经构成了直接的挑战，对政府的政治道德、行政道德水平已经构成了直接的考验。

(五) 影响程度

公共政策问题是影响程度大的问题。虽然某些问题影响面较广，如吸烟问题，但由于其恶劣影响还没有达到相当的程度，因此并没有成为政策问题。而吸毒虽然影响面较小，但由于其影响程度大，性质极为恶劣，对吸毒者的身心健康极为不利，且易引起其他犯罪问题，因此许多国家都把禁毒作为重要的政策问题加以处理。

(六) 公共政策问题是影响面广、社会公众普遍关心的问题

公共政策问题是影响面广的问题，对社会生活有广泛的影响。公共政策问题具有相关程度的示范效应，如果处理不当会造成社会竞相效仿。例如，对腐败现象的处理力度加大就会给社会一个信号：政府要把反腐败当作重大问题来解决，社会公众对政府更加信任；反之，处理不力，腐败现象就会蔓延，政府会失去社会公众对它的信任。

(七) 公共政策问题是政府及所属部门职权范围内的问题

政策问题必须在政府的职权范围之内，公共政策问题也只有政府干预才能成为有效的问题。如果问题的解决超出了政府的职权范围，则政府的干预是无效的行为。

四、影响公共政策问题确认的因素

公共政策问题的确认是一个极为复杂的过程。在这一过程中，存在着许多足以影响公共政策问题确认的重要因素。但是，哪些问题最容易引起广泛的注意？关于问题的共识是如何形成的？哪些相关主体在其中发挥着重要的作用？这些问题都可以归结为影响政策认定的重要因素。就规律性的现象而言，许多研究者认为，影响公共政策认定的主要因素大体上集中在诸如利益集团、政党、民意机关、政治领袖、选举、抗议活动、危机或特殊事件、大众传播媒介、新旧事物的差别等方面。这里主要讨论政治领袖、利益集团、危机或特殊事件、抗议活动、大众传播媒介五个方面。

(一) 政治领袖

在国家的政治体制中，政治领袖是不可或缺的人物，政治领袖可能是个人，也可能是一个群体。政治领袖首先是指通过合法选举途径占据国家公共权力主体的那一小批人，这些人常常被称之为职业政治家，包括政党、国家、政府首脑、总统、议会会员及虽然没有经过选举但却经由政府首脑提名并经过议会同意的大法官和总检察长等。

(二) 利益集团

按照利益集团的有关理论，利益集团是集中反映民意的几种主要形式之一。利益集团彼此之间总是在一定的发展变化的过程中寻求一种动态的、合理的平衡，并因此代表

着实现一定的群体利益。如果某种力量对这种合理的平衡形成了威胁，那么相关的利益集团就会做出一定的反应。利益集团主要是在宪法原则和政治制度的范畴内，求助和通过公共权威恢复或建立某种新的平衡，这是一种现实的需要。

(三) 危机或特殊事件

危机或特殊事件是诱发政策问题重要原因之一。因为危机直接反映了现实的某种不足或缺陷；特殊事件则有可能在特殊性的背后寓意了一定的共性，在偶然性的背后寓意了一定的必然性。危机或特殊事件容易造成较为强烈的冲击，给人们留下较为强烈的印象，激发人的情绪或感情。但是，一定的危机或特殊事件并不总是会引起足够的重视，关键要看公众是否被告知、公众是否认为是一种危机、具有相当的严重性，尤其是当公众意识到与自己切身利益的某种关系并公开表示出来时，危机或特殊事件就具有了现实的政策意义。

(四) 抗议活动

抗议活动是一种激烈的政策抗争方式。其特征表现为通过某些非常规的方式，如示威游行、绝食、自焚、静坐、冲击政府机关、武装对抗、暴动等，试图引起当局的关注，以此表示一定的强烈的政策诉求。严重的抗议活动通常昭示着某一方面的社会矛盾已经发展到了一触即发、现有政策难以调和、非做出新的政策选择不足以平息的地步。

(五) 大众传播媒介

在现代社会中，报纸、广播、电视、互联网等形式的新闻媒介几乎无处不在，正在加速缩小世界的时空距离。大众传播媒介的宣传报道，往往构成了某一政策的先声。例如，美国的“水门事件”“伊朗门事件”，日本的“洛克希德飞机公司行贿案”等，不仅导致了政界显要的下台，而且引发了关于国家政治游戏(政治活动)规则的政策修正。

第三节 政策议程的建立

一、政策议程的概念

社会公众要求政府采取行动解决各种社会问题，但只有小部分被公共决策者所关注，政策议程的建立是社会问题转化为政策问题的关键一步。

当今社会民众的参政意识越来越强，对政府的利益诉求也越来越多，这实际上对运用公权力如何解决问题形成了一定的压力，即促使政策制定者通过政策议程制定政策来解决问题。而对于什么是公共政策议程，国内外学者有各自不同的看法。美国学者安德森认为：“在人们向政府提出的成千上万个要求中，只有其中的一小部分得到了公共决策者的密切关注。那些被决策者选中或决策者感到必须对之采取行动的要求构成了政策议程。”科尔和爱尔德认为：“那些被决策者选中或决策者感到必须对之采取行动的要求构成了政策议程。”国内学者张国庆认为：“政策议程是指将政策问题提上公共部门的议事日程，公共部门正式决定进行讨论和研究，并准备如何制定有效政策加以解决的过程。”张金马将公共政策议程定义为：“政策议程是指将政策问题提上公共部门的议事日程，公共部门正式决定进行讨论和研究，并准备如何制定有效政策加以解决的过程。广义的公共部门包括立法、行政、司法和其他有关的政策部门。将一个政策问题提上政府部门的实施日程，是解决该问题的关键一步，也只有把政策问题纳入公共政策议程，才能研究、分析并为之制定公共政策加以理解。”

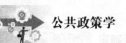

还有观点认为政策议程就是“一系列问题的集合，是对那些引起公众和官员注意的公共问题的原因、标志、解决方法和其他方面的因素的理解”。

本书认为，政策议程通常是指那些已引起深切关注并确认必须解决的公共问题被正式列入商讨、规划、研究的议事程序，以决定政府是否需要对其采取行动、何时采取行动、采取什么行动的政策过程。

二、政策议程的类型

在现代民主国家中，公共政策学者对政策议程进行了不同的分类。查理斯·琼斯认为政策议程在功能上可分为四类：①问题确认议程，是指社会问题能够得到政策制定机构积极、严肃对待和研究的议程类型；②提案议程，是指从问题确定到发现解决方法之间所提出的议程类型；③协议议程，是指在各种不同意见的讨论过程中发展起来的议程类型；④持续议程，是指使政策问题和方案得到不断检验的议程类型。

另一种较为普遍的分类方式则是从政策议程的存在形态将政策议程划分为两大类：①公众议程，是指政治系统正式讨论和认定有关公共政策问题的过程。由于政治系统本身有层级区域及行业等区分，因此公众议程既可以是一定层级的，如国家、县、乡等；也可以是一定区域的，如华北、华中、华南等；还可以是一定行业的，如能源、交通、卫生等。从实质上看，公众议程就是在一种政治系统中，公众讨论某一现象或问题的是非好坏及社会应持态度和对策的过程。②政府议程，是指政府组织正式讨论和认定有关公共政策问题的过程。就具体种类而言，它有议会的、行政机关的、司法机关的和军事机关的，等等。另外，还可以按区域、行业等来区分。由于政府议程通常比公众议程或系统议程正规，所以又称为正式议程。

还有一种分类法，就是美国学者罗杰·科布在《比较政治过程的议程制定》一文中，根据政策问题的提出者在议程中的不同作用及扩散其影响力的范围、方向和程序，把公共政策议程划分为三种类型，即外在提出模式、政治动员模式、内在提出模式。

(1) 外在提出模式是由决策者以外的因素起决定作用，首先促进公众议程的建立，然后进入正式议程。外在提出模式适用于以下四种情况：①政策问题的察觉者和提出者是执政党和政府系统以外的个人或社会团体；②它表达或提出了某个要求；③企图把问题扩散到社会上其他的团体之中，使该问题获得系统议程的地位；④给决策者以足够的影响力，使问题能够进入正式议程，以引起决策者的慎重考虑。

根据这种模型建立的政策议程一般需要经历较长的时间，但政策问题列入正式议程的议事地位，并不意味着就是政府的最后决定，更不能说明实际执行的政策就是提出者最初所要求的。相反，提出者的要求可能被完全否认，或者至少经过大幅度修正。

(2) 政治动员模式是由权力精英特别是政治领袖进行问题的阐释，为了获得足够的甚至更多的社会力量的支持，他们利用大众传媒进行宣传和制造舆论，从而促成政策议程的建立。政治动员模式所描述的主要是政治领袖自己提出政策问题，并把它列入政策议程的过程。当政府宣布一个新政策时，就等于将这个问题列入了正式议程，而且它也可能就是政府的最后决定。在此，政策已被决定，之所以还要建立政策议程，是为了寻求社会大众的理解和支持，以便更好地贯彻实施政策。政治动员模式旨在说明决策者为了执行行政命令，如何将问题从正式议程扩散到公众议程的意图。

(3) 内在创始模式即由政治领袖和权力精英在决策层内部所引发的政策议程，基本不存在社会参与，决策者也不希望诉诸公众议程，而是直接建立正式议程。内在创始模式的主要内容是：①政策议程或政策方案起源于执政党和政府内部的某个单位，或者起源于接近执政党和政府的某个团体；②问题扩散的对象是与这个团体或单位有关的团体或单位，而不是一般公众；③问题扩散的目的是形成足够的压力或影响，促使政策制定者将问题列入正式议程。在整个议程建立和政策形成的过程中，社会大众的直接参与不多，这是因为提出者不希望把问题列入公众议程中，而希望凭借自身的力量直接将问题纳入正式议程。

以上三种模式是政策议程最典型的模式。在实际政策议程建立的过程中，它们往往会形成各种各样的组合。例如，一个问题可能由三个模式中任何一个模式提出，然后进入决策核心；在第二个阶段可能提供政治动员模式或内在提出模式，由高层次的议程再扩散到低层次的议程。研究任何一个政策议程建立的过程，都需要具体问题具体分析，寻找政策议程的不同特点。

三、政策议程建立的条件

现代社会存在着大量需要加以解决的问题，而政府所掌握的公共资源和输出政策的能力却是很有限的，这无疑注定了社会的公共需求与政府的供给能力之间存在尖锐的矛盾。因此，总有一些社会问题能够顺利进入政策议程，而另一些则不能。社会问题进入政策议程需要具备如下条件。

(一) 私人诉求

从某种意义上讲，很多具有公共性质的问题都是由私人问题引发的。例如，一个人对现行的车辆管理法规给自己带来的过重负担感到强烈不满，他有可能忍气吞声、自认倒霉，或偶尔向亲朋好友发发牢骚。这时，无论是对他还是对其他人而言，这只是一个私人性质的问题。但是，他还可以采取另一种方法，如将自己的问题告知公众和媒体，或将与之有类似看法的人组织起来，掀起一场群众运动，向政府有关部门提出抗议，或以正当形式展开对话并提交政策议案。上述的行动很可能会导致反对意见的出现，从而形成讨论的局面，许多人就这样直接或间接地卷入这一事务中。另外还需要强调的一点是，非正式关系在政策议程建立过程中所起的作用。所谓非正式关系，是指超出法定组织制度和工作程序的人际关系，如老乡、亲属、同学、朋友等关系。通过这类关系，个人所提出的关系很有可能被决策者列入政策议程。这是因为非正式关系的突出特点就是相互的亲近与信任，有很强的互动作用。尽管利用非正式关系建立政策议程并非正常现象，但这种现象在现实生活中并不鲜见。

(二) 团体推动

任何利益团体都有自己的利益所求，在社会中寻找着某种合理的平衡状态，如果出现的某种情况威胁到这种平衡状态的存在，那么这些团体就会做出必要的反应。例如，当个体零售商的利益受到大批发商的威胁时，他们就会通过其同业组织要求政府采取必要的行动以保护其自身利益；再如，当国内化工企业发现进口的化工产品威胁其价格和利润时，就会设法要求政府对化工产品的进口量加以限制。此外，某个利益团体从政府那里得到一定的特惠政策时，其他利益团体也可能做出相应的反应。在体制改革和机构重组中，利益团体的作用能够得到更为直观的表现，争权夺利的斗争完全表面化。

(三) 领袖因素

迄今为止，在任何国家和地区，政治领袖都是决定政策议程的一个极为重要的因素，而且经常是起关键性和决定性作用的因素。政治领袖在政策议程的建立过程中所发挥的特殊政治作用是无可替代的，无论是出于公众价值观和政治使命感，还是出于个人需要和团体利益的考虑，提出对这些问题的一些解决方案，并在可能的条件下将其告知公众以引起必要的回应。在政治舞台上，政治领袖作为决策系统的核心，其对政策议程的影响力往往来自制度的授权，他们常常扮演政治议程主要决策者的角色，其政策建议几乎可以自动地提上政府议程。这里需要指出的一点是，政治领袖对社会问题的关注往往带有明显的个性色彩，他们对问题的认定受多种个人因素的制约，如个性特征、成长经历、受教育情况等。在建立政策议程的过程中，这些个人因素往往会与公共问题交织在一起，并以国家和公众的名义加以表现。

(四) 体制功能

一定的政府体制从制度上规定了信息的沟通渠道和利益的表达方式，从而形成了协调各种利益关系的组织机制。政府体制涉及组织结构、工作程序、代表制度、选举制度等多种因素，这些因素对政策议程的建立都有很大的影响。政策议程能否建立，很多时候取决于政府体制的开放程度。社会问题能否被政府所关注不仅依赖于社会大众的发动，而且还需要政府系统自身的努力。

(五) 传媒作用

大众传媒在推动政策议程建立的过程中起着非常关键的作用。①它能把少数人发现的问题广泛传播，以争取多数人的理解与支持，从而为建立公众议程创造了条件。②它能制造强大的舆论压力，促使政府决策系统接受来自公众的愿望和要求。③它是连接公众与政府决策系统的桥梁，使公众参与决策成为可能，从而扩大了政策问题的来源。④它能发挥政府决策系统外脑的作用，是政府决策系统了解和掌握社会信息的重要工具。

(六) 问题本身

社会问题的明朗化程度对于政策议程的建立具有非常重要的影响。明朗化的社会问题最容易引起社会公众的普遍关注和政府决策系统的政策反应。一般来说，问题明朗化的程度是问题严重与否的一个重要标志，因而是促成政策议程建立的基础条件。当然，如果只有明朗化事件才能导致政策议程建立的话，政府决策系统就只能做到“头痛医头、脚痛医脚”。就像一个庸医，始终处于被动状态。政府不是救火队，“有事则忙、无事则闲”绝非是好的运行模式。所以，需要政治领袖以积极的姿态，立足现实，预测未来，及时洞察潜在的问题。例如，我国在发展旅游业的背景下，一些大中城市的高级宾馆饭店如雨后春笋纷纷拔地而起，如果政府决策系统能从这种盲目发展的背后，看到过剩的危机，就能及时采取对策。再如，我国家电行业的发展也出现过“一窝蜂”的局面，从国外引进的成百上千的流水线，短期内相继投入大规模生产。如果生产过剩的问题能够在潜在状态引起政府的警觉，就能避免由此带来的经济损失。

四、政策议程的触发机制

美国政策学研究者格斯顿认为，使公共问题进入公共议程并成为政策议题的力量就是触发机制。所谓触发机制，就是“一个重要的事件(或一系列事件)，该事件把例行的问题转化成为一种普遍共有的、消极的公众反应。公众反应反过来成为政策问题的基础，而政策问题随之引起触发事件”。触发机制的工作原理是，它把公众中存在的不满(即问题)转化为一种政治压力，从而使公共问题转化成政策议题。不过，一般而言，大多数触发机制并不是那么明显。某个事件发生时，人们并不能预知它将成为触发机制，在政策分析的过程中，往往是根据某个事件在公共政策过程中所起的作用进行事后观察或回溯之后确定的。如果一种行动引起了公众的广泛关注并激发起公众的变革要求，那么它就是一种触发机制，反之则不是。触发机制能否有效发挥作用，取决于触发事件的范围、强度和触发时间。当一种触发机制发生作用，就导致某种政治压力的产生，这种压力要求政府制定新的政策或改变现有政策，从而激发公共议程的展开。触发机制的工作原理表明，问题不能天然地成为政策议题，它必须依赖于触发事件的存在，而触发事件的范围、强度和触发时间的结合必须突破一定的阈限，才能启动公共议程。

(一) 触发机制的影响因素

在公共政策制定的早期阶段，触发机制表现出极其重要的作用，它有助于识别和澄清面临的问题。但遗憾的是，难以预测那些涉及触发机制的活动，因为它们常常隐含在一些日常生活中所发生的事件后面，具有一定的隐性特征，很难直接被观察到。

触发机制作为公共政策的催化剂，其作用的发挥源于三个影响因素的互动。

1. 范围

范围是指受触发机制影响的人员数量和地区规模。如果一个事件对社会中多数人或多数地区构成影响，那么它必然具有普遍的社会意义，从而使采取相关行动的要求具有了广泛的社会基础。反之，如果触发机制只是改变了少数人的生活或少数地区的常态，那么要“有所例外”则是非常困难的，同时也很难从决策者那里获得处理的优先权。

2. 强度

强度是指公众的态度反应。如果发生了某种意外，但得到了公众的宽容与接受，那么随后出现的平和态度就不会引发相关的政策议程。反之，如果这个事件引起了公众的担心与愤怒，导致舆论哗然，那就必然会引起政策制定者的高度重视。例如，为保护濒临灭绝的鱼种，美国环保组织和动物保护机构发起强大的舆论攻势，要求政府停建已投资几亿美元的大坝，政府迫于压力最终做出了妥协。

3. 时间

时间是指触发机制产生的时间。据此，可以把触发机制划分为瞬间机制和持续机制。前者是指很快就能够广为人知的事件，如苏联切尔诺贝利电站核泄漏事件，1976 年发生在我国的唐山大地震等。后者是指需要经历一段酝酿过程的持续性事件，如艾滋病问题。20 世纪 80 年代刚发现艾滋病时，因为它多与同性恋者和吸毒者有关，人们指其为“上帝的惩罚”，不关心它的致命性及其对社会的潜在威胁。但到了 20 世纪 90 年代，随着越来越多的人感染艾滋病和相关医学研究的开展，社会公众开始急于了解艾滋病预防和治疗的方法，并希望政府部门对此有所作为。

(二) 触发机制的类型

触发机制作为公共政策的潜在先导，产生于内部(国内)和外部(国外)两种不同的环境，因此可以区分为内在触发机制和外在触发机制两种类型。

1. 政策议程的内在触发机制

政策议程的内在触发机制包括自然灾害、经济灾难、技术创新、生态变迁和社会变迁。

(1) 自然灾害。自然灾害的发生不受个人或政府从事活动的影响。虽然在自然界里不存在政治，但自然事件及其结果却可以极大地影响政治，如政治价值观的改变、政治优先顺序的改变等。一般来说，自然灾害难以在现代社会起触发机制的作用，环境的一般性破坏并不需要政府做出公共政策方面的迅速反应。许多自然灾害如火山爆发、地震、洪灾、火灾、旱灾、虫灾、飓风、泥石流、山体滑坡等，发生的频率都很高，但就其影响范围和持续时间而言，都不足以构成政策议程。然而，1994 年发生在美国洛杉矶的大地震，却促使联邦政府做出了迅速的反应。地震发生在人口密集区，强度为里氏 6.4 级，很快就使整个地区成为大自然的“人质”，社会经济受到空前的破坏。美国国会迅速通过了一项 80 亿美元的“一揽子”救济计划，用以帮助灾区摆脱困境。

(2) 经济灾难。经济事件并非只对经济领域构成影响，它的发生同样会给社会生活和政治生活带来影响。1982 年俄克拉荷马州的一家银行倒闭，之后不久，美国第八大银行伊利诺伊大陆银行也关了门，从而导致投资者的恐慌，挤兑成风，造成银行倒闭的连锁反应，经济的萧条触发了政策变革的社会要求。

(3) 技术创新。技术创新为社会带来了源源不断的发展动力，它可以实实在在地改变人们的日常生活和社会关系。汽车的发明及其批量的生产带来能源的巨大需求，引起公路的大规模建设，造成环境污染和交通事故等问题；电视、电话技术的应用使信息能够得到迅速的传播，国会辩论、总统讲话、时事新闻，一开开关就进入到家中；计算机的激增和互联网技术的出现开创了历史的新纪元，它不仅改变了普通人的生活方式，而且也改变了政府的管理方式，“全时政府”的概念得到越来越清晰的表现。

(4) 生态变迁。人类生存最为必要的一些资源多是不可再生性的资源，仅以一定数量存在。一些国家和地区的乱垦滥伐造成水土流失和自然灾害的发生。生态的改变并不完全由生态自身的推动力所产生，其中涉及许多人为因素的影响。当然，对人类活动做出反应的生态转移是缓慢发生的，然而，生态问题一旦形成就可能造成极大的危害，导致公众的迅速反应，产生过去从未考虑过的政策问题，如水污染、臭氧层的破坏、酸雨的影响、沙尘暴现象等。

(5) 社会变迁。随着社会中的大多数人对社会价值、行为规范、政治理念和政府责任等方面态度的转变，社会的方方面面都会随之产生很大的变化。我国从计划经济向市场经济转轨，促使公共政策发生很大的转变；发生在美国的女权运动，促使社会重新思考与妇女社会地位有关的经济和政治制度；黑人解放运动吹响了向种族歧视进军的号角，提高了黑人的社会、政治地位，推动了社会的进步和发展。

2. 政策议程的外在触发机制

政策议程的外在触发机制包括战争行动、地区与国际冲突、经济对抗、新式武器与力量失衡。

(1) 战争行动。受到他国的武力侵犯是外在触发机制最为典型的例子。即使本国并没有直接卷入冲突，但也会受到间接的影响，可能会成为与冲突有关的活动参与者。第二次世界大战导致美国直接参战的“珍珠港事件”就是战争直接触发政策议程的典型例证。然而，类似“珍珠港事件”这种既清晰又完全地影响公共政策过程的触发事件很少。更普遍的情况是，当战争尚为一种可能性，一个国家需不需要对威胁做出反应还得权衡考虑。

(2) 地区与国际冲突。除了战争这种国家间的大规模冲突之外，在全世界多个地方都有小规模冲突。例如，印度和巴基斯坦两个国家的摩擦，以色列和巴勒斯坦持续不断的流血冲突，爆发在波黑地区的局部战争，朝鲜半岛的潜在危机，令俄罗斯政府倍感头疼的车臣问题，“基地”组织(极端宗教主义分子建立的恐怖组织)的恐怖活动等，同样会对政策议程的建立产生重要的影响。

(3) 经济对抗。各国间在经济领域存在的博弈是一个不争的事实。世界的“经济馅饼”有人多吃一口，就会有人少吃一口，即一国的收益可能造成他国的损失。例如，许多石油进口国对石油输出国就有发不尽的牢骚；一些第三世界的发展中国家不断批评工业发达国家低价购入原料，高价返销产品，赚取过高的利润。当一个国家以损害他国的方式制定其公共政策时，就不可避免地会导致经济对抗，从而引发经济报复行动，带来双边关系的恶化，如欧美经济冲突、美日贸易摩擦、反倾销政策的实施、贸易壁垒的形成等。

(4) 新式武器与力量失衡。60 多年前美国独占核技术，而现在已经有 10 多个国家拥有了这项技术。此外，还有许多国家已经掌握了生产大规模杀伤性武器(如生物和化学武器)的方法。新型武器的出现不仅对国家间的关系具有显著影响，而且对整个国际政治体系也会带来冲击。美国作为新式武器的“超级大国”，企图在 21 世纪继续其霸主地位，推行单边政治，充任“世界警察”，其国防部为此还拟定了一个“防止新对手再度出现的战略”，采取一切办法限制他国扩充或拥有大规模杀伤性武器。

(三) 政策议程与突发事件

美国政策学家詹姆斯·安德森在其《公共政策制定》一书中对政策议程问题做了更为具体的阐述。他认为，以下因素促成了政策议程的建立。

1. 某种危机或惊人事件

很多时候，人们可能已经对某种问题有所察觉，并提出了政策诉求，希望能够对之采取必要的行动。但它没能引起普遍性的重视，政府也处于左右为难之中。在这种情况下的确需要有某种突发性事件将问题推上政策议程。突发性的重大事件往往会使形势发生逆转，从而成为社会各界关注的焦点，引起政府的高度重视。例如，1957 年苏联发射了第一颗人造地球卫星，尽管当时艾森豪威尔政府的有关官员表面上并没有显出过分的在意，但这一突发事件的确将探索太空的问题提上了美国政府的政策议程。

2. 抗议活动

抗议活动是使问题引起决策系统关注并进入政策议程的另一种途径。

抗议活动是一种激烈的利益表达形式，往往带有某些反常规的行动特征。其表现形式有示威游行、静坐斗争、绝食抗议、暴力冲突、武装对抗等。社会中出现大规模的抗议活动通常说明社会问题已经发展到非常严重的地步，政府的现行政策已经难以调和这种矛盾，只有做出新的政策选择才能平息由抗议引发的混乱局面。抗议活动是建立政策议程的有效方法，但不是最佳途径。它多以极端方式向政府施压，表达某些利益群体的政策诉求，往往会形式过激、发生突然、超乎常规、始料不及，给政府带来超负荷压力。在政府能够有效控制和疏导这种压力时，政府可能会采取一定程度的妥协，建立相应的政策议程。然而，这种激烈的表达方式毕竟有可能造成社会失态，形成与政府的严重对立，对既成的社会秩序构成威胁，导致悲剧性的后果。

3. 新闻媒介

一些问题可能会引起新闻媒介的特别注意，通过新闻媒介的报道，这些问题很可能会成为政策议程里的内容。如果没有新闻媒介的介入，这些问题就很可能长久地存在而不会引起社会公众的注意，政府自然也就不会考虑这些问题。而对于那些已经被提上议程的问题，可能长久地存在而不会引起社会公众的注意，政府自然也就不会考虑这些问题。而对于那些已经被提上议程的问题，新闻媒介的渲染能够使其获得更多的关注。新闻媒介作为重要的社会舆论机器对政策议程的整个过程及其结构都有重要的影响。当然，新闻媒介报道问题往往出于各种不同的动机，或为了制造新闻，或为了增加发行量，或为了公众的利益，或出于其他目的，所以不可避免地会出现不真实的报道，这对政策议程的建立也会产生一些负面影响。

五、政策议程建立的障碍

政策议程建立的过程并不总是通畅和顺利的，通常会遇到以下五个障碍。

(一) 政治原则的偏离

政治原则是一个国家和政府的立国与执政之本，坚持这些原则，是政府义不容辞的职责。任何偏离政治基本原则的政策诉求都不可能进入政策议程，会在其提出之前或接近相关的政策领域之前被改变或扼杀。

(二) 价值观念的排斥

保守的价值观念和思想认识往往不接受带有创新意义的政策议程，尤其是结构不良和宏观性较强的问题，价值认识难以统一。另外，问题的发现和提出往往与原有的社会价值体系不相融，那么这一问题就很难进入政策议程。换句话说，如果提出的政策诉求与社会价值体系不符，就难以形成公众议程，更不可能转化为政府议程。

(三) 政府组织体系的封闭

政府组织体系封闭，必然会带来决策过程和执行过程的封闭和非民主化、非科学化，公众和政府的联系渠道就会出现障碍。这时公众的呼声和愿望就难以为决策者所知，人们不仅无法与决策者进行必要的沟通，而且不能通过问题讨论等形式参与政策的制定过程。同时，政府对问题的发现也会迟钝或者脱离实际，因此公众议程和政府议程都很难建立。公共政策事关公众的利益，必须接受公众的检验，一个保守的政府、一种封闭的体制难以制定有效的政策。

(四) 表达方式的失当

公共问题的出现需要经过一定的表达渠道和方式才能为公众和政府深切感知。但是如果在表达上运用了不当的方式，往往会使本该列入或早该列入政策议程的问题无法被列入，致使问题得不到有效解决。例如，有些问题本可以通过法定的政策渠道提出，却偏偏通过非正常渠道提出；明明可以在正式场合上讲，却偏偏要进行“地下活动”；明明可以采用平和方式提出政策诉求，却偏偏要采取过激的形式。

(五) 承受能力的超重

任何一种政策问题的提出，如果超出了决策者的承受能力，就会受到他们的排斥或回避。即使这种问题的提出对社会有利，符合时代潮流，往往也难以进入政策议程。

第四节 公共政策制定的模式

公共政策制定的模式是政治学家和政策科学工作者在对公共政策的研究中为了帮助人们理解和解释政治生活、思考公共政策的背景原因和社会效果，预测未来的发展，不断总结出来的各种模式。它们并不专门用来进行政策制定分析，但也体现了对公共政策思考的不同角度，为广义政策制定分析提供了各种途径。理解政策制定的模式有助于我们认识公共政策问题的主要特性和本质，也有助于我们认识基于特定的政策问题所产生的社会后果。

一、理性决策模式

从协调方式的角度出发，按照政策对社会和有关人们之间关系的影响不同，可以将公共政策划分为分配性政策、调节性政策、自我调节性政策和再分配性政策。分配性政策涉及将服务和利益分配给人们中特定部分的个人、团体、公司和社会，如公共学校义务教育政策；调节性政策与将限制与约束加之于个人和团体的行动有关，它减少那些受调节者的自由和权利，如征收个人收入所得税政策；自我调节性政策涉及对某一事物或团体的限制或控制，它与调节性政策的不同之处在于它不是别的团体强加上来的，而是受调节团体的主动要求，并作为保护和促进自我利益的手段而出现的，如货币发行政策；再分配性政策涉及政府在社会各阶级(层)或团体中进行有意识的财富、收入、财产或权利的转移分配，如城市居民最低生活保障政策。

决策者依据完整而综合的信息做出理性的决策，即遵循以最小的投入获得最大的产出的原则，选择最优方案，使用最佳、最适当的手段，达到最好的政策结果。由这样一组假设构成的一个分析途径，就叫作理性决策模式。

这个模式假设决策者是“理性人”，而“理性人”则被赋予以下五个特征。

(1) 当面对多种选择时，他会做出一个决定。

(2) 他会依据其价值偏好，在各种可能的选择中排列出优先次序。

(3) 他的价值偏好会随着时空变化而改变。

(4) 他通常从所有的方案中，择定偏好等级最高者。

(5) 面对同样的选择，他会做出同样的决定。

理性主义分析方法应用在公共政策学领域中，就形成了理性决策模式。它认为，任何决策都是目标性行为，达到目标当然会有很多种途径和手段。所谓理性的选择就是要做出最大价值的选择，即选择达到目标最优的方案。理性决策模式所要求的最优选者应具备如下五个条件。

(1) 把决策行为视为整体行为而非群体行为。因为是整体，才会有一致性的价值判断，如果是群体就必然会出现价值观方面的差异，因而在目标选择和最优认定方面产生分歧。

(2) 决策者具有绝对理性。这表现为他们具有完备的知识和信息，能穷尽备选方案并预测所有结果。

(3) 决策目标单一、明确和绝对。

(4) 决策者在决策过程中具备一以贯之的价值偏好。

(5) 决策过程中不考虑时间和其他政策资源的消耗。

理性决策的具体步骤如下。

(1) 确定决策目标。

(2) 提出备选方案。

(3) 对这些方案及其结果进行比较分析。

(4) 通过排序选择出最优方案。

从理论角度上而言，最优选择并不是不可行的。然而，社会现实不等同于理论假设，理性决策模式的限制条件使其遭到更多的障碍，人们逐渐发现政策实践中的许多现象都难以用它来解释。其原因不在于它的逻辑体系有缺陷，而在于其前提假设有问题。

(1) 这个模式设定决策者为理性人，这个设定是缺乏经验支持的。

(2) 这个模式假设决策者是公正的、客观的、理智的，而在实践中决策者的公正、客观和理智却常常是极为有限的。

(3) 这个模式过高地估计了逻辑推理和数学模型作为政策分析工具所起的作用，因为在实践中，这两种分析工具面对社会性、政治性、文化性等公共政策问题时却往往束手无策。

(4) 这个模式假定决策者全智全能，但是在实践中，决策者拥有的知识、获得的信息都是有限的，不可能预先对投入—产出、成本—收益的比例做出精确的计算。

因此，这个模式受到了激烈的批评。在所有的批评者中，经济学家、管理学家西蒙和政治学家林德布洛姆是最具有权威性和代表性的。他们认为，理性主义从“理性人”假设出发，以逻辑推理方法所确认的规范性政策理论无法解释现实生活中政策制定过程的实际行动。现实生活中不存在纯粹的理性，理性决策模式只能被认为是一种理想的追求，而缺少实践的基础。

尽管理性主义在一定程度上带有“乌托邦”的色彩，我们也欢迎对它的批判，但是过于简单和绝对的否定态度也是不可取的。其实，所谓“乌托邦”无非是指不能实现之事，而不能实现不等于没有意义，理性主义虽然没有实践基础，但也绝非是无稽之谈。“取法乎上，仅得乎中；取法乎中，风斯下矣”。人们总是在追求尽善尽美中得到较善较美的。从这个意义上来讲，理想主义并无过分的问题，正因为如此，理性决策模式的思想价值一直受到理论界的肯定。

二、有限理性模式

从纵向的角度出发，按照政策层次的不同，可以将公共政策划分为元政策、基本政策和具体政策。它们之间存在着涵盖与被涵盖、衍生与被衍生、统摄与被统摄的关系。

西蒙在对传统理性主义总结和批评的基础上，提出了有限理性模式，该模式又称满意模式、次优决策模式。他认为：“理性指的是一种行为方式，是指在给定条件和约束的程度内适于达到给定目标的行为方式。”由于这些条件和约束而使得：①按照理性主义的要求，行为主体应具备关于每种抉择的后果的完备知识和预见，而事实上，对后果的了解总是零碎的。②由于后果产生于未来，在给它们赋以价值时，就必须凭想象来弥补其所缺少的体验。然而，对价值的预见不可能是完整的。③按照理性的要求，行为主体要在全部备选行为中进行选择。但对真实行为而言，人们只能想到全部可能行为方案中很少的几个。因此，西蒙认为决策者在管理决策过程中不可能达到最佳程度，而只能是追求一种近似的优化途径，即寻求满意的管理决策和结果。最佳决策的前提是决策者的行为完全理性化，而满意决策的前提是决策者的行为有限理性化，后者才是现实的。因此，西蒙认为，“例行就是要用评价行为后果的某个价值体系，去选择令人满意的备选行为方案”，而不是去追求最优、最大值的所谓客观理性。进一步说，客观理性是存在的，但是对它的追求不是一次完成的，而是一步步向它逼近，永远不能使这个过程完成。

(一) 有限理性的行为表现

人的理性实际上是基于完全理性和非理性之间的一种有限理性，这种有限理性在决策过程中的表现如下。

(1) 在情报活动阶段，人的决策行为往往受到知觉选择性的支配，不同经验和背景的决策者，对决策环境的认识会有不同的解释。

(2) 在设计活动阶段，人们并不试图找出所有可行性方案，而是通过力所能及的求解活动，寻找满意的决策方案。

(3) 在决择(抉择)活动阶段，决策者的选择往往与备选方案的提出顺序有关，如果是A与B提出来的，A又是满意方案，那么就不会再花时间去考虑B，哪怕B比A更好。

(二) 次优决策设计的基本问题

1. 有限目标

决策并不能保证一开始就有十分明确的目标，而环境(自然环境和社会环境)又经常不允许我们等到目标完全明确之后再做选择。

2. 期望水平

什么样的决策才能被视为足够好呢？这往往取决于决策者的期望水平。这个期望水平并不是固定不变的，而是随环境条件和个人体验的变化而变化的。在存在许多好的备选方案的良性环境中，期望水平会提高；在比较恶劣的环境条件下，期望水平会降低。

为决策目标确定一个恰如其分的期望水平，是决策成败的一个关键环节，在可能的条件下，应尽量采用量化方法将期望水平明确表达出来。然而，在多数情况下，我们不得不求助于经验来确定目标期望水平。

3. 搜索方法

搜索方法基于满意原则，它是西蒙有限理性学说的核心内容。

(1) 试探方法。在没有现成满意方案的情况下，一种可行的方法就是提出探索性方案，选择若干试点进行试验，看看能否满足期望水平，由此总结经验和教训，再设计下一步的备选方案。

(2) 随机方案。例如，军队被包围，而敌情又不明，这时最大的期望就是能够突围，一种可行的方法就是随机选择突围的方向；再如，一个农民初次进城，他最大的期望就是找到一份工作安身，这时恰好有一位招工的人走过来，他很可能就跟着那个人走了。

(3) 折中方法。当决策面临一定风险，实际情况难以搞清而又必须提出决策方案时，对尖锐对立的意见进行折中，对相互冲突的方案进行折中，不失为一种可取的方法。

(4) 效益方法。决策不能不考虑效益，方案的搜索需要一定的成本投入，不可能为找到一束漂亮的花而跑遍全世界，这样做实在不值得。决策资源的稀缺性决定了决策价值分析的重要性。尽管决策多涉及一些非金钱因素，做价值分析并非易事，但是，一些学者对此进行了有益的探索。他们认为，信息的价值不仅与决策中的重要性有关，而且与决策结果的可控程度有关。时间成本的计算，一要看机会成本，二要看决策过程花费的工时。总之，所谓决策效益指的是，在资源有限的条件下，选择能产生最大效益的备选方案。

无论采取何种搜索方法，一旦遇到满意方案便会终止搜索行为。

以上分析说明，有限理性模式对人们的实际决策行为做了比较真实的解释，为决策理论及实践的发展开辟了一个新的方向。

三、渐进决策模式

从横向角度出发，按照政策所涉及的社会生活领域的不同，可以将公共政策划分为政治政策、经济政策、社会政策和文化政策。

渐进决策模式是由美国学者林德布洛姆构建的。他的渐进主义思想始于1953年，在1959年发表于《公共行政评论》春季号上的一篇论文中提到了“渐进调适的科学”这一概念。林德布洛姆是在批评理性主义模式的过程中建构新模式的。他的渐进理论最初称为渐进主义，后来演变为渐进调适科学，后成为渐进主义。渐进决策是针对理性优化决策的质疑提出的。渐进主义认为，政策制定的实际过程并不完全是理性过程，决策者也并不是每年都对现行政策进行全面审查。理性优化决策所要求的各种必需条件，如完备的知识与资料、公平的竞争环境、理性的组织与决策制度以及单一的决策者，都是难以具备的。这里有时间、资金、人力的限制，也有政治、社会、文化的影响，这些因素都会制约建立一个明确的社会目标和检测系统。于是，在渐进主义看来，政策制定只能根据以往的经验，在现有的政策基础上实现渐进变迁；只要依据现有的方案，并对它进行局部的小范围的调适，与以往政策再进行比较，不断适合环境变化的需要，就可以作为新的政策而被采纳。

渐进决策模式有以下三个特征。

(1) 渐进决策模式实际上要求决策者必须保留对以往政策的承诺。政策制定要以现行政策为基础，不能另起炉灶，政策要有继承性。

(2) 渐进主义注重研究现行政策的缺陷。决策者不必过多地分析与评估新的备选方案，只着意于现存政策的修改和补充。

(3) 渐进主义在面对同一社会问题的不同解决方案时，只着重减少现行政策的缺陷，不注重目标的重新改进，也不注重手段和方案的重新选择。

因此，渐进决策只是保守的补救措施。

简单地讲，这个模式把直接决策者设定为“按部就班、修修补补的渐进主义者或安于现状者”，同时他又是一个头脑清醒、与决策中庞大无比的各种社会政治力量“进行勇敢地角逐的足智多谋的问题解决者”；把政治体制设定为实行多元民主体制、各种社会政治权利主体交互影响和制衡的“美国式”政治体系；把政治目标设定为只是进行局部的、有限的，属于既有政策的持续和边际性变革这样的改进；把决策过程设定为公共权力运行过程中公民、政党、利益集团领袖和直接决策者各自行使权力，互相影响和互相作用的动态均衡过程；把直接决策者决策战略设定为只专注于政策的逐步或微小改变，大大减少必须分析的因素及其复杂性；把政策结果设定为看上去似乎行动缓慢，但积少变为大变，其实际速度较快的变革。

然而，渐进决策模式多适用于稳定发展的社会形势，有着很大的局限性，带有明显的保守主义偏见，不符合社会变革的需要。特别是在人口膨胀、资源匮乏、环境污染、社会动乱、战争爆发等政策领域内，渐进决策模式更显得无能为力。它的这种墨守成规、维持现状、不求变革与创新的倾向，对不少发展中国家尤其是在需要进行变革规划的许多领域内都是不实用的。当然，模型的使用要注重它的适用范围。例如，在国家预算与规划方面，渐进决策模式就获得了巨大的成功。在不少西方国家，渐进理论被广泛应用于缓和党派权利角逐和利益重新分配的矛盾等方面。

公共政策的内容是极其复杂和丰富多彩的。因此，对公共政策进行多层次、多角度的观察和类型学研究，有助于更加深入地揭示公共政策的内容构成及其各自具有的特殊性质和功能，从而有利于政策主体针对各不相同的政策问题做出正确的决策。类型学研究的目的是更充分地揭示事物本质、更有助于揭示事物发展的规律。因此，真正有意义的类型划分，除了前面谈到的三种外，还有以下几种。

四、系统决策模式

系统决策模式借助了20世纪70年代发展起来的一般系统论思想——贝塔朗菲的一般系统理论，以及依据这一理论发展而成的系统科学、系统方法、系统工程在决策中得到了广泛的应用。公共政策的主体是指政治系统，政治系统具有一般系统的特征，同时又具有特殊性。美国学者戴维·伊斯顿于1957年提出、阐述和完善了政治系统分析理论。这一分析理论适用于全部政治生活，当它被应用于公共政策学时就被称作决策的政治系统模式。

系统决策模式强调政治系统的环境作用。它将公共政策制定放在政治、经济、社会与文化环境中进行考察和解释。系统决策模型认为，公共政策是政治系统与环境的诸多因素相互作用的一种反应。在系统模式下政策是系统的产出。所谓环境，是指政治系统的外部条件和状况；所谓压力，是指环境作用于政治系统的要求与支持；所谓政治系统，是指对社会价值分配具有权威作用的相关结构和运行过程。政治学家戴维·伊斯顿对外部环境、政治系统和公共政策三者之间的关系做了较为详细的描述。他认为，公共政策的输出是政治系统与其外部环境互动的结果。要求与支持的输入是社会团体与个人试图影响公共政策的表现。当公众发现社会环境中存在的问题并感到需要对此做点什么的时候，需求就会出现。当公众接受选举结果、遵守国家法律、依法缴纳税赋、服从政府决定时支持就会形成。政治系统为了自身的生存与发展必然会对环境压力做出反应，而源于公众的要求常常是复杂多变和相互冲突的，为了把这些要求转变为公共政策，政治系统就需要做出制度上的安排并通过有关机构和活动强化这种安排。政策输出可能会引起缓解环境影响、弱化公众要求和影响政治系统的内在特征的作用。政治系统与其外部环境之间的互动是一个反复循环的过程，政策输出会引起公众要求的变化，并反映到政治系统中去，形成新的政策，这就是反馈。“反馈”这一概念意味着政策输出可能改变环境，改变由环境提出的要求，以及改变政治系统自身的特点。反馈是现政策过程的终点，又是新政策过程的起点。输入—决策—输出—反馈是政治系统运行的周期过程。政治系统可以通过下列途径保护自身利益、维持系统生存。

(1) 政策输出满足环境需求、符合公众利益。

(2) 加强系统自身建设，完善内部机制。

(3) 以武力为威慑或直接使用武力。

系统理论对政策分析的启发性作用体现在下列问题的提出上。

(1) 什么样的环境条件促成其对政治系统的压力？

(2) 什么样的系统特性能将投入转化为产出并使产出的公共政策具有持久性的效用？

(3) 环境压力如何影响政策系统的特征？

(4) 政治系统的特性如何影响公共政策的实质内容？

(5) 环境压力如何影响政治系统的实质内容？

(6) 公共政策怎样通过反馈作用于环境并影响政治系统的特征？

政治系统模式是公共政策制定和分析中最具有解释力，并且最具有普遍性的一个模式。但是，政治系统模式对政治系统这一“黑箱”缺少针对性的分析，只能给人们提供一个轮廓，不能够指明所分析的政策的具体特征。

五、精英决策模式

现代精英政治理论起始于意大利学者莫斯卡和帕累托，以及德国学者米歇尔斯，经由美籍奥地利人、著名经济学家熊彼特和美国政治学家拉斯维尔进行民主的改造，到第二次世界大战后逐步成为西方国家特别是美国政治学研究中的一个重要的分析途径。1970 年，美国政治学家托马斯·戴伊与哈蒙·齐格勒合著出版的《民主的嘲讽》，2001 年托马斯·戴伊独著出版的《由上而下的政策制定》，都从这一视角对美国政治和政策过程进行了考察。托马斯·戴伊通过对前辈学者的精英理论的梳理，在《理解公共政策》一书中概括、总结出如下一组命题。

(1) 社会分化成掌权的少数人和无权的多数人，少数人掌握社会价值的分配权，多数人参与不了公共政策的决定。

(2) 作为统治者的少数人并非是作为被统治者的多数人的代表。精英人物主要来自经济地位较高的社会阶层。

(3) 从被统治的非精英阶层进入统治人的精英阶层，这个变化过程一定是缓慢且持续的，从而才能保持社会的稳定并避免革命的发生。在非精英阶层中，只有那些能够接受阶层共同观念的人，才可能被允许进入统治精英的行列。

(4) 在社会制度的基本价值观和维护社会这一制度的发展方面，精英阶层表现出看法的一致性。例如，在美国，精英集团在私有财产、有限政府、个人自由等大是大非问题上观点一致。

(5) 公共政策所反映的不是大众的要求，而是政治精英的主要价值观，公共政策的变化一定是渐进性的，而非革命性的。

(6) 精英是活跃的，公众是麻木的，前者对后者的影响远远大于后者对前者的影响。

精英决策模式揭示了现代民主国家的根本理念“主权属于人民”与实际的政治过程和政策过程中总是由直接掌管政权的少数人来主导这一难以克服的悖论。从这一视角所做的政策分析可以使人们清醒地认识到公共政策在本质上总是统治阶级的政策。这个模式受到的批评，归结为一点，就是认为它忽视了现代民主国家里公民参与政治的要求和能力，以及这种参与对政策形成的影响。

六、博弈决策模式

政策理论研究的是在特定情况下如何进行理性决策的问题。这种特定情况是指两个或两个以上的参与者，他们彼此存在相反的利害关系，其中每个人的选择都会对他人的决定产生影响，最终的结果依赖于所有参与者的选择。在政策制定过程中也会出现类似的情况，当孤立的最优选择不存在，只能根据他人的选择做出自己最佳的决定时，博弈论就可以派上用场了。

博弈的理念源于互为因果、相互关联的选择。它的每个参与者不仅要考虑自己的需要和能力，而且还要对他人的预期行为做出判断，然后调整自己的决定。博弈的技巧可以用来处理重大的政策问题。博弈的参与者可以是个人，也可以是一个组织或政府，只要它们能够以明确的目标为导向实施理性的行为。

博弈决策模式是一个抽象的、演绎的政策制定模式，它并不能描述人们实际上如何进行决策，而是解释理性的人在竞争状态下会怎样去考虑决策。

在博弈论中还有一个非常关键的概念——“策略”。它所对应的是这样一种理性决策的情境，即在考虑了对手所有的可能性选择之后，设计一组行动并使之达到最优的结果。博弈论者借用了这样一个词——“最小最大化”，来阐述理性策略的实质内涵，对博弈的参与者而言，无论对手怎样去做，自己的选择都将使自己最大的损失最小化或最小的收益最大化。“最小最大化”的理性决策能有效地抑制对手的最佳选择给自己造成的伤害。它也许会被认为是一种非常保守的策略，因为它所涉及的行为只是为了减少损失或确保最低限度的收益，而不是为了获取最大利益而去冒很大的风险。但绝大多数的博弈论者都把“最小最大化”视为最佳的理性策略。

通过以上的讨论可以清楚地看到，博弈论的思想既简单又复杂，既生动又抽象。现在最关键的问题是怎样才能够使这些闪光思想在公共政策的研究中得到实际的应用。博弈论通常只被社会科学家视为一种分析思路或研究工具，而非政府高官进行决策的行动指南。博弈论所强调的条件与现实生活还有很大的差距，政策方案的选择很少像矩阵所表现的那样简单。更重要的是，决策者很难清楚地知道或真正地了解他们可选方案中所得到的确切收益以及他们的对手可能做出的政策选择。还需要强调的一点是，正像前面分析中所提到的那样，政府的理性决策面临着诸多的障碍。

尽管如此，博弈论确实为政策制定和分析提供了一个有趣的思路，特别是在冲突情境下进行政策选择时，它所发挥的作用更为明显。就目前情况而言，博弈论在政策制定和分析领域的影响在逐渐地加大。

第五节 政策规划

政策规划过程是一个狭义的政策分析过程，需要决策者与政策分析人员的密切配合，它是在既定原则指导下寻求方案优化的一系列分析和抉择活动。

一、政策规划的概念

琼斯认为，政策规划是指发展一个计划、方法和对策，以满足某种需求，解决某个问题。

安德森将政策规划界定为发展中肯且可接受的行动过程，以处理公共问题。

林水波、张世贤认为，政策规划是针对未来，为能付诸行动以解决公共问题，发展中肯且可接受的方案之动态过程。

朱志宏认为，政策规划是发展一套处理公共问题的行动方针，其主要目的是使应该解决、能够解决的问题，以最有效的方法解决之。

张金马认为，政策规划是为解决某个政策问题而提出一系列可接受的方案或规划，并进而制定出政策的过程。

张国庆认为，政策规划是政府针对某些政策问题在未来可能演变或生成的情形，系统地制定一套解决预案的过程。

本书认为，政策规划是针对公共问题，采取科学方法，广泛收集各种信息，充分运用思维而设计的各种行动方案，是关于未来一种具有一定权威性的政策构想。政策规划既是一种操作设计的具体实践活动过程，又是一种充分运用智能的抽象思维活动过程。

二、政策规划主体

政策规划主体既有单一型，也有多元型。前者通常是指规划在政府系统内部进行，后者则是指规划不仅有政府参与而且扩展到社会领域，表现为多种主体的合法介入。在多元型主体结构中，还需要正确区分直接主体与间接主体，前者不仅享有决策的法定权力，而且要承担由此带来的一些政治、法律、经济和道义方面的责任，后者则只是享有政策方案的拟定、推荐和评判权，而不需要对其后果承担任何责任。

在现代社会，政策规划完全由政府部门独立完成的情况已经越来越少，规划主体多元化在世界范围内已经成为一种发展趋势。当然，在强调规划主体多元化的同时必须认识到政府在政策规划过程中所要发挥的主导作用。

在实现政策规划主体多元化的进程中，世界上不少国家都先后采取了听证制度。“听证”一词，最早源于西方国家的司法实践，后来被逐渐运用到立法活动和行政活动之中，从而成为公共政策规划过程中一项非常重要的制度形式。其核心原则是增强决策的透明度，推进决策的民主化。其具体要求是，在讨论和研究政策方案时必须经过合法程序，听取有关专家、有关部门、利益团体、社会公众等代表人士的相关意见，进行必要的政策辩论，以保证政策规划的科学性。

不管是单一型主体还是多元型主体，决策者与政策分析人员的互动在政策规划过程中起着核心作用。社会中有很多人都在从事政策分析工作。当然，他们中的一些人乐于把自己的工作描述为政策分析，而另一些人则不是这样。尽管如此，他们还是具有许多共同的和相互重叠的关注内容；关注决策者或政策制定者做了些什么和没有做什么，即对一项公共政策的输入及其过程感兴趣；关注公共政策形成的社会影响，即对一项公共政策的输入及其结果感兴趣。那么政策过程的哪个阶段是政策分析人员关注的焦点？政策分析人员对政策规划可谓情有独钟，他们所进行的实证分析和理论研究最重要的目的就是为政府部门的政策制定提供可靠的依据。

政策分析人员包括以下六个方面。

(1) 大学。对政策与问题领域以及政策过程感兴趣的大学教师，他们主要从事个人的研究并且为争取得到有关机构给予的项目基金展开一定的竞争。

(2) 独立的研究机构和思想库。这种组织有专门的合同制雇员，他们都在从事专业性研究工作。

(3) 部内制政策部门。在政府、政府代理机构和公共团体内部从事复杂研究工作和情报工作的分析人员。

(4) 压力集团和院外活动团体。这些利益集团中的政策分析人员通过对政策实施监控和提出各种政策主张及建议寻求对政策制定施加影响。

(5) 党内制政策部门。一些为支持政党政治活动、维护政党利益而从事政策研究和开发的机构、部门或团体。

(6) 自由职业的政策咨询人员。根据签订的合同和所付的酬劳从事政策研究的社会人员。

尽管政策分析人员共享对政策的关心并且可能有许多共同关注的领域，但他们的专业背景和学术取向却有着很多的不同。在政策分析领域工作的这些人涉及广泛的学术领域，如经济、法律、政治、社会、地理、环境科学等，他们所编排的“节目”会在不同的“政策舞台”上“公演”。

由于公共政策是一个趋向于多种政策范畴或组成部分进行定义的领域，所以在这样的一种背景下，无疑会产生学科间和机构间的互动作用和交叉影响。当然，这同时也为比较研究提供了良好的条件。

公共政策分析涉及的一些主要领域包括健康、交通、教育、环保、社会保障、住房、经济、种族、治安、市政等。每个领域都会存在一些专业化的研究团体，他们关注具体的问题与政策，并会提出与之相关的政策主张。

有一些人怀疑政策分析人员的作用，他们认为政策分析只不过是掩饰政治冲突的一种时髦的虚饰而已，决策者为解决冲突所进行的实际上是实力的较量。他们更多地依赖于权术的玩弄、阴谋的策划、竞争性投票、政治上讨价还价，有时甚至不惜付诸暴力。在政策制定过程中，理性的谋划虽说无害，但也只是一种无效的消遣，政策分析人员所做的大量专业分析实际上是枉费心机，因为各种重要问题的最终决定还要依据政治力量的对比。

三、政策规划的原则

（一）信息原则

政府制定政策要尽可能掌握大量、准确、全面的信息，从某种意义上讲，政策规划的过程就是信息的收集、整理、加工和利用的过程，政策规划的成效很大程度上依赖于信息的全面、具体、准确。信息越全面、准确，方案规划就越具有科学性。但是“政府的有限理论”指出由于人的理性有限性、信息不对称等多种原因导致实际情况的信息不对称现象广泛存在。而弥补人的理性有限性的一个好方法就是提高信息技术，良好的信息技术有利于政策解释尤其是政策宣传，有利于缓解政策执行过程中的信息不对称。例如，可以通过采取信息传递准确性较高的信息传递载体；加强信息基础网络设施建设；推进电子政务工程，消除“信息孤岛”，减小地区之间与政府层级之间的信息手段的差距，使政策制定者收集、处理、传递、沟通政策执行信息的方式更为简洁、方便和经济，同时还可以提高政策执行的透明度，简化监督信息的反馈渠道，提升政策执行中的信息沟通、协调与控制能力。

（二）系统原则

系统性是社会问题的重要特征之一。任何一项政策都不可能孤立存在，总是与其他政策相联系，因此在制定过程中应把握它的整体性、系统性。在社会大系统内，不同范围、领域、层次的社会问题存在着相互联系、相互制约的辩证统一关系。应当把它们置于一定的政策体系中考虑，既要处理好系统内部各要素、各层次之间的关系，还要处理好它与周围环境的关系，要有全局观念，要统筹安排，全面衡量利弊得失，充分估计政策体系的整体效应；考虑问题以大局为着眼点，从事物的整体出发，去认识、分析和处理局部性问题，既见树木，又见森林，谋一域，更要谋全局。

（三）务实原则

所谓务实，就是讲究实际，不求浮华。政策实施要具备多种现实条件，如社会环境、政策成本、社会大众多重因素，因此对于政策制定者来说要充分考虑政策制定和实施各个环节中可能遇到的多种情况，使政策能务实。例如，政策实施过程中可能有一部分为政策受益者，而另一部分为政策受损者，这种情况下要充分考虑政策实施过程中相关利益人群的认同，争取最大多数人的理解、支持，才能增强政策的可行性。因此，政策制定必须符合现实条件的要求，充分估计各种环境因素对政策的影响与制约。

(四) 稳定原则

政策要具有相对稳定性，不能朝令夕改，坚持稳定的原则，但同时也要注意政策不是僵化不变，而是要随环境变化适时调整。同时，公共政策的制定执行与修改是一个很长的动态过程，社会环境是变化的，公共政策应该适应环境的变化，保持政策的弹性。可见政策形成是一个有机联系的整体，既要把握它的稳定性，也要注意政策随环境变化而变化的灵活性。

(五) 预测原则

政策规划是对未来事务所做的行为设计和方案选择，是一种面向未来的活动，凡事预则立，不预则废。科学预测是保证政策规划成功的必要前提。只有建立在可靠预测基础上的政策方案，才是具有现实可行性的政策方案。

(六) 客观原则

实事求是，尊重客观规律，把握政策对象及其环境的主要特征，一切从实际出发，克服政策规划过程中的主观随意性，这是政策规划最基本的要求。只有做到这一点，才能大大减少政策规划的主观盲目性。不能心血来潮，脑袋一热就要“挟泰山以超北海”，大话好说事情不一定好办。有人说“无私者无畏”，其实“无知者最无畏”，无知加无畏的结果就是，“明知山有虎，偏去喂老虎”。

(七) 优化原则

比较和选择是政策规划最突出的特征，追求优化是政策规划当然的目标。选择其实就意味着取舍，这不是一项容易的工作，特别是在不可逆的情况下，选择就更为困难，因为根本就没有反悔的机会。当你选择了 A，就意味着放弃了 B 和 C，无论它们在某方面表现得多么完美，都不再有任何意义。经济学里有一个非常重要的概念——机会成本，即把一定资源投入某一用途后所放弃的在其他用途中所能获得的利益。任何决策都必须做出一定的选择，因此也伴随着机会成本的考量。人们常说：“两利相权取其重，两害相权取其轻。”其实，在选择中，简单的好坏比较，要比好中取好或坏中择轻简单得多。

(八) 智囊原则

借助外脑，发挥智囊团的作用，让专家参与，形成智力共振，这是现代政策规划不可缺少的外部条件。所谓智囊团，又称头脑企业或思想库，是指专门从事开发性研究的政策咨询机构。它将各学科的专家学者聚集起来，运用其智慧和才能，为社会经济等领域的发展提供政策备选方案，是现代决策体制中一个不可缺少的重要组成部分。

(九) 兼听原则

公民参与政策制定是社会主义民主的题中之意，是政治发展的重要标志和重要组成部分。社会主义民主，本质是人民当家做主，人民当家做主的突出表现就是要体现人民作为国家主人的主人翁地位，而公民参与国家政策、大政方针的制定，正是体现了公民参与政事、表达意见的一种方式，是公民知情权、表达权、参与权的突出体现。政策方案的论证过程中应该注意听取公民的不同意见。“意见完全一致时不轻易做出选择”，这是一条非常重要的规划思想，体现了事物在矛盾中运动的规律。“完全一致”往往掩盖了事物的本质，特别是那种轻易形成的“一致”很可能并不是真正意义上的一致，英明的判断和正确的抉择往往都是在不同意见的激烈争辩和交锋中取得的。见解的冲突被认为是通往正确之路的一种有力工具，因为它可以使人们注意到问题的各个方面。从这种角度来看，没有交锋就没有正确，只有冲突基础上的一致才是真正意义上的一致。“兼听则明”应该成为决策者时刻牢记的重要信条。你可以坚决反对他人的意见，但是你要誓死捍卫他人发表意见的权利。

(十) 时效原则

俗话说：“机不可失，时不再来。”有些时候，客观情况的变化会创造某种机会，不论你是否利用，这种机会错过了就不会再来。由于短暂的时间差，成功的希望会马上成为泡影。所以决策不可优柔寡断，以免坐失良机，要敢于承担风险，把握决策时机。

四、政策规划的思维方法

政策规划是一种高强度、高难度的思维活动。正确的判断离不开有效的思维活动，决策者在思维能力和水平上的差异往往体现在其决策行动中。所谓思维能力和水平，主要表现在对思维方式的具体掌握和灵活运用方面。

(一) 经验思维

在规划活动中，经验思维是最易碰到和最常使用的一种方式。在处理问题时，像条件反射一样，人们自觉或不自觉地总是要首选经验思维，这似乎体现了一种心理上的惯性。只有当经验思维解决不了问题时，才会考虑其他思考方式。

经验思维的特点在于经验的联想和迁移。经验的联想适用于处理重复性的工作。就是说，当前所要处理的问题是过去曾经处理过的。因而，通过联想，运用经验，就可以做到胸有成竹。然而，这里所说的重复并不是百分之百的重复，按照辩证观点看问题，不可能有完全的翻版。但是，事情在主要环节上出现重复或基本一致是完全可能的，这就为经验联想的运用创造了条件。

经验迁移与经验联想有所不同，它是通过类比，发现两类事物之间的共同性或机械性，从而将解决这一类问题的方法迁移到解决另一类问题上去。例如，美国人莫尔斯在发明电报时碰上向远距离发报信号减弱的问题，后来看到驿车到驿站换驿马的情况，从而受到启发。他把这种方法迁移到了发报信号上，形成了沿电报线设放大站的想法。经验迁移超出了重复性界限，挖掘两类不同事物之间实质的相似，从某种意义上讲，带有创造性思维的特点。然而，这种思维的迁移所依据的仍是经验的类比，仍然属于经验思维的范畴。

(二) 逻辑思维

逻辑思维又称理论思维或抽象思维。它以抽象为特征，通过对感性材料的分析思考，撇开事物的具体形象和个别属性，揭示物质的本质特征，形成概念并运用概念进行判断和推理，从而概括地、间接地反映现实事物的本质特征。

与经验思维相比，逻辑思维方式更偏重于理性的思考。强调有理有据，重视逻辑推理。它已经摆脱了对感性材料的依赖，带有符号特征和抽象意义。它扩展了思维的空间，跨越了时间的界限，随着时空跨度的增大，思维中也就能容纳更多的对象。这些对象不仅是现实中存在的，而且包括历史状况和未来发展。

逻辑思维是一种概念思维，多运用概念进行推理。概念思维是相对于形象思维而言的。思维中，形象表现的只是个别的对象，概念却可以概括一类对象。当我们说高度的抽象包含着丰富的具体时，在抽象中出现的并不是大量的具体形象，而是对其进行分类，揭示各类对象的共同本质，再将本质凝结在概念中。由此，就可以将各类对象之间的关系用概念与概念之间的关系表述出来。也就是说，概念之间的关系反映了对象之间的本质联系。

总之，逻辑思维是人脑对客观事物间接概括的反映，它凭借科学的抽象揭示事物的本质，具有自觉性、过程性、间接性和必然性的特点。逻辑思维的基本形式是概念、判断、推理；基本过程是分析、综合、比较、抽象、概括和具体化；基本方法主要有归纳和演绎、分析和综合及从抽象到具体等。

(三) 直觉思维

直觉主要是指思维判断的一种方式。因此，决策行为研究对直觉问题予以高度的重视。在政策规划实践中，直觉思维也会发挥一定的作用。当然，从纯科学角度来看，似乎不该凭直觉思考。这里所讲的纯科学角度，是要求人们思考问题时收集详尽的信息，运用严格的逻辑推论得出结论，人们无疑应该向着这个目标去努力。但从现实情况来看，这却是很难做到的，如果能做到的话，也只是适用于那些范围较窄、关系简单、变动性小而时间又允许的情况。

与逻辑思想相比，直觉表现出非逻辑的跳跃性，即结论得出来了，论证却尚未进行，甚至不知道怎样去论证。直觉的结论也是直接把握对象的整体而形成的，至于部分，则隐没于整体之中了。直觉的结论何时在头脑中产生，具有随机性。逻辑思维是按程序一步一步进行的，因而结论何时产生是可以预计的。直觉却不同，常常是突然产生的。

由于直觉具有整体性、直接性、跳跃性、随机性和突发性等特点，因此造成人们对直觉的评价出现很大分歧。要否定直觉是相当简单的，只要说它没充分根据就行了。然而，直觉的特性就是提不出充分的根据，如果能的话，它就是逻辑思维而非直觉思维了。可见，直觉的成立，通常不在于根据。对个人而言，靠的是自信；对他人来讲，靠的是权威。

(四) 创新思维

创新思维是人类社会前进的主要动力。它基于现实而又超越现实，从揭示事物的本质出发，冲破了经验俗套的障碍，克服了思维定式的束缚，以新为本，以奇制胜，能提供新颖的具有社会价值的思维成果。阿迪达斯公司有一句著名的广告词——Impossible is nothing，它激励人去创造奇迹，告诉人们世上没有不可能的事情，充分表现了创新的理念。

与一般性思维相比较，创新思维往往能突破常规思维的界限，以超常规甚至反常规的方法和视角去思考问题，提出与众不同、新颖独创的解决方案。它表现出思考的独立性(不依赖经验、不迷信书本和权威)、方法的独特性(统一的或通用的、适于解决各种问题的创造性思维是不存在的)、目标的前瞻性(强烈的超强意识)、思维的发散性(多线特征、正向反向)、结果的聚敛性(思想火花表现出无序和混乱的特征，聚敛是一个不可缺少的过程)、形式的超常性(求新存异、有所突破，不人云亦云)等特征。

(五) 思维定式

创造思维往往需要突破思维定式的束缚。所谓思维定式，就是按照积累的思维活动经验教训和已有的思维规律，在反复使用中所形成的比较稳定的、定型化了的思维路线、方式、程序、模式(在感性认识阶段也称作“刻板印象”)。例如，如果给你两张照片，一张照片上的人英俊、文雅；另一张照片上的人丑陋、粗俗。然后对你说，这两个人中有一个是全国通缉的罪犯，要指出谁是罪犯，你大概不会犹豫吧！

先前形成的知识、经验、习惯，都会使人们形成认知的固定倾向，从而影响后来的分析、判断，形成思维定式，即思维总是摆脱不了已有的框框的束缚，表现出消极的方面。认识的固定倾向是一种习惯，而习惯却是一种因循式的思维形式。习惯是指已经熟练掌握的不假思索的反应行为和适应行为，经常使饥不择食，不困而眠，不愠而吼，压倒合理的思想而不给它自由发挥的机会。若想要提高能力，就必须从冲破思维定式开始。

(六) 逆向思维

逆向思维也叫求异思维，是创新思维重要的补充形式。逆向思维作为一种重要的思维方式，是对司空见惯的似乎已成定论的事物或观点反过来思考的一种思维方式。敢于反其道而思之，让思维向对立面的方向发展，从问题的相反面深入地进行探索，树立新思想，创立新形象。人们习惯于沿着事物发展的正方向去思考问题并寻求解决办法。其实，对于某些问题，尤其是一些特殊问题，从结论往回推，倒过来思考，从求解回到已知条件，反过去想或许会使问题简单化，使解决它变得轻而易举，甚至因此而有所发现，创造出惊天动地的奇迹来，这就是逆向思维和它的魅力。

五、政策规划的程序

政策规划主要包括政策目标的确定、政策方案的设计、政策方案的评估、政策方案的选择四个重要环节。

(一) 政策目标的确定

政策规划的第一步就是确定目标。政策目标不仅是政策方案设计和择优选择的基础依据，同时也是政策执行的指导方针，并且为政策评估提供了参照标准。

无目标的行为抉择是不可思议的。就像打高尔夫球，如果让一个人夜间去打，他会感到非常好笑，连标杆都看不见，怎么打？政策目标就是决策者对未来一个时期内所能取得的结果的判断，没有这种基础性的判断，决策就无从谈起。

一般来说，政策目标具有如下三个特征。

1. 层次性

政策目标是由总目标、子目标、次级子目标等从大到小、自上而下组成的一个多层次的目标体系。总目标、子目标、次级子目标之间既相互联系、又相互制约，构成了一个层层节制的目标系统。

2. 多样性

公共政策内容的广泛性和复杂性决定了政策目标的多样性。从内容上看，有政治目标、经济目标、社会目标等各领域的目标；从范围和数量上看，有宏观目标、中观目标和微观目标，单目标和多目标；从期限上看，有长期目标、中期目标和短期目标；从程度上看，有主要目标和次要目标，等等。

3. 系统性

多层次、多样化的目标并不是相互独立的，更不是相互并列的。各种具体目标之间要建立有机的联系，形成合理的结构，发挥系统的功能。局部的、低层的、近期的目标要从属于整体的、高层的、长期的目标。具体目标受制于总体目标，并根据总体目标的要求进行调整。

为了防止“制定正确的方案，解决了错误的问题”，保证政策目标的正确性，政策目标的确定必须要遵循一定的原则：①针对性，即目标必须针对现实问题，有的放矢，切中要害，并选择好突破口。②可行性，即目标必须是在现有条件下通过一定努力可以实现的。③系统性，即从整体着眼，对目标进行层层分解，并将其系统地归并和综合为一个有机的目标体系。④规范性，即目标必须要符合一定的法律、政治和道德规范，符合人们的价值观和信仰。⑤具体性。即目标的表达要准确清楚，含义单一，有明确的时限、范围、约束条件及具体指标。

(二) 政策方案的设计

政策规划的第二步工作就是设计政策方案。就像医生给病人开出的药方，是能否治好病的关键性步骤。在很大程度上，病人去找医生并不只是为了诊断，而是为了得到治病的药方。同样，决策者对于政策问题的分析和判断，其根本目的就在于寻求一种解决这一问题的途径和方法。决策的内容一般涉及原则和操作两个层面，原则层面是指政策目标的确立，操作层面是指政策方案的设计。在政策方案的设计中，需要注意两方面的问题：①对方案后果及其效应的准确估计。没有这种估计，就无从辨别方案的好坏优劣，从而失去进行选择的价值标准。②对方案实施细节的详尽规定。没有这种规定，再好的方案也难以付诸实施，从而也就无法进行优化选择。

政策方案本身并不是行动，而是行动之前对行动的内容、程序、方式、方法等进行的设计。按照事前设定的方案行动，是人的行动区别于动物的行动的一个显著特点。动物的行动所表现出来的计划性，只是长期生存过程中形成的习惯性本能，是毫无意识地服从自然。人的计划则完全不同，人是唯一有意识活动的高级动物，其行为受思想的支配，行动之前总有思考和选择的过程。马克思对人类活动与其他动物活动的区别曾有过一个非常形象的解释，他说，蜂窝的精密构造曾使建造大师们为之叹服，但建筑师在建造楼房之前就已在头脑中有了楼房的完整形象，而这正是蜜蜂所没有的，也是根本做不到的。搭建蜂窝完全是蜜蜂代代相传的本能行为，人是自觉地改造自然并使之为己服务，这是被动适应与主动改造之间的区别。这种以改变外部世界达到自己目的的计划，就是人们制定的行动方案。行动方案的内容是多方面的，通俗地说可以用 5W1H 进行概括，即 What(做什么)、Why(为什么做)、 Who (谁去做)、When(何时做)、 Where (何地做)、How(怎么做)。

1. 政策方案设计要点

(1) 成本：方案需要考虑成本及其效率。

(2) 稳定性：方案的抗干扰性及目标的可持续性。

(3) 可靠性：在既定时间段实施方案的可能性有多大。

(4) 牢固性：如果在执行中，方案部分失灵或受损，该方案能否持续。

(5) 灵活性：方案的伸缩余地有多大。

(6) 风险性：方案失败的可能性有多大。

(7) 传播性：如果方案容易被理解，那么贯彻执行就会减少障碍。

(8) 功效性：方案的价值表现及其伦理特征，解决问题的是非界限。

(9) 简单性：方案是否易于操作和执行。

(10) 相容性：方案是否与现行相关政策及其目标、手段衔接或相容。

(11) 可逆性：方案执行中阶段性目标和程序的相互替代性。

(12) 强韧性：方案是否适应不同的环境和条件。

2. 备选方案的来源

备选方案是如何形成、怎样出现的呢？一般来说，分析人员多以“与现状相符且尚未实施过的方案”为起点，然后参考他人的经验、案例的调查、类似问题的类推、学者专家的意见、权威人物的要求、参与者的想法、法律条文的规定、技术条件的提供等相关内容，逐渐形成自己的方案框架。一些学者认为，备选方案大致有四个来源：现行的政策方案、通常的解决方案、调整的解决方案和创新的解决方案。

寻找备选方案有下列几种方法。

(1) 消极等待法。像新闻热线等待新闻线索提供那样，等待一些人以毛遂自荐的方式提供问题的解决方案。

(2) 主动寻求法。不仅要让其他人了解所要寻求的方案，而且应主动提供方案的政策目标和分析的基本思路。

(3) 触类旁通法。寻求在解决类似问题时前人的一些通常做法，在差异化比较的基础上，类推新的解决方案。

(三) 政策方案的评估

政策规划的第三步工作就是政策方案的评估。评估就是对所有设计出的政策方案进行全面的分析和评价。由于这种评估活动发生在政策执行之前，所以带有明显的预测性质。政策规划者需要利用掌握的信息，对每种方案的收益、成本和可能遇到的问题进行预测，对方案实施的可靠性和可行性进行分析，并且说明每种方案的优缺点。

政策方案的评估涉及三个方面的内容：一是预测性评估；二是可行性评估；三是不可行性评估。

1. 预测性评估

政策规划是一项立足现实却又面向未来的活动，而未来对任何人来说都是一个未知的领域。然而，人们不会甘心于在未知的领域面前无所事事，都希望能够对未来做出一定的判断，以把握自己今后行动的方向。但这种判断只是一种事前的估计和设想，任何人对行动的结果都没有百分之百的把握，可还是会尽其努力去接近这种把握。当然，面向未来并不是脱离现实凭空设想，而是立足于现实又不停留于现实，以现实作为通向未来的起点，根据现有的知识和经验，进行科学的预测。

预测就是立足过去和现在，预料和推测事物发展的未来。预测是人类固有的一种行为，充分体现了人类活动的主观能动性。自古以来，人们对于预测就有着非常浓厚的兴趣，但那时由于知识和经验的缺乏，预测多为巫师占卜、抽签算命、信天游地，很难摆脱宿命的怪影。随着社会的进步和科技的发展，人们逐渐发现客观事物的发展变化带有一定的规律性，如果能够认识它们的运动规律，就能把握其变化趋势和预知其发展前景，对其未来的走向做出正确的判断。现代科学预测就是在这样的认识基础上逐渐形成和发展起来的。科学预测绝非主观臆断和凭空猜测，而是以科学理论为指导，以知识和经验为依据，运用各种预测方法和技术，分析和判断所掌握的各种信息，对事务未来发展的可能状态做出合理的估计和判断。

预测的发展首先来自决策的需要，其目标就是为决策提供合理的依据。决策所要解决的问题也正是预测所要解决的问题，预测的内容会随着决策的不同需要而有所变动。一般而言，预测的作用更多地体现在备选方案的内容评估方面，它要评价未来选择的多种可能性，以及每种选择所要承担的风险和所能得到的收益。

2. 可行性评估

可行性评估主要涉及的是方案实施中主客观条件和政策预期效果方面的可行性问题。评估应围绕政策目标进行，运用定性和定量的分析方法，系统研究方案的实施条件，以确保政策方案的顺利实施。

政策方案的可行性评估一般包括以下六个方面的内容。

(1) 政治可行性，即政策方案获取政策资源支持的程度(获得合法地位和被政策执行机构接受的可能性)和对政治价值观的影响。

(2) 经济可行性，即政策执行中获取政策资源的可能性。其中包括一般性资源(人力、物力和财力等)和特殊性资源(信息资源等)。政策资源是一个宽泛的概念，包括自然资源和人文资源、国内资源和国外资源等多种内容。

(3) 行政可行性，即行政部门在执行能力和公众效率方面的支持程度。

(4) 法律可行性，即政策方案是否符合国家宪法和法律的有关原则和条款。

(5) 技术可行性，即在现有技术条件下实现政策目标的可能性。

(6) 社会可行性，即社会对政策方案认同和支持的可能性。其中，传统文化、道德观念、社会环境和意识形态都是重要的影响因素。

3. 不可行性评估

全国政协委员钟起煌在向全国政协十届五次会议提交的大会发言中，用有关三峡工程的实例进行说明，建议对重大决策建立“不可行性论证”制度。

温家宝总理在视察三峡工程时曾问工程负责人：“在三峡工程建设中，贡献最大的是谁？”负责人回答：“贡献最大的是对三峡工程提出‘不可行’意见的几位中科院院士，他们提出的‘不可行性’分析和论证意见，使我们在工程建设中避免了多项重大失误，最终保证了工程的顺利实施。”

所谓“不可行性论证”，顾名思义，是指针对重大的政策项目，专门从项目的“不可行性”方面进行分析，对可行性报告提出反驳意见，运用逆向思维的方法，从相反角度为项目审批提供参考意见，为决策创造一个监听的平台，以利于政府决策的民主化、科学化。

在现实生活中不难发现，一些地方在进行重大决策时，往往总是从“需要”出发，仅去论证决策的“可行性”，不去考虑决策的“不可行性”。这种先入为主的“先有结论、后求论据，正方充分、反方缺失”的论证方式，对决策的科学化、民主化构成了极大的障碍。

研究“可行性”和研究“不可行性”，二者的目的其实是一致的。毋庸置疑，任何事情都具有两面性，有利就有弊，有好就有坏，不能仅凭主观愿望和感情因素加以定夺。

经济发展中最大的失误其实就是决策的失误。要想遏制这类失误，就需要把决策的“可行性”建立在“不可行性”论证的基础上。如此，决策就会少走弯路，少栽跟头，经济发展才会少些麻烦，少结“苦果”。

(四) 政策方案的选择

决策是一种面向未来的活动，而未来会出现多种可能性。当人们能够运用一些方法预知这些可能性时，就可以根据现有条件进行选择，并努力使这些选择成为现实。决策过程实质上就是选择的过程，选择性是决策过程最重要的特性。

在实际的决策过程中，人们往往很难在政策方案的设计与选择之间划出一个明确的界限。设计本身就包含着选择，决策行为是一个不间断的选择过程。西蒙认为，任何细微行为的决策，必然涉及更广泛的决策。例如，一个人迈步前行是为了使其有所行动，如此，等等，每一项决策都包含着目标的选择和行动的选择。而这种选择可能又是其他一些选择的中介。从这个意义上讲，政策方案的选择并非只是始于选择阶段。

1. 方案选择的主要环节

(1) 决策标准，即建立一套对方案进行优选的决策标准。从一般意义上说，决策标准主要涉及价值观、选民利益、地方利益、公共利益、公众舆论、政党压力、政策先例、政策依从(依从他人的判断)等。从具体角度而言，渠道决策标准还要考虑效率与效益、公平与公正、困难与风险、资源与环境、正功能与副作用等。由于政策对象的复杂和政策环境的多变，一项具体的政策方案往往很难同时满足多项标准，因此实践中经常采用的方式是关注重要内容，提出满意标准，遵循有限理性的原则，止步满意搜索，选择最终方案。

(2) 比较性分析。所谓选择，就是在对备选方案进行评估的基础上择优。一般来说，只有做好评估工作，才容易对政策方案进行比较和鉴别，并能够根据政策目标对方案优劣做出判断。选择总会面临困惑，择优就是要在困惑中进行决断。需要说明的是，择优有时候还表现为一种综合的活动，即以一个较好的政策方案为蓝本，吸取其他方案的长处，创新出一个更为令人满意的政策方案。

(3) 择案规则。群体决策或其他方面的公共选择，通常都是为了得到一个有效的结果，即能够做出最终的选择。人们常说“没有规矩，不成方圆”，群体决策是多人的选择，没有规则就难有结果。所谓择案规则，就是决策群体选的最终方案的程序和方法。它的确定对最终选择有着非常大的影响，就同一个群体而言，运用不同的择案规则很可能会导致完全不同的选择结果。

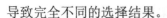

(4) 合法性审查。在政策方案最终确定之后，还必须通过合法性审查。法律法规对决策主体、权限、程序、内容等多个方面要加以全面规范，只有明确要求决策权的取得必须源于法律、运行必须依据法律、后果必须基于法律，才能避免决策权被滥用或误用，才能最大限度地降低决策风险和避免决策失误。合法性审查显然不是为了剥夺、削弱政府部门的决策权，而是要建立一系列决策制度来确保政府决策合情、合理、合法，防止出现法外决策、违法决策、拍脑袋决策、非理性决策等方面的问题。

2. 群体决策的择案规则

(1) 一票否决规则，即全体一致原则，指决策群体所有成员必须意见完全一致才可最终选定某个备择方案，任何人持不同意见，方案就不能通过。现实中有很多这样的实例，如联合国安理会在形成决议时，必须以常任理事国一致同意为前提条件。全体一致原则表现为以下两个特征：①决策者平等分享决策权；②决策者中没有人因最终的方案选择而利益受损，即决策者都能由此获得一定的收益。尽管全体一致原则从公平角度而言具有很多诱人之处，但它绝非是应用广泛的择案形式，这主要是因为其中存在着“讨价还价”的难题。

从理论上讲，大家共同受益，双赢或共赢并非是不可实现的。但从现实角度上看，由于人们的价值取向、兴趣爱好、利益预期是多种多样的，所以要达到一个使大家都满意、利益互不损害的最优方案是非常难的，甚至是不可能的。实际上，大家不得不进行一而再、再而三的讨价还价，一次性协商就能解决问题的情况极少出现。因而，人们往往为了最终的选择耗费时间、精力、物质和金钱，这种损失有可能超出他们从该方案中所能获得的收益，由此导致了许多“无奈的选择”和决策活动中的“策略行为”。

一票否决的择案方法只是在重大决策问题上使用，如果任何决策都采用一票否决规则，一票否决的方法反倒没有意义了。

(2) 多数决定规则，即少数服从多数，以多数票通过中选方案的择案规则。既然全体一致在很多情况下难以做到，那么就只能退而求其次，采用多数票制，以最大限度地照顾多数的利益。多数票制最普通的形式就是“简单多数方法”，简单多数是指在多项方案的表决中，哪一项方案得到的赞成票最多，哪一项方案就获得通过。这是使用最广泛、程序最简单、最易被人接受的表决方法。有时候即使没有成文的规定，大家也会约定俗成地这样去做。就开关性选择(从两个备选方案中选定一个方案)而言，情况比较简单，决策组成员应为奇数，以多数人意见为准。若备选方案不止两个，而是三个甚至更多，那么情况就会复杂一些。例如，决策组成成员有 11 个人，其中 5 个人选择方案 A，4 个人选择方案 B，2 个人选择方案 C，按简单多数原则当然就该选择方案 A，但实际上有 6 个人并未选择这个方案。如果得票最多的方案获得赞成票数没有超过总票数的一半，称为“相对多数”；如果超过总票数的一半，则是“绝对多数”。要以“绝对多数”通过方案就必须对具体的比例做出明确的规定，如要求达到 1/2 或 2/3 或 3/4 的多数等。如果在第一轮投票中没有任何方案超过绝对多数的相关规定，则可以在两个得票最多的备选方案之间增加一次新的表决，票数领先者获胜，这是多数表决的修正方法。

(3) 两两对比规则，这是另外一种多数决定的方法，常被称为“两两对比法”或“成对表决法”。它是由法国数学家孔多塞首先提出的，指对所有的备选方案都进行成对的比较，即先表决两个方案，获得群体成员过半数赞成票的方案再同余下的方案进行成对比较，依次表决直至得出最终结果。例如，有A、B、C三个备选方案，有甲、乙、丙三人组成的决策群体对之进行成对表决，如果甲和丙认为B优于A，那么A就会被放弃，留下B与C进行比较；如果甲和乙认为B优于C，那么B就最终获得通过。

(4) 偏好次序表决规则，即首先给每个备选方案按照偏好次序依次排列打分，然后计算各个方案的总分，得最高分数者胜出。

这种多数决定的方法也称为偏好次序表决法，即先由各成员对备选方案标明其偏好，然后由群体运用加权计算法(考虑到决策群体成员在职权、责任、作用和影响等方面的差别，通常在对偏好函数进行综合的过程中要对各人的意见赋予不同的权数，一般可采用自我评定法、群体评定法或绩效评定法来确定)排出各方案的优劣顺序，并做出最后的选择。表示群体成员偏好的形式有如下两种。

① 偏好程度。各成员可以在一定度量区间(如0～1，0～10，0～100等)选择某一尺度，来表示其对某个备选方案的偏好程度。为了消除因各人的度量区间不同而对群体偏好函数产生影响，在同一决策场合必须采用标准化的度量区间。

② 偏好顺序。在实际工作中，并非总是能用量来表示群体成员的偏好，许多时候只能用群体成员对备选方案的偏好顺序来替代。假定某一决策场合有 n 个备选方案，群体成员在标明它们的优劣顺序时，可以给排在第一位的方案($n-1$)分，给排在第二位的方案($n-2$)分，以此类推，排在最后的方案得0分。然后把每个方案的得分分别汇总，得分最多的方案即被选定。这种决定方法源自法国数学家博尔达，所以也被称为博尔达程序或博尔达计数。

(5) 赞成投票规则，这是由布拉姆斯和菲什伯恩于1928年提出的一种表决方法，这种方法也被称为同意表决法，即先由群体成员对所有他认为可以接受的方案投赞成票，得票最多的备选方案即可中选。这种方法尽管简单，但它通过忽略各成员偏好次序的具体信息而获得了群体偏好次序的综合信息，因此能够对群体意见做出敏感反应，从而有效地避免了自相矛盾情况的出现。

(6) 淘汰投票规则，这也是在择案实践中逐渐总结出来的一种行之有效的表决方法。这种方法也称为否定表决法，即先由群体成员对所有他认为可以舍弃的方案投反对票，得票最多的备选方案即被淘汰。否定表决依次进行，直至剩下最后一个备选方案。这种方法使用的极为普遍。

(7) 正负表决规则，可以对某一备选方案或投一赞成票或投一反对票，但二者只可择其一，没有折中方式。每一个备选方案的正负之和就是净余票，净余正票最多者获得通过。这种表决方法将迫使决策者以积极态度参与表决，防止“事不关己，高高挂起”的不负责任的态度，避免“三手现象”(到会时握手，表决时举手，议案通过时拍手)。同时，还可避免使那些不太受欢迎也不太被反对的备选方案得到通过。当然，采用正负表决时，最好能够设立一个最低限度(不能都是负数)，要求超过这一下限的方案才能获得通过。

(8) 等级决定原则，这种择案规则也可以采用多种形式，最常见的办法是先由群体成员对备选方案进行分析讨论，大家充分交换信息，然后在此基础上由群体中的一个成员(通常是群体的领导者)负责最后拍板。正所谓“谋之在众，断之在独”。

第六节 政策合法化

合法性的概念出自英文 legistimacy，国内一些学者也有译为正当性或正统性的。德国著名思想家马克斯·韦伯认为，所谓合法性，就是促使人们服从某种命令的动机，任何群体和个人服从统治的可能性多源于他们对政治系统合法性的相信程序。韦伯之后的合法性统治或政治权力以及实施措施能够让被统治群体和个人认为是合理正当的和符合道义的，从而能够加以认可和服从的能力及属性。对于政策合法性这一概念，应该从广义和狭义两个角度进行理解。

一、广义的政策合法性

从广义角度来讲，主要偏重从正当角度去解释合法性这一概念。所谓合法性的政策，就是能够被公众认可、接受、遵从和推行的政策，而使政策能够被公众认可、接受、遵从和推行的过程就是政策的合法化过程。任何一项政策都需要经过合法化的过程，否则它就不可能具备合法化特征，也成为不了具有真正意义的政策。

政策系统的合法化是公共政策合法化的前提，只有具备合法性的政府才能颁布具有合法性的政策。不仅如此，政策合法性还需要依照一定的合法性程序，这种程序可能是一套法律规定的程序，也可能是一套基于传统的程序，还可以是领袖人物的指示，但都必须得到公众的认可和默许，否则，这种程序将被视为非法。

公众对政策的许可和默许、接受与遵行，是政策合法化的必要条件。公众之所以能够对政策认可和遵从并非源于相同的想法，有些情况是出自于自愿，有些情况是出于被迫；有时是因为他们认为政策符合他们的利益需要；有时是因为他们养成了遵纪守法的习惯；有时则是因为他们畏惧政府的惩罚措施。当然，公共政策与部分公众的利益出现冲突的情况时有发生，这个时候公共政策的强制性就会发生作用。然而，强制并不是万能的，它有着一定的限度，如果一项政策太过损害公众的利益，到了他们忍无可忍的程序，这项政策就会丧失其约束力，出现政策合法化的危机，进而引起政治系统合法化的危机，导致政局的混乱。

二、狭义的政策合法化

从狭义角度来讲，主要偏重于从法律角度去解释合法性这一概念。政策合法性包括这样一些内容：合法的决策主体、合法的政策程序、合法的政策内容和政策的法律化。

(一) 合法的决策主体

决策组织的组建及其享有有权力是宪法和法律规定的，是由国家权力机关或上级国家行政机关授予的。一般而言，主要从六个方面考察主体的合法性。

(1) 管理职能。管理职能是组建机构的前提，也是行使相应权力的根据。基本职能确定之后还需要进行层层分解，逐级落实到部门和个人。

(2) 机构设置。依据管理职能及其目标定位，设置一定的组织机构及其相应的职位。

其关键是纵向设多少层次，横向设多少部门，并要考虑沟通与协调及对组织效率的影响。

(3) 人员组合。根据职位的职责及其任职条件，配备素质与能力基本相称的人员，同时还需要考虑群体结构因素。

(4) 权责体系。要明确权力与责任。权责不明必然导致混乱，如权责明显有可能发生交叉，应明确以谁为主。

(5) 组织经费。这是行使权力、履行职责的物质基础。机构没有充足的经费，就无从购置必备的办公设备和其他设施，也难以吸收优秀的人才。

(6) 运行规则。“没有规矩，不成方圆”，组织的生存与发展必须有制度作保证。组织的运行过程要做到有序、有效，就需要有组织规章的约束。

(二) 合法的政策程序

程序之所以重要，主要是因为它是规范决策组织行为的有效途径。如果没有程序做保证，公共政策的制定就很有可能演变成随机行为，使个人或少数人的意愿凌驾于组织目标之上，个人行为代替组织行为，这决不是什么好现象。从实质合理的角度而言，我们并不否认政治家能够做出英明的个人决断，但如果完全寄希望于决策者个人的英明伟大、道德高尚、行为自律和大公无私，那是非常不可靠的，历史的经验证明了这一点。所以需要对程序做出必要的规范，是符合法律的要求，以更多、更好、更完善的形式合理抑制可能产生的实质的不合理。

许多国家还专门制定了涉及决策程序的相关法律，如审查制度、听证制度等。在政策实践的发展过程中人们逐渐形成一种共识：现代社会的公共政策制定，需要合理合法的程序。政策符合法定的程序，但实际效果欠佳，那是机构的能力问题；而政策违反法定程序，即使政策效果不错，也容易引起合法性冲突，那就是法律问题。不管效果怎样，都为法律所不容。能力问题可以谅解，但性质问题就不能够原谅了。一些决策者在政策制定过程中违反法定程序，即使他们的动机是好的，完全是出于公心的，但法的刚性是不容动摇的，他们必须受到法律的制裁。即使他们的行为博得了一部分人的同情与宽恕，但法律是不讲感情的。

(三) 合法的政策内容

政策内容的合法主要是指政策应与国家宪法和现行法律一致，在内容上不发生抵触。不仅要符合有关的法律原则，而且要符合法律的具体规定。为了做到这一点，不仅需要在决策过程中把备选方案与相应的法律法规相对照，而且需要充分发挥法律性政策机构的审查作用。必要的话，应考虑在政策制定的相关程序中建立专门的法律审查程序。美国式的司法审查制是司法机关通过一定的司法程序审查立法机关和行政机关制定的法律、法规，发布的政策、措施，并对是否违宪做出裁决。但它属于事后进行的审查，多在提起诉讼后才会具体介入。英国的危险审查是在议院内部完成的，即议院审查自己制定的有关法律法规违宪，这虽然是一种事前审查，但自行审查往往容易引起对审查效果的过多猜疑。德国、法国、意大利等国家都建立了专门的机构——宪法法院或宪法委员会独立行使危险审查权，它们多采用预防性的审查方式，即在法律法规正式生效之前做出最终裁决。

(四) 政策的法律化

法律、法规都是政策的重要表现形式。所谓政策法律化是指国家有关把一些经过实践检验的，比较成熟和稳定的、能够在较长时间内发挥作用的公共政策上升为国家法律、法规，赋予这些政策相应的法律效力和国家强制力的保障。

政策法律化无疑是一种立法活动，其立法主体一是享有国家立法权的立法机关：二是享有委托立法权的行政机关。

政策法律化应具备以下条件。

(1) 对全局有重大影响的政策可以上升为法律，使之纳入法制轨道，以更好地保障其作用的实现。

(2) 具有长期稳定的政策可以上升为法律。法律是稳定、严肃和具有权威性的，不可能朝令夕改。

(3) 只有比较成功的政策才能上升为法律。一般性政策较之法律对客观需要的反应更为灵敏，具有一定的伸缩性和灵活性。而法律是刚性的，并不具备弹性特征。所以在立法条件尚不成熟时，不应把那些不成熟的政策纳入立法轨道。一般性政策在执行中经不断修正与完善，被实践证明是行之有效的时候，就具备了上升为法律的条件。

本章小结

公共问题是公共政策制定的起因，任何政策的制定都是由公共问题引起的。本章第一节从公共问题着手，依次介绍了问题、公共问题、社会问题的相关内容，公共政策问题的内涵及其类型等；本章第二节公共政策问题确认的相关内容。随着深化发展，公共问题进一步向政策问题演变，政策问题是政策议程的主要议题，而政策议程是政策制定的主要环节。在本章第三节，主要探讨了政策议程的内容：包括政策议程的概念，政策议程建立的途径；政策议程建立的过程等。

公共政策制定的模式是政治学家和政策科学工作者在对公共政策的研究中为了帮助人们理解和解释政治生活，思考公共政策的原因和社会效果，预测未来的发展，不断总结出来的各种模式。了解政策制定的模式有助于我们认识公共政策问题主要特性和本质，有助于我们认识基于特定的政策问题所产生的社会后果。在本章第四节，主要介绍了公共政策制定的六种模式：理性模式、有限理性模式、渐进模式、系统决策模式、精英模式、博弈模式。

政策合法化是公共政策制定的一个环节，一项政策方案被确定为最终采纳方案之后，未来使其能在现实中具有权威性与合法性，还要经过行政程序或法律程序使之合法化。本章第六节主要介绍了广义的政策合法化和狭义的政策合法性。

【关键概念】

公共政策制定　过失性社会问题　结构性社会问题　公众议程　政府议程　政策规划　政策合法性

【思考题】

1. 如何理解公共政策问题的内涵？
2. 公共政策问题确认包含哪些步骤？
3. 影响公共政策问题确认的因素有哪些？
4. 政策议程有哪些类型？
5. 政策议程建立的条件有哪些？
6. 政策议程的内在触发机制和外在触发机制都包括哪些内容？
7. 政策议程的建立会遇到哪些障碍？
8. 简述政策规划的程序。

(扫一扫，看精彩案例)

第七章　公共政策执行

公共政策执行是指政策的执行者解读、解释、细化、宣传、监督与落实既定政策，将其适用于具体的个人、事件、组织或特定情景，以实现决策目标的过程。公共政策执行是实现政策目标、解决政策问题的关键环节。任何政策必须付诸实施才能趋于实现或完全实现预期目标。否则，再完美的政策也只是一纸空文。公共政策执行的过程非常复杂。首先，政策的执行主体是由多元而复杂的行动者，包括官僚机构、传媒、社区、公民、营利部门与非营利部门、利益集团及公民社会等，缠绕而成的盘根错节、千丝万缕的行动者网络。政策的执行是行动者网络相互角力的过程。其次，公共政策执行包含政策的解读、解释、细化、宣传与落实等环节，而每一环节又都是行动者网络角力的着力点。因而，公共政策执行的过程也是一个专责行动者与其他行动者展开周旋的过程。再次，公共政策执行是建立由政策制定所导致的利益新格局，是利益格局的“破”与“立”的双重过程，执行者不得不与既得利益者进行一场短兵相接的利益交锋。最后，公共政策执行还取决于外在环境与条件因素，如资源、制度、政策工具等因素，是主客观条件具备的结果。否则，“巧妇难为无米之炊”。这一系列因素使公共政策执行绝非易事，难怪美国前总统伍德罗·威尔逊慨叹，“执行宪法比制定宪法还要难”。

学习目标

- 了解公共政策执行理论。
- 理解公共政策执行的含义、特征、功能、原则。
- 掌握公共政策执行的相关条件。
- 理解公共政策的执行过程及途径。
- 了解我国公共政策执行偏差的具体表现及其原因，理解加强我国公共政策执行效能的具体措施。

【引导案例】

让互联网成为“中国创造”的新名片

2015 年 12 月 16 日上午，第二届世界互联网大会在乌镇开幕。国家主席习近平出席开幕式并发表主旨演讲，强调互联网是人类的共同家园，各国应该共同构建网络空间命运共同体，推动网络空间互联互通、共享共治，为开创人类发展更加美好的未来助力。习近平在主旨演讲中提出了互联网发展的“四项原则”“五点主张”，全面阐述了中国关于网络空间发展和安全的基本立场，提出了对网络空间未来发展的前瞻性思考，向世界传递了合作共赢的强烈信号。

现在的这个世界，可以说互联网已经成为人们工作、生活、休息和娱乐等离不开的主要内容，也是你我他实现沟通的重要媒介。也正是因为如此，构建互联网治理联系，尊重网络主权，打造“网络空间命运共同体”就逐渐成为一种共识。作为当今世界的互联网大国，中国必然要起到模范带头作用，当然也期待更多的国家响应中国的倡议，顺应世界发展趋势，共同促进全球互联网的有序发展，进而维护世界稳定与促进全球经济发展。

以“互联互通·共享共治——构建网络空间命运共同体”为主题举行的这次大会上发出的信息显示，中国正在“信息全球化”中起积极的表率作用。当下，中国正在实施“宽带中国”战略和“互联网+”行动计划，也正着手开发新一代 5G 移动互联网技术。预计到 2020 年，中国宽带网络将基本覆盖所有行政村，打通网络基础设施“最后一公里”，让更多人用上互联网。但中国也并不独享这一优势，今后可能会通过亚投行和“一带一路”倡议的实施，加大资金和技术支持，和更多的国家共同推动全球网络基础设施建设，以让更多发展中国家和人民共享互联网带来的发展机遇。

毫无疑问，飞速发展的互联网把世界变成了一个地球村，人和人，公司和公司，国和国之间的联系更加紧密。但正因为如此，也带来了网络治理问题，因为一些非法的网络监听、攻击、恐怖主义早已成为全球公害。事实证明，网络空间既要自由，也要秩序，任何集体和个人都不能例外。因此，为了这个新领域的安全，包括中国在内的世界各国必须推动制定各方普遍接受的网络空间规则、制定网络空间国际反恐公约，以便使得法律能够触及这个虚拟的世界，使之不会成为空白之地。当然，这离不开各国的通力合作，但没有一个统一的国际法规来规范，没有一个各国认可的机构来协调，都是不易实现的。而这也就牵涉网络主权，因此国际社会要相向而行，积极对接各自的发展方向和国家战略，深刻把握各方共同利益，为良好网络空间关系的长远发展奠定坚实基础。

不可否认，在这个用互联网构建的真正的地球村里，国际社会越来越成为你中有我、我中有你的命运共同体。实际上，互联网的发展，与每一个人的未来生活均息息相关，不管你身在何处，不管你是否意识到，互联网都早已让你的生活发生了改变。可是，互联网并非一成不变，在信息高速公路上，互联网也像化学变化那样，每时每刻都在更新、重组和演变，从而推动整个体系发生巨大的量变和质变。在这个过程中，中国当然不可能置身事外。作为世界第二大经济体，中国的互联网经济超乎寻常的高速发展，引起了全世界的关注，很多国家和个人都在关注中国下一步的发展。因此，中国应该担当起大国重任，帮助更多发展中国家更好、更快地实现现代化，特别是互联网的现代化。

最新的信息表明，互联网作为全世界共同的平台，从蹒跚起步到瞬息万变，目前正进入新的蜕变期。大量的事实足以证明，中国互联网发展之路走的远比其他国家更快、更好、更活跃。特别是近十年来，伴随着迅速行进的互联网基础设施建设，一批闪耀着光环的中国互联网企业恰逢其时地诞生。它们从模仿中学习，在学习中超越，创造出了全球瞩目的巨大业绩。

今天，在全球互联网公司十强中，中国已毫无争议地占据了 4 席，这在很多国家看来简直就是巨大的奇迹。历史经验表明，一个国家在信息要素联通上越顺畅，其经济活力和综合实力才越可观。因此，希望中国的信息技术公司抓住“一带一路”倡议的契机，抓住互联网的爆发性增长机遇，在发展中完善自我，在发展中从中国走向世界，从而占据世界信息革命的新的制高点，也把富有时代特色的“中国创造”打造成为国家崛起的一张崭新的名片。

(资料来源：陈光文. 中国网，2015 年 12 月 18 日 http://opinion.china.com.cn/opinion_84_142684.html)

案例思考：

1. 结合上述案例内容，试分析中国企业在世界级舞台上如何实现从追随者到管理者角色的转变，国际化的中国企业如何巩固发展优势等。

2. “大数据时代、互联网+、大众创业、万众创新”成为当前的热门话题，结合本案例，试阐述如何理解公共政策执行。

3. 结合案例实践，试分析影响我国公共政策执行的因素。

第一节 公共政策执行概述

一、公共政策执行理论概述

随着公共政策执行运动的不断深入，研究者们从不同的角度出发，形成了各种公共政策执行理论。

(一) 行动理论

行动学派的主要代表人物查尔斯·琼斯认为：“公共政策执行是将一项政策付诸实施的各项活动，在诸多活动中，尤以解释、组织和实施三者最为重要。所谓解释，就是将政策的内容转化为民众所能接受和理解的指令；所谓组织，就是建立公共政策执行机构，拟定执行的办法，从而实现政策目标；所谓实施，就是由执行机关提供例行的服务与设备，支付经费，从而完成议定的政策目标。”由此可见，行动学派关注政策作为行动指南的指导性作用，强调公共政策执行的关键问题在于公共政策执行机关如何采取政策行动。强调政策行动只要坚强有力，行动方法切实可行，就可以较为顺利地实现政策目标，合理的公共政策执行甚至在一定程度上可以弥补政策决定的局限和无能。

(二) 组织理论

组织理论学派强调公共政策执行组织机构的作用，认为任何政策都是通过一定的组织得以实施的。没有一定的组织机构做依托，没有一定的组织原则做保证，任何政策目标都只能停留在纸上谈兵的政策构想阶段。因此，该理论认为，尽管公共政策执行不力的原因是多方面的，但政策组织问题是恒定的关键原因之一。组织理论学派的代表人物弗雷斯特提出："传统的公共政策执行规范理论强调公共政策执行机构及其人员对政策目标和政策规定的顺应行为，强调依法行政，而基本上不考虑公共政策执行机关及其人员的审视检定、自省以及前瞻分析的能力和需求。但政策规划者、公共政策执行机构和人员的预期分析能力，即在危机事件或事态发生之前预感并相应采取适当步骤和程序加以有效对付的能力，实际上是对公共政策执行成功与否起最关键作用的因素。"组织理论学派认为，政策能否有效执行，关键在于执行机构的主客观条件。主观上要看能否理解和领会政策，是否具有执行的积极性；客观上要看能否拥有足够的资源，是否拥有足够的执行能力。

(三) 因果理论

因果理论主要包括三方面内容：①把政策决定看作是一种假设，将公共政策执行看作是引导人们到达目的地的"地图"，公共政策执行是按"地图"所指引的方向到达目的地。②把政策中的潜在因果假设分为两个因素：贯彻影响力和技术能力，前者主要涉及政策过程中按既定目标实现政策输出的能力，后者是政策输出导致所希望的结果产生的能力。③重点关心两类因果问题：政策制定者在多大程度上理解了影响目标实现的主要因素和因果关系(认识要素)，决策者在多大程度上授予执行机构控制这些关系的权力，使执行机构至少有潜力实现目标(权力因素)。

(四) 管理理论

管理理论强调公共政策执行是公共政策执行机构依据既定的政策进行管理的过程，这个过程不仅受其合法委任权的影响，而且还要受到与之相关的利益集团的影响，政治系统中立法机关干预的影响，以及特定的政治环境中其他各种因素的影响。该理论对稳定环境中的私人官僚政治的等级控制提出了质疑，相反却提出了控制服从行为是困难的观点，管理与执行在很大程度上成了同义语。

(五) 交易理论

交易理论又称博弈理论，认为公共政策执行是一个政治上讨价还价的过程。在这个过程中，公共政策执行者与政策对象之间通过不同方式的贸易，在各种力量的互动过程中，达到某种妥协、退让或默契。依据某种价值标准制定的政策目标与方案是较为理想的结果，而在实际中由于公共政策执行处在各种力量的互动过程中，因此公共政策执行过程必然是不连贯的和混乱的，在此情况下公共政策执行很难达到预期的效果。

(六) 系统理论

系统理论主要的观点是将公共政策执行看作一个政策系统与周围环境进行物质、能量和信息交换的过程；将整个公共政策执行过程视为一个开放的系统，而这个系统是通过和外界做不断的物质、能量的交换，从而达到整个系统的目标，实现系统的优化。该理论认为，公共政策执行过程的分析，可以理解为外界环境对政策系统进行物质、能量、信息的输入，系统产生了政策输出，由政策结果和反馈提供了政策的评价与再输入过程。人们自然把力量放在执行分析上，如行政机构的政策输出与实际政策结果是否与原政策目标一致。

(七) 演化理论

该理论认为，政策的制定与执行是一个演化的过程。在提出政策问题、制定政策目标、拟定政策方案中，都存在着许多不确定性和模糊性。政策目标是多重的、不甚明确的，有时甚至是冲突的。政策方案也是粗线条的、大致的规划。内部因素、环境变量的不断变化，会带来更大的不可知性。因此，在政策执行过程中，政策中模糊的目标和粗线条的方案会被重新确定和再设计，公共政策执行就是使政策进一步演进的过程。

事实上，上述关于公共政策执行的理论观点各有其道理，它们只不过是从不同角度、不同侧面阐述了公共政策执行的重要意义，这些理论对我们把握公共政策执行的基本概念都具有启发作用。

二、公共政策执行的概念

由于对公共政策执行的研究时间不长，西方政策科学学者从不同的角度做出了界定，其中比较有代表性的说法如下。

美国学者马杰和图尔认为，公共政策执行是执行某一项政策所做的各项决定。

美国学者普雷斯曼和韦达夫斯基认为，公共政策执行是在目标的确立与适应与取得这些目标的行动之间的一种互动的过程。

美国学者爱德华三世等人认为，公共政策执行是“发布命令、执行命令、拨付款项、办理贷款、给予补助、订立契约、收集资料、传送信息、委派人事、雇佣人员和创设组织单位”的活动过程。

保罗·A.萨巴蒂尔和丹尼尔·A.马兹曼尼安认为，可以将公共政策执行视为这样一种过程，即用法律、上诉法院、行政命令或用议会决定、内阁政令的形式，执行一种基本政策决定的过程。

美国政治家戴伊对公共政策执行下了一个定义：“公共政策执行就是旨在执行政府立法部门所制定发布的法律而进行的一切活动，这些活动可以包括创设新的组织机构——新的部、新的局、新的司法等，以便执行新的法律或将新的职责和职能传授给现有的组织。这些活动还可能包括制定一些特殊的法规和条令，以便对法律的真正含义做出解释，同时这些活动往往还包括对许多个案的裁决。”

美国学者格斯顿把公共政策执行界定为“将政策义务转化为实务”。他说：“公共政策就是对某些事务承担的义务”，“为了使政策得到贯彻，适当的政府机构就必须致力于把新法律和新计划转变为实务的过程。义务代表有意识地将政策计划转变为现实。”

陈振明认为，公共政策执行是一个动态的过程，它是公共政策执行者通过建立组织机构，运用各种资源，采取解释、宣传、实验、执行与监控等各种行为，将政策观念形态的内容转化为实际效果，从而实现既定政策目标的活动过程。

我国台湾地区学者林永波、张世贤认为，公共政策执行可视为一种动态的过程，在整个过程中，负责执行的机关与人员组合各种必要的要素，采取各项行动，扮演管理的角色，进行适当的裁量，建立合理可行的规则，培养目标共识，激励士气，应用协商化解冲突，以期成就某特殊的政策目标。

综上所述，可以公共政策执行下一个定义。简言之，所谓公共政策执行，就是政策方案被采纳以后，公共政策执行者通过一定的组织形式，运用各种政策资源，经解释、实施、服务和宣传等行动方式将政策观念形态的内容转化为现实效果，从而使既定的政策目标得以实现的过程。

三、公共政策执行的特征

作为政策过程的一个重要阶段，公共政策执行不仅表现了政策过程各个阶段所具有的共性，而且还具有其自身的特殊性。具体而言，公共政策执行主要具有以下特征。

(一) 对象的适用性

所谓对象的适用性，简单地说，就是指一定的政策只适用于一定的对象。任何政策都必须明确其适用范围。所谓政策对象，就是政策作用和影响的对象，它涉及一定的人和事。公共政策执行首先应该弄清楚该项政策的适用对象和范围，否则就不可能达到政策目标，还可能闹出笑话，影响政策的权威性和严肃性，从而削弱公共政策执行的力度。对于政策对象的理解，有狭义和广义之分。狭义的政策对象只指政策直接作用和影响的对象；而广义的政策对象除了直接政策对象外，还包括与公共政策执行效果有关联的间接政策对象。在执行政策的过程中，执行者不仅要针对政策的直接对象落实政策，而且还应该做好间接政策对象的工作，以有利于政策的有效执行。

应该指出的是，在政策中如何准确地表达其适用范围，是影响对象适用性的关键。由于某些政策对适用范围没有做出规定，或者仅仅做了模糊性、隐含性的规定，使公共政策执行主体拥有较大的自由裁量权或理解出现偏差，从而导致执行失效与对象错位。严格地说，公共政策执行对象的适用性是指政策的时间效力、空间效力和政策对人的效力。因此，在政策制定中或公共政策执行之前应当体现上述三个方面的内容。一般而言，其标准表达方式是由三个要素构成的，即“在××范围内，××主体，从事××活动，适用本政策”。

同时，政策目标的不清晰、不确定也往往对公共政策执行对象的适用性构成障碍。政策在制定过程中，由于考虑到政策调整的成本、目标群体的顺应程度、机构的应变与生存能力等多种因素，政策制定者有时希望用较为模糊的政策语言来表示政策目标和政策内容，认为这样能有效延长政策本身的寿命，但这种含含糊糊、模棱两可的语言，往往会给政策对象的界定带来麻烦。例如，在制定保护消费者权益的政策中，对什么是“消费者”未有明确的界定而导致公共政策执行的困惑。而新出现的社会现象又导致公共政策执行者在执行政策时的随意性。例如，知假买假的人① 是否是消费者？被医院误诊导致身体损害的病人是否是消费者？由于公共政策执行者裁定的不一致，从而损害了政策的正义，破坏了政策的权威，最终导致公共政策执行效果的弱化。

---

① 1993 年 10 月，我国颁布了《中华人民共和国消费者权益保护法》，该法第四十九条规定：“经营者提供商品或者服务有欺诈行为的，应当按照消费者的要求增加赔偿其受到的损失，增加赔偿的金额为消费者购买商品的价款或者接受服务的费用的一倍。”这便是我国《消费者权益保护法》所确立的“1+1”赔偿制度。正因为这种“1+1”赔偿制度的存在，才引发了以王海为代表的一些人，知假买假，通过诉讼索赔，获得收入，新闻媒介称为“王海现象”。

(二) 执行的灵活性

在政策实践中，多数政策(特别是中央政府发布的政策)都属于宏观政策，往往着眼于整体和全局，带有战略特征，一般不会涉及操作层面的具体细节。因此，在公共政策执行过程中，各地方和各部门应结合本地区、本部门的特点，制定切实可行的政策方案，切记僵化教条、生搬硬套。

一般来讲，由于政策环境的复杂性和客观条件的多变性，政策制定者往往只是规范某些基本原则，而把实现政策目标的更多权力交给公共政策执行部门去承担。因此，在实现政策既定目标的过程中，公共政策执行机构可以采取多种多样的执行途径。

强调实施的灵活性，是为了取得更好的执行效果，若运用不当，也会带来一定的负面影响。公共政策执行主体在执行中可能会避重就轻，选择熟悉和易行的途径，放弃有困难但却有效的途径，甚至还可能完全背离政策本身的初衷，反向执行。例如，关于不同级别领导干部配备公车的政策规定，其政策制定的初衷是想通过清查超标准配车的腐败现象，以节约国家的财政支出。然而，由于该政策在制定中仅仅考虑超标准配车的问题，而未能考虑客观上也存在没有达标的公车配备现状，因此，在执行政策的过程中，虽然对超标准用车问题进行了一定清理，但同时，由于那些按级别没有达标或根本没有配备公车的人根据该政策的规定提出了他们的要求，于是也进行了部分配备，结果导致国家财政支出不但没有减少，反而有所增加。

习近平同志在其署名文章《加强和改进新形势下党的建设的纲领性文献》中明确提出要努力“减少制度执行的自由裁量空间”，不允许打着“自由裁量空间”的幌子，把个人或组织凌驾于制度之上，为所欲为。

(三) 执行的有序性

执行的有序性是指公共政策执行应保持一定的阶段性顺序和过程的连续性。这是公共政策执行程序的核心要求，也是保持执行工作稳定开展的基础要素。

公共政策执行的有序性要求公共政策执行程序的每个环节具有时间上的前后次序。公共政策执行一旦启动，就要一个阶段接一个阶段，一环扣一环，层层推进，依规定的次序进行下去。政策方案的实施和政策目标的实现是一个循序渐进的过程，公共政策执行既要着眼于最终目标，又要立足于阶段性工作，要把二者有机地、科学地结合起来，尤其要防止超阶段的执行行为。如果在公共政策执行条件不成熟的情况下强行实施某项政策，有可能导致公共政策执行的失败，最终阻碍政策目标的实现。

邓小平同志提出的中国现代化建设“三步走”的发展战略就是政策有序性的很好说明：第一步从 1981 年到 1990 年，国民生产总值翻一番，解决人民的温饱问题；第二步从 1991 年到 20 世纪末，国民生产总值再翻一番，人民生活达到小康水平；第三步到 21 世纪中叶，人均国民生产总值达到中等发达国家水平，人民生活比较富裕，基本实现现代化。中共十五大又将第三步目标进一步具体化：到 21 世纪的第一个十年，实现国民生产总值比 2000 年翻一番，使人民的小康生活更加富裕，形成比较完善的社会主义市场经济体制；再经过十年的努力，到建党一百周年时，使国民经济更加发展，各项制度更加完善；到新中国成立一百周年时，基本上实现现代化，建成富强、民主、文明的社会主义国家。

(四) 过程的动态性

公共政策执行由一系列活动构成，它是一个思想和行为需要不断变化、不断调整的过程。一方面，政策方案无论制定得多么好，都不可能与复杂多变的客观现实完全一致；另一方面，随着时间的推移、执行活动的推进及环境和条件的变化，公共政策执行还会遇到一些新情况、新问题。公共政策执行者只有根据这些新情况，适时地、灵活正确地应付和处理问题，才能使政策方案得以顺利实施，政策目标得以顺利实现。因此，根据具体情况和变化了的条件及反馈的信息，不断地改变、修正和调整原定的执行策略、计划和程序，是公共政策执行过程中在所难免的现象，而且这种不断的调整和变动要贯穿公共政策执行的全过程。

(五) 执行的协调性

公共政策执行时各种政策要素在空间上的分配、重组、展开和运动的过程，其中任一要素的发展变化及各要素的分配方式、比例、组合结构等的变化，都会直接影响到整个公共政策执行的进程，它反映了公共政策执行在空间上所具有的协调性。

影响公共政策执行协调性的因素很多，其中最为主要的因素是制度性因素。政策目标的实现，既包括公共政策执行主体依据其法定职权来履行公共政策执行的职责，同时也包括公共政策执行主体依据政策新赋予的职权执行政策。不管是前者还是后者，由于公共政策执行主体之间的职能交叉或职能重合，客观上造成多头管理，而多头管理的表象是推诿扯皮，其结果是效能低下，严重破坏公共政策执行的协调性。以文化行政管理为例，管理机关有新闻出版部门、广播电影电视部门、文化部门，还包括工商行政管理部门和公安部门等。在这种体制下，可以推测某一关于音像制品的政策在执行中将遭到来自不同有权主体的制约。由于行政管理权限划分不清不是简单的学理问题，而更主要的是利益分配问题，因此针对音像制品的政策及其执行结果，非常需要进行一定的协调。

(六) 执行的时限性

公共政策执行的时限性不仅指公共政策执行中每个环节都有时间上的要求，还指公共政策执行进程的及时完成。绝大多数的政策对执行中的许多阶段和环节都有一定的时间规定，这就意味着对随意性的限制和对权力的制约。公共政策执行的时限性克服和防止了公共政策执行主体行为的随意性和随机性，为这些行为提供了外在标准，使之不能随意而为。同时，公共政策执行的时限性为政策参与者提供了统一化、标准化的时间标准，克服了行为的个别化和非规范化，从而使公共政策执行行为在时间上连贯和衔接，避免行为各环节的中断。

公共政策执行的时限性还要求公共政策执行不能快速地进行或过于缓慢地进行。如果公共政策执行过于快速，政策的目标群体就无法充分地适应，公共政策执行主体也不能进行充分的执行准备。这种突袭性的公共政策执行会使政策丧失一定的可预测性，造成人们的心理准备不足。但反过来，如果公共政策执行推进过于缓慢，也同样会引起公共政策执行的障碍。

影响执行时限性的一个主要因素就是由利益冲突导致的某种妥协。当政策制定主体与公共政策执行主体或政策目标群体在政策价值判断(包括经济价值、政治价值和其他人文价值)和事实判断上发生冲突的时候，由于冲突双方的力量(力量的构成要素是复杂的)

势均力敌，妥协就是一种必然的选择，而对公共政策执行的时限性不做明确的规定，似乎是解决两者冲突极为有效和易行的办法。

四、公共政策执行的功能

人们判断一项政策的好坏，不能单纯地凭借政策制定者口头和书面的声明，而主要是看政策主体采取的实际行动。再好的政策方案，若没有顺利地执行，则成了一张空头支票。正如马克思所说："一步实际行动比一打纲领更重要"。政策制定并不等于政策问题的解决，要彻底解决问题，则有赖于有效政策的执行。可以说制定政策只是认识世界的阶段，执行政策才是改造世界的阶段。公共政策执行是比政策制定更复杂、更艰巨、更重要的一个过程。公共政策执行意味着公共政策制定的内容从理想变为现实，从而实现公共政策目标的行为。公共政策执行是政策过程中的关键环节，其功能主要体现在以下三个方面。

(一) 确保政策目标的实现

政策的主要目的不是研究问题而是解决现实政策问题，政策制定主要是研究问题的过程，而公共政策执行才是直接地、实际地、具体地解决问题的过程。任何政策最终都必须通过公共政策执行过程才能实现政策目标，从而对社会政治、经济、文化等各方面产生作用和影响。因此，公共政策执行的首要功能就是通过将政策转换成可操作的具体活动，从纸上谈兵到实际用兵，按照政策所确定的目标做出各种努力。

但是，实现政策目标的过程，是一个极为复杂而困难的过程。政策不是万能的，政策目标更多的是对未来的预期，政策目标实现的过程实际上就是公共政策执行修正政策缺陷和弥补政策漏洞的过程。如果公共政策执行不具有修正和弥补功能，那么公共政策执行过程本身一定存在着某种缺陷。

近几年，我国环境污染日益严重，给我国社会经济的可持续发展带来了严重影响。之所以造成这种状况，并不是因为我国没有环境保护方面的政策，相反，环境保护政策是我国的一项基本国策。造成这种状况的原因主要在于我们没能很好地贯彻执行政府的政策措施，不是无法可依，而是有法不依，公共政策执行的功能没有得到很好的发挥。

(二) 检验政策成效

政策制定属于认识的范畴，公共政策执行属于实践的范畴，一项政策方案的对与错、好与坏，不能靠纸上谈兵，关键要通过实践来检验。从一定意义上说，公共政策执行的过程也就是政策结果产生的过程。只有通过公共政策执行，才能取得政策结果，才能对其进行分析和评价，一项在实践中能够促进社会进步和经济发展并得到人民拥护的政策，自然就是好的政策，反之就是不好的政策。当然，政策结果的好坏不仅与政策本身有关，还与执行过程有关。由于实践的变化性(出现一些始料不及的情况)，在执行过程中就必须根据实际发展的状况修正和完善政策实施方案，以提高政策的可操作性、有效性。公共政策执行是过程和结果的统一，没有好的过程，就难有好的结果。

(三) 为后续政策的制定提供依据

为后续政策的制定提供依据，也称为公共政策执行的反馈功能。任何政策都不是一经制定就尽善尽美的，政策本身需要在贯彻执行过程中不断地修正、补充、完善和发展；从另一个角度讲，公共政策执行过程中所反馈回来的各种信息又为政策决策者提供了客观依据，使政策决策者有可能根据实际情况的变化来修正和完善政策，以提高政策的可行性和有效性。一项政策的执行情况不论好坏，无论是否到达政策目标的要求，它都会造成一定的政策后果。在前一项政策后果的基础上制定和执行新的政策，可以说是政策制定过程的一个基本原则。因此，对于政策制定者来说，前一项政策的执行情况，对后继政策的制定起着决定性作用。从这个角度来看，公共政策执行过程是使政策不断调整、修正，使之更明确、更具体的过程，整个政策过程也是形成、贯彻、再形成、再贯彻，循环反复、永无止境的过程。从某种意义上讲，我们面临的社会现状，就是过去无数项政策和现行政策实际发挥影响所造成的结果。

五、公共政策执行的原则

为了保证政策得到有效的执行，需要遵循一系列行为准则或原则，具体如下。

（一）忠实原则

公共政策是国家机关、政党及其他社会团体在一定的历史时期为处理公共事务、实现公共管理而采取的政治行为或规定的行动准则和行动策略。它体现了国家或政党的意志，是指导人们行为的依据和准则。忠实原则要求全面、准确地理解政策内容，在实施的过程中，执行机构不要随意解释或一知半解，甚至为了本地区、本部门的利益蓄意曲解政策的本意，应严格按照政策本身所规定的特定对象和作用范围去落实公共政策。

（二）变通原则

政策变通是指在坚持公共政策执行的原则性的基础上，抓住政策的精神实质，遵循政策要求，结合实际，创造性地加以贯彻落实。原则性要求公共政策执行者在实施政策时，严格按照政策本身所规定的特定调控对象和作用范围去落实政策，不遵守这一原则，就会失去政策的严肃性和权威性，就会导致“有令不行，有禁不止”“上有政策、下有对策”的现象。坚持政策实施的原则并不排除政策实施的灵活性，即在原则允许的限度内，结合环境特点，因地、因事、因势制宜，使政策更加符合实际，提高政策的有效性。创造性的执行政策指的是为了保证在有效的期限内达到政策目标，而在手段上、策略上进行的灵活变通。政策目标本身是不允许“灵活”的，因而公共政策执行的变通性原则要求公共政策执行的原则性、灵活性、创造性的辩证统一，是解放思想、实事求是、与时俱进在政策实践中的生动体现，不同于政策表现或政策扭曲，而是政策创新或创造性发挥的结果。例如，邓小平同志提出的“一国两制”的政策构想就是政策变通的典型范例。

（三）民主原则

在社会主义条件下，公共政策执行最根本的支持来源于人民群众，政策成败的关键就在于是否体现了群众的公共利益诉求。因此，民主原则要求：公共政策执行的各种行为必须符合人民群众的意愿；公共政策执行必须坚持公民参与；公共政策执行必须维护公民知情权，坚持政务公开；公共政策执行必须实现社会公正。

(四) 法治原则

法治的基本内涵是法律在公共政策执行过程中的至高无上性和最高权威性，公共政策执行的权力设置、人员录用、机构配备、执行程序、执行责任等都要依据法律的规定进行。公共政策执行的法治原则要求实现公共政策执行的法律化、制度化和规范化，杜绝公共政策执行中的有法不依、执法不严、以权压法、人治代替法治的现象。从而防止公共政策执行中公共权力运用的异化和腐败。法治原则还要求对公共政策执行权力的行使加以一定的约束和监督，依照法律的规定，界定公共政策执行权力的行使范围，使公共权力运用很好地体现，实现人民的根本利益和要求；还要求公共政策执行程序制度化、规范化，建立必要的管理法律、法规和制度等，实现依法行政。

(五) 协调原则

公共政策执行是由若干执行机构和执行人员等要素构成的一个整体系统，在这个系统中，各要素即各执行机构和执行人员存在相互依赖、相互制约的关系，任何一个要素发挥功能都需要其他要素的配合，任何要素的不合理、不协调都会引起矛盾，影响执行系统整体功能的发挥。因此，实施公共政策必须注意协调沟通，交换意见，消除分歧，减少矛盾和冲突，增进彼此之间的了解合作，以达成一致，保证整个执行活动井然有序地进行。

(六) 效益原则

公共政策执行必须进行成本——效益分析，最大限度地减少公共政策执行成本，提高公共服务水平和公共产品供给的质量与效率，从而提高公共政策执行效益。公共政策执行效益是公共政策执行效果和效率的统一，是公共政策执行充足性、公平性、回应性和适宜性的统一。公共政策执行坚持效益原则，要求公共政策执行解决政策问题和政策目标，成本和效益在不同利益主体之间均衡分配，并能符合大多数目标群体和执行主体的需要、偏好和价值观念。

第二节 公共政策执行的相关条件

一、政策资源

政策资源是指政策运行过程中能够获得并可以用来促进运行过程的各种支持和条件，即政策运行所要花费的代价和必需的各种条件。政策目标无论多么明确，政策规划无论多么精细，政策方案无论多么具体，如果负责执行政策的机构和人员缺乏足够的用于公共政策执行的资源，执行的结果就不可能达到政策规划的要求，就不可能实现既定的政策目标。俗话说，“巧妇难为无米之炊”，适量的资源是政策成功不可缺少的条件。公共政策执行所需要的资源条件主要涉及物质资源、人力资源、信息资源、权威资源等方面。

(一) 物质资源

公共政策执行需要有必要的物质资源的投入，“政策的执行越来越需要仰赖经费”。

公共政策执行经费直接来自国家预算，而国家预算又依赖于整个国家经济发展水平，因此要改善公共政策执行的财物状况，就必须发展生产力。物质资源是公共政策执行的基础性资源，公共政策执行既是目的又是手段，充足的经费和优良的物质设备供给是公共政策执行的必要投资和重要条件。但一定不要以为花了钱就能办成事情，更不是多投入就会多产出，公共政策执行中还有许多管理方面的问题需要解决。财物资源的调配供给必须以国民经济发展水平和国库供给能力为基础。

(二) 人力资源

人力资源主要是指公共政策执行人员的配置问题。执行都是靠人来进行的，人员保证是公共政策执行的必要前提。但人力资源的利用是讲求效率的。人多并不一定是好事，本该一两个人做的工作，却偏偏让一群人来干，事情不一定能干好。在公共政策执行实践中，我们有许多事情没有办好，并不是因为管事的人太少，而恰恰是负责的人太多的缘故。人力资源包括人力资源供给的结构建设、人力输入输出和素质优化等问题。人力资源的供给应该根据政策的具体执行情况而定，一般来说要注意从以下三个方面进行考察与分析：①公共政策执行的专业技术程度。专业性很强，就应录用专业对口的适合政策技术要求的人才。如果专业不对口，技术层次不配套，就不能做到人尽其才。②公共政策执行组织的结构要求。要建立具有团队精神的组织；组织成员的年龄、性别、专业、能力、性格、气质要结构优良，能形成取长补短、相得益彰、团结和睦、功能高效的执行队伍。③公共政策执行人员的一般素质要求包括政治态度、知识、能力、心理等方面。

(三) 信息资源

公共政策执行也可看作是政策信息的流转过程，它包括执行组织内部的信息传播与供给，也包括公共政策执行内部与外部信息的交换与加工过程。公共政策执行因宣传不力而造成非对称性，就会产生公共政策执行偏差。因此，充足的信息资源、科学的信息加工、畅通的传播渠道、完全的信息产出是公共政策有效执行的重要保证。充足的信息资源是指执行主体获得的政策信息及与执行相关的充足性。信息不充足，执行主体就不能正确理解政策的内涵，不能科学地制订执行计划。科学的信息加工是指执行主体对政策认知的准确性。畅通的传播渠道是指政策宣传的方式、手段、路径等的畅通与有效性。完全的信息产出是指执行主体对目标群体的政策信息供给的真实性与完整性。

(四) 权威资源

政策资源是对社会资源的权威性分配。没有权威，就意味着没有权利和资格进行资源分配。“在分析过程中及早地提出执行权威的问题很重要，这样既可以避免囿于一个没有人能够予以执行的方案，又可以为潜在的、更优越的方案树立执行权威确定必需进行的变革。”因此，权威资源是公共政策执行的重要资源。“公共官员利用政府权力能够进行核心指导和控制，意味着能够动用有效的惩罚来阻止拒不合作策略，并执行管理规划来开发共同财产资源或者生产公益物品。”在民主社会里，执行主体依法定权力执行政策，不可越权、侵权；同时执行主体也应以身作则，率先垂范，增加个人的领导魅力，树立良好的政府形象，以获得公众的信任与拥护。

二、执行主体

合格的执行者和胜任的执行队伍是公共政策执行得以成功的基础条件。

(一) 执行人员的素质要求

执行人员的素质要求在不同的国家和地区、不同的社会制度、不同的文化背景、不同的历史阶段、不同的组织机构中都有所区别，就我国情况来看，现阶段根据政府职能的要求，要求执行人员具备政治素质、品德素质、知识素质、能力素质、心理素质和身体素质。

1. 政治素质

政治素质是指一个人在政治社会化的过程中逐渐形成的、对其政治心理和政治行为发生长期稳定影响的基本品质，是社会的政治理想、政治信念、政治态度和政治立场在人的心理中形成的并通过言行表现出来的内在要素。它是人们从事社会政治活动所必需的基本条件，是一个人的政治方向、政治立场、政治观念、政治态度、政治信仰、政治技能的综合表现。政治素质是人的综合素质的核心。它主要包括政治理论知识、政治心理、政治价值观、政治信仰、政治能力等。

2. 品德素质

品德素质包括三个方面的内容，即公共道德、职业道德和个人修养(私德)。政策执行者应该是遵守社会公德和职业道德的楷模，应该成为具有良好的个人修养、遵纪守法、廉洁奉公的楷模，应树立社会责任感、实事求是、忠于职守、服从上级、尊重下属、严于律己、秉公办事、维护党和政府的权威、维护国家和人民利益。

3. 知识素质

知识包括基础知识、专业知识、相关知识等类别，主要来源于亲身实践的经验(直接知识)和前人或别人的经验(间接知识)。作为一名政策执行者，既要具备一般文化知识(学历水平)又要掌握本专业相关知识(内行当家)，既要有社会实践的经验(资历)又要有勤奋努力的学习态度(上进心)，以建立合理的知识结构，适应新时期执行任务的要求。

4. 能力素质

能力是知识的具体运用，是各种素质的综合体现，具有多层次、多方面的特点，政策执行者应该具备多方面的能力。这些能力包括：随机应变的能力、组织管理的能力、人际交往的能力、社会活动的能力、开拓创新的能力、独立思考的能力、时间管理的能力、语言表达的能力、文字表达的能力。

5. 心理素质

人的行为都是其心理活动的产物，政策执行者的心理素质与其行为和效果有着直接的关系。因此，他们应该具有良好的心理修养，培养自己的意志力，保持稳定的情绪状态，遇事不惊、临危不乱、随机应变、能予自制，体现出较强的心理承受能力。在工作和生活上，要心胸开阔、宽以待人、豁达大度、具有耐心，并要强化向上的动机，实行自我激励。

6. 身体素质

健康的身体是工作的本钱，没有良好的体质就无法胜任工作的需要。只有具备了良好的身体条件，才能保证工作时充沛的精力，才能具有适应环境的能力，才能在各种条件下正常作业。

(二) 队伍建设的互补效应

除了要求执行人员具体基本素质外，队伍建设还要发挥互补效应。一个人敷衍了事，两个人互相推诿，三个人则永无成事之日。这很类似“三个和尚”的故事。合作问题常常引导我们陷入误区。人与人的合作不是人力的简单相加，要复杂和微妙得多。在人与人的合作中，假定一个人的能力是 1，那么两个人的合作结果就可能大于 2 或小于 1。因为人不是静止的，能量方向会有不同，相互推动时自然事半功倍，相互抵触时则一事无成。

合作是一个问题，怎样合作同样是一个问题。一个组织效率不高，简单地归罪于“和尚”多了，于是精简裁员，但这并不一定会增效，“和尚”少了，可能还是没水吃。怎么进行“寺庙管理”才能打破“三个和尚没水吃”的困局呢？第一种解决办法是，大家轮流挑水，虽然吃水的问题解决了，但不利于培养合作意识。第二种解决方法是，大家协力挑水，分段接力，结果形成了有效的合作机制。第三种办法是，大家分工合作，你挑水，我砍柴，他做饭，每个人明确责任，各取所长。这样，既解决了吃水问题，也表现出专业分工的优势。第四种解决方法是，引进竞争机制，谁主动承担挑水任务，在奖励方面就优先考虑，如果都抢着挑，那么挑的多就奖的多，挑的少就奖的少。这不但解决了吃水问题，还会促进寺庙的精神文明建设，提高和尚们的整体素质。第五种解决方法是，进行技术创新，让大家找来竹竿接成水管，引水至庙，提高功效，结果在解决合作困局中充分发挥了科技的主导作用，把寺庙管理提高到一个新的水平。

队伍建设的互补主要包括以下五个方面。

1. 知识互补

群体的优势更多地表现在它能够集思广益，促进沟通，交流信息，分享知识。著名作家萧伯纳做过这样一个比喻：“你手里有一个苹果，我手里也有一个苹果，我们做一下交换，结果每个人手里都是只有一个苹果。但如果你有一种观点，我也有一种观点，交换的结果就是你我各有两种观点，这就是知识与物质在交换中的不同效用。知识贵在交流，知识在交流中增值。”由此可见，知识互补在群体中有着非常重要的作用。一个富有效率的执行群体，应该形成多学科、多层次的知识结构，既有一般知识又有专业知识，既有高层次又有低层次，既有专才又有通才，既有理论家又有实干家，组成一个知识内容综合、专业门类齐全的群体。从个人角度来看，不一定都要求具备理性的三维知识结构，但从群体角度来看，却应具备这种完备型的知识结构。

2. 能力互补

所谓能力，是指人们运用各方面知识解决问题的本领。客观上讲，人的能力类型有所不同，有的人这方面的能力比较突出，有的人那方面的能力比较出众。例如，有的人创新能力突出，精于观察、善于思考、富于想象，具有思想家的才干；有的人组织能力过人，长于指挥、巧于安排、善于调度，具有指挥员的才能；有的人协调能力超群，具有人际魅力，善于说服他人和平衡不同观点，是做思想工作的好手；有的人文字表达能力较强，构思巧妙严谨、文笔生动流畅，是出色的“笔杆子”；有的人口才出众，说理深入浅出，语言风趣幽默，具有鼓动性和感染力，是深受欢迎的宣传员；有的人以认真细致著称，善于发现一些潜在的问题，是难得的战术家；有的人勤勤恳恳，埋头苦干，善于处理大量烦琐的事务，是少不了的“老黄牛”。如果在一个执行群体中能使上述人才有机搭配、合理组合，形成良好的能力结构，就能真正发挥出优化的群体效能。以医院里的外科手术为例。在手术台上，虽然只由一个外科大夫主刀，但他必须得到麻醉师、副主刀、护士、输血员的全力协助与支持，否则，手术就难以获得成功。手术小组是一个群体，群体成员的能力有所不同，有效的能力互补使整个群体发挥了个体难以发挥的作用。

3. 年龄互补

在一个执行群体中，处于不同年龄段的工作人员，由于阅历、经验、精力、作风的不同，在思考问题的角度、处理问题的方式、接触人员的层次、意见沟通的范围等方面，都有各自的特点。老同志经验丰富、处事稳重、思虑周密，但精力有限，趋于保守；中年同志承上启下、年富力强，在群体中能够发挥骨干中坚作用，但生活压力较大，容易牵扯精力；青年同志朝气蓬勃、精力旺盛、思想活跃、敢于开拓，能给群体带来活力和生机，但阅历不够，经验不足。总之，不同年龄段的人各有所长短，只有使他们有机结合，老、中、青合理搭配，在不断发展中保持动态平衡，才能充分显示各自的优势，形成年龄互补，发挥群体优化效能。但是应注意正确处理好老、中、青三代之间的比例关系，不同层次和不同工作性质的执行群体中，年龄组合上应该有所差别。但一般而言，应该以中青年为主，建立一个梯形的年龄结构，这是由生命运动的客观规律所决定的。为了保持群体活力，防止同步老化，做到后继有人，就应该不断吸收生力军。

4. 性别互补

性别互补应该是一个值得大家重视的问题。目前，在各级、各类政策执行群体中，女性比较少，其优势在执行工作中没有得到真正的发挥。这主要还是受传统观念的影响，性别歧视的问题并不是个别现象。的确，女性在生理上和心理上存在一些局限，而且一般都担负着比较繁重的家务，但她们也有自身的优势，许多男性完成不好的工作，对于她们来讲却可以轻松完成。她们善于体察细节，工作一丝不苟、富有耐心、能够容忍，为从事某些方面的工作提供了有利条件。如何发挥女性在执行群体中的作用，形成性别互补的优化效应，是目前执行工作面临的一项挑战，这项工作对拓宽人才渠道、开发人力潜能有着非常重要的意义。当然，我们强调性别互补并不是否定男性的作用，也不是简单、机械地确定执行群体中的性别比例，只是想从一个侧面说明女性的作用应该受到更大的关注。一个执行群体只有刚柔相济、动静共存，才能立于不败之地。

5. 个性互补

每个人由于先天遗传因素和后天社会环境的影响，会形成完全不同的心理特性和行为方式，正像树上没有两片完全相同的叶子一样，地球上也不存在两个完全相同的人，这种差别的存在，主要反映在人的个性特征上。气质与性格是个性的主要内容，个性互补实际上就是指气质与性格互补。从心理学角度来看，人的气质有活泼、兴奋、安静、抑郁等不同类型，反映出情感体验、适应能力、注意力、交际能力、自我控制力、动作反应等方面的差异。人的性格也有内向、外向、顺从、独立等不同特征，如有的人沉默寡言，细腻谨慎；有的人热情开朗，办事果断；有的人善于沟通，长于协调；有的人作风泼辣，敢想敢做。然而人的个性没有优劣之分，从某种意义上讲，都有积极的一面和消极的一面。如何化消极为积极，是个性互补的关键所在。强调执行群体的个性互补，就是要通过加强自我修养，克服封闭意识，做到群体成员间的相互适应和补偿，避免水火不容的个性冲突。只有将不同气质、性格特点的人合理组合，使他们相互协调、相互补充、各得其所、发挥所长，才能使这个群体更富有战斗力。当然，个性的相互适应需要一定的磨合，有一个从不适应到适应的发展过程，不能急于求成。

总之，互补是一种综合优化的过程，它能给执行群体带来各种增益。

三、目标群体

目标群体就是政策直接作用和影响的对象。政策能够成功，并不是政策制定者和执行者一厢情愿的事情，它与目标群体有着直接的关系。任何一项政策的制定和执行都离不开政策对象的理解和支持。目标群体是否认可和接受政策，是决定政策成功与否的关键因素。以下从三个方面讨论政策执行与目标群体的关系。

(一) 政策方案对政策对象的规定

政策执行是根据政策方案进行的，所有政策方案都包括对政策对象的相关规定。因此，在政策执行中，要对政策对象进行深入的研究，结合政策对象的具体情况有针对性地设计政策执行策略，为政策执行的顺利进行创造必要的条件。例如，扶贫贷款的主要对象是国务院确定的贫困地区的贫困户、合作经济组织及承担扶贫开发任务的社会化服务组织。然而，由于主要的承贷主体是贫困农户，致使资金投放分散，每户资金不多，不能发挥扶贫资金的规模效益，而且收贷难度很大，而扶贫贷款的根本目的是增加贫困户的经济收入，扶贫不仅要资金到户，更重要的是效益到户，进行的是开放式扶贫，而不是救济式扶贫。因此，可重点选择承担扶贫任务的企业和社会化服务组织为承贷主体，通过这些组织把农户的生产与销售与市场联系起来，这样既可发挥贷款的规模效益，又使还贷有了保证。

(二) 政策对象对政策的接受程度

政策对象对政策有接受或不接受两种选择。他们对政策接受的情况又可分为三种状态：服从、认同与内化。如何促进和保证政策对象接受政策，而且能够加以认同和内化，是政策执行活动需要解决的重要问题。政策对象是否接受政策的客观影响因素可以大致划分为两种主要类型，①政策执行主体执行不力，偏离了政策本意，导致政策对象不接受；②政策本身存在这样或那样的缺陷，而这些缺陷使政策的公正性受到质疑。

第一种情况如村民自治过程中的选举政策。由于乡镇党委和政府具有双重身份，一方面他们是村民自治政策的调整对象，另一方面他们又是该政策的主要执行者，有能力对村民选举施加影响，因此他们对村民自治政策的理解和接受程度直接影响村民选举实际达到的效果。一些乡镇干部头脑中存在这样一种观念：村民选举不利于确保党在农村的核心地位与领导地位。这的确有一定的事实根据。据报道，有些农村的村民要民主选举，要自治，但不要党支部，村党支部与村委会这两个中心之间的关系不和谐、不协调，而且有些村民在村务决策与执行过程中希望不同党支部商议，避开党支部这一面。所以一些乡镇党委、政府受“人治”意识的影响，随意对村委会选举工作及村民民主权利进行干涉，操纵村委会的选举过程，将自己的意志强加给村民，使村民的选举权流于形式；或违反法定程序，撤换任期未满的村委会成员，侵犯选民的罢免权；更有甚者，有些乡镇不经民主选举，强行任命村委会成员。可见，由于政策执行主体的不合理行为，客观上导致了村民对选举的冷漠。

第二种情况如个人所得税的征收问题。中国青年报社会调查中心与新浪网新闻中心在 2007 年 11 月初就个税起征点问题联合开展了一项调查。3 698 名参与者中，有 97%的人认为目前的个税起征点(1 600 元)不合适，与此同时，也有同样比例的人期待能将其调高。但是 1 600 元的起征点，又有一网打尽之嫌，导致了众多农民工进入了缴纳个税的行列，引来了一些抱怨。诚然，个税在国家税收中的排位并不靠前，但由于它直接与民生相关，因此引起的社会躁动较大。个税起征点到底多少才合适，有一种比较流行的算法是，职工月平均工资额应达到起征点的一定倍数。例如，1981 年职工平均工资约为每月 60 元，而起征点为 800 元，大约为月工资的 13.3 倍；到现在，起征点已调高到 1 600 元，而据国家统计局 2007 年 10 月 29 日公布的数据，2007 年前 9 个月城镇职工月平均工资为 1 853 元，起征点仅为月工资的 86.3%。两相对比，现在的个税起征点明显过低。所以，大多数人期待调高个人所得税起征点，就是一个非常合理的诉求了。尽管调高个人所得税的起征点，可能会在一定程度上影响到国家的财政收入，但是，经过 30 多年的改革开放，我国的财政收入已经步入了高速增长的轨道，完全具备了让利于民的能力。

(三) 政策执行成本对目标群体的影响

我们可以通过国内某市市政府下令居民拆除防盗网的政策规定来说明这个问题。

在这项政策实施之前，由于治安状况不佳，偷盗行为不止，居民在住房外普遍加装防盗网。然而，在社区安全没有得到确实保证之前，拆除防盗网实在不是一个理性的选择。同时，拆除防盗网不仅损失当初安装防盗网的成本，还要损失拆除防盗网和安装防盗网的成本。这一政策在制定过程中几乎没有什么成本，只是几个官员在一起开个会，在报纸上公布一下规定即可。但是，在政策执行过程中全市居民所消耗的成本却非常大。仅以 50 万户计算，如果每户损失 600 元，总共就要损失 3 亿元。而且，在政策执行过程中，市民与政府的对抗，无疑会造成市民福利的更大损失。出现这种政策制定成本低而政策执行成本高的情况，在很大程度上是因为政策制定者并不需要承担政策执行的成本，所以决策较为轻率。当政策执行成本主要由政策对象承担时，当公民的合法权益受到某种政策的侵害时，不接受、不配合、不遵从等消极抵制行为就成为必然。

四、执行手段

政策的执行需要相应的手段，人们习惯地把公共政策执行手段分为行政手段、法律手段、经济手段和思想诱导手段。

(一) 行政手段(以力服人)

行政手段是指通过各级政府的行政部门，依靠政府权威，采用行政管理的惯用方式(行政命令、指示、规定、规章等形式)，按照行政系统、行政层次和行政区划来实施政策的办法。行政手段有如下比较显著的特点。

1. 权威性

采用行政手段的行为主体是上级政府机关或上级领导，作用对象是下级政府机关或工作人员。他们之间强调的是垂直领导关系，即下级服从上级的关系。行政手段依靠强制性的权威将国家的各项方针、政策准确无误、坚决有力地推行和落实。

2. 强制性

强制性体现于行政组织体系在思想上、纪律上要求服从集中统一的意志。这就是说，行政主体所发出的命令、规定、条例等都必须执行，有时属于根本不考虑价值补偿问题的无偿性服从，更有甚者是要求无条件的绝对服从。当然，这同法律所具有的普遍约束力那种强制不尽相同，它允许特别情况下的灵活机动。

3. 对象的有限性和时效性

在实际工作中，行政指示、命令等往往是就解决某一具体问题、完成某一项具体任务而做出的，因此，它的内容和发布的对象是具体、有限的。不仅如此，行政指令还有时效性，即它只对特定时间和特定对象有效，而不像行政法规那样，适用范围具有广泛性。行政命令是法律的具体化、细目化，它弥补了法律的不足。

行政手段构成任何一种公共政策执行的不可缺少的基本因素。行政手段具有较强的约束力，带有强制性，它要求在政策规定的范围内，任何单位和个人都必须执行，否则就要承担一定的行政责任，受到一定的处罚。因此，在公共政策执行中使用行政手段容易做到协调统一，令行禁止。特别是用此方法便于解决一些特殊的、紧迫的、突发性的问题，有利于扭转公共政策执行中的不利局势，保证政策的顺利运行。但行政手段对上级机关的要求甚高，上级如有失误将会导致连锁反应。另外，执行过程中的无偿性和下级的被动地位都不利于充分发挥下级的积极性和创造性。有鉴于此，要把它限制在一定的范围内，且不可滥用。

(二) 法律手段(以律服人)

法律手段是指通过各种法律形式(法律、法规、行政立法、司法仲裁等)来调整公共政策执行活动中各种关系的方法。法律手段所依靠的不仅仅是国家正式颁布的法律，同时也包括国家各类管理机构制定和实施的各种类似于法律、具有法律效力的规范。除了与行政手段一样具有权威性和强化性外，它还具有稳定性和规范性的特点。所谓稳定性，是指行政法规一经国家立法和行政机关颁布，就将在一定时期内生效，不会经常变动，更不允许任何机关、社会团体和个人随意更改。行政法律和法规的修订必须根据客观形势发展的要求，由国家立法和行政机关遵循立法程序进行。所谓规范性，是指它对一般人普遍适用，对其效力范围内的所有组织和个人具有同等的约束力。法律、法规都要用极其严格的语言，不能发生歧义，因为它是作为评价不同人们行为的共同标准。不同层次的法律、法规不得互相冲突，法规要服从法律，一般法律又要服从宪法。

法律手段是公共政策执行得以进行的根本保障，依法行政、依法管理不仅具有权威性，而且具有科学性和客观性。只有运用法律手段，才能消除阻碍政策目标实现的各种干扰，保障公共政策执行有法可依、有章可循，从而有利于政策的顺利实施。法律手段的使用范围比较广泛，尤其适用于解决那些共性的问题。但法律手段不是包治百病的灵丹妙药，社会生活中的许多问题，不能单纯指望通过法律手段去解决，还必须考虑其他手段所能发挥的作用。

(三) 经济手段(以利服人)

经济手段是指根据客观经济规律和物质利益原则，利用各种经济杠杆，调节公共政策执行过程中的各种不同利益之间的关系，以促进政策顺利实施的方法。经济手段运用价格、工资、利润、利息、税收、资金、罚款及经济责任、经济合同等来组织、调节和影响公共政策执行者和政策对象的活动，具有三个特点。

1. 间接性

它不像行政手段那样直接干预，而是利用经济杠杆作用对各个方面的经济利益进行调节来实行间接控制的。

2. 有偿性

与行政手段的无偿服从不同，有偿性的核心在于贯彻物质利益原则，注重等价交换原则，“有偿交换、互相计价”是其主要规则。有关各方在获取自己经济利益的权益上是平等的。

3. 关联性

一种变化不仅会引起社会多方面经济关系的连锁反应，而且会导致其他各种经济手段的相应调整，它不仅影响当前，而且会波及今后。

实践证明，在公共政策执行过程中，只有正确贯彻物质利益原则，按客观经济规律办事，运用经济手段来调整各方面的经济利益，将实施政策的任务与利益挂钩，并以责、权、利相统一的形式固定下来，间接规范人们的行为，才能充分调动人们执行政策的积极性和主动性，增强政策的效力，使政策目标得以实现。

各种经济手段的功能是不同的，应根据不同情况采用不同的经济手段，切不可简单划一地规定，更不能不加分析地套用。同时，在公共政策执行过程中，应注意把经济手段与行政手段、法律手段有机结合地使用，这样可以取得更佳的效果。

(四) 思想诱导手段(以理服人)

思想诱导手段是一种以人为中心的人本主义管理方法，它通过运用非强制性手段，诱使公共政策执行者和政策对象自觉自愿地去贯彻执行政策，而不从事与政策相违背的活动。平等与说理是思想诱导手段最重要的特征。《孟子·公孙丑上》中有这样一段话：“以力服人者，非心服也，力不赡也；以德服人者，中心悦而诚服也。”大意是说用武力征服别人，别人并不是真心服从，只不过是力量不够罢了；用道德使人服从的，才是心悦诚服。孟子的这段话，是从以力服人说到以理服人，这不仅是方法上的转变，更是管理理念的提升。只有以德服人，攻心为上，才能做到长治久安。

常用的思想诱导手段有：制造舆论——在政策形成之时就大力宣传，使政策的内容深入人心；说服教育——对少数不按公共政策执行或抵触的对象采取个别谈心，做深入细致的思想工作，做到以理服人，而不是以强力服人，以大话压人；协商对话——在公共政策执行出现困难的情况下，决策者和执行者应就政策深层次问题进行磋商，并借此征询群众意见，尽可能在补充政策中做适当调整；奖功罚过——通过奖励或惩罚手段来诱发人们的动机，激励人们的积极性。它体现了社会主义按劳分配原则、公平原则和利益原则。对公共政策执行得好的单位和个人给予精神和物质上的奖励，对违抗政策的对象给予惩戒，达到弘扬正气，压制邪气。

一般来说，思想诱导手段多在常规状态下使用，遇到紧急情况，需要尽快统一行动，更多强调权威和强制，单靠循循善诱恐怕会贻误时机。

公共政策执行手段随着社会的发展而变化。只要公共政策执行者不以权力与强制为满足，而是用心观察、总结和创造性地工作，就一定能学会使用多种有益的执行手段，大大提高政策的执行功能，保证政策目标的预期实现。

五、信息沟通

执行中的沟通主要是指执行机构之间、执行机构与有关部门之间、上下级之间、执行人员之间、执行人员与目标群体之间，所进行的信息交换。在沟通中，沟通媒介不同，所传递信息方面的能力也有所不同。沟通媒介主要有：直面沟通、电话沟通、会议沟通、电子邮件或书面沟通等。

(一) 直面沟通

直面沟通是一种自然、亲近的沟通方式，往往能加深彼此之间的感情、加速问题的解决，而且它还具有沟通快捷、信息量大、能够即时反馈的特征。以下四种情境宜采用直面沟通的方式进行。①彼此之间的办公距离较近时。②彼此之间存有误会时。③对对方工作不太满意，需要指出其不足时。④彼此之间已经采用了电子邮件的沟通方式但问题尚未解决时。

需要特别注意的是：沟通双方如果距离不是很远，应该优先采用直面沟通方式。如果沟通双方的距离不过一二十米还采用电话沟通的方式，那显然是非常不可取的。

(二) 电话沟通

电话沟通是一种比较快捷和经济的沟通方式。以下三种情境宜采用电话沟通的方式进行。①彼此之间的办公距离很远，很难或无法直面沟通时。②彼此之间的距离很远，很难或无法直面沟通时。③彼此之间的距离很远，已经采用了电子邮件的沟通方式但问题尚未解决时。

需要特别注意的是：在成本相差无几的情况下，应优先采用直面沟通的方式。

(三) 会议沟通

会议沟通是一种成本较高的沟通方式，沟通的时间一般比较长，因此常用于解决较重大、较复杂的问题。以下五种情境宜采用会议沟通的方式进行。①需要统一思想或行动时。②需要当事人清楚、认可和接受时。③传达重要信息时。④澄清一些谣传信息，而这些谣传信息将对团队产生较大影响时。⑤讨论复杂问题的解决方案时。

(四) 电子邮件或书面沟通

电子邮件或书面沟通是一种比较经济的沟通方式，沟通的时间一般不长，沟通成本也比较低。这种沟通方式一般不受场地的限制，因此被广泛采用。这种方式一般在解决较简单的问题或发布信息时采用。在计算机信息系统普及应用的今天，已经很少采用纸质的方式进行沟通，因此以下只针对电子邮件的沟通方式进行总结。以下五种情境宜采用电子邮件的沟通方式进行。①简单问题小范围沟通时。②复杂问题需要借助书面或书面与口头结合方式才能表达清楚时。③需要大家先思考、斟酌，短时间不需要或很难有结果时。④传达非重要信息时。⑤为澄清事实，避免谣传对组织带来不利影响时。

需要特别注意的是：在电子邮件来回多次而问题尚未得到解决甚至引起误解时，一定要及时终止电子邮件这种沟通方式，改用电话沟通或直面沟通的方式加以弥补。

个体之间的沟通，应尽量多采用直面沟通的方式进行。“能直面沟通的，就不要采用电话沟通；能电话沟通的，就不要采用电子邮件沟通”，这是个体沟通方式的基本选用原则，而团体之间的沟通则更强调正式、规范的原则。

第三节 公共政策执行过程

公共政策执行过程主要包括政策宣传、政策细化、物质准备、组织准备、政策试点、政策推广和政策协调、监督与反馈。

一、政策宣传

毫无疑问，公共政策执行者只有在对政策的意图和政策实施的具体措施有一个明确的认识和充分了解的情况下，才有可能积极主动地参与执行。同样，政策对象只有知晓了政策，才能理解政策；只有理解了政策，才能自觉地接受和服从政策。从这个意义上讲，政策宣传对公共政策执行来说有着至关重要的意义。

政策宣传要注重实效，如果搞形式主义，那这类行政习惯造成的浪费要比餐桌上的浪费大得多。例如，在党和政府一些重大会议后，一些中央部委机关、一些地方、一些单位，仍旧沿袭过去那种层层传达、处处办学习班的习惯做法，领导人讲话中提到的一些新名词、新概念，被不分场合、不分对象地到处滥用，这种机械陈旧的宣传方式，完全忽略了当今网络时代信息传播快捷的特征，也对当今广大网民已经转变的接受模式视而不见，从而易导致“被传达”“被参加学习班”的逆反心理，使宣传效果大打折扣。为什么会出现如此尴尬的情形呢？究其原因，主要还是一些政府部门的领导缺乏理论和制度创新的自信，为了应对上级精神，扮演好个人的角色，只能照葫芦画瓢，使许多事情流于形式。

二、政策细化

所谓政策细化，就是分解政策目标，做到行动有计划。一般来说，一项政策的推出，往往只是指出实现政策目标的基本方向和基本原则，比较笼统和抽象。要使公共政策执行顺利进行，就必须在基本原则指导之下，对总体目标进行分解，编制出公共政策执行的“线路图”，明确工作任务目标，商定和落实一些具体问题，使执行活动有条不紊地进行。例如，国家西部开发、东北振兴、中部崛起等战略政策的出台，如果不经细化就难以具体落实。

政策细化要遵循如下四个原则。

(1) 客观性原则。编制计划要切实可行，积极可靠，排除主观臆断；计划的各项指标，不保守也不冒进；既不是唾手可得，也不是经过努力仍然高不可攀；有关人力、物力、财力等条件，必须精确具体，切不可含糊笼统。

(2) 适应性原则。编制的计划要有适应环境变化的弹性机制，特别是要有适应意外情况发生的防范机制。

(3) 全面性原则。编制计划要统筹方方面面、理顺各种关系，切忌顾此失彼。计划应前后衔接，轻重缓急有层次，不同管理层次的计划各有侧重。

(4) 一致性原则。要求公共政策执行机构内部各职能部门的工作目标和政策目标保持一致，上下级的政策目标保持一致，以增强组织上的统一性和方向上的一致性。

三、物质准备

俗话说，“兵马未动，粮草先行”。物质准备是保证公共政策执行顺利进行的经济基础，是必不可少的环节。物质准备主要是指必要的财力(经费)和必要的物力(设备)两方面的准备。首先，执行者应根据公共政策执行活动中的各项开支，本着既能保证执行活动正常开展，又坚持勤俭节约的原则编造预算。预算必须报经有关部门批准后，才能执行，才算落实了活动经费。其次，应做好必要的设备准备，包括交通工具、通信器材、机械设备、办公用品等方面的准备。只有做好充分的物质准备，才能为有效地执行政策创造有利的条件和环境。“工欲善其事，必先利其器”，公共政策执行迫切要求提高物资设备的先进程度，利用先进的科学技术，快速、准确地处理政策信息，实现公共政策执行的高效。

四、组织准备

组织准备工作是政策具体贯彻落实的保障机制，组织功能的发挥情况直接决定了政策目标的实现程度。组织准备不只是解决组织形式问题，还包括建立精干高效的组织机构、配备胜任称职的领导者和一般的公共政策执行人员，制定必要的规章制度，使人力、物力、财力得到最合理的利用。

(一) 确定公共政策执行机构

这是组织准备中首要的任务。常规性、例行性政策的执行，如属原机构的任务，则应由原执行机构继续承担，不必另建机构，但有时也可以通过原机构或改组机构的方式来保证政策顺利进行。如果遇到非常规性或牵涉面较广的政策，则可以组建临时办公机构，以确保政策的有效执行，一旦政策目标实现后，即行撤销。执行机构的确定应做到设置完备，权责明确，分工合理，界限清晰，防止出现争功诿过、互相扯皮的混乱现象。

执行机构的设置还要有良好的沟通协调机制，能与外界环境的输入输出保持畅通和密切的关系。组织内部的年龄、专业、能力、素质等结构配置合理，有利于形成团结向上的、凝聚力强的学习型组织文化，建立团队合作型的执行机构。

(二) 选人用人

这是组织准备工作中的一项重要内容，因为人是组织中最能动、最活跃的因素，是组织行为的主体。“德才兼备”“革命化、年轻化、知识化、专业化”标准是选人用人的基本原则。公共政策执行领导者的主要工作是抓具体落实。因此，公共政策执行者的素质要求侧重于专业管理方面的知识技能和实践经验，要求具有较强的政策理解能力，具有沟通、协调能力；善于用人，做到人尽其用；具有宽广的胸怀，善于处理人际关系；讲求工作效率，善于从实际出发，采取机动灵活、随机应变的方式方法，有步骤、有次序地推行政策实施。对于一般执行者来说，应具有本职工作的业务知识和管理经验，善于领会领导意图，忠实有效地执行领导指示，保质保量地完成政策任务。

(三) 制定必要的规章制度

这可以明确政策具体推行的原则和依据，保证公共政策执行有一个正常的秩序。这些规章制度主要包括以下三点。

(1) 目标责任制。它主要围绕政策目标的实现，确保每个执行者都能够明确自己在贯彻执行政策过程中应该做什么、怎么做、做到什么地步和遇到问题怎么办，等等。落实目标责任制，有利于政策目标的实现。

(2) 检查监督制度。目标责任制制定后，有赖于认真忠实地执行，执行的效果如何，必须要及时了解和恰当评判。检查监督制度是目标责任制发生效用的联系环节，严格的检查监督制度是目标责任制得以落实的保障机制。

(3) 奖励惩罚制度。有功必赏、有过必罚，赏罚分明，这一制度的建立使得整个管理制度形成良性循环，保证整个管理制度稳步进行。目标责任制、检查监督制度和奖励惩罚制度是一个有机整体，目标责任制是核心，检查监督制度是手段，奖励惩罚制度是杠杆，三者相辅相成，缺一不可，共同形成一套推动政策全面、有效实施的完整制度。

五、政策试点

公共政策执行的试点是指针对重大政策的执行，必须先经过建立模拟系统，选择一定的政策对象进行公共政策执行的实验，通过对公共政策模拟执行系统运转情况的观察、分析，总结经验教训，再决定是否在全社会范围内全面实施。政策试点既可以验证政策(发现偏差，及时反馈，总结经验，完善政策)，又可以从中取得带有普遍指导意义的东西(如实施的方法、步骤、相关事项等)，为政策的全面实施做好准备。特别是那些涉及全局性的政策、非常规性的政策、带有风险性的政策、受多重因素影响的政策、难以进行定量分析的政策、结果不确定的政策，都应该选择试点，进行小范围实施。

政策试点实验有严格规范的程序，它包括选择实验对象(选点)、设计实验方案、模拟或实际运行政策、总结实验结果几个阶段。选择实验对象或确定试点范围一般要根据政策的具体要求寻找具有代表性的、典型的与有影响力的政策对象。例如，以接受度为标准，试点对象应是中等接受度偏上的社会公众、地区与部门，也就是要求选择执行政策条件较好的政策对象。政策试点实验方案设计，主要是要计划好开展试点工作的机构、人员、经费、工作步骤、工作重点和工作方法，可以设计两个以上的方案进行对比实验。模拟或实际运行政策，就要根据政策试点的计划，在选定的地区与部门严格而规范地实际运行政策，同时观察和分析政策运行的过程与结果并进行详细的记录。总结实验结果是政策实验(试点)工作最为重要的环节，也是政策实验的目的所在。要总结政策试点成功的原因、失败的教训，准确把握试点实验的适用范围与条件，必要时要选择其他具有代表性的试点进行再实验，以避免在政策的推广执行中出现照搬照套的“一刀切”错误。

六、政策推广

政策推广也就是公共政策的全面实施，是公共政策执行过程中操作性、程序性最强，涉及面最具体、最广泛的关键环节。在政策实验的基础上，公共政策执行者要组织、动员一切可以利用的公共资源，根据公共资源的目标和具体要求，遵循公共政策执行的基本原则，充分发挥各级各类公共政策执行者的积极性、主动性和创造性，尽可能地采用为广大政策对象所能理解与接受的方法和手段，顺利地将公共政策目标和内容在法定区域与范围内全面推广实施，使公共政策的各项政策规范能在实践中发挥其应有的作用。在政策推广的过程中，尤为重要的是公共政策执行者必须遵循法定的操作程序、严格规范的执行政策，确保政策在执行中不走样、不偏离。

七、政策协调、监督与反馈

公共政策执行过程不仅直接影响政策对象的利益，而且涉及公共政策执行者自身的利益。由于公共政策执行者和政策对象在公共政策约束条件下的利益是不相同的，有些甚至是冲突和对抗的，因此在公共政策执行的过程中，必须根据公共政策法定规范和要求，对所涉及的不同利益各方进行必要的协调、监督与反馈，以使公共政策执行者自觉接受监督，维护公共政策所体现的整体利益，不侵犯政策对象的合法权益。

协调就是公共政策执行者在公共政策执行系统的各部门各层次之间、公共政策执行系统与政策对象之间、执行系统与外部环境之间，沟通信息、统一思想认识与行动，以达到改善关系、调整行为、协同一致地实现政策目标和内容的公共政策执行活动。如果没有及时有效地协调，不仅不能减少公共政策执行者与政策对象等各方面的利益冲突与矛盾摩擦，而且可能会造成组织秩序紊乱和人力、物力、财力等的巨大浪费，使政策目标和内容推迟甚至根本无法实现。更为严重的是，如果政策对象对政策目标和内容的认识有偏差或抵触与反对，而且不加强沟通和协调就盲目地加以实施，必然会使公共政策执行者与政策对象之间的矛盾激化，并进一步引起社会不稳定和动荡。公共政策执行的协调，从其调整利益关系的方向上，包括纵向的公共政策执行者组织层级和横向的公共政策执行者不同部门与人员之间的协调，同时也包括公共政策执行者与政策对象及公共政策执行环境的综合协调；从其调整的具体内容上，则包括人力、财力、物力等的协调。公共政策执行的协调应遵循整体性、合理有效性、客观公正性和灵活变通性等原则。公共政策执行的协调方法主要有平衡协调法、目标协调法、权威协调法、组织协调法、会议协调法，等等。

在实际公共政策执行过程中，由于公共政策执行者对公共政策目标、内容和精神实质的理解等存在差异，以及公共政策执行者队伍素质的参差不齐和公共政策执行的环境状况等因素的影响，公共政策执行的结果往往与政策的规范要求发生偏差。因此，在公共政策执行过程中，要由一定的监督主体按照公共政策的规范要求和标准，运用适当的监督方法和手段，对公共政策执行者及执行行为进行检查、监督和纠正，从而将各种公共政策执行活动规范到政策允许的范围内，以防止和纠正公共政策执行和落实不到位等不良行为。

公共政策执行的反馈，是通过对公共政策执行活动的协调、监督等，对反映公共政策执行实际运行状况的各种信息进行收集、分析、加工后，将其中对公共政策执行效果有影响的信息及时反馈给政策制定者和公共政策执行者，以使政策制定者能够及时对公共政策进行修正，公共政策执行者则可以根据反馈的结果来调整公共政策执行的方法和手段，从而使公共政策更加符合经济与社会发展和政策对象的实际需求，使公共政策的执行更加准确高效。

第四节 公共政策执行的途径与工具选择

一、公共政策执行的途径

(一) “自上而下”途径

“自上而下”途径也称为“以政策为中心的途径”。这种途径强调政策制定和公共政策执行是截然分开的，两者有明确的分工和任务范围，并且假定政策是由上层规划或制定的，是高层决策者的“财产”。然后，它们被翻译或具体化为各种指示，以便由下层的行政官员或职员执行，执行者是政策制定者的代理人。依照这种途径，政策过程被看作一种指挥链条，其中，政治领导人形成政策偏好，而这种偏好随行政层次的降低而不断被具体化，为下层行政官员所执行。这种途径关注的焦点是政策制定者，要考察他们做什么及如何将政策付诸实践而生效，因此公共政策执行本质上是一种技术性或非政治的决定。普雷斯曼和威尔达夫斯基在《执行》一书中揭示了政策制定(目标)与实际执行之间的偏差，采取的正是这种途径。

美国学者巴雷特和富奇认为这种途径有三个特点：①公共政策执行过程被认为是由一系列具有逻辑关系的阶段组成的，从意向经由政策再到执行，公共政策执行开始于政策制定终止的地方；②区分作为初始条件的政策制定和把政策假设转化为行动的执行过程；③公共政策执行就是将政策付诸实施的过程，主要着眼于对公共政策执行机构的管理。

这种公共政策执行路线的优点在于注重行政效率，但也有非常明显的特点：①这一途径强调从中央政策决定开始，容易忽视其他行动者的重要性，尤其是基层管理员的策略。②为了应付不确定性，各种组织和人员都不可避免地拥有自由裁量权，特别是基层官员的自由裁量权更不容易把握。③这一途径所要求的必要条件过于理想化，在现实中很难实现。④把政策制定和公共政策执行截然分开的理论在执行过程中很难实现。⑤某些政策不具有明确的目标，它们是通过一系列的复杂活动发展而来的，因此无法对其进行政策评估。

(二) “自下而上”途径

“自下而上”途径恰好与“自上而下”途径相反，以组织中的个人(即参与政策过程的所有行动者)作为出发点，政策链条中的较低及最低层次被当作公共政策执行的基础，是一种基层活动。它强调政策制定与公共政策执行功能的互动性，公共政策执行者与政策制定者共同协商政策目标的达成，两者形成一种平行互动的关系，我国台湾学者林永波把它称为“草根”途径。这一途径的代表学者及著作有保罗·萨巴蒂尔、韦瑟利和利普斯基的《街道层次的官僚与制度创新》等。

这一途径的优点在于强调政策制定者与公共政策执行者的互动合作关系，强调应该正视执行过程中机关组织间的互惠性和裁量权，开始重视对政策过程中的利害关系人的研究。但“自下而上”的研究途径过于强调或高估地方基层的策略与行动能力，而忽略了民主政治系统中的政策领导与政治责任的归属问题。

(三) “政策/行动连续流”途径

“政策/行动连续流”途径或多或少有作为“自上而下”和“自下而上”两种途径综合的意味。按巴雷特和富奇的说法，应该执行“当作一种政策/行动的连续流”，其中，在那些寻求将公共政策付诸实践者与那些采取行动者之间随时会发生相互作用和谈判的过程。在这个意义上，这一过程既可以看作“自上而下”，也可以看作“自下而上”，政策制定者将做出限制其他行动者权力的决策，而行动者将做出规避决策者权力的决策。因而这一途径也可以说是以权力作为焦点。

(四) 工具选择途径

这种途径意味着，公共政策执行在很大程度上包含了将一个或多个政府治理的工具应用到政策的问题，这些基本工具通常被称为政策工具。不管我们是以“自上而下”设计的方式，还是“自下而上”这种更传统的行政管理方式来研究政策过程，政策决策的实质或形式的过程总是包含着在可利用的政府工具箱中选择一种或几种工具，以及是否可以在公共政策执行过程中探明工具选择的模式或风格等问题。

二、公共政策执行的工具选择

公共政策执行的工具选择，主要有三种模式：①经济学模式。经济学家大多把政策工具的选择看成是一种技术上的操作，这种操作把特定工具的特征同他们的任务结合起来。②政治学模式。政治学家认为，从纯技术角度来看，各种政策工具的选择都具有可替代性，因而他们主张把焦点转放在他们认为影响工具选择的各种政治力量上。③在经济学模式和政治学模式两者的基础之上发展起来的，即政策工具选择的综合模式。

(一) 工具选择的经济学模式

在西方国家，福利经济学家在很大程度上认可国家对市场的干预功能。在此基础上，他们倾向于把政策工具选择视为一种严格的技术层面上的操作，这种操作包含一些主要环节：评估各种工具的特征；将它们与不同类型的市场失灵相对应；估算它们的相对成本；选择能够最行之有效地解决所面临的市场失灵问题的特定工具。福利经济学家虽然同意使用自愿性政策工具，但他们更倾向于选择强制性政策工具及那些用于纠正市场失灵的混合政策工具。

新古典主义经济学家通常运用公共选择理论来解释特定政策工具使用的模式。在他们看来，在一个较为民主的国家里，选民、政治家和官僚都是理性“经济人”，都具有自利的倾向，都赞同增加国家税收和开支，都主张对私人活动的管制和国有化。在民主社会里，民主政治会导致国家更倾向于选择这类并不反映选民真实成本的政策工具，当它们为了选举需要获取更多选票时，即既能够将政策收益集中于边际选民，以获取他们的选票，又能够将成本分摊到全体选民头上，并且选民对自己所负担的真实成本全然不知。

新古典主义经济学家反对福利经济学家更多使用强制性工具的概念，他们认为在现代民主制下，政府处理经济事务时应尽可能少地采用强制性工具，只赞成把强制性工具和混合工具用于提供纯公共物品的场合，任何基于其他缘由而使用这两项工具都被认为会扭曲市场自身功能的发挥并导致不良后果的产生。虽然在理论上，强制性工具的使用仅以纠正市场失灵为条件，但在实际的社会事务上，由于存在吸毒、种族歧视、刑事犯罪和恐怖主义等问题，社会领域上使用强制性工具的情境大大扩展，使用频率也明显提高。

经济学模式更多的是倾向理论层面研究。它们对政府支持工具选择的分析是基于政府做什么及应该做什么这样一种理论假设，而不是基于政府实际在做什么经验调查。无论是福利经济学派，还是新古典经济学派，它们对于政策工具选择的分析都具有浓厚的演绎推理色彩，而对于现实生活中政府究竟是如何选择政策工具的，它们缺乏一个坚实的经验基础。由于缺乏经验性的探讨，经济学模式忽视考虑诸多影响政策选择的现实复杂因素。

(二) 工具选择的政治学模式

对于西方政治学家来说，任何政策工具理论上都可以实现任何选定的政策目标，因而任何政策工具都可以被其他工具所代替。多尔恩等人在所有政策工具技术上都可替代的假设基础上提出有关政策工具选择的第一种政治学模式。他们认为在一个自由民主的社会里，政府倾向于采用强制性较低的可用工具。当然，当政府面临国民不服从，又面临要求换用强制性更强的政策工具的普遍社会呼声和持久的社会压力的情况下，政府也会提高强制性的级别，采用强有力的政策工具。政府政策工具的选择会呈现一个升级的模式：起初，政府采用强制性较低的工具，如规劝、劝告、说服，如果无法奏效，则会逐渐提高政策工具的强制性级别，直至采用直接提供这类政策工具。

政策工具选择的政治模式存在较大缺陷。首先是工具可替代性假设存在不合理性。任何政府都不可能拥有全部可用的工具，工具的选择是有限理性的，并且受到社会政治环境的制约。在有些场合，某些工具是不能用的；而在另外一些时候，某些工具则非用不可。例如，在处理宗教问题时，强制性工具就很难使用，否则可能招来严重的社会问题和合法性质疑。而在洪水、地震等突发性事件的处理中，自愿性工具就显示出局限性。其次是工具选择随着时间推移，强制程度会逐步升级，与现实不完全相符。有的时候，政府可能“越级”，先直接采取强制性最强的工具，根本不予考虑弱强制性工具。以至于国民的不服从使得政府不得不采取更强有力的工具也存在漏洞。或许在某些领域，社会的抵制使得政府有采取更进一步强制行动方案的可能性；而在另外一些领域，尽管要求政府采取更强的管制的呼声很大，政府却会出于财政、物力及意识形态领域因素的考虑而减弱。因此，不能简单认为政府选择工具的强制性是由弱到强依次递增的。

胡德发展的工具选择是政治学的第二种模式。他认为工具选择并不是一种技术层面的操作，而是关乎信仰和政治的问题。他认为选择的形成取决于资源约束、政治压力、法律约束及从过去工具的失败中得到的教训四个因素。胡德认为，工具选择是依据一定的基础做出的，这一基础就是政府对各种工具的试验及这些工具对社会行动主体所产生的效果。在胡德看来，政府所选择的政策工具因社会目标群体的性质不同而实际效果不同。如果社会目标群体规模较大且组织良好的话，政府更倾向于采取像劝说一类的自愿性工具，而不是强制性工具。同时，他还认为，不论目标群体规模大小，如果政府想取得目标群体的自愿服从，都将不会采取强制性较高的工具。如果政府想在目标群体里重新进行资源配置，则必然会使用强制性工具。

林德和彼得斯在别人的研究基础上，整合经济学和政治学模式中的很多概念，从而提出了第三套政治学模式。他们认为下列因素在工具选择中起决定性作用：①政策工具的特征，包括资源密集度、目标的精确性和可选择性、政治风险、对国家行为的约束限制。②该国的政策风格和政治文化及社会分裂程度。③该国政府机构的组织文化，政府机构与其服务对象的关系及机构间的关系。④政策问题所处的环境、时机约束及行动主体的范围。⑤决策者的专业背景、制度关系、认知程度等决策者个人偏好因素。

(三) 工具选择的综合模式

工具选择是个复杂的问题，受到各种各样因素的制约。无论是经济学模式还是政治学模式，在考虑这些因素对政策工具选择的影响时，都存在令人不满意的地方。但是它们研究结论中的合理部分又让政策学者看到了新的希望。于是，加拿大学者迈克尔·霍莱特和拉梅什主张把经济学模式和政治学模式综合起来。他们在分析前两种模式时发现，这两类理论家在建立各自理论分析框架时都或含蓄或明确地用到两个相互关联的变量：一个是国家能力的大小，或者说国家可以影响社会行动主体的组织能力；另一个是政策子系统的复杂程度，尤其是政府在执行其计划和政策时所面对的行动主体的规模和类型。通过设定这两个变量，就可以发展出一个新的政策工具选择模式，如表 7-1 所示。

表 7-1 政策工具选择模式

		政策子系统的复杂程度	
		高	低
国家能力	强	市场工具	管制、公共企业、直接提供规定工具
	弱	家庭与社区、志愿者组织等工具	混合工具

这一综合性的政策工具选择模式划分了下列四种类型。

(1) 国家具有较强能力，政策子系统非常复杂。如果政府对社会具有较强的管制力和控制力，而政府所面对的社会行动主体的类型较多且规模较大及相互冲突时，政府可能利用市场工具实现自由竞争，通过市场这种“看不见的手”来对资源配置起基础性作用。

(2) 国家具有较强能力，政策子系统略微复杂。如果政府拥有对社会行为主体较强的管制能力，而所面对的社会行为主体的类型比较单一、规模不大时，决策者可以采用管制、公共企业，甚至采取直接提供等强制性政策工具。

(3) 国家所拥有的能力较弱，政策子系统非常复杂。如果国家对社会行动主体所谓掌控力较弱，而面对的社会主义规模大、类型多，政府没有足够的能力来对它们进行管理时，只好采用一些强制性弱的自愿性工具，如家庭与社区、志愿者组织，借助社会民间的力量来实施政策。自愿性工具从某种意义上讲就是一种诱因管理，这种诱因有时候是经济利益，有时候是普遍适用的社会价值，焦点在于它抓住了人们内心想要改变现有行为以增进其福利的潜在动机，从而通过外部诱导来实现管理相对人的遵从。

(4) 国家所拥有的能力较弱，政策子系统略微复杂。如果国家对社会行动主体的掌控力较弱，而所面对的社会行动主体规模不大、类型也较少时，决策者则会较少介入，可能根据实际情况选用强制性适中的混合性政策工具，如规劝和信息、政府补贴、产权拍卖、税收和用者付费等。

第五节 我国公共政策执行的偏差分析

公共政策执行是一项极为复杂的社会实践活动，在政策的实施过程中会不可避免地出现各种各样的问题，政策的有效性常常会由于这样那样的原因而受到影响。就我国的情况而言，党的十一届三中全会以来，各级党组织和各级政府，从总体上来说能够认真贯彻落实党中央、国务院及上级党政机关制定的各项政策，使政策发挥了应有的作用。但是，公共政策执行中仍然存在一些不可忽视的问题，这在一定程度上干扰和阻碍了政策的贯彻执行，也在一定程度上影响了我国的政治、经济、文化的发展和科学教育事业的进步。

一、我国公共政策执行偏差的表现

在我国，公共政策的执行主要是自上而下的强制执行模式，在这种主导模式下，政府的行政主导性及行政手段得到了很好的运用，确保了国家的重大政策得以顺利执行。但是由于主客观因素的制约，出现了行为效果偏离政策目标的现象，产生公共政策执行偏差，主要表现在以下六个方面。

(一) 象征式公共政策执行

在执行公共政策的过程中，公共政策执行者在执行中只做表面应付，只重视表面文章和形象包装，并未采取可操作性的具体措施，在组织、人员、资金等方面没有真正到位，只制定象征性的执行措施，或执行起来前紧后松、敷衍塞责，而忽视了深层问题的解决。可见，公共政策执行成为一面到处挥舞的旗帜，政策目标则没有落到实处，使严肃的政令在形形色色的花架子下变成一纸空文。据公安部网站消息，2008 年，全国共发生道路交通事故 265 204 起，造成 73 484 人死亡、304 919 人受伤，直接财产损失 10.1 亿元。导致这一系列触目惊心的事故的原因是多方面的，但与我国一些地方和部门象征性地执行政策分不开。执行者在执行政策时，具体在检查超速行驶，疲劳驾驶，醉酒驾驶，货车、拖拉机违法载人等违规行为时或敷衍了事，或虎头蛇尾，使我国关于道路安全的政策并没有转化为具体措施，也就无法真正落到实处。

(二) 附加式公共政策执行

在执行公共政策的过程中，执行者为了个人利益或局部利益给所执行的政策附加了一些原政策目标所没有规定的不恰当的内容。例如，增加新的执行机构和人员，增加更多的执行程序和审批环节，增加更多的收费项目，致使政策的调控对象、范围、力度、目标超越政策原有的要求，影响了既定政策目标的有效实现。“土政策”就是这种附加式公共政策执行的典型表现。它以地方实际情况为借口，人为地附加了与政策目标相背离的其他内容，政策被“充值”，为牟取地方或个人利益提供方便。例如，我国烟草实行专卖制，其目标是优化资源，是便民，也是为国家利税创收。但是在一些地方和部门搞“土政策”，把“专卖制”变成“排外制”，对外省烟草的进入到处封关设卡，保护落后，抵制先进，导致全国烟草市场的人为断层，破坏了“游戏规则”，也危害了中央宏观政策的贯彻实施。

(三) 残缺式公共政策执行

有选择的公共政策执行，政策内容只有部分被执行，断章取义。公共政策执行者在执行政策中对政策的精神实质或部分内容有意舍弃，各取所需，为我所用。使一个完整的政策在执行中没有完全贯彻落实，使政策内容残缺不全，从而政策的整体功能得不到发挥，导致了政策目标实现得不全面、不充分。例如，早在 1992 年，国务院颁发了《全民所有制企业转换经营机制条例》，中央给企业 14 项权利，而至今仍有许多地方没有落实，不少权利被地方政府截留，政企不分的现象依然存在。

(四) 替代式公共政策执行

在执行政策的过程中，执行者用自己的一套政策替代既定政策，公共政策执行计划也就是“挂羊头，卖狗肉”。执行者对符合自身利益的政策充分利用，对不符合自身利益的就予以曲解变形，并用是否符合地方利益做标准来决定公共政策执行的态度，以“开拓创新”做辩护实行所谓的“灵活变通”。这种公共政策执行严重地损害了政策的严肃性、权威性和统一性，严重地影响了政策的正确贯彻和有效实施。例如，新《义务教育法》规定，学校不得分设重点和非重点班。但在不少学校，“重点班”仍然变着花样地存在着，要么以“实验班”名义，要么“隐姓埋名”也要存在。

(五) 观望式公共政策执行

观望式公共政策执行，即公共政策执行停滞化，公共政策执行主体或因疲于应付具体事务；或因自身私利受损等原因，导致行动迟缓、思想犹豫、心里矛盾，对公共政策执行被动消极，左顾右盼，观望中央是否还有政策变动，观望中央政策是否动真格，观望其他执行机关的执行情况以便于模仿。这种观望式公共政策执行在国内几乎成为各种政策主体的“家常便饭”。它的特点是执行者采取一种“软拖”的手法，能拖则拖；实在不能拖了，就勉强应付执行。这种观望式公共政策执行大大降低了政策的执行效率，损害了政府在目标群体中的形象。在当下，加快廉租房建设是解决我国民众住房难的一个重要途径。我国廉租住房保障制度建设始于 1999 年，至 2007 年，这项工作虽有所推进但进展缓慢，截至 2007 年年底只有 54.7 万户最低收入家庭享受了廉租住房保障，不足目标总数的 6%。廉租房政策的执行事实上被地方“软拖”。由于中央政府认为廉租住房是国民应有的福利，于是中央要求地方财政无偿投入去建设廉租住房。可是，没有利润的事情，地方政府普遍不愿意做。并且如果官员不落实廉租住房建设也不会影响自己的仕途，认真落实廉租住房建设也不会受到奖励，这使得廉租房的建设完全依靠官员的自觉。地方政府缺少主观能动性，因此出现了公共政策执行不顺畅乃至停滞不前的状况，进而导致我国廉租住房保障制度的政策目标不能圆满实现。

(六) 照搬式公共政策执行

照搬式公共政策执行即在执行政策的过程中，不经过认真地政策学习与思考，不能根据本地的实际情况进行政策变通，习惯于机械地照抄照转上级文件，常常出现《关于贯彻××通知的通知》之类的“文件旅行”。“原原本本传达，不折不扣落实”，执行机关称为政策的“收发室”。执行机关不做调研，不能根据地方实际情况提出公共政策执行的指导性文件，因而对下属部门的公共政策执行工作缺乏有效的指导，也导致下级公共政策执行机关的盲目和随意。这样也往往达不到政策制定者本身的目标，既浪费了资源和权威，又没有办成实事。

二、公共政策执行偏差的原因

公共政策的执行过程实际上就是公共政策的实施过程，这一过程在公共管理中占有重要的地位。转型期的我国在公共政策执行过程中出现过诸多偏差，严重制约了公共政策的执行效力和效率，其产生的原因也是非常复杂的，具体有以下六个方面。

(一) 公共政策科学化程度不高

政策本身的科学性、正确性是政策有效执行的根本前提。科学、正确的政策能被执行者认同，被调试对象所拥护，因而能得到有效执行。反之，公共政策执行必然在公共政策执行者和调试对象的消极应付和抵制中搁浅。而我国，某些公共政策在制定时，不能准确地针对政策问题，不能及时有效地解决相应的社会问题，主要表现在以下四个方面。①政策缺乏明晰性，政策目标错位或模糊不清。模棱两可、含糊不清的政策，使公共政策执行者和政策目标群体无所适从；同时，缺乏明晰性的政策会引起政策的界限不清，导致对政策的随意变通。②政策缺乏协调性，政策内容混乱，政出多门、内容相互矛盾，政策“打架”，使公共政策执行者难以把握正确的执行标准。③政策缺乏合理性，政策不可行，政策过于抽象，或缺乏具体的操作方案，使政策的实际执行过程变得很困难，甚至变成不可能。④政策缺乏稳定性和连续性，政策朝令夕改，随意变动，导致政策体系的结构性紊乱，从而造成政策间的摩擦和冲突及政策间的不衔接和空白，也使公共政策执行主体感到无所适从，长此下去，使公众慢慢失去对政府及其政策的信赖，从而漠视政策，导致令不行、禁不止，政策的权威严重流失，从而造成公共政策执行偏差。

(二) 利益目标的冲突

每个人都是追求效益最大化的经济理性主义者，官员也不可避免地陷入利益目标的冲突中，实际上对每个官员而言，他们都是个人利益、部门(层级)利益和公共利益的三重代表，尽管职务要求他们只追寻社会公共利益，但很少有人这么做，个人利益和部门利益常常左右着他们的行为。当公共政策执行者的利益与政策制定者或目标群体的利益发生冲突时，如果一项公共政策威胁到自身利益，执行者就有可能抵制这一政策，或者通过各种手段来维护、补偿和扩大自身的利益。要使公共政策执行者在执行政策的过程中始终保持绝对的“价值中立”，实际上是难以做到的。执行者的利益追求会使其以各种借口，利用手中的权力保护狭隘的局部利益或自身利益，置整体利益或国家利益于不顾。

(三) 公共政策执行体制不健全

公共政策执行体制是影响公共政策执行因素中的重要一环。健全的体制有利于发挥政策的作用，但现行的公共政策执行体制却是不能令人满意的，主要表现在以下三个方面。①公共政策执行的权利配置机制不合理。自1949年以来，我国对行政职权配置进行了九次大的改革，但纵向间的中央与地方的职权配置，横向间各个执行机构的职能配置交叉重叠等矛盾依然尚未得到真正解决。一方面，权力过于集中，组织缺乏合理的权利制约机制，不利于调动下级组织的积极性，不能因地制宜，容易“一刀切”，从而导致政策敷衍和政策照搬。另一方面，执行权在不同地区、不同职能部门之间的配置不协调，机构之间或机构部门人员之间的权责不明确，争功诿过，公共政策执行中思想分歧，行动异步，甚至在执行过程中互设障碍，相互拆台。②公共政策执行的信息沟通机制不健全。在我国官僚制体系中，由于层级系统比较庞大，因此信息的逐级传递会出现不可避免的过滤和扭曲。当中央向地方下传政策时，由于中央的政策更多的是宏观性和指导性的，需要地方根据实际情况，制定具体实施方案，就可能出现对信息的噪声干扰和解读失真。信息在向上传送时，下级只是有选择地上传他们的信息，地方政府报喜不报忧，更让民情民意时有被忽略。横向执行机构间缺乏沟通协调，政策目标得不到合理地分解和整合，“各吹各的号，各唱各的调”，产生执行偏差。③公共政策执行的监控机制欠缺。公共政策执行中缺乏必要的监督和法制约束，使公共政策执行情况得不到及时检查，对造成政策失控者缺乏严厉惩处，从而使公共政策执行中的失范得不到及时防治和纠正，公共政策执行力削弱。

(四) 公共政策执行人员素质不高

在公共政策执行阶段总要依靠一定的执行机构与人员，所以执行人员的素质就会对政策执行的顺利与否产生重大影响。目前，我国在公共政策执行过程中表现出来的一系列问题说明我国的公共政策执行人员在自身素质上仍需要很大提高。执行人员的素质缺陷表现在以下四个方面。①执行人员的专业知识水平有限，不能正确理解政策的精神实质和内在机理，不能正确认识政策的基本内涵和具体要求。②执行人员的能力有限，不能有效地计划和组织实施政策，领导能力、沟通能力、协调能力、创新能力的不足，导致目标群体的不信任和不支持，失去公共政策执行应具有的威望。③执行人员缺乏战略眼光和迎接挑战的心理素质，缺乏百折不挠的坚强意志和积极创新的拼搏精神，不能经受住各种挫折和打击，造成公共政策执行半途而废或减量减质。④执行人员的法制观念淡薄，人民并不严格按照政策办事，变化的随意性很大，人治色彩浓厚。

(五) 执行手段单一粗暴

执行手段单一粗暴，缺乏科学性，表现在以下三个方面。

1. 滥用行政手段

执行主体不考虑被执行对象的认识水平、心理承受等实际情况，不是以理服人，而是一味采取行政方式和经济方式，以势压人，直接导致了目标团体的逆反心理，不利于完成公共政策执行任务。目前，我国在公共政策执行过程中普遍存在着滥用行政手段的现象，对执行对象动辄命令、强制，使执行对象从心理上和行为上都难以接受，行政手段在执行中扭曲变形，演变成野蛮执行，导致干群关系紧张，影响了执行效果。某些地方在城管执法、计划生育执法等工作中这类问题较为突出。

2. 法律手段使用不够

依法行政是对公共政策执行者的基本要求。但许多时候，公共政策执行者不严格按照法律规章办事，有法不依、执法不严等现象仍大量存在。暴力执法现象在公共政策执行的过程中还时有发生，导致干群关系紧张，影响了执行效果，法律手段没有充分发挥作用。

3. 忽视思想教育手段的正确运用

公共政策执行是群体活动，其效率取决于群体行为的协调，而协调以群体成员思想认识的统一为前提。思想教育工作的内容包括：运用思想教育手段向执行对象宣传解释公共政策，获得他们的理解、接受和配合，减少公共政策执行的阻力；重视思想教育手段的运用和完善，提高执行人员的自觉性，加强其效率观念和意识。然而在公共政策执行过程中，许多公共政策执行人员在进行政策宣传时要么不全面，政策解释不到位，没有把政策精神真正贯彻到群众中去；要么宣传过度，执行人员通过报纸、电视、电台等多种媒体大张旗鼓地宣传政策，却没有拿出实际的执行行动来，使群众的政策期望经常落空，出现抵触情绪，这时执行人员就采取制裁、经济处罚等方式，野蛮执行公共政策，导致结果和预期相差甚远。

(六) 公共政策执行资源不足

政策资源的充足性是政策有效执行的保证。俗话说："巧妇难为无米之炊"，必要经费的不足、人力的不足、公共政策执行技术的支撑不力、信息的不灵畅、公共政策执行者的权威不够都是产生公共政策执行偏差的客观因素。当前，我国公共政策执行过程中出现的"上有政策、下有对策"的现象与政策资源的不充足是分不开的，特别是权威资源的流失。从我国公共政策执行失控的情况看，主要是中央宏观公共政策的执行中的失控，地方政府执行机关是这种失控的发源地。中央是国家宏观公共政策的制定者，因而是最高和最有权威的政策施控主体，其施控力和权威直接决定了公共政策的有效执行。地方官员的权力来自中央由上至下的层层授权，而这种授权也必然带来很大的自由裁量权，中央的意志经过层层转移，也不可能精确地传递给地方基层，权力会在层层传递中发生流失。在我国，从中央到乡镇(街道)总共有 5 层正式的政府层级，包括 1 735 个县(市、自治旗)、48 000 多个乡(镇)和 691 510 个行政村。对于如此众多的世界上绝无仅有的官僚架构，中央意志的确难以保证自上而下的有效贯彻，中央的关注力、信息的限制和资源能力都无法补偿权威在"漫长的"权力链中的流失。官僚组织的层级很多，产生累积性的权威流失导致中央政策无法上行下效，尤其对于那些"天高皇帝远，民少相公多"的基层地方政府而言，中央权威已经很难触碰也无暇顾及。在政策手段的选择、使用方面缺少成本效益分析。政策手段具有操作成本，但公共政策执行者较少注意到这点，许多时候选择的政策手段也能实现政策目标，但其成本很大，管理效率不高，不能称之为有效的执行手段。

三、增强我国公共政策执行效能的思考

我国公共政策执行偏差严重影响到政策目标的实现。针对公共政策执行过程中所存在的种种问题，有必要采取切实的措施，消除执行障碍，使公共政策执行回到正确的方向，提高公共政策执行效率。

(一) 科学诊断政策问题，制定科学合理的政策

我国正处于社会转型时期，政策问题呈现日益复杂的趋势，加之在全球化的背景下，不确定的因素进一步增多，因此，在制定政策的过程中，需要科学地诊断问题，细致地分析问题，脚踏实地地研究问题，以制定更加科学的公共政策，减少来自政策本身的障碍。

1. 政策应正确合理

政策的正确性是政策有效执行的根本前提。正确的政策符合社会发展的客观规律，代表人民的根本利益，能够促进社会的发展，给人民带来利益，能被执行者所认同，被调适对象所拥护，因而能得到有效执行。反之，公共政策执行必然在公共政策执行者和调适对象的消极应付和抵制中搁浅。政策的正确性首先要求的是内容的正确、方向的正确，其次要求政策制定者具有科学的理论基础、严密的逻辑关系和科学的规划程序。

2. 政策规则要明晰

政策的具体明确性是政策有效执行的关键所在，是公共政策执行者的行动依据，也是对公共政策执行进行评估和控制的基础。一项政策要能够顺利执行，从技术上和操作上来说，它必须具体、明确，即政策方案和弥补具体、明确，政策措施和行动步骤具体、明确。同时政策的具体、明确性还要求政策目标是切实可行的，是可以进行比较和衡量的，政策目标的完成必须是执行者职权范围内的事，政策方案应该指出所期待的结果，并明确规定完成的期限。

3. 要保证政策的稳定性和连贯性

公共政策反映了一个执政党在一个时期内的基本政治倾向和对其掌握的政策资源的分配，因此，必然保证公共政策的相对稳定性。政策如果朝令夕改，变化多端，执行起来必然困难重重。当然，政策变革和社会快速发展期间，政策的改革和创新是必需的，但还是应坚持政策的连贯性，因为其决定这一国的政治稳定。而且不同的政策之间现在和过去的政策应该保持内在联系，中央政策和地方政策在基本精神上应该保持统一。同时，必须考虑政策之间的联系，搞好政策配套，注意不同层次、不同功能的政策配套，防止配套政策不到位而使公共政策执行难。

为使公共政策达到上述要求，确保政策的高质量，公共政策的制定要坚持法制化、科学化、民主化。①公共政策的制定必须符合法律规章和制定程序，避免公共政策制定的盲目性和不规范性，保证政策制定的合法性。②公共政策的制定必须坚持科学化原则，

制定严格的执行界限、科学的操作程序、准确的评估标准。③公共政策的制定必须坚持民主化原则，强调公众参与，广泛集中民智，追求社会公平、公正，确保政策的制定切合实际。④要加强公共政策执行的成本和收益分析。加强政策变通和利益协调，消除公共政策执行主体和目标群体之间的利益隔阂，争取获得目标群体更多的理解和支持，通过对受损利益群体的适当利益补偿来促进公共政策的有效运转和政策目标的出现。

(二) 深化行政体制改革，建立有效的公共政策执行机制

公共政策总是在一定的体制下产生和运转的，管理体制对公共政策执行有很大的制约作用，它能整合各种政治资源，协调公共政策执行机构内部与其组织机构之间的各种关系，为公共政策执行提供制度保障。完善我国的行政体制是公共政策顺利运作的根本要求。

1. 积极推进行政管理体制改革，进一步精简政府机构

通过行政改革，优化政府组织机构，建立办事高效、运作协调、行为规范的行政管理体系。首先是合理划分中央与地方的事权，建立集分结合、职权明确、分工协作、科学规范的中央与地方的关系体制，使公共政策走上良性运行轨道。其次，理顺各部门之间的关系，明确各部门的权利和责任，合理配置行政权力，提高公共政策执行的效率。最后，精简政府机构，简化公共政策执行流程。公共政策执行是一种典型的组织行为，是在行政组织体系内自上到下的贯通过程，行政组织结构和层次是否合理，对公共政策执行的效果产生直接影响。因此，优化政府组织机构，减少层次是简化公共政策执行流程、防止公共政策执行失控的组织保证。

2. 强化公共政策执行的沟通协调

柯夫曼在《行政管理反馈》一书中从组织角度研究政策失误的原因，并认为"在组织内部的沟通中，往往有意无意造成相互曲解。执行人员无法知悉上级的真正意图，执行组织平庸，执行人员的思想意向与政策目标出现差异，这三点均为执政成功的障碍"。执行组织之间的沟通和协调是公共政策执行组织之间进行信息交流、传递的过程，是对于政策目标及其相关问题获得统一认识的方法和程序。有效的沟通是公共政策执行成功的重要条件之一。任何公共政策的执行都是而且只能是相关部门协同完成的结果，虽然公共政策执行都会确定一个或几个主要执行主体，但离开了"系统支持"和"系统运作"，事实上不可能推进。为此，要采用先进的信息技术，建立健全合理的信息沟通机制，使政府业务自动化、网络化，加强政府部门在公共政策执行过程中的整合程度，建立一套上下级之间、地方之间、部门之间公共政策执行的整合协调机制。

(三) 提高公共政策执行人员的素质

公共政策执行是一项涉及广泛的行为，其行为后果即政策效果与公共政策执行水平密切相关，而公共政策执行水平的高低在一定程度上是由公共政策执行者的素质所决定的。公共政策执行者是政策实施中的能动因素，他们的政治思想道德素质、知识能力素质和心理素质的优劣决定其能动性发挥的大小。首先，必须提高公共政策执行者的思想政治素质，增强大局观念，防止和克服以权谋私、地方保护主义和部门保护主义，自觉抵制各种腐朽思想的侵蚀；高度重视公共政策执行者的道德素质，公共政策执行者应该

遵守社会公德和职业道德的楷模，应该成为遵纪守法、廉洁奉公的典范。其次，必须提高公共政策执行者的专业技术水平，提高公共政策执行的实践能力。这些基本技能决定了公共政策执行主体在公共政策执行过程中对业务工作的熟练程度、责任心和工作效率，也决定了他们在实际工作中对政策信息的搜集和传递能力，以及对政策信息的敏感度。公共政策执行者要学习掌握各种文化知识，精通专业知识，建立合理的知识结构，熟悉公共政策执行的活动规则，提高准确理解和把握政策规定的能力，从而为有效的公共政策执行奠定基础。再者，公共政策执行人员还必须不断增强实际工作经验，要善于处理与公众的关系，养成吃苦耐劳、不怕挫折的品格，培养创新和积极进取的精神。另外，现阶段我国的公共政策应逐步实行政策执行的同体化和异体化的协调发作，也就是说，政府制定的这一部分可以由政府执行机构和工作人员来承担，另一部分可以面向社会，引入市场竞争机制，可以采用签订承包或委托合同等方式由非政府部门的公共组织或其他社会组织来承担。该做法不仅可以激发各种执行人员的责任心，同时还可以降低行政成本、提高行政效率、减少公共政策执行的阻力。

(四) 确保必要的公共政策执行资源的投入

要给予充足的政策资源。无论多么好的政策，如果负责执行政策的机构缺乏必要的、充足的用于公共政策执行的资源，那么执行的结果也必将达不到政策目标所期望的要求。充足的政策资源包括：必要的经费，必要的人力资源，必要的公共政策执行技术支撑，必要的信息资源，必要的权威资源。不同的政策主体在政治、经济、军事等方面掌握着不同的资源，具有不同的运用资源的能力，并在社会成员心中形成不同而相对稳定的评价。必要的经费和人力是公共政策执行的物质基础，许多政策都有相应的规定；信息是公共政策执行活动的必要条件，政策方案是保证公共政策执行者有畅通的信息渠道和充足的信息资源，否则，执行者就无法制定出切实可行的计划，也无法对公共政策执行过程实施有效的控制；权威是公共政策执行的根本保证，是政策有效执行的又一特殊而重要的资源，公共政策执行活动的基本特点是需要很多人的共同活动，而共同活动的“首要条件也就是要有一个能处理一切所管辖问题的支配作用的意志”，这个意志就是权威；必要的公共政策执行的技术支撑是达到政策目标的工具，没有它的支撑，政策目标就无法实现。

(五) 加强对公共政策执行的监督

政策合法化为公共政策的有效执行奠定了基础，然而，“徒法不足以自行”，合法化的公共政策并不能自动得到有效执行。公共政策执行过程中仍然可能会出现政策歪曲、政策截留甚至政策抗拒等现象，正如美国著名行政学家埃莉诺·奥斯特罗姆所指出的，“在每一个群体中，都有不顾道德规范、一有可能便采取机会主义行为的人；也都存在这样的情况，其潜在收益是如此之高以至于极守信用的人也会违反规范。因此，有了行为规范也不可能完全消除机会主义行为”。因此，在公共政策执行过程中，必须建立行之有效的监督机制和责任机制。

1. 增强公共政策执行活动的透明度

对公共政策执行活动的监督是以行政公开为前提的，行政公开的实质就是要增强公共政策执行活动的透明度。公共政策执行活动除涉及党和国家的机密外，其他都是必须依据法律程序和规章制度，在一定范围内公布于众，使各种政策活动广泛地置于公众的关注和监督的。只有增强公共政策执行活动的透明度，才能为公共政策执行过程中公共权利接受监督提供前提条件，从而防止因权力错位而导致的公共政策执行阻滞。

2. 保证专门监督机构的独立地位

必须采取切实可行的措施来改进现行监督体制，从制度上确保监督机构的相对独立地位，以增强其监督的权威性。具体地说，就是必须将监督机构现行的所谓双重领导体制真正变为垂直领导体制，从根本上改变监督主体与监督客体实际上共存于一个组织单元之中的不正常状况，使监督机构的人员编制、工资福利、财政支出等均由国家机关审批，干部的任命、工作的部署和安排均由上级党政部门和监督机关做出，使监督机构真正获得相对独立的地位，从根本上建立起独立运行的监督体制，从而彻底摆脱同级党政机关及其领导人的干扰，独立地行使监督权。只有这样才能保证监督机构对防止公共政策执行阻滞所具有的保障功能得以充分发挥。

3. 强化国家权力机关的监督职能

对政府执行政策的行为实施监督是国家权力机关的一项重要职能。当前，从制度上保证作为国家权力机关的各级人大不仅形式上有职而且实质上有权，因为真正的监督实际上是一种权力对另一种权力的控制和约束，要制约权力必须有特定的权利做后盾，否则监督就不可能生效。因此，采取由执政党的各级地方组织领导人担任同级国家权力机关的领导人的办法，对于切实提高我国地方国家权力机关的权威地位，强化地方国家权力机关对政府公共政策执行行为的监督职能不失为一种可行的制度创新，因为这样不仅可以进一步加强和改善党的领导，有利于发挥中国共产党的执政党作用，而且能够进一步提高人大作为国家权力机关的实际统治地位，有利于发挥国家权力机关的监督作用。

4. 落实和完善各项社会监督制度

要防止政府以普遍的“公共利益”为借口制定和实施背离公共目标的政策，这就需要个体公民联合起来，依靠组织的力量，形成肯定自我和借以抵御政府权力的自由社会空间及独立于政府之外的社会政治实体。社会监督是相对于国家性质的监督而言的一种非国家性质的监督，只有真正重视社会监督，才能真正落实“把人民满意不满意作为工作出发点和落脚点”的重诺。

(六) 多角度调节目标群体(提高公共政策执行对象的政策认同感)

目标群体也是利益群体，也想追求自身利益的最大化。目标群体是由人构成的，是可以根据自己的价值观和不同的利益取向对公共政策或配合、或敷衍、或抵制。由于人们在社会生活中已经养成一套行为模式，常习惯于保持持续的某种状态，因此，为了公共政策目标的实现，公共政策执行主体应将目标群体行为所需要的调适降到最小，以减少人为造成的抵制，从而有利于政策的有效执行。如果政策有利于目标群体，他们就很容易接受，因此，要想让目标群体接受政策，顺畅执行政策，还要对其进行政策宣传、解释。加强政策宣传，提高目标群体的政策认同感可以使公共政策执行者和目标群体认真领会和理解政策目标的具体内容，为有效地执行政策奠定坚实的思想基础，使合法化、科学化的政策的可接受性高，也为政策的有效执行创造良好的政策环境。同时，要强化目标群体的政治社会化程度。任何国家都要通过家庭、学校、大众传媒等渠道使人们完成有利于该社会制度的社会化程度。成功的政治社会化能扩大对公众的政策宣传，增强公众的政治参与性和政策认同感，自动倾向于接受政府制定的公共政策，积极配合政策的执行。

第六节　我国公共政策执行的策略

一、以人为本

“权为民所用，情为民所系，利为民所谋……中国共产党作为领导我们事业的核心力量，它来自人民群众，植根于人民群众，服务于人民群众，是广大人民群众根本利益的忠实代表”。人民利益高于一切。我们进行现代化建设，搞发展最根本的目的说到底，就是不断满足人民群众日益增长的物质文化需求。在政策执行中要体现以人为本。以人为本的基点是维护人的尊严。“尊严”这个概念常用于哲学、伦理学、社会学、法学和政治学的讨论中，用以表明人本固有的价值属性和拥有受到他人尊重的权利。它聚焦于人本身所固有的不可剥夺的权利及其概念的延伸和扩展，经常会以一种警示和劝诫的方式出现。例如，在政治上常用来表示对于不平等行动的反抗和弱势群体为寻求平等对待的相关诉求。但同时它也在不断扩展自己的应用领域，在文化、道德、信仰等观念中得以阐释。康德曾经说过，“唯有道德和人之本性才可冠以尊严之名”。他认为，人的尊严体现在人是一个行动者，并具有凭借自身行动来进行选择的能力。总之，尊严概念有着丰富的意蕴，在社会生活中发挥着促进作用。政策执行应尊重人权和人的尊严。

二、程序优先

传统行政学坚持政治与行政分开，过分强调效率，结果在经济增长、科技进步的同时，却出现了各种社会危机。因此，新公共行政在行政理论主张从效率至上转为公平至上，不仅要强调政策制定的效率，还要考虑政策推行的过程中，不能偏袒某个利益群体的利益，而应以促进社会公平、公正为原则。公正首先体现为程序优先，任何对实体公正的寻求都不得有违程序优先。也就是说，法治意义下的执法公正只能是在程序公正的前提下追求最大限度的实体公正，即程序公正应当具有优先性。发生在美国的“辛普森”事件是一个体现程序公正优先性的典型案件。因警方提供的辛普森袜子上的血迹被辛普森的律师证明是人为故意造成的，法官认为警方做了伪证，违反了程序公正，以前所有有关此案的其他证据法庭都不予考虑，所有陪审团当场裁定辛普森无罪释放。这便是美国著名的“毒树之果”定律：警方违反程序公正就是毒树，由警方违反程序公正所得来的证据(非法证据)就是毒树之果。而“毒树之果”定律使更多的人避免因吃了毒树之果而中毒，杜绝了许多冤假错案的发生。

三、法益均衡

在行政法里有一项非常重要的原则叫作比例原则，是指行政主体实施行政行为应兼顾行政目标的实现和保护相对人的权益，如果行政目标的实现可能对相对人的权益造成不利影响，行政权力的行使除了有法律依据这一前提外，行政主体还必须选择对公民侵害最小的方式进行，即把这种不利影响限制在尽可能小的范围和限度之内，二者要保持适当的比例。比例原则着眼于法益的均衡，以维护和发展公民权威为最终归宿，是行政法上控制自由裁量权行使的一项重要原则。比例原则对我国行政法治建设具有重要的借鉴意义。

四、解读民意

现代社会，公共政策须以民意为依归已是常识。因民意存在“脚踏板效应”，所以在政策执行中区分真正的民意(公意)并不是一件容易的事情。民众对公共事务的表达方式很多，选举、写文章、跟帖、游说、请愿等，都是民意的表达。当然，各种座谈会、听证会和民意调查，也是了解民意的方式，这也是目前政府部门用得较多的办法。如何在政策执行中准确判断是否符合民意，在今天变得越来越重要。因为对民意研究得越清晰，越有助于民众对社会进行批判性思考，也有助于他们对各类社会议题的理解。民众参与公共生活的意愿与激情越大，全社会解决冲突和问题的能力就越强。一个重视民意的社会，必然在察觉问题与共同行动等方面，变得更为公正和有效。当然，这一切的前提，是我们要对民意有更清楚的认知和真正的理解。

五、重视逆反

一些心理学家在说服性信息传递研究中发现了一种不同寻常的现象，即受信者的态度变化与说服方向完全相反，他们对说服性信息进行积极地心理反抗。这种现象后来被人们习惯地称之为逆反心理。例如，苏联心理学家普拉图诺夫在《趣味心理学》一书的前言中，特意提醒读者请勿先阅读第八章第五节的故事。大多数读者却采取了与之告诫完全相反的态度，首先翻看了第八章第五节的内容。毫无疑问，分析逆反心理对政策执行意义重大。政策执行成本的高低与社会逆反心理有着直接的关系，尤其对管制性政策而言，如果都是“不禁不为、愈禁愈为”，那么还谈何执行效率？政府出台政策规定是要人们服从和遵守的，服从和遵守的情况好，执行成本就低，政策效率就高。为了提供政策效率，减少执行成本，必须认真研究逆反心理，搞好政策宣传，提高政策的服从性。

六、上下台阶

上台阶和下台阶是两种重要的执行策略。前者是步步深入，后者是深入浅出。

生活中我们不难发现那些经验老到的推销员是如何一步步诱顾客上钩的。他们在推销商品时，并不是直接向顾客提出买他的商品，而是先提出试用、试穿他们的产品，等这些要求实现之后，才提出购买要求。好比劝朋友喝酒，总是会让朋友先喝一口，等喝下第一口后，继而把朋友灌得酩酊大醉。心理学上有个心理效应叫“阶梯效应”(或称为“登门槛效应”)，大意是，要让他人接受一个很大的甚至是很难的要求时，最好先让他接受一个小要求，一旦他接受了这个小要求，他就比较容易接受更高的要求。看来，有经验的推销员都深谙此道。

与“阶梯效应”相对应，在心理学上称心理效应为“下台阶效应”(或称为“留面子效应”)，是指人们拒绝了一个较大的要求后，对较小的要求接受性增加的现象。由于人际作用，当人们拒绝了别人一个要求后，会因为辜负了别人对自己的良好愿望而感到内疚，所以愿意做出一点让步，给别人一个面子，使别人获得满足。很多人正是利用了这种策略去影响他人，在向他人提出自己真正的要求之前，先向其提出一个大的、难以满足的要求，待对方拒绝之后，再提出自己真正的、比较小的要求。这时，对方答应自己要求的可能性就会增加。

七、欲擒故纵

在一栋宿舍楼的后面停放着一辆烂汽车，每当晚上 7 点时，大院里的孩子们便会攀上车厢蹦跳，嘭嘭之声震耳欲聋。大人们越管，孩子们蹦得越欢，见者皆感无奈。这天，一位老人凑过来对孩子们说：“小朋友们，今天我们比赛，蹦得最响的奖玩具手枪一支。”众孩童欢呼雀跃，争相蹦跳，胜者果然得奖，兴高采烈。次日，这位老人又来到车前，说：“今天继续比赛，奖品为两粒奶糖。”孩子们见奖品直线下降，纷纷表示不悦，无人卖力蹦跳，声音稀疏弱小。第三天，老人又对孩子们说：“今日奖品为花生米两粒。”众孩童纷纷跳下汽车，抱怨老头太过抠门，皆说：“不蹦了，不蹦了，有什么意思，回家看电视了。”如此看来“正面难攻”可以迂回，采用“奖励递减法”可起到奇妙的作用。

美国心理学家阿伦森做过一个实验，他将人分为 4 组，要求他们对某一个人给予不同的评价，借以观察某人对哪一组最具好感。第一组始终对之褒扬有加，第二组始终对之贬损否定，第三组先褒后贬，第四组先贬后褒。实验过后，发觉大部分人对第四组最具好感，而对第三组最为反感。

阿伦森对此总结道：人们大都喜欢那些对自己表示赞赏的态度或行为不断增加的人或事，而反感上述态度或行为不断减少的人或事。这就是心理学中著名的阿伦森效应。

八、诚信至上

在《现代汉语词典》中，“信”的含义与“诚”“实”相近。而依照《说文解字》一书的解释，信字，从字的构成上说它属于会意字的范畴，它是由“人”和“言”组成的，即所谓的“人言为信”。从政府角度而言，“诚信”是一种理念，更是一种责任。《论语·颜渊》中有这样一段记载：子贡问政。子曰：“必不得已而去，于斯三者何先？”曰：“去兵。”子贡曰：“必不得已而去，于斯二者何先？”曰：“去食。自古皆有死，民无信不立。”大意是说：孔子的学生子贡向孔子请教治理国家的办法。孔子说：“只要有充足的食物、充足的战备以及人们的信任就可以了。”子贡问：“如果迫不得已要去掉一项，三项中先去掉哪一项？”孔子说：“去掉食物。自古人都必有一死，但如果没有人民的信任，政权就不能立足了。”孔子的这段话强调了政府做事取信于民的重要意义。

本章小结

本章第一节主要从公共政策执行的理论入手，进而阐述了公共政策执行的内涵、功能和原则等。第二节公共政策执行的相关条件包括政策资源、执行主体、目标群体、执行手段和信息沟通等。第三节公共政策执行过程主要包括政策宣传、政策细化、物质准备、组织准备、政策试点、政策推广和政策协调、监督与反馈。第四节主要介绍了公共政策执行的途径与工具选择。公共政策执行的途径主要有“自上而下”的途径、“自下而上”的途径、“政策/行动连续流”途径和工具选择途径。第五节分析了我国公共政策执行的偏差。

【关键概念】

公共政策执行　政策资源　行政手段　法律手段　经济手段　政策执行偏差

【思考题】

1. 什么是公共政策执行，有何基本特征？
2. 公共政策执行的功能是什么？
3. 公共政策执行的原则是什么？
4. 公共政策执行有哪些可以采取的途径和工具？
5. 公共政策的执行包括哪些过程？
6. 公共政策执行过程中有可能出现的偏差是什么？
7. 公共政策执行偏差的影响因素有哪些？
8. 应采取何种策略，使得公共政策能够有效执行？

(扫一扫，看精彩案例)

第八章　公共政策评估

政策评估作为衡量公共政策成效的重要工具和政策变迁的基石，亦是政策规划与政策执行赖以改进的参照基础，随着社会发展和社会治理的规范化和科学化，政策评估研究越来越受重视，成为当代公共政策活动的重心，在政策成败中扮演着关键角色。我国目前正处于从经济发展为中心向经济发展与社会发展并进及城市化的关键时期，各种公共问题层出不穷，诸如教育问题、养老问题、环境保护、弱势群体、劳资纠纷等，政府必须对这些问题，制定新政策、调整旧政策，依其优先级，设法予以解决。然而政府在处理这些问题时，由于受到各项资源，如经费、人员及物资的限制，所以不能再保持不具目标取向的“只问耕耘，不问收获”的消极态度，而须代之以目标取向的“为了收获，努力耕耘”的积极做法，使任何政策的执行，尽可能地收到预期效果。而如何了解政策是否达到预期目标，资源是否做最佳运用，就是公共政策评估所探讨的问题，也是各类政策管理人员和研究人员都可大力着墨之处。

学习目标

- 理解公共政策评估的概念，了解公共政策评估的意义、性质、功能与基本内容。
- 掌握公共政策评估的类型、要素、模式与方法。
- 熟悉公共政策评估的一般标准与具体步骤。
- 全面理解我国政策评估的困境、现状与发展。

【引导案例】

史上最严交规，为何没有下文

2012年9月12日，公安部部长孟建柱签署中华人民共和国第123号令，文件称修订后的《机动车驾驶证申领和使用规定》已经由2012年8月21日公安部部长办公会通过，现予以发布，自2013年1月1日起施行。该规定以其对违章驾驶员的严厉惩罚被人们称为“史上最严交规”。然而，该规定正式施行不过两天，其中的“闯黄灯”处罚便成了争议的焦点，实际执行中更多看到的是它的“不靠谱”，给人普遍的感觉是“政府有些意气用事”。看来当初制定政策时就缺少科学的态度和严肃性，这样的规则实在让人感到无所适从。于是，2013年1月6日，公安部交管局专门下发通知，表示目前违反黄灯信号的，暂不予处罚。“闯黄灯”罚则因质疑的舆论呼声过高而被迫暂停，表现了政府顺应民意、做出妥协的求实态度，但发现问题不光是暂停就能了事，还需要进行完善和修订，不能已暂时叫停就没有了下文，这样的结局将会引起民众的误解，也会使法规失去权威性。

案例思考：

如何看待这次“史上最严交规”的施行情况？如果你是交管部门的负责人，该如何评估此项政策，又该如何完善呢？

第一节 政策评估概述

现代人不仅关心政策问题的成因，而且更迫切企盼政策的制定与执行，以达成正当合理之目标。然而，现今的公共政策，往往要耗费庞大的经费来推动与执行，于是有识之士不断呼吁提高政策效率，意图以有限的资源，成就丰硕的成果。事实上，一向为人们所关切的政策，由于诸多原因，无法实现既定的目标，解决其所要求的政策问题。于是形成一股强大的压力，要求仔细进行政策评估。那么，何谓政策评估？政策评估有哪些意义？政策评估是如何而来、如何发展及具有哪些特质和功能，这都是政策研究领域一直关注的话题。

一、政策评估的概念

关于政策评估的概念，学术界没有一个统一的能被普遍认同的定义，很多学者从不同的角度予以界定，所以定义也就不一样。基本上，“评估”是一个相当弹性的字眼，任何一种判断都属于评估，即某人以某种明示或暗示的标准，检视并权衡某一种现象，包括人、事务或观念等。据此而言，政策管理者的评估活动可以在任何时间、任何地点及在政策运作过程的任何一个阶段发生。目前，学术界较为普遍使用的关于政策评估的定义有以下六种观点。

(1) 那格尔在《政策研究百科全书》中认为，政策评估“主要关心的是解析和预测，它依靠经验性证据和分析，强调建立和检验中期理论，关心是否对政策有用，而主要把评估看成一种科学研究活动”。这种观点认为政策评估主要是对政策方案的评估。持这种观点的学者将公共政策评估视为一种分析过程。其目的在于分析、比较各种不同的政策方案的可行性及优缺点。这种评估强调的是运用定性与定量分析方法和技术，对各种公共政策进行评估，指出各政策方案的优劣。

(2) 伍启元认为，政策评估是广义政策执行过程中的一个环节。但恩则以为，评估乃是一种政策分析程序，借以制造有关政策结果之价值的相关信息。

(3) 戴伊认为，“政策评估就是了解公共政策所产生的效果的过程，就是试图判断这些效果是否是所预期的效果的过程，就是判断这些效果与政策的成本是否符合的过程”。

(4) 朱志宏认为，“就一项公共政策而言，发现误差，修正误差就是政策评估，政策评估的工作就是发现并修正政策的误差”。

(5) 林水波、张世贤认为，“政策评估是有系统地应用各种社会研究程序，搜集有关资讯，用以论断政策概念与设计是否周全完整，知悉政策实际执行情形，遭遇的困难，有无偏离既定的政策方向，指明社会干预政策的效用”。

(6) 按照罗西与弗里曼的定义，政策评估是指系统地运用社会研究程序，以评估社会干预计划的概念化、设计、执行及效用。这一定义强调政策评估在方法上必须运用社会科学的研究程序，评估的对象则为政府介入之公共计划所带来的影响。

总结以上学者关于公共政策评估概念的理解，主要有以下观点。

(1) 政策评估主要是对政策方案的评估，属于政策评估中预测评估的范畴。例如，按照那格尔、阿肯等人的观点，政策评估就是对各种政策方案的可行性运用定量和定性分析进行评估，以判断方案的优缺点，供决策者参考。

(2) 政策评估是对政策全过程的评估，既包括对方案的评估，还强调对政策执行及政策结果的评估。例如，在费希尔看来，作为一种政策分析或政策科学的应用活动，政策评估是用多种质询及辩论的方法来产生和形成与政策相关的信息，使之有可能用于解决特定政治背景下的公共问题，“可以从决策过程的各个阶段对公共政策进行评估，例如政策问题的提出和确定、政策抉择的备选方案、选定政策方案的实施和政策实施完成后的最终影响”。

(3) 政策评估就是执行评估，目的是发现误差和修正误差。例如，前面提到的朱志宏的政策评估定义。

(4) 政策评估的着眼点应是政策结果。例如，邓恩说：“评价与估计、估价和评估等词是同义的。这些词包含着这样一种企图，即使用某种价值观念来分析政策运行结果。更确切地讲，评价提供政策运行结果所带来的价值方面的信息”。

因此，所谓政策评估，是指一定的政策评估主体，依据既定的评估标准和程序，采用科学的方法，对政策的方案、政策实施的过程及政策的效果和影响进行评价，以判断政策结果是否满足需要的一种专项研究。

二、政策评估的意义与重要性

政策评估是公共政策过程的一个重要环节，政策本身的价值，只有通过政策本身的评估才能得以确定。在现代社会中，政府的任何一项公共政策影响人民生活的层面都越来越广。例如，全民医疗政策、养老政策、农村低保政策的成本效益如何？户籍政策的改革及土地征收政策又有何利弊得失？事实上，这些民众所关注的政策问题，正是政策评估所处理的核心。科学的政策评估不仅可以对政策问题进行分析和评价，发现并修正政策制定和执行中的有关问题及评估政策的实际效果，还可以影响政策的发展方向，它的重要意义主要体现在以下六个方面。

(一) 政策评估是检验政策效果的基本途径

一项政策投入实施后的效果如何，并不能一目了然，表面的情况与实际的状况可能差别很大。为了避免盲目状态，有必要利用科学的技术和手段收集相关信息，并在此基础上加以分析，以检验一项政策的目标实现程度及其社会影响。避免劳而无功或事倍功半，从而提高政策的质量。

(二) 政策评估是决定政策延续、调整和终结的重要依据

政策是一个动态过程，没有一项政策是亘古不变或朝令夕改的。无论是政策的延续、调整还是终结都不能依据决策者的臆想，必须要根据全面、系统地分析和科学、合理地评估。

(三) 政策评估是有效政策建议和合理配置资源的有效途径

政策评估是决定政策延续、调整和终结的重要依据，同时也是合理分配政策资源的基础。通过科学的政策评估可以确定每项政策价值，并决定政策资源投入的优先顺序和比例，以寻求最佳的整体效果，从而推动政策的有效实施。

(四) 政策评估是实现政策过程民主化、科学化的重要途径

政策科学化和民主化是政治体制和行政体制现代化的必然要求。公共政策评估有助于政策的民主化，因为公共政策评估可以超越少数政策制定者的有限见识，独立地、宏观地进行评价和鉴定。

(五) 政策评估是提高政策水平的重要途径

政策评估不仅由专业政策人员完成，而且要吸纳政策制定者、政策执行者等的参与。需要向政策人员灌输了一种理念，那就是政策人员要对政策后果负责，从而促使其加强学习，提高自身的能力，这样就能使整体政策水平不断提高。

(六) 政策评估是改善执行不力，提高行政效率的重要保障

政策执行不力与行政效率不高一直是困扰我国政府的两大难题。通过政策执行过程的评估，能够及时发现执行中存在的问题，并且迅速纠正，可以有效地监督、预防执行机关怠于执行、执行走样，保证政策被正确贯彻实施，促使行政效率有所提高。

归纳起来，政策评估的重要性可从以下两方面来看。

一方面，政策评估是审视一项政策在实施后是否达成了制定政策时所预期的目标，以避免政府浪费人力、物力资源在没有效果或不当的政策上。例如，交通部想借提高牌照税、燃油税及高速公路通行费来限制机动车数量的增长，以达到改善交通拥堵和环境污染的目的，但此种“以价制量”的方法到底有没有效果？有无其他副作用？以价制量的政策是最佳的选择吗？有无其他较好的替代方案？这些问题都必须靠严谨、科学的政策评估去解答。

另一方面，政策评估的工作还在于发现并修正政策的误差。许多公共政策在执行过程中发生误差的情况，而使得政策未能达至预期的效果。因此，如何透过政策评估发现误差、修正误差，成为政府推动施政计划的重要工作。

综上所述，政策评估作为政策变迁的基础，也是政策规划与执行赖以改进的参考标准。在当代，政策评估实已扮演着政策成败的关键角色。

三、政策评估的兴起与发展

政策评估近十几年来在国内外取得了蓬勃发展，不仅成为公共政策与公共行政的重要领域，也是跨学科研究者必修的课程，特别是在教育和公共卫生领域。尽管以评估的方法进行研究的历史可以追溯到 17 世纪 60 年代关于社会问题的实证研究中，然而就我们所指涉的公共政策评估的内涵来讲，还是一项待理论与实践深入研究的新领域。

早期有关改善社会状况的各项政策并未包括评估内容。当 19 世纪及 20 世纪初期的改革者应用社会科学研究程序去进行研究时，其实只是为了要广泛搜集问题的资料，及发现需要服务的对象而已。他们认为政府所提供的各项方案，必然可以解决各种社会问题，因此不需要评估。例如，美国在 20 世纪初禁止雇主雇用童工时，并没有想到要评估，因为他们假定童工必然因此会消失而结果将非常良好。同样的，美国在 1935 年建立失业福利制度时，也没有提出运用评估。

那么，真正以评估的方法进行的研究起源于 19 世纪 30 年代的霍桑实验等一些社会和管理学的研究，是评估研究的雏形。当时，社会学、心理学与管理科学的研究者十分盛行使用社会科学研究，以评估各类社会行动方案的成效。社会学者史蒂芬用实验设计方法对美国罗斯福总统的“新政社会计划”进行了评估，自此，评估研究开始步入较大规模的、系统性的科学研究。就评估研究的发展历史来看，第二次世界大战是一重要的分水岭。第二次世界大战前的评估研究重点是政府社会计划对社会的冲击，如教育问题，至于其研究方法则以实验室设计为主，重视测度的问题，因此也可将此阶段的评估称为测量评估。20 世纪 50 年代，除了美国地区之外，欧洲、亚洲、南美洲等，到处可见评估研究的热潮。20 世纪 60 年代，受行为主义蓬勃发展的影响，评估研究已自成一格，快速向系统性研究迈进。

美国政策学者古巴和林肯将第二次世界大战前的评估研究称之为第一代评估；第二次世界大战后至 20 世纪 60 年代的评估称之为第二代评估，1963 年至 1974 年称之为第三代评估，1974 年之后则称之为第四代评估。本书基本上采用这一分期架构，自第二次世界大战后介绍政策评估研究的演进发展。

(一) 第二代政策评估：实地实验(第二次世界大战—20 世纪 60 年代)

第二次世界大战之际，美国陆军聘请学者史都华，评估分析军队人事与宣传政策对军人士气所产生的效果；美国战争资讯局运用抽样调查评估国内民心士气。自此大规模的实地调查成为当时评估研究的主流。大规模的评估研究计划纷纷运用在都市发展、住宅、科技与文化教育、职业训练及预防医学等领域。

实地实验主要是在现实生活环境中所进行的调查，研究的地点为远离实验室的地方，如学校、工作地点、街上甚至是战场。实地实验很好地弥补了实验室研究中人为控制的偏差以及与现实差距的不足。其研究的焦点为个人人格与态度的议题，如李温的田野研究评估有关对待少数民族的态度，以及住宅计划对居民士气的影响等问题；包尔思与卫玛的预防青少年犯罪计划；海门、莱特与霍普金斯的夏令营参与计划，梅伊尔、伯格塔与琼斯的社会工作干预计划；等等。

至20世纪50年代，大规模计划评估不仅在美国、欧洲先进国家被广泛运用，也开始转向其他国家及地区，如亚洲地区的家庭计划、拉丁美洲的营养与健康照顾及非洲地区的农业与社区发展计划。

(二) 第三代政策评估：社会实验(20世纪60年代—20世纪70年代中期)

自20世纪60年代起，政策评估在学术领域及政治环境上都有重大的进展。一方面，自60年代开始有正统的评估研究教科书，以及大量论文的出现。最有名的是萨奇曼针对政策评估的研究方法的不足而撰写的著作《评估研究》和坎贝尔于1969年发表的《改革作为实验》。

另一方面，60年代的政策评估已然成为一种“成长工业”，评估学界似乎发现美国工业快速成长的后遗症一一浮现，包括贫民区、文盲、住宅、健康医疗与种族歧视。肯尼迪总统主政时期，联邦政府首先发动大规模的社会改革计划，如教育政策、收入维持与分配、住宅、健康与犯罪预防等。约翰逊总统时期更提出所谓“大社会”的改革计划，尼克松总统时期继续加以扩大。这些计划的目的旨在解决美国的都市社会问题，计划规模与经费相当庞大。政府大幅增加公共投资所带来的问题，更加突显政策评估的重要性。

在研究焦点方面，当时主要是评估社会行动计划能否有效解决社会问题，反应特定时空背景下的社会需求。在研究方法方面，主要是社会实验，如坎贝尔和坦利早期所写的《实验与准实验设计》一书，介绍许多社会实验设计方法，可以说是评估研究的代表性著作。

(三) 第四代政策评估：政策制定(20世纪70年代中期迄今)

根据学者的估计，美国联邦政府在1975年至1977年花在政策评估的经费(大约17 000万美元)是1969年的10倍；而根据美国会计总署的调查，美国联邦政府有226个评估单位，雇用1 400位高级专业评估人员。在1980年花费的评估经费约有18 000万美元。由此可见，政策评估在政府施政中的地位日趋重要。

在学术界方面，专业性的论文期刊与年刊如雨后春笋般陆续涌现，如《评估研究评论年鉴》《评估评论》《评估实务》《评估与政策规划》。1976年成立评估研究会与评估网络协会。

在民间机构层面，一方面，一些民间公司竞相争取联邦政府的评估计划支持，仅1970年300家民间公司提供了800个评估职位；另一方面，由于大学机构与民间评估公司的合作，发展出了许多新的政策评估理论与方法，对于当时所推动的实验计划提供了许多评估建议。

在研究方法方面，政策评估逐渐走向多元的途径，如计划图形、预算检视、计划配预算、系统分析与成本利益分析等。这些多元化的研究途径，不管是量化研究还是质化研究，都使得前期所盛行的实验设计方法更趋于丰富成熟。

第四代政策评估可以说是当代政策评估研究的重要转折点。以政策评估方法中的指标法为例，由过去只注重统计数字的“社会指标”逐渐转为强调民意参与的“政策指标”。

四、政策评估的性质与功能

(一) 政策评估的性质

政策评估是一项实践性的技术，其目的在于促使方案运作良好，并将资源分配给较佳的方案，同时间接地推动一些新的方案产生与不适合社会发展需要的旧的政策方案的变革或终结。其作为政策过程中的一个重要环节，邓恩认为政策评估关注的不是问题本身，也不是某种事实或某种行为，而是某种价值观念。因此，他认为可以从以下四个方面去理解政策评估的性质。

1. 以价值为核心

与监测相反，评估着重于对政策、计划的价值进行解读与判断。以政策效果和价值为评估的前提和核心，而非简单地搜集各种有关政策行动的信息。由于政策目的与目标的适当性通常会被质疑，所以评估的范围也包含对目标与目的本身进行检测，还要说明公共政策的价值和社会功效。

2. 对事实和价值的依赖

评估性质的主张同时以事实与价值作为基础。在宣称某项特殊政策或计划已经达成非常高(或低)的绩效之前，评估人员不但需要先得知该项政策评估结果是否对某些个人、团体或社会整体而言是有价值的；同时，也必须显示出该项政策的实际效果确实是为解决某一特殊问题或采取的某项政策行动所产生的后果。因此，政策监测可以是政策评估的先决条件。

3. 当前的和历史的取向

与政策推行产生的倡导主张相反，政策评估的主要目的主张的是目前与过去的结果取向(规划评估除外)，而非未来的结果取向。政策评估是政策方案实施后，采取回溯评估得到的结果，政策评估活动不仅要分析公共政策的当前发展状况；同时，也需要搜集公共政策的过去的发展经验，以掌握过去发展的路线是否按照所预期的方向进行。

4. 价值的两面性

价值的两面性是指政策评估虽以完成内在价值为主要目的，但有时外在价值也是评估项目之一。潜藏于评估主张的价值，具有二元的本质。因为此种价值通常可以被视为目的，也可以被视为达成较高目的的手段。某项既定的价值(如健康)可以同时被视为内滋性(本身即是可想的)及外滋性(健康是创造财富的基础，所以是可欲的)。价值常以层级方式安排，以显示目标与目的的相对重要性及相互依赖性。

(二) 政策评估的功能

不同政策阶段的评估具有不同的功能，如在政策制定阶段，政策可行性评估可以帮助政策分析师从宏观角度了解政策执行的可能性及预计困难；可以通过对政策涉及的权力场域的分析，帮助政策分析师了解政策环境中支持与反对团体间的相对位置。总之，在政策分析中，政策评估具有以下功能。

1. 政策评估可以提供有关政策绩效的信息，以提升政策质量

我们可以透过政策评估活动检视政策绩效，包括政策达成目标的范围和程度，以及社会对该政策的需求与价值等信息。例如，目前我国的老年人口有一亿多人，据估计，到2020年将超过两亿人，其中独居老人及独生子女家庭老人约占一半，但是目前我国已有养老床位还不到其中的 1/10。由此可以评估我国养老政策绩效并不理想。因此，政策评估可提供具有信度与效度的信息，以作为决策者日后修正或改善政策方向的依据，其正面的影响便是逐渐提升政策质量。

2. 政策评估可以重新检视政策目标与目的的适当性

当我们判断政策评估是否按照预期的方向与目标前进时，就必须重新审视政策目标的适当性，并予以修改。例如，扶贫政策，从区域扶贫到精准扶贫，通过不断的政策试行和政策评估，逐步完善与更新政策目标与执行策略，以确保政策目标及执行策略适合不同阶段、不同时期、不同地域的需要。

3. 厘清政策责任的归属

有些政府部门及官员往往弄不清楚决策责任和执行管理层面的责任，以致一旦任内出事便引来推诿之讥，经常会存在“遇到问题求解无门”的情况，属于典型的责任不清现象。事实上，影响政策成败的因素甚多，透过科学的、客观的评估报告，可以厘清政策成功或失败的责任归属问题。例如，产生问题的原因出在政策制定环节、执行环节还是另有他因，这些都应该由客观的政策评估来解答。由此可见，政策评估也具有促进“责任政治”的积极功能。

4. 政策评估可以作为形成政策问题、政策建议及分配政策资源的基础

如果政策评估的结果显示政策目标的设定完全不符合实际，则予以修改，重新形成政策问题；或者针对评估结果提出政策建议。由于政策资源的稀缺性与竞争性，因此公正、客观的评估报告可以作为调整未来政策方向或目标的参考，作为强制分配政策资源的有力依据。

五、政策评估的基本内容

一般来说，政策评估需要重点关注如下内容。

(一) 对目标群体产生的影响

所谓目标群体，是指政策试图影响的那部分人。例如，无家可归者、精神病患者、低收入家庭、学龄儿童、退伍老兵等。政策评估需要考虑的问题是：政策对目标群体产生的预期影响。例如，如果一个反贫困计划，其目标是增加他们的就业机会(提高就业率)，还是改善他们的身体条件和生存状况；是增加他们的收入(提高工资水平)，还是改变他们的态度和行为。如果预期产生多重效果，把上述内容都视为目标，那么就需要考虑优先次序。此外，可能产生预期的结果，也可能产生非预期的结果。有些是人们愿意看到的(正面影响)，有些是人们不愿意看到的(负面影响)。例如，旨在提高农民收入水平的农产品补贴计划，同样也能够导致被补贴产品的过量生产；某一福利计划确实改变了受益群体的收入状况，但却削弱了他们就业的主动性；廉租房计划可以有效改善穷人的居住状况，但可能会产生由贫富隔离引发的问题。

(二) 对目标群体以外的群体产生的影响

一项政策不仅会对目标群体产生影响，而且还会对一些非目标群体产生影响。这种影响被称为第三方影响或溢出效应。因为它通常会增加第三方的收益或成本。例如，廉租房等公共住宅项目不仅惠及低收入阶层，还会给建筑企业带来收益；公共教育计划不仅培养了学生，还为公司培训了能干的员工，向社区输送了高素质的居民；污染控制计划会增加许多工厂的成本，但却为污染控制设备的生产厂商带来了实惠。当然，非目标性效果可以表现为收益，也可以表现为成本；可以是积极的结果，也可以是消极的结果。森林的砍伐对木材公司有利，而且符合那些把森林视为农场的人的观点，但会被环保主义者、热爱大自然的人和野外运动爱好者所反对，因为森林的砍伐会导致野生动物生存环境遭到破坏，使大自然失去美感。

(三) 对近期以及未来产生的影响

有时候方案的设计只是为了应急(应对突发情况或紧急事件)，并没有长期的考虑。例如，2008 年 8 月北京奥运会期间的机动车单双号限行政策，2010 年 11 月广州市亚运会推出的免费乘坐地铁、公交和过江轮渡的优惠政策。有时候，方案的设计不关注眼前而在乎长远，如中国核电发展计划和航天发展计划。

研究表明，一些新的或带有创新性的政策非常吸引人们的眼球，通常会产生短期的正面效果。但当方案的新颖性消失，人们的热情衰退后，正面效果就不见了。与之相反，有些政策起初举步维艰，遇到很大困难，但坚持下来就产生了意想不到的正面效果，如医疗保险制度的建立、住房改革政策的推出。

(四) 直接成本

“天下没有免费的午餐”，这是经济学家常挂在嘴边的话。它提醒我们，做事一定要考虑成本。成本的表现形式多种多样，而直接成本则是政策评估首先需要考虑的问题。所谓直接成本，是指方案实施过程中直接消耗的资源，包括人、财、物等方面。相对来说，直接成本比较容易计算，预算文件可以提供准确的数据。如果政策的某项开支服务于多个项目，那成本的核算就会复杂一些。

(五) 间接成本

政策除了有直接成本外还有间接成本。例如，达到煤矿安全生产要求所需要的花费可能导致煤矿产量的下降，环境保护提出的标准可能会导致工厂的产量价格提高。间接成本有的是有形的，有的是无形的。例如，一个人的家乡因修建水坝而被淹没时，精神上的损失(心理痛苦)会由此产生。尽管经济补偿可以支付房屋的损失，但老屋被淹没在 30 多米的水下，再想回去是不可能了，这种精神损失怎么弥补呢？间接成本常常涉及社会和心理两个方面，这些无形的东西往往无法进行预算，要给它们挂上一个价格的标签实在不是件容易的事情。

(六) 机会成本

政策评估不仅关注直接成本和间接成本，还要关注机会成本。所谓机会成本，是指用于某一项目的资源(如修建防洪设施)不能用于另一个项目(如建筑公共住房)。机会成本所关注的问题是资源被用于某一目的而非其他目的时，人们不得不放弃的东西。或者在做出选择时，放弃那些本能够得到的东西。例如，有一大片空地可卖可租，把它卖出去可以赚5万元，但也可以把它租给别人建停车场，每月收取租金。如果把它租出去的话，在租用期就不能再卖了，那卖地的5万元就是租地的机会成本；反之，真把它卖出去的话，所有权就换人了，就不能再做主租给别人了，每月收取的租金就是卖地的机会成本。政策评估必须考虑这样一些问题。

(七) 物质性影响与符号性影响

政策影响可以是物质性(有形的)，看得见、摸得着，实实在在；也可以是符号性(无形的)，看不见，摸不着，朦朦胧胧。政策的符号性影响主要包括："领导人物对社会价值的肯定，国旗、军旗和军队的展示，各种军事仪式，高级官员的出访和来访，政治领导人的意图和重要的政策声明等。"其作用在于激发大众的信念、态度和激情。政策的符号性影响不会引起社会条件的实际变化。没有谁会为某位政府高官的一次关于国家荣誉的演讲或一次盛大的历史名人纪念活动而过得更好，但这类活动会使人们在意识形态或情感心理方面得到满足。有时候，一些看似满足物质需要的政策行动，在效果上却更多是符号性的。政策的符号性影响虽很重要却难以测量，有时候还真得需要一点政治的敏锐和直觉。

政策评估把注意力更多地集中在一些物质性影响方面，关注政府实际所采取的行动，采取行动的理由和产生的实际结果。尽管政策影响在象征性方面显得模糊和不可捉摸，但绝不可因此而忽视对它的评估。

第二节 政策评估的类型、要素与模式

评估研究的发展历经数十年，关于政策评估的分类目前正在经历百家争鸣的阶段，有学者按照评估的过程分类，也有学者按照评估的目标分类，还有学者按照评估方式进行分类等。目前，较为熟知和常用的分类方式有萨奇曼分类、波兰德分类、谢林斯基分类、美国《评估研究会》所做的分类架构以及德尔金斯、豪斯、克尔·豪利特等学者的分类。

本节以前人的分类为基础，将政策评估按评估的组织活动形式划分为正式评估与非正式评估；按评估者的不同划分为对象评估、专业评估与自我评估；按评估实施阶段划分为政策方案评估、执行评估与终结评估。

一、评估类型的分歧

政策评估经历数十年，可谓百家争鸣，莫衷一是。广为熟知的有以下分类。

(一) 萨曲门的分类

(1) 投入努力度评估，是指政策投入的数量与质量之评估。

(2) 绩效评估，关心政策目标与产出的差距。

(3) 绩效充分性评估，是指政策绩效能够充分反映目标的程度。

(4) 效率评估，着重于政策产出的成本效益。

(5) 过程评估，着重于政策是否按照预定计划与目标进行。

(二) 波兰德的分类

(1) 效能评估，通常使用控制实验设计或准实验设计来判断一项计划是否达成，以及算出价值目标的达成率。

(2) 效率评估，使用成本效益分析方法来决定该项计划的成本。

(3) 折中评估，分析一项计划的次级标准，如输入、输出及过程等，以辨别计划最需补强之处。

(三) 美国《评估研究会》的分类

美国《评估研究会》在《评估实作之标准》一书中，设立了六种类型的计划评估架构。

(1) 前置分析，是一种在决定是否进行新计划之前所做的评估研究。通常它所强调的是政策形成的问题，常常根据前人的评估结果，来估计其是否可行，及其可能产生的后果。

(2) 可行性评估，回应一些政策形成与执行的相关问题。一个政策规划的假设，通常会跟预定的政策目标加以比较，即由此种比较来评估计划的合理性及达成计划目标的概率。

(3) 过程评估，其目的是描述及评估具体的计划活动过程，如管理、策略计划、操作及若干执行过程的细节。

(4) 影响评估，它的评估焦点明确指出公共计划是否完成它的目标。影响评估和过程评估都属于回溯性内政策评估。利用影响评估估算一项计划的周严程度，所必须面对的最重要课题：评估过程中观察得知的一些冲击变化，到底是由于公共计划本身所致，还是外在环境因素所致。

(5) 计划与问题追踪，是持续性的评估，其目的是提供问题的相关信息，或是同时追踪一项在不同区域的短期及长期现象。

(6) 后评估，也称为混合评估，主要是重新分析过去评估研究所得到的发现，使研究者可以从过去的公共政策中得到一些结论。

(四) 其他分类

(1) 德尔金斯根据政策发展过程建立了六种评估类别，分别是策略评估、顺服评估、政策设计评估、管理评估、干预效果评估及影响评估。

(2) 豪斯将政策评估分为八类，分别是系统分析、行为目的、决策制定、目标去除、艺术批评、专业评论、准法律及个案研究。

迈克尔·豪利特和拉米什将政策评估分为行政评估、司法评估及政治评估。

二、公共政策评估的分类

公共政策评估可以按不同的标准进行分类。从评估的实际出发，可以将公共政策评估分为三类：正式评估与非正式评估；对象评估、专业评估与自我评估；方案评估、执行过程评估、终结评估等。

(一) 正式评估与非正式评估

按照评估活动组织活动形式可将评估划分为正式评估与非正式评估。

1. 正式评估

正式评估是指事先制订出完整的评估方案，并由确定的评估者严格按照规定的程序和目标所作的评估。优点：评估过程标准化，评估方案科学化，评估结论客观全面。缺点：要求评估条件较为苛刻。

2. 非正式评估

非正式评估是指对评估者、评估形势、评估内容不做严格规定，对评估的最后结论也没有严格的要求，人们依据自己所掌握的情况对政策加以评说。优点：简便易行、方式灵活。缺点：结论粗糙，甚至以偏概全。

这两种评估方式可以有机结合起来运用。以正式评估为主，将非正式评估作为正式评估的事先准备和必要的补充。

(二) 对象评估、专业评估与自我评估

依照不同的评估者可将评估划分为对象评估、专业评估、自我评估。

1. 对象评估

对象评估是指由政策目标集团成员进行的评估。由于政策目标集团成员是政策的承受者，他们对政策制定与实施的利弊得失有最真切的感受，对政策的成果最有发言权。因此，这种政策评估可以获取第一手资料，可以对政策的成效有真实的估计，其结论具体、真切。但这种评估也有不足之处，目标集团成员只是社会的一部分，提供的资料虽然真实，但有较大的局限性。

2. 专业评估

专业评估是指在政策系统之外所进行的评估，通常有两类：一类是政府等公共部门委托专业性的咨询公司、盈利或非盈利性的研究机构、大专院校的专家学者所进行的专业的政策评估，如民政系统委托第三方对一些政府购买的社会服务进行的评估。另一类是社会成员自行组织的评估。这种评估的优点在于评估者在一定程度上能置身于政策系统之外，从而使评估具有较大的客观性；实施评估的机构与人员一般都具有专门的评估理论与知识、方法与手段、实践与经验，从而使评估具有较高的可靠性。但这种评估也有其局限性，主要是评估机构与人员容易受委托者在经费和资料两方面的限制，从而有可能削弱评估的客观性与公正性。

3. 自我评估

自我评估是由政策系统内部进行的评估。这种评估的优点在于，评估者中有政策的制定者与执行者，对整个政策过程有全面的了解，掌握大量的第一手资料，从而评估的结论较为可靠。另外，从评估的实用性来看，政策系统内部评估的结论可以直接被用于政策调整，容易产生效用。但这种评估也有缺点，由于评估者是政策的制定者与执行者，可能会因为顾及政绩而夸大成绩、回避失误；可能会从部门的局部利益考虑而产生片面

性；可能会受到机构内部利益和人际关系影响而失去公正性。

(三) 政策方案评估、执行过程评估与终结评估

按照评估实施的阶段可将评估划分为方案评估、执行过程评估与终结评估。

1. 方案评估

方案评估是在政策实施前进行的评估，因此又称预评估。由于政策还未执行，因此评估是预测性的。评估者往往根据以前积累的经验，加上运用现代电脑技术进行模拟运行，对方案执行后可能出现的效果做出分析与估计，包括以下三个方面。

(1) 规划评估：政机机构或人员为解决某项公共问题或满足某项公共需要，在规划解决政策或方案时，对各替选方案的可行性、成本、影响等进行评估。目的是减少政策目标与实际情境的差距，以期在付诸执行前，修正政策方案的内容与资源条件，以期望目标的达成。

(2) 可评估性评估：是指政策在执行一段时间后，对其执行情况及初步结果加以评估，以探究其执行状况是否符合政策的最初设计与运作程序。此举除了作为修正政策执行的参考外，还可作为建立未来全面性评估的基础。它涉及一个政策是否可被评估，是否应该被评估，值不值得被评估，评估之后是否有参考价值。

(3) 修正方案评估：为增加正在执行中的政策方案的效率或效能，如为扩大影响或服务的范围，减少政策执行的单位成本，而对该政策方案进行修正的行为，称为修正性方案评估。此项修正方案是否有明显的效果、其价值如何、是否有再修正的必要等，均有予以评估的必要。简而言之，修正方案评估即对已修正方案进行评估。

为了使方案评估有效、顺利开展，一般会按照严格的逻辑顺序进行。

(1) 确认和描述政策问题，政策方案的首要步骤是确定政策问题的目标和目的。例如“解决雾霾问题”是政府当前重要的环境保护政策，那么每年在特定季节“城市实施机动车限号及暂停一些工厂生产”就是一项具体的目的。由此可见，政策方案的目标和目的越具体化，评估人员的评估结果就会越准确。

(2) 找出因果模型，政策规划和评估人员会根据相关的社会科学理论，以实际工作经验或实地调查结果，建立政策目标和目的与政策内容的行为条件间的假设问题，也就是确定目标和目的与政策间的假设关系。根据罗西和弗里曼的说法，这些假设问题可分为三种类型，即因果假设、中介假设和行动假设。

(3) 选择对象，政策规划和评估人员在建立假设之后，要进一步找出所要服务的对象。对象大部分是个人，也可能是团体(如家庭、社团、企业单位等)或地区或实体单位(如河川、道路)。对象的界定十分重要，因为界定范围过宽，可能导致资源分配不当与投资不经济；如果过窄，又可能将某些需要政策方案照顾的标的排除在服务之外。

方案评估的优点在于，评估的结果可以直接用来指导政策的实施，特别是可以采取措施，将可能出现的政策负面效应减少到最低程度。但这种评估终究只是预测的，还不是现实的结论。

2. 执行过程评估

执行过程评估是在政策实施过程中进行的评估。虽然这时的政策执行还未结束，但政策推行的效果、效率、效益已经表现出来，特别是政策方案中存在的缺陷、政策资源

配置中的问题、政策环境中某些条件的改变等已经显现出来。其评估的重点为：政策的执行是否按照政策目标或大纲，或者审视计划的执行能否遵行政策目标或大纲，政策方案各部分如何配合。因此，政策执行评估也就是监测政策方案执行阶段是否有缺失，行政机关的作业流程是否有效率，资源分配是否经济，政策执行人员的态度及其所运用的标的团体是否恰当。

(1) 政策执行评估的分类。政策执行评估往往因为监测的重点不同而分成两大类型：①过程评估。评估方案的运作过程，了解方案进行中发生的未预估到的；影响因素以及方案的各部分如何配合等问题。②传递系统评估。强调传送系统的资源、人员、时间和行政程序等的规划监测问题。

(2) 执行过程评估的途径。政策执行评估就是评定政策执行的情形，以及政策是否达到特定的对象团体。但是要如何进行评估？首先，评估适当的对象团体，途径有以下三个：①应用纪录资料。几乎所有的政策执行中都有记录卡记录政策对象及实施阶段等各种资料，因此系统的记录与评估质量紧密相关，可以用统计学方法较直观地呈现相关资料。②政策参与者的调查。当我们不能用纪录资料认定参与者，或政策设计对象太广时，可以利用抽样调查方法做参与者的调查，可了解参与者的各项特性及其行为表现。③社会调查。当政策涉及对象较广泛无法一一调查时，社区抽样调查的方式往往是较常用的方法，也是成本、效率最为经济的方式。

(3) 政策执行过程评估的框架。执行过程评估是按照怎样的框架进行的？美国学者莫里斯和吉朋曾经列举政策执行评估的架构：①内容摘要，内容主要说明政策执行评估的对象，包括政策名称、进行评估的理由，评估所要达到的功能及评估后的主要发现与建议。②政策背景与政策环境，这个部分主要在描述政策：形成的过程，所要达成的目标及可利用的资源。详细的区分包括政策背景，政策渊源、政策目标、历史背景、政策的表达及行政措施与安排。③政策的主要特性，包括政策执行计划的内涵，执行时所用的材料、负责执行的人员、政策对象的反应及执行的进度等。④描述执行评估，这个部分讨论评估的政策活动，包括执行评估的重点、执行评估的环境；也就是了解原政策是否与执行的政策相符合，以及是否有时间或经费的限制。⑤结论与相关考虑，包括每个地方是否按计划与政策对象的期望执行；哪些政策要素需要删除或修正；所有资源分配是否适当；执行活动是否适合政策目的；政策对象的参与及执行人员遵守规则与负责程度的情形。

(4) 政策执行失败或出现问题可能出现的评估结果。一项政策无法对政策环境产生任何影响，其中原因可能包括以下三点：①除问题认定的错误及社会环境的快速变迁外，大部分情形是政策没有依照既定的方式执行，如根本没有执行；②错误的执行或措施，如传递系统过度复杂或执行人员缺乏执行的知识；③非标准化的处理，也就是对于政策执行给予过多的自由裁量权使得执行标准因人因地而异。

政策执行过程评估的优点在于评估中所获取的资料都是即时的、具体的，评估的结论是真实的、可靠的。另外，评估的结果也能立即和直接产生作用，用来对正在执行中的政策进行调整。但执行中的评估只是对进行中的一定过程所做的评定，由于过程并未结束，所以评估带有过渡的、暂时的性质。

3. 终结评估

终结评估是指政策执行完成后对执行结果的评估，这是对一项政策的最终评估。由于政策已经执行完毕，政策的最终效果、效率、效益已经成为客观存在，所以评估的结论是对政策全过程的总结。这种评估要求对政策全过程有充分的认识，对政策实施后的结果有全面的把握，对以往的方案评估、执行评估有详尽的了解。

(1) 政策结果评估的分类。从广义上讲，结果评估包含产出评估与影响评估两部分：①产出评估，涉及执行机关对政策对象人口从事多少次的服务，给予多少数额的捐助，及生产多少物品等。例如，社会救助政策中，家庭人均年收入低于1 000元，可纳入低保户，给予一定的物质和经济救助，这就属于产出评估。②影响评估。当政策执行以后，对于政策对象产生何种有形或无形的、预期或非预期的影响或改变。例如，提高声望、增加安全感、提高生活水平等。更详细地说，所谓影响评估是指研究某一政策方案，造成政策对象及事务向期望方向改变的程度如何，包括对目标做操作性的界定，对政策成功的标准予以确定，并对达成目标的情况予以衡量等，影响涉及有形的与无形的，预期的与非预期的实际改变情况。例如，社会救助政策中，给低保户每月一定的经济或物质救助后对其生活水平提高的影响如何，就属于影响评估。一般来说，影响评估比产出评估要重要。

(2) 政策结果评估的目的。整体而言，政策结果评估主要回答以下问题：①政策或计划是否能有效达成预期目标。②政策或计划是否产生某些非预期的效果。③政策或计划的结果是不是能由方案外的其他环境因素来加以解释。传送系统的服务成本如何。④政策对象对方案参与的效益如何。⑤和其他计划比较，这个政策或计划是不是有效率。

(3) 政策结果评估的要素。明确地界定政策或计划的结果指标是结果评估的首要任务。为了确认政策或计划是某种结果的原因(也就是了解该计划与结果之间是否有存在因果关系)，必须去除因为其他环境影响因素产生的效果，如此才能估计出前述所说的净结果。为了建立计划内容和结果间的因果关系，下列三项条件是不可或缺的：①共变关系：即计划(因)和结果(果)之间应有相关的关系，变量之间没有相关就不可能有因果关系。②时间顺序：也就是计划在前，结果在后。③没有虚假关系：即计划和结果之间没有其他干扰的解释或因素。

(4) 影响结果评估的因素。现实中，政策或计划在执行中受多种因素的影响，具体归纳如下。①长期趋势：长期的时间因素可能影响一项计划的结果。例如，在一段长时间之后，教育普及率提高，国民对信息的接受能力增加，结果使得环境保护政策得到高度的参与。②突发事件：也就是短期或偶发的事件，且能影响计划的结果，此种现象有时又称为历史因素。例如，汶川地震对地方住房政策的影响。③成熟趋势：随着时间的推移，计划预期影响的政策对象，可能因为自然成长而影响该计划的效果。④自我选择：即有些政策对象的行为比较容易向可期的方向变迁。⑤随机效果：任何计划结果的衡量可能会受机会或随机变动的影响，而难以明确测知计划的结果是否来自计划内容的设计，这种误差大部分来自抽样的误差。⑥无信度效果：计划结果的一致性就是信度。一项政策或计划的信度测量是在前后两次不同的时间点进行的，而该计划所显示的结果是一样的，则称之为具有信度。因此，无信度效果大部分来自测量工具的误差。

综上所述，从评估的目的性来讲，政策方案的评估主要为政策执行提供指导；政策执行评估主要用于对政策运行加以控制；政策终止的评估主要对政策制定提供指导。这三种评估形式分阶段贯穿政策的全过程。

此外，不同分类的评估还可以相互结合起来使用。无论是对象评估、社会评估、自我评估，还是方案评估、执行评估、终结评估，都可以是正式评估，也可以是非正式评估；方案评估、执行评估、终结评估可以与对象评估、社会评估、自我评估结合起来。

三、政策评估的模式

在西方政策评估实践中，有各种各样的模式。如何对这些模式进行分类，是政策评估学者一直研究的问题。有些学者，如古巴和林肯，提出以“组织者”作为焦点来进行分类。通常，所选择的价值标准就是评估的“组织者”，主要根据“组织者”的不同就形成不同的评估模式。以古巴和林肯的观点为基础，德国学者韦唐在《公共政策和项目评估》(1997 年)一书中，从社会科学更广阔的视角出发，赋予了“组织者”更抽象的含义，从而提出了一个关于政策评估模式的系统分类框架。

韦唐从政府干预的实质结果入手，按“组织者”的不同将评估模式分为三大类，即效果模式、经济模式和职业化模式。效果模式由一个相当大的、各不相同的团体组成。除了传统的目标达成评估外，效果模式还包括附带效果评估、无目标评估、综合评估、顾客导向评估和利益相关者模式。经济模式与效果模式的不同在于前者总是关心成本，而后者总是忽略成本。经济模式的两个基本标准是生存率模式和效率模式。职业化模式并不直截了当地关心评估的内容，因为它把重点放在了执行评估的人的身上。最著名的职业化模式是同行评议模式，例如，教师评估教师、工程师评估工程师、外科医生评估外科医生。按照韦唐的概括，政策评估模式的分类如图 8-1 所示。

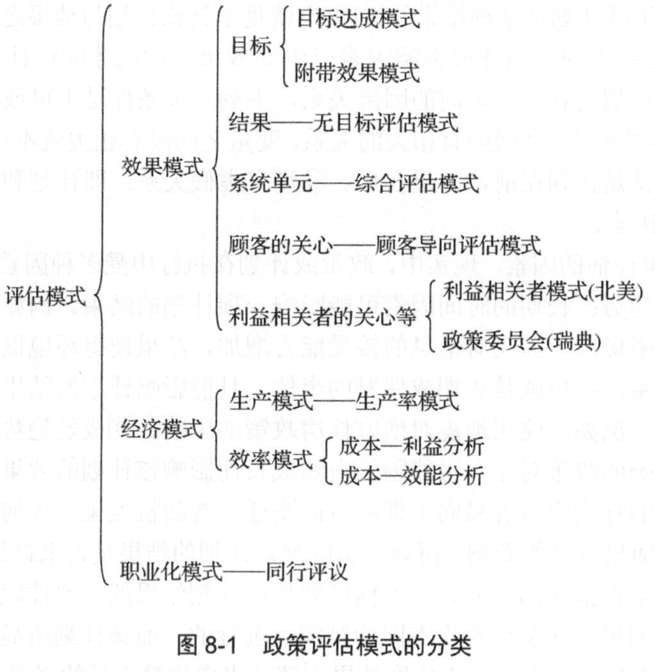

图 8-1 政策评估模式的分类

（一）目标达成模式

目标达成模式是探讨评估问题的传统方法，它主要由两部分组成：(1)目标达成评价。(2)结果是否由政策(项目)所引起。应用目标达成模式要按三个步骤进行：①明确政策(项目)目标及其真正含义，并将其按重要程度加以排序，再把它们转变成可以测量的课题；②测定这些预定目标实际上可在多大程度上实现；③弄清楚政策(项目)促进或阻碍目标实现的程度。可见，该模式是以预定的政策(目标)作为评估的标准和组织者，评估的主要任务是判断预定的政策(项目)目标是否已经实现，以及项目在多大程度上有利于目标的实现。

同任何方法一样，目标达成模式有它无可替代的优点，也有明显的缺陷。韦唐对此做了具体的阐述。在韦唐看来，存在三个主要理由去推动目标达成评估：①体现了民主。目标达成模式是以预定的政府政策目标作为评估的组织者，政府预定的政策目标是公开而法定地被人民代表在代表大会上采纳，体现了政治过程中的民主。同时，政治目标是在责任感之下制定的，政治官员在制定目标时会更多地考虑民众利益和可利用的资源。②提供客观的评估标准。目标达成模式以既定的政策(目标)作为组织者，以项目目标来判断项目结果，所以可以避免评估者在评估项目的价值问题上持个人的主观标准。③具有简单性。这个模式只包含两个主要的问题，即结果是否与目标一致，结果是否由政策(项目)所引起。

韦唐认为，目标达成模式的缺陷表现在五个方面：①忽略了成本。政策过程中需要投入大量的人力、财力、物力和时间等各种资源，这些资源在目标达成模式中完全被忽略了。②在目标不清的情况下难以运用。而政策目标的不确定性又是政策分析中常常碰到的问题。③不考虑意料之外的结果。目标达成模式只考虑预定的项目目标的结果，而忽视那些偶然发现的结果或意料之外的结果，这是片面的做法。④忽视了公共政策制定中的隐秘议程的作用。目标达成模式将官方宣布的、表面的预定目标作为评估的“组织者”，而忽视政治游戏形式中的一些重要东西。例如，官方宣布的目标可能仅有象征性意义，并不打算真正去实现。在这种情况下，目标达成模式往往是无效的。⑤忽视实施国策。目标达成模式只关心项目结果，而实施过程则被看作一个“黑箱”。

（二）附带效果模式

附带效果模式正好解决了目标达成模式的“困境”，即关注非预期的、预料之外的政策效果。附带效果是指项目目标范围之外的影响，与主要效果——政策制定者有意识地想要得到的主要实质性影响相区别。附带效果模式的特征是预定目标仍然是基本的“组织者”，但是要充分考虑到附带效果的存在。

要认识附带效果，应该把政策获得中可能出现的反常效果和零效果相区别。反常效果是指产生与预期目标完全相反的结果。零效果是指政策在目标范围内没有产生任何影响。反常效果和零效果都是产生在目标范围之内，而附带效果则是产生在目标范围之外。

在人们的印象中，附带效果似乎带有贬义，但它并非总是有害的，也可能是有利的。附带效果可以是预期的，也可能是非预期的。附带效果不管是否有利，都是综合评价政策活动的关键因素，因此必须受到重视。项目可能产生副产品，副产品反过来组成或产生新问题，从而又产生新的政策(项目)。韦达夫斯基指出：“越来越多的公共政策是解决过去政策的结果。”因此，有关附带效果的信息对于任何一个政府政策的综合性评价来说都是不容忽视的，不及时发现、解决，可能导致更复杂的问题的出现。

附带效果评估遭遇的主要挑战是判断价值时应用什么标准。对此，韦唐也没有明确的分析。但他指出，应勾画出主要效果并由委员们和其他评估的使用者去明确它们的价值，计算全部价值的方法是将知道的每一个单独附带效果的价值与主要效果价值相加或相减。

(三) 无目标模式

无目标模式最初是由米歇尔·斯克里文设计的，他猛烈抨击评估者沉迷于预定的干预目标，被牵着鼻子走。无目标模式的“组织者”是结果——不管是计划内还是计划外的结果。评估者的主要任务是全面观察政策实施，然后找出所有相关的效果。无目标模式对政策效果持广阔的视角，它帮助评估者全面关注结果，尤其是一些可能被忽视的结果。无目标模式与附带效果模式的主要区别是：附带效果模式是基于目标之上的，同时辅之以对各种附带效果的考察评估；而无目标模式则完全抛开政策的预定目标和其他事前标准，只分析研究结果，单纯判断结果的价值。

可见，无目标模式是针对目标达成模式忽视附带效果，在目标模糊时就束手无策的弊端而提出的。因此，其应用领域也十分广泛。但是，它完全忽视评估标准和预定目标，只依赖于决策者和权力使用者的公正判断，这显然容易导致主观因素的介入，影响评估的客观公正性。此外，这种模式在实践中还存在着操作上的困难。斯克里文认为，项目的效果要和顾客以及受影响的人们的需要相比较，但评估者如何查明需求呢？从方法论上来说，找出需要比描述结果更困难。

(四) 综合模式

综合模式的评估范围比目标达成模式广泛得多。该模式认为，评估不应只局限在已得到的结果上，至少应包括执行，甚至还包括计划。综合模式与目标达成模式的主要区别在于目标达成模式关心的是预定的和实际的结果是否相符，而综合模式除了关心结果，也包括判断政府干预的计划、决策和执行阶段。

从系统论的观点看，公共政策可分为投入、转换和产出三个阶段。综合模式又在每个阶段中区分了描述和判断两个范畴。描述范畴又细分为意图和观察；判断则分为标准和判断。整个干预过程被分成了12个单元，如表8-1所示。

表8-1　综合评估模式框架

投入阶段	描述： (1) 意图(目标是什么样的，希望得到什么样的效果) (2) 观察(发生在这一阶段的活动的相关数据；对现状的描述)
	判断： (1) 标准(作为比较基础而使用的价值准则) (2) 判断(比较意图、观察和标准的过程)

续表

转换阶段	描述： (1) 意图(项目如计划的那样执行吗) (2) 观察(实际的执行和项目交付)
	判断： (1) 标准(作为比较基础而使用的价值准则) (2) 判断(比较意图、观察和标准的过程)
产出阶段	描述： (1) 意图(项目所预期的结果) (2) 观察(项目结束后所收集的与实际结果相关的数据)
	判断： (1) 标准(作为比较基础而使用的价值准则) (2) 判断(比较意图、观察和标准的过程)

从表 8-1 中我们可以看出，综合模式将这个评估活动划分得细致而全面。每一阶段的全面而细致的描述为评估工作提供了丰富的信息。从信息到判断，步步递进，使主观判断建立在客观描述基础之上。而且，在每个阶段，政策价值的实现都被衡量到了。因此，这种评估模式是相当完整的。但是，综合模式也存在一些缺陷，如只关注官方的具体目标，不重视成本等。此外，模式的 12 个单元的设计在实践中很难理解，也很难操作，因而使综合模式在实际应用中受到阻碍。

(五) 顾客导向模式

顾客导向模式将政策干预对象的目标、期望、关心甚至需要作为评估的组织原则和价值准则。顾客导向评估的核心是项目是否使顾客的关心、需要和期望得到满足。

什么是顾客导向？奥斯本和盖特勒在《改革政府》中指出：“顾客导向的政府”向顾客提供选择，“把各种资源直接交到顾客手中，让他们选服务的提供者，从而开始让顾客做到驾驶的座位上”，并且“为顾客建立后果负责机制”。可见，顾客导向评估正是基于这样一种观点：公共行政在市场领域为顾客提供物品与服务，顾客表明对服务供应的态度会导致服务交付的改进和顾客满意度的提高。应用顾客导向的关键是定位政策(项目)的顾客，得出顾客对此项目的看法。顾客导向模式没有明确规定项目的哪些部分应该被评估，它允许进行广泛的、多样的评估。价值的多元化是顾客导向模式的一个显著特征。评估者会要求顾客对服务的某些方面做出判断和发表看法，而不同顾客的需要和对公共服务的满意度肯定是不同的，顾客可以在评估中表达不同的意见，甚至是相互冲突的观点。

顾客导向模式的最大优点在于体现了民主和参与。由顾客根据自己的价值观评估公共服务，使顾客处在主动的位置上，而不是被动地接受服务；通过参与评估，顾客可以对服务的供应者表达更加符合顾客需要的服务。这种模式也使得评估更容易为政策制定者或服务提供者所使用，并使他们清楚地了解顾客的需求和不满，从而最终提高公共服务的水平。

至于顾客导向模式的应用领域，韦唐指出：“顾客的价值标准在公共服务方面的评价，比在受规章限制的政府干预的评估中扮演更占统治地位的角色。”也就是说，顾客导向评估主要应用于公共物品和服务的提供领域。但是，顾客的价值标准是以个人利益倾向为准，顾客个人价值的多元化难以形成对政策总的看法。而且，顾客导向模式要获取顾客的看法和需要，则要花费很多的时间。因此，顾客导向模式不能成为评估的唯一模式，而只能起补充作用。

(六) 利益相关者模式

利益相关者模式是指所有对政策(项目)的目标和执行感兴趣并对其具有影响的团体和个人。它和顾客导向模式相似，它们的主要区别是顾客导向模式关心的对象是受影响的一组利益群体，而利益相关者模式关心的是所有对象。应用利益相关者模式首先要找出卷入对项目的出台、执行和结果感兴趣的主要团体和个人。

利益相关者是一个范围极广的概念，这一模式也没有明确界定其范围。下面借助联合国开发计划署(UNDP)在对其开发合作项目所做的评估中，对重要的利益相关者的界定，来帮助我们对利益相关者的理解。重要的利益相关者包括：①目标群体：从计划(项目)的结果中最终受益的那部分目标人群；②直接受益者：一般是指在承担由特定目标群体所指导的开发任务的同时，可加强其能力的、直接的受益人群；③直接管理者：指那些负责保证按计划产生结果的计划管理者及政府职员或联合国执行机构的雇员；④资源提供者：负责向计划(项目)提供资源的国家政策制定者及预算部门、UNDP(联合国开发计划署)、投资人以及其他开发合作伙伴；⑤外部咨询顾问、供应商及其他对计划(项目)提供支持的人或机构；⑥在本计划(项目)环境中可能受到计划(项目)结果影响或对其感兴趣的其他机构(私人实体机构、社会组织)。

利益相关者模式有许多优点，归纳起来主要表现在三个方面。①知识性。利益相关者模式对附带效果和执行障碍的看法为评估者提供进一步研究的知识。②应用性。传统的目标达成模式的评估结果往往产生不了什么影响，因为评估者处于孤立地位。而利益相关者模式提高了被关心团体的真正利益被评价的机会，使信息更符合不同利益相关者的真正需要，提高了评估结果应用于实践的可能性。③目标管理性。利益相关者模式为没有目标或目标不清楚的政策评估提供了解决问题的策略。在利益相关者模式中，评估者应描述各个不同利益相关者的价值观，无须做任何评判，而且最好将其留给利益相关者去做。利益相关者模式的缺陷：忽视评估成本、耗费资源、缺乏对利益相关者的明确界定、信奉实用主义理论等。

(七) 经济模式

同效果评估模式相反，经济模式最典型的特征是关注成本。经济模式可以分为生产率模式和效率模式。

1. 生产率模式

生产率，简单地讲就是产出与投入的比率。如何判断生产率的高低？韦唐在以色列政治学家德罗尔提出的政策评估常用价值准则的基础上进行了进一步研究，形成了以下10 条准则：①过去——已经取得的生产率和过去的生产率相比较；②国内比较——同一国家或行政区域相似组织间生产率的比较；③国际比较——不同国家相似组织已得到的生产率的比较；④水准基点——和过去最好的经验相比已取得的生产率如何；⑤目标——

已取得的生产率是否符合政治主体的目标，这个结果与市政府的目标是否一致；⑥顾客期望——是否满足顾客的需要；⑦利益相关者期望——是否满足利益相关者的需要；⑧职业准则——生产率是否符合已被接受的职业准则；⑨最小化——生产率是否满足最小化的要求；⑩最优化——生产率是否与最优化模式一致。

2. 效率模式

效率通常被当作公共行政的价值。西蒙在他的《行政行为》一书中说道：行政人员应用实际问题的标准之一是效率。资源、投入在行政人员的支配下受严格限制……他的功能是有效地应用提供给他的有限的资源，使政府项目的产出最大化。

效率可以从两个方面来测量：成本——利益分析和成本——效能分析。在成本——利益分析中，项目的投入与产出都用货币单位测量；而在成本——效能分析中，投入用货币单位，而产出则根据真实效果计算。

经济模式是在经济学方法被引进政策科学领域后迅速形成并广泛应用的一种模式。它克服了所有效果模式的共同缺陷：忽视成本，把成本即政策投入作为一个重要指标纳入评估范畴。经济模式在现代政策评估中因为数字的精确性而广受推崇。但是，必须注意，经济模式不是万能的，它在对政策的社会影响、象征性的效果和软目标等无法用数字精确表达的项目的评估上是无能为力的。此外，它忽视了民主社会政府干预的其他价值准则，如公正、公平、民主等。

(八) 职业化模式

职业化模式是指职业人员根据其价值准则和执行的质量标准来评估其他人员的执行情况，主要是同行评议。同行评议特别着力于对评估对象做一个全面的质量判断，在一些技术性领域，政治官员们把规划和讨论专业性的技术问题留给受过良好教育的专业人员去完成。首先，实施这一领域的工作；其次，评估者与被评估者应该相互作用，评估者应该认真考虑被评估者的观点，而被评估者要提供相关的资料。职业化模式主要应用于公共生活中的一些目标比较复杂、技术难度较大的领域。

四、政策评估的方法

政策评估的有效实施是政府机关提升施政质量、达成政策目标的关键。行政机关除了应依照既定方案或计划按部就班地贯彻、达成既定目标外，还应在政策执行前、执行中或执行后，采用科学的评估方法，检测政策对社会环境造成何种预期与非预期、有形与无形的影响，修改或终止政策的依据，使有限的社会资源能有效地运用。

政策评估需要进行比较，比较的目的是评估政策带来了怎样的社会变化，并要设法排除非政策的影响因素所导致的一些变化。实际上，这种比较意味着，把“实际上发生了什么”与“如果没有实现该政策会发生什么”进行比较。要衡量已经发生的事情并不困难，实际生活中许多评估就到此止步了。真正的难题在于，要评估如果没有实施方案会发生什么情况，以及将这两种情况进行比较。这两者之间的差别一定要归因于政策方案本身，而不是社会同期内发生的其他变化所导致的结果。

(一) “前—后”对比分析

这种评估方法是指对实施前后的比较，即比较两个时间点上同一情况的不同结果：

一种结果是实施方案前的，一种结果是实施方案后的。通常只是针对目标群体进行检验。这种前后比较是为了证明方案的影响和效果，然而，很难得知可观察到的社会变化。如果有，也很难判断是实施该方案直接带来的结果，还是源于同一时间内社会上发生的其他变化。

这种方法的优点是简单、方便、明了；缺陷是不够精确和全面，无法将公共政策执行所产生的效果和其他因素，如公共政策对象自身的因素、外在因素、偶发事件、社会变动等所造成的效果加以明确区分。例如，一个人可以比较某一污染控制计划实施前后某条河的水质变化。“前—后”对比分析通常可以降低成本，并且节省实际操作的时间。然而，它也存在一个主要缺陷，即所发生的变化可能存在其他的解释。我们可以想象，河水水质的改善可能源于水流量的增加，或是污染制造者的自我抑制，或是导致工业生产减少的经济衰退等。如果“前—后”对比分析在预期的方向上没发现有多少变化，那么也不一定就可以断言这个计划没多大效用。即使如此，对照式研究仍然有可能提供别的方式所无法获得的有关某一计划的信息。“前—后”对比分析如图 8-2 所示。

(二)“投射—实施”对比分析

将政策执行前的趋势线投射到政策执行后的某一时间点上，代表若无该政策的实施此点会发生的情况，然后与政策执行后的实际情况进行对比，以确定政策的实际效果。这种方式考虑了非公共政策因素的影响，因此会使评估的结果更加精确。这种评估方式的困难在于如何详尽地收集政策执行前的相关资料和数据，准确预测如果没有实施政策将会发生什么情况，以建立起政策执行前的趋势发展线。这种方法明显优于“前—后”对比分析，但它需要评估人员付出更大的努力。

政策实施前预测的趋势与实施后的实际数据之间的差异，可以被视为政策本身作用的结果。应当注意的问题是，必须在政策启动前的几个时间段里，多次搜集关于目标群体或社会状况的资料和数据，以便绘制出一条趋势发展线。“投射—实施”对比分析如图 8-3 所示。

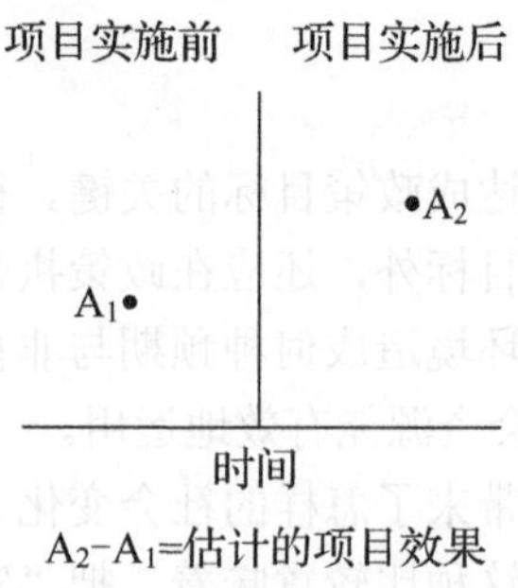

图 8-2　“前—后”对比分析

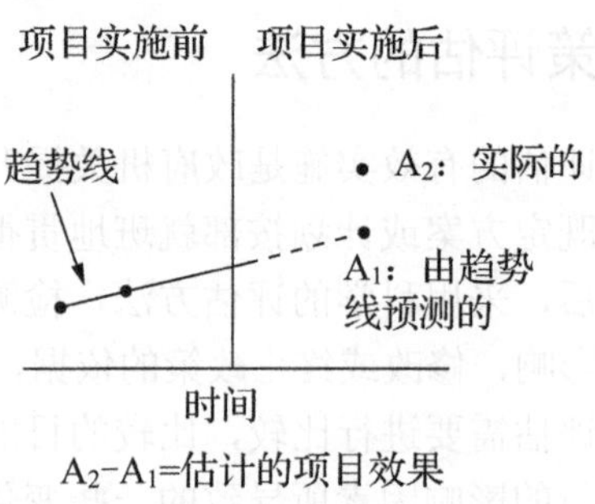

图 8-3　“投射—实施”对比分析

(三)“有—无”对比分析

这种评估方法是指对有参与方案的客体与没有参与方案的客体进行比较。例如，将有实施方案与没有实施方案的个体进行比较，或将实施方案的城市或乡村与没有实施方案的城市或乡村进行比较。有时候只是在实施方案后的时间段里进行这种比较。例如，将那些参加人力资源培训计划的人与没有参加人力资源培训计划的人的工作记录进行比较；将实现禁放烟花规定的城市的火灾发生率与没有实行这项规定的城市的火灾发生率进行比较。但是由于个体或考察客体之间存在着许多的差异，以至于很难将这些差别全部归因于政府的政策方案。例如，与那些非自愿参加人力资源培训计划的人相比，那些自愿参加人力资源培训计划的人可能更有动力找到一份工作，也有可能具有不同的个性特征。“有一无”对比分析如图 8-4 所示。

(四)实验性对比分析

实验性对比分析是一种评估政策或计划的传统方式。从目标人群中随机抽取两个可比较的群体，即一个实验群体(或可处理群体)与一个控制群体。实验群体提供政策或计划得到一定处理，而控制群体则不然。通过对两个群体预先与后置的测评以确定两个群体是否发生变。如果实验群体的绩效明显优于控制群体，那么就说明政策或计划是有效的。实验性对比分析如图 8-5 所示。

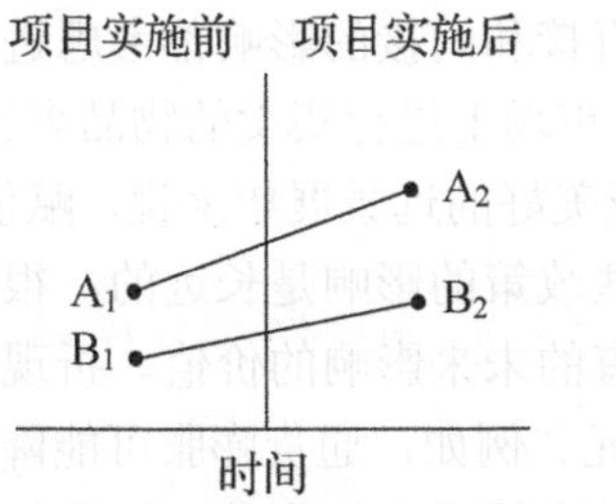

A：有计划实施，B：无计划实施
$(A_2-A_1)-(B_2-B_1)$=估计的计划效果。
或者，A与B之间的差别和变化成正比，因此可等效于计划效果。

图 8-4 “有一无”对比分析

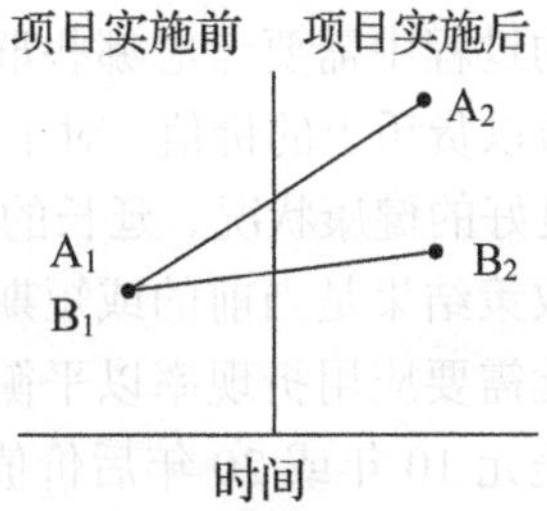

A：有计划实施
B：无计划实施
A和B在计划实施前是相同的
A_2-B_2=估计的计划效果

图 8-5 实验性对比分析

【拓展阅读】

20 世纪 80 年代美国特拉华州劳动部门进行了一项现场实验，旨在评估“援助失业个人”计划实施中不同行为的有效性。所谓失业工人，是指那些因为日益激烈的国家竞争与技术变革而失去长期稳定工作的人。为失业个人设计的这一援助计划得到了工作合作培训法案的资金支持，其目标在于帮助提高工人收入与降低工人对失业补助金的需求。进行此项实验，首先确定 175 个可比较的工人，随机抽取 65 个人组成实验群体，另外 110 人组成控制群体。实验群体中的成员能够得到就业活动的相关咨询，得到工作之初的定向指导、再培训和其他服务。两个群体经历了为期一年的实验。通过对二者绩效的比较，在实现计划目标中，控制群体反而优于实验群体。实验的结论是：这一计划看起来不能改善参与者的工作前景。

另一个著名的实验设计是美国康涅狄格州高速公路速度控制计划。依据高速公路交通事故的数据，州政府开始对速度进行限制。初始数据表明，这一计划的执行明显减少了交通事故。然而，这一结果也可能源自其他一些因素，如天气情况的不同或使用了更高安全性能的汽车。为了控制这种可能性，就要将康涅狄格州高速公路每 10 万人的事故发生率与那些未执行这项计划的邻州进行对比。对比表明，康涅狄格州的事故发生率远低于其他州，因此就证明了康涅狄格州控制速度计划对减少交通事故有效这一推论。

这种评估方法受到一些社会科学家的推崇，因为它提供了估测由社会其他因素影响而产生变化的最好机会。

(五)成本—收益分析

成本—收益分析是一种量化的评估工具，要求确定某一政策的成本与收益，并将其转化为货币形式以便进行比较。其假设前提是：只有收益大于成本的政策才是好的政策。成本—收益分析最常用于政策评估。经济学家弗里曼应用这个工具评估美国空气与水污染控制政策。他发现控制固定源头的空气污染的收益远远大于控制成本，而控制工厂与地方的水污染源头的成本则大于实现的收益。

进行成本—收益分析的主要步骤可以归纳为以下四点：①确定某一政策的影响或结果，并针对不同群体将这些影响或结果分成成本或收益。显然，这就要求确定，在决定成本与收益的过程中需要考虑哪些群体，并把直接和间接的影响都考虑进去。②赋予不同成本与收益以货币上的价值。对于那些通常在市场上进行买卖的物品来说这相对容易，而对于诸如良好的健康状况、延长的人均寿命或美好的远景展望来说，赋值就比较困难。③由于某些政策结果是当前的或短期的，而有些政策的影响是长远的，很多年以后才会出现的，因此需要应用折现率以平衡当前所具有的未来影响的价值。折现率的假设前提是今天的 1 美元 10 年或 20 年后价值超过 1 美元。例如，通货膨胀可能降低美元的价值或购买力。④比较政策的直接与间接、现在与未来的成本与收益。如果收益大于成本，这个政策就是可取的；反之，这个政策就应该被否定，或设法发现更好的实施方式。尽管成本—收益分析作为一种政策评估的工具，有着清晰有效的作用，但事实上，在运用过程中也会存在一些障碍。

(1) 关于某一政策成本与收益的准确数据常常难以得到。例如，怎样估算清洁空气对身体健康的价值？空气的确是一种福利，可是这种福利怎样进行衡量？如果要以货币单位来估算这些价值，则太过困难。

(2) 确定适当的折现率也不是一件容易的事情。它可以基于利率、通货膨胀率或资金的机会成本(资金如果用于私人投资而不是公共项目的回报率)等标准进行确定。尽管它十分重要，但至今也没有一个确定折现率的科学方法。低折现率保证了未来收益的价值，而高折现率则大大降低了它们的价值。一般来说，10%的折现率是一个习惯的提法。

(3) 成本—收益分析基于这样一种假设，即效率如果不是唯一的，那也是政策主要需要实现的价值。评估行为的基础在于资源的使用是否提供了公共物品的总量。人们很少关注其他的选择性或竞争性价值，如公正、正义、人性尊严、个人自由及机会平等，但这些对于公众而言都很重要。国家的司法审判系统常被指责为缺少效率，实际上它们考虑更多的可能是公正审理与程序正义。

(4) 在许多成本—收益分析中都会出现对个人生命赋值的问题。有些人持有这样的立场，认为生命是无价的，试图给生命定价就会将其贬低成一种商品。可是，诸如工业安全标准和高速公路限速规定等很多政策都对个人生命产生了影响。客观地考虑生命的价值是必要的。下面的案例展示了个人生命价值评估的一些替代方法。

【拓展阅读】

个人生命的价值评估

下面是为成本—收益分析而设计的个人生命价值评估方法。

1. 个人资本途径。有时候这也叫作贴现未来收入。这一方法不带有伦理色彩，它认为个人价值取决于未来贴现，即他或她在职业生涯内能够在市场中获得的收入。某些分析者从收入者减去个人生活开支以得到净值。无疑，一个人收入越多，其生命价值就越大。

2. 个人支付意愿。这可能是由对比方式决定的。对比危险职业的工资与相对安全职业的工资，以用来计算人的生命价值。例如，如果一项死亡风险高出 1/50 000 的工资在收入上多出 50 美元，那么可以得出生命的价值是 250 万美元。这种评估方法的不同之处在于通过调查确定出人们愿意付出多少以降低健康风险，然后根据调查反馈确定生命的货币价值。

3. 法庭判例。法庭和陪审团对于造成生命损失的责任案件与玩忽职守案件的审判可以用来确定生命的价值。然而，必须引起注意的是，这些判例在赔偿数量上有很大差异。

4. 个人评价。假定个人是自己利益的最好判断者，那么可以调查他们为了避免死亡愿意支付多少钱。换句话说，也可以向他们询问：你对付出自己生命能够接受什么样的价钱。但是，这样的方式能否产生可用的信息是受到多方质疑的。

第三节 政策评估的标准

公共政策评估标准是对公共政策执行情况进行测量、评定的参照体系。没有标准将无法对政策进行正确、客观的评估。一套科学、合理的评估标准可以判定一项政策的好坏及其目标实现程度。但是，现实中，由于政策活动的复杂性，政策过程中的变量因素很多，因此，很难设定一套所有人都能认同的标准。就以往行政机关施政计划的评估而言，评估标准往往以原则性方式规定，然后再由各业务主管机关依据原则，自行就个别计划的特征重新厘定评估标准。国内外学者对于政策评估的标准有不同的看法。

鲍斯特提出了政策评估的 7 项标准：效能、效率、充分性、适当性、公平性、反应性及执行能力。

内格尔从政策过程评估的角度，提出了“3Ps”标准：公众参与度(participation)、可预见性(predictive)及程序公正性(procedural fairness)。

萨齐曼将政策效果评估标准与政策执行过程评估标准结合起来考察，并概括出政策评估的五项标准：努力、效果的充分性、效率、工作量及执行过程。

邓恩在《公共政策分析导论》一书中，将评估标准分为六类，即效应、效率、充足性、公平性、回应性及适应性。

我国台湾学者林永波、张世贤认为，评价标准大致有八个方面：投入工作量、绩效、效率、充分性、公平性、适当性、执行力及社会发展总指标。

综合以上学者对公共政策评估标准的研究，公共政策评估标准基本可以分为以下五类：目标标准、投入标准、公平与公正标准、效率标准及公民参与与回应标准。

一、政策评估的目标标准

政策目标是制定政策的起点，也是政策制定所要实现的终点。政策目标在政策执行中具有指导、约束、凝聚、激励、辐射的作用。评价一项公共政策是否成功的重要标志就是看政策执行后能否在预定的时间内完成其所预定的目标。那么，在评估政策时，把制定公共政策时所要达到的标准或目标同在一定时间限度内执行政策所达到的目标相比较来进行评价。如果公共政策在预期时间内取得的成就同制定政策所定的标准一致。那么，这项公共政策就是成功的，达到了预期的目标。反之，就没有达到所希望达到的目标，说明这项政策是不成功的。因此，评价公共政策是否成功的第一个标准应该看是否有助于目的的达成，达成目标的程度如何。

二、政策评估的投入标准

投入标准指在获得政策执行过程中，资源投入的幅度与分配的情形，其中包括收入的来源与经费支出的情形；工作员工时间投入与分配的情形；被服务对象的人数与类别；经费、人员与被服务对象间相关关系的情形。换言之，这个标准一方面在衡量一项成功的政策，其所投入的各项资源的质与量，而不顾及产出的质与量；另一方面在回答过去所做何事及做得多好两个问题。再者，这个标准的基本假定为：特定具体的活动是实现政策目标的有效途径。

这个标准要衡量一项政策所投入的各种资源的质量和数量，其实质就是从资源投入的角度来衡量决策机构和执行机构所做的工作，也就是政策评估的成本问题。因此，投入成为政策能否取得成功的重要因素。评估一项政策能否成功的一项重要的标准可以从各种投入方面进行评估。但是在运用这个标准评估公共政策时，应该认识到投入只是公共政策成功的充分条件，而不是必要条件，大量的投入并不一定就能导致政策的成功。反之，投入不足也不意味着政策就不能取得成功。

三、政策评估的公平与公正标准

公平性泛指一项政策的绩效与投入量在社会上不同的团体间，所造成的分配情形。换言之，政策执行之后，政策对象所分配到的社会资源，所享受到的效益，所负担的成本等公平分配的程度。

公共政策是政府依据特定时期的目标，在有效增进与公平分配社会公共利益的过程中所制定的行为准则，公共性是公共政策的重要特征和体现。由于市场本身的缺陷，在社会资源的分配和调节方面存在市场失灵的问题，政府的公共政策应该发挥其调节作用，而这种调节作用更多的体现在社会公平方面。因此，政府在制定公共政策的过程中应该以社会利益最大化为其目标，最大限度地体现最多数的利益，尽可能地实现帕累托最优。同时，由于政策在满足大多数人利益的同时，也可能导致一部分人的利益受到损害。为了实现帕累托最优，就必须注意那些由于政策因素导致合法利益受损的少数人群体或部分利益集团的利益，通过利益的再分配或补偿等方式给予那些受损的合法利益以合理的补偿，从而体现和照顾最多数人的利益。因此，公共政策是否成功的重要标准之一就是看是否体现了政策的公平和公正，是否体现和维护了最多数人的利益。

四、政策评估的效率标准

经济学上讲究经济效率，即投入和产出的关系，经济效率要求产出必须大于投入。政策的效率标准是衡量政策取得效果所耗费的政策资源的数量，通常体现在政策投入与政策效果之间的比率和关系。政策效率的高低往往反映出政策本身的优劣和政策的执行状况。效率标准较注重以经济方法执行政策，而非着重于以有效的途径达成目标。不过二者并不必然毫不相干，因为有时某一途径可能既有效率又有效果。

一般来讲，政策的效率标准包括三个层次：政策的成本层次、单项政策的投入和产出层次、政策的全部成本与总体产出层次。

在政策的成本层次上，必须掌握政策过程中的资金来源和支出，物质与信息的调配与使用，决策者与执行者的数量和时间。在这里，应重点关注政策在制定和执行中投入了多少资源，投入的资源是否充足，能否确保政策得到贯彻和实现。

在单项政策的投入和产出层次上，考虑政策效率时应该重点关注如何以较少的投入，较快、较好、高质量地实现政策目标，也就是在最小的政策成本下达到和实现最大的政策目标。

在政策的全部成本与总体产出层次上，应该注意除了直接用于政策过程的资源外只用于该项政策，而不能用于其他方面，由此造成的机会成本有多大；该项政策实施后所产生的直接效果以外的附加效果、象征效果、非预想效果等间接效果有多大。这种层次的评估重点在于政策系统与社会整体系统之间的关系。在这种层次上，评估公共政策不仅要考虑政策本身的效益，还要考虑执行政策后带来的社会效益。例如，国家的退耕还林工程，不仅起到了保护生态的作用，也对还林区从旅游等方面带来了经济效益。

综上所述，效率标准在经济不景气，国家或国际财政收入紧缩的时代，国家资源甚为短缺之际，各类机关彼此竞争有限的资源，效率的标准一般会居于主导地位，这一标准重视政策价值与备选方案或途径间的相对关系。

五、政策评估的公民参与和回应标准

回应程度是指一项政策满足某些特殊团体的需要、偏好或价值的程度。任何政策的制定均会牵涉一些对象，大至涵盖整个国家的成员，小至某一个个人。这些政策对象群体，一旦在政策付诸执行后，就受到政策的影响、管制或引导，以成就政策的目标，并满足其各种需要、偏好或所追求的价值。如若政策确能实现上述情形，则回应程度较高。

而公民的参与和回应程度的高低也是衡量政策是否成功的重要标准。公共政策对社会需求的回应是一个国家或政治系统维持自己生存、稳定和发展的基本功能。通过公民的广泛参与，各种社会问题不断输入到政治系统中，政治系统则不断地输出各种政策去解决各种各样的社会问题，维护和实现公民的利益。因此，一项公共政策不论是关系到全体还是一部分人的利益时，只要政策对象认为满足了自己的利益，就会对这种政策有着积极的回应。反之，政策的回应程度就低。这也是评价政策是否成功的重要标准。政府制定公共政策的目的主要是满足社会全体或部分公民的利益需要，制定的政策必须为公民所接受。但是，在一些政策制定过程中，由于政府从自身利益出发，在没有公民广泛参与的情况下制定出某些公共政策，原本以为体现和维护了公民的利益，必然得到公民的支持与欢迎，但结果是公民对制定的政策缺乏认同感。原因在于，政府把公民不需要的政策强加给公民，必然得不到公民的认同。我国有些地方政府制定政策缺乏公民认同的现象时有发生。例如，许多地方的领导干部为了展现自己的“政绩”，脱离了本地社会、经济发展的实际情况，超前制定了许多政策，结果导致了政策不被公民认同，出现了大量的人力、物力、财力的浪费，严重损害了本地人民的利益。

第四节　政策评估的步骤

公共政策评估是一个动态的过程，是一种有计划、有步骤进行的活动。政策评估机关与评估人员(或其他政策管理人员)在进行评估时，必须充分了解评估过程所涉及的各项问题，并妥善处理，才能使评估工作顺利进行，而这些问题事实上就出现在实施评估的各个步骤中。尽管由于评估对象和评估方法的不同，具体的政策评估过程也会有所差异。但一般都要经历计划与准备、实施及撰写评估报告和总结三个相互关联的阶段。同时，还包括评估人在此过程中应遵循的原则。

一、政策评估的计划与准备

计划与准备是政策评估的基础性工作，是完成政策评估的前提条件。人们常说，打不好基础就盖不起高楼，评估工作亦如此。缺少有效的计划与准备，政策评估就难以务实。计划与准备的主要任务归纳为以下六项。

(一) 界定评估的目的

政策分析者在评估一项政策的成败之前，必须先诊断有无任何社会问题存在，以及界定各项目标，用以指出如何进行或采取何种行动来改善该情况。该政策目标的建构，为决定评估标准的依据，判定目标成就的程度。在建构目标时，我们必须考量下列三件事情。

1. 谁是评估结果的使用者

(1) 决策者。决策者通常希望获得以下信息：政策方案应继续执行还是停止，政策方案应全面执行还是仅限于部分的试行，应继续采取同样的程序和技术还是应予以修正，是否投入更多的经费在此方案还是投入到别的方案。他们希望得到方案全盘绩效的信息。

(2) 政策方案负责人。方案负责人通常希望获得以下信息：政策方案达成期望目的的程度如何，何种执行策略较成功或较不成功，何种执行策略能够最有效、最经济地获得成果，方案的哪些特性是最主要的，哪些部分是可以改变的或可予以抛弃的。

(3) 政策方案执行人员。方案执行人员通常希望获得以下的信息：他们是否应该花更多时间在培养良好的工作习惯上而花较少时间在教育方案内容上，在执行政策时应将重点置于哪些团体及哪些人身上。他们所重视的是执行实务的改进。

(4) 专家学者。学者通常希望获得以下信息：相关理论与模式的实用性可否经由政策评估获得验证，政策评估是否有助于专业知识的累积。

(5) 社会大众。纳税人、标的人口、利益团体、民意代表等希望获得以下信息：纳税人的钱是否明智且有效地被使用，方案所提供的服务或利益是否真正到达政策对象手中，相关的人员和团体是否参与了政策的运作过程。

2. 为何进行评估

(1) 为设计与规划新方案而评估：评估结果希望有助于机关设计与规划新方案。

(2) 为调整既有方案作法而评估：评估结果希望有助于机关调整正执行中方案的作法，包括方法程序、资源投入等。

(3) 为衡量既有方案绩效而评估：评估结果希望有助于机关考核方案的执行绩效，作为方案处理及人事管理的参考。

(4) 为决定是否持续、扩张、建制、缩减、终结，或放弃政策而评估：评估结果希望有助决策者做出适当的决定。

3. 建构评估目标

一般来说，评估目标能够决定政策评估的发展方向、基本内容和选择标准。评估目标主要涉及以下四个方面的内容。

(1) 政治方面，即评估政策的执行是否会影响现有的分配状态，是否有利于社会的团结与稳定，是否会破坏原有的格局，是否有利于政权的巩固与发展，政策是否取得了合法性地位，是否得到了舆论界和社会公众的认可与支持，等等。

(2) 行政方面，即评估某个或某些政府机构能否在政策执行中发挥其作用，是否具备这方面的能力，能否通过政策执行获得这样或那样的利益，能否有效克服组织管理方面存在的问题，等等。

(3) 法律方面，即从政策合法性角度进行评估，重点关注执行程度是否存在问题。法治的原则是程序优先，政策执行如果不符合程序规定，即使效果再好，也不可行。

(4) 方案方面，即评估政策方案的应用价值，是否达到了预期目标，是完全达到还是部分达到，政策的产出与投入是否合乎预期的要求，政策的实施是否对政策环境构成预期的影响，等等。

(二) 确定评估对象

这里所指的评估对象指的是评估的实践对象、认识对象，即对政策非常熟悉的人，可能受评估影响的人，由政策得到部分或全部实惠的人，其将来的地位或生涯受政策成败所影响的人，政策服务的接受或可能的接受者，等等。具体而言，相关的人包括政策执行人员、政策的负责者、政策的赞助者或提供经费的机关、政策服务的对象。另外，在确定评估对象后对评估对象做全方位的评估，还是做某一方面的评估，这一问题不解决，评估就无法进行下去。

(三) 明确评估主体

评估主体即评估工作应由谁负责较为合适？可以是行政机构内部的评估者也可以是行政机构外的评估者。前者指由方案执行机关或管理及监督机关的评估单位或人员负责评估；后者指聘请学术研究机构、顾问公司等第三方的学者专家负责评估。政策评估是一项严肃的研究工作，对评估主体有很高的素质要求。就行政机构内部的评估者而言，人员不仅要精心挑选，而且还要进行必要的培训。一旦工作内容有特殊要求，要通过政府雇员制加以解决。

行政机构内部或外部的评估者各有优缺点，机关在确定评估者之前，应权衡以下五项考虑要素，依政策性质做适当的选择。

1. 行政的信任性

行政部门负责人必须对评估人员的专业技能具有信心，机关内部的评估人员常被认为只懂实务而学术训练不够，难堪重任；而机关外面的评估人员则常被认为做出的评估结果不切实际，所提的建议过于抽象和难以理解，因此都不可行。所以，是否具备评估能力应是最主要的考虑因素。

2. 客观性

第三方评估者通常被认为对资料的解释较具客观性(当然并非是绝对的)，而机关内部的评估者则被认为会受到主观性与个人偏好的影响，可能会因讨好上司或同事，而对评估做有利于自己的结果。因此，偏好问题应是主要考虑因素。

3. 对方案的了解情况

一般认为，政策相关的政府部门评估者较外面的评估者要了解政策方案的内涵及执行过程，因为他是身临其境者。当然第三方评估者愿花心力，如果给予其接近信息的机会，也可对方案具有深入的了解。

4. 应用的潜在性

由于机关内部的评估者愿意基于评估结果提供建议，并在机关的相关会议上出面辩护主张，因此被认为其评估结果较可能被应用。当然，第三方评估者也能以其声望及权威，足以使机关注意其评估结果并采纳其建议。

5. 自主性

一般认为，第三方评估者在从事评估时，自主性比机关内部评估者较强，视野较宽广，不会为机关组织的各种因素所限制，较容易突破现状，提供前瞻性的建议。

(四) 安排各项筹备会议

最后决定进行政策评估与撰写研究计划，安排与前述相关人员的会议，用以搜集一些背景信息。例如，何种人要求评估，要进行何种评估，为何他们要组织评估，他们何时组织评估，有哪些资源可加以利用。

(五) 设计评估方案

评估方案的设计通常包括以下四项工作。

(1) 描述评估对象。如前文所述，评估方案的第一步需要对评估对象做基本的描述，包括人员、区域等。

(2) 阐述评估目的。不同的政策评估，目的也截然不同，在评估方案中需要明确该项评估的目的。

(3) 制定评估标准。政策评估标准类型多样，在一项评估中可能涉及一个标准，也可能涉及几个标准。因此，在评估方案中应明确评估的标准，如以政策投入为标准还是以影响为标准。

(4) 选择评估方法。评估者在评估计划中，必须做出某些方法论上的决定，诸如研究的策略与设计、母体与抽样程序、控制组或比较组的选定、运作化的量表制作、资料搜集的方式及统计分析的方法。

(六) 落实评估条件

评估前须通过多方协调落实评估所必需的各项条件，包括评估的时空条件(场地、时间)、工作进度安排、经费筹措与使用、设备和人员要求等。

二、政策评估的实施

政策评估的实施是政策评估活动中最为重要的一个环节，其主要任务是收集政策评估资料、综合分析收集来的资料及考虑信度与效度问题，具体如下。

(一) 利用各种调查方法广泛收集公共政策信息。

评估资料的丰富与否在很大程度上会影响政策评估的结果。由于政策作用对象是不断变化的社会事务，且引起其变化的因素多种多样。通常的评估资料收集方法有四种，可以单独或合并使用。

(1) 检视方案执行的记录。如果方案在执行全程中均有详细记录可查，则评估者很容易筛检出所需要的资料，以供评估参考。

(2) 访问法。评估人员可对涉及方案的主要人员进行访问，以搜集所需资料，如决策者、执行者及政策对象等。

(3) 问卷法。评估人员可设计结构性与非结构性的问卷题目，以抽样方式，交由涉及方案者填答，以搜集所需资料。

(4) 观察法。评估人员可借实际观察方案的执行情形，搜集所需资料。

(二) 综合分析公共政策信息

在前一步骤的基础上，对收集来的相关资料进行系统的整理、归类、统计和分析。在此步骤，评估人员应预先规划如何分析所搜集到的评估资料，包括如何利用信息技术进行分析，采取哪些统计方式，是否应该制成表格进行统计、综合、摘要及提供建议等。当评估人员确信预拟的分析资料计划是可行的及有用的，即可开始从事资料搜集工作。

(三) 考虑信度与效度问题

效度指测量的工具对于所要测量的东西是否适当。例如，利用某套试题对某实验班学生所测得的分数，是否真能取代实验教学法的结果。一项具有效度的测量工具应该具有准确性、相关性、代表性及完整性的特质。而信度则指测量工具是否能够得出一致性的测量结果。例如，以某套试题在某天对一个法文班的学生加以测验，然后在未加教导的情形下，两天后再以同一套试题测验一次，如果两次测验所得的分数相差不多，即表示该套试题具有相当高的信度。

三、撰写评估报告与总结

这个阶段包括两方面的内容，①撰写评估报告，②总结。政策评估的目的不仅仅是对政策成败的认识，还要找出导致政策失败的原因。撰写政策评估报告就是政策评估者以书面形式提交的评估结果并对导致政策成功的原因做出总结，对导致政策失败的原因做出具体分析。政策评估报告除了对政策效果进行客观描述、做出价值判断、提出政策建议以外，还应包括对评估过程、评估方法和政策评估中的一些重要问题进行必要说明，对评估工作进行总结，以便提高今后的政策评估水平。

在评估总结部分，理想的做法是，将方案执行后的实际结果，与未执行方案可能产生的结果加以比较。然而，因为我们无法确切预知如果未执行方案会发生何种结果，所以仅采取近似的程序加以处理。通常是，先决定对于政策执行结究竟是采取以文字叙述、分析、解释为主的定性评估途径，还是采取以数字化资料分析与推论为主的定量途径，然后再决定采取何种比较的途径。例如，准实验设计或前实验设计等。

四、评估结果的应用

评估人员在完成政策评估工作时，必须向主办部门提出评估结果报告。该报告的最后应附有结论与建议，作为评估结果应用者处理的根据。邓恩认为，决策者及执行者，对于评估的结果，可采取以下四种处理方式。

(一) 调整政策方案的执行

政策执行的情况在经过监测与评估后，发现执行有困难，或是环境已发生变化，或是资源(人力、经费等)不足等问题，必须修正方案的内容，或调整方案执行的方法、资源、技术或程序等。

(二) 持续政策方案的执行

政策执行的情况在经过监测与评估后，经推测已初步满足标的人口的需求、价值及机会等，即已达成基本的目的，故可继续执行，不必修改政策问题、标的人口、执行人员及经费等。

(三) 终止政策方案的执行

政策执行的情况在经过监测与评估后，经推论原先的问题已获得解决，或问题未获解决反而产生更多问题时，应终止该政策方案的执行。

(四) 重构政策方案的运作

政策执行的情况在经过监测与评估后，发现问题未获解决，是因为当初对问题界定不当，并未“对症下药”，目标不明确，解决的方法不妥当所引起。因此，应重新建构问题，了解症结，设计新的目标及新的解决方案。于是造成政策循环的情况。

五、评估人员应遵循的原则

由于评估结果可能对方案或方案涉及者产生极大的实质影响，因此政策评估人员必须比其他社会科学研究人员更重视伦理问题。他们在进行评估工作时，应当遵守以下五项原则。

(一) 诚实原则

评估人员不可欺骗评估对象，故意隐藏评估目的，骗取评估对象提供必要的信息。评估人员应尊重评估对象，态度必须坦白诚实。

(二) 充分告知及同意原则

评估对象有权知道评估结果究竟要送给谁及做什么用，并可决定同意或拒绝参与此项评估工作。有些评估人员认为，为发现方案的效果如何、是否需要修正，及支持程度如何等，应凌驾于个人拒绝参与评估研究的权利上。然而，个人权利不应如此理所当然地被剥夺。他们有权利决定是否及如何提供信息，而评估人员有义务充分告知事实，并尊重他们的判断。

(三) 保守秘密及匿名原则

在研究过程中所搜集到的所有资料，都应保守秘密。除评估小组成员外，其他人不可接近任何特殊个人的任何资料。在评估报告中所揭露的任何信息，只能以集体呈现，而不能以单个人的方式呈现。如果报告中包含了引用由会谈或观察所得到的谈话内容，除获当事人的同意外，不可以真名显示，而须以假名或编码方式处理。

(四) 具备评估能力的原则

(1) 评估人员应具备适合从事评估各项工作所需的教育、能力，技术与经验。

(2) 评估人员应在其专业训练及专业能力限制范围内进行实务实习，并不可从事超出限制外的评估工作。

(3) 评估人员应持续设法维持并增进其才能，以对其评估工作提供最高水平的绩效。

(五) 互惠原则

评估人员要求受测者付出时间与信息，但常未反馈任何具体东西给他们，评估人员所产生的就是一本送给方案主管官员或主办机关的评估报告而已。就政策伦理观点而言，评估人员有义务将评估结果回馈给提供信息者。不过，受测者通常希望得到的反馈性报告，应当是以简明扼要的方式表达，并且须包含他们所关心的议题在内。此种互惠的做法，将有利评估报告建议事项的执行，及有利日后类似研究工作的顺利进行。

第五节 我国政策评估

政策评估是政策运行过程中不可或缺的一环，但在我国，一直未受到足够重视，人们往往热衷于制定政策，宣传政策，却忽视政策效果，漠视政策评估。政策评估是我国政策过程中的薄弱环节之一。在全球化、信息化背景下研究我国政策评估的困难、认识我国公共政策评估的现状、推动我国政策评估的发展，对推动我国经济转型和社会进步具有重要的意义。实践证明政策评估符合我国决策模式的需要，有助于促进决策科学化、民主化的实现。

一、我国政策评估面临的困境

对我国公共政策做出系统和全面的评估，面临着重重困难与障碍，突出表现在以下七个方面。

(一) 政策目标的不确定性

评估标准须以明确的目标为依据，但是现实中由于政策所要解决的问题很少是单一的，往往是许多问题纠缠在一起，其中任何一个问题又包含着许多复杂的方面，这就导致许多政策方案往往目标不够清晰，执行人员与评估人员不易遵循，同时也导致政策目标的多样性、复杂性。再加上政策目标是在多个利益集团、不同公众群体的利益协调、平衡中确定下来的，为了兼顾各方面的利益关系，目标只能是宽泛的、含糊的。目标过多、过于宽泛含糊，就会增加评估的难度，有时甚至很难判断具体政策实施后是达到了还是没有完全达到预定效果。在政治运作的过程中，目的的拟定又在妥协折中交易的情况下完成的，以至于政策的目的无法完整地陈列出来；进一步而言，纵然目标得以确定，衡量目标成就也很困难。最后，一般主政人员通常希望以一般或含糊的方式来说明其所要追求的目的，以便提升其应变、动员的能力。在这种情况下，政策评估的难度就不言而喻了。

(二) 政策影响的广泛性

确定政策影响对政策评估十分重要。但是，一项政策实施后，究竟产生了哪些影响，这些影响的程度如何，并不都是很清楚的。有些政策影响是显露的，有些影响则是潜在的；有些政策影响是具体的，有些影响则是抽象的；有些政策影响能迅速表现出来，有些影响则要经过一个较长时间才能显示出来；有些政策影响是表层的、象征性的，有些影响是深层的、实质性的。

一般而言，政策影响可能包括以下五种：①政策对政策对象及环境所造成的影响；②政策对政策对象以外的团体或环境造成的影响，即所谓政策溢出的影响，有好坏或正反之分；③政策对未来与当前现状的影响；④政策执行所投入的资源，对政策负担的直接成本所构成的影响；⑤对间接成本，即机会成本所构成的影响。

因此，在多种政策影响下，政策评估者很难获得准确的资料，用以解析政策的各项成果或运作情形。如果要想进一步弄清各种影响的程度，那就更为困难了。

(三) 政策资源的混合性和政策行为的重叠性

准确地计算政策投入的多少对政策评估具有非常重要的意义。不同的政府政策往往有不同的资金来源，但这些不同的资金来源往往彼此纠结在一起，以至于无法归类列出。究竟这笔经费的支出属于何种项目，在何种政策之下？当我们要评估政策所拨付的款项对政策对象所造成的影响时，经常发现各项政策所拨付的款项混合在一起，统支统付。因此，这种情况下政策资源的投入常常是混合的，因而无法准确地加以计量，那么以效率或绩效为标准的评估就不易开展。

另外，由于政府之间缺乏沟通，以至于各级政府对同一政策对象在同一时间内均有类似的政策出现，造成政策彼此之间的相互干扰，无法辨别实际政策的绩效。

常见的政策资源混合有同时投入的混合与不同时投入的混合。前者发生在公共机构资源投入的共享上，公共机构某个时期投入的资源是供多个政策使用的，相当多的资源是多个政策共享的，要把每个政策的投入都清楚地区分开来，事实上很难做到。后者发生在新旧政策资源的共享上，旧政策终结，原来投入的资源就成为沉淀成本；新政策是在旧政策的基础上实施的，究竟有多少沉淀成本转而成为新政策的投入，往往难以搞清。

(四) 政策效果的不确定性

由于政策活动涉及面广、参与者多，政策执行后产生的影响往往涉及社会生活的方方面面，既有预期的影响，也有非预期的影响；既有显性的、一目了然的影响，也有潜在的、不易感知的影响；既有短期的影响，也有长期的影响。例如，我国的计划生育政策的基本目标是控制人口数量，提高人口素质。但是，计划生育政策执行的效果却不仅仅是对人口数量产生影响，它还带来了一系列其他效果，这些效果有正有反、有利有弊。例如，它使人们逐渐改变了“多子多福”“养儿防老”等婚育观念，逐渐形成“晚婚晚育，少生优生”的婚育观念；有利于妇女的身体健康，增加了妇女参加工作的机会，提高了妇女的社会地位等。但是，这项政策的实施也带来一系列负面影响：我国人口老龄化趋势加快，出生婴儿性别比例失衡，独生子女户存在后顾之忧，干群关系紧张等。正是政策效果的多样性和影响的广泛性，再加上许多影响政策的因素难以测定，这就给评估带来了很大的困难。此外，政策效果的不确定性还使某些反对评估的人有了借口，也为某些不科学的评估的出现创造了条件。例如，有些受局部利益影响的政策评估只从政策广泛影响中选取对本部门有利的因素进行评估，从而影响了评估的全面性和客观性。

(五) 评价信息的短缺性和经费的缺乏

资料和信息是政策评估的基础，因此，要对政策进行充分的、科学的评价，就必须具有详细的、真实的统计资料和政策信息。然而，由于管理系统不健全，管理信息人员与资金的重要性，一般不为部门领导所重视，而产生以下三种现象。

(1) 成本或利益的资料采自不同的年度(有的以会计年度为准，有的以日历年度为准)。

(2) 主要的资料以不合逻辑的方式加以组合。

(3) 各种变项往往透过重新界定的方式加以调整或设计。

这种情况下，政策评估者很难获得准确的资料，用以解析政策的各项成果或运作情形。报告制度或记录表的设计不当，并未考虑到将来成本利益分析所要的各项资料，也有损正确评估的进行。

政策评估需要投入相当多的经费、设备、时间与人力，这些投入能否获得也是评估工作的关键。除非有专用的资金来源，否则要从决策机关或执行机关获得评估经费是相当困难的，政策评估活动就难以开展了。

(六) 有关人员的抵制

任何政策评估，无论是影响评估还是过程评估，必然要涉及有关事实的描述，政策评估是非得失的判断，责任利益的分配。在这个不可避免的情境下，执行部门与计划人员深恐评估所可能造成的政治影响。因为评估的发现，若从评估者的观点来看，政策的绩效不是很明显，执行并不是很彻底；而这种发现又会引起决策当局的注意，主政人员所主持的政策、其影响力与事业也可能会因此遭到波及而有所损伤。

在政策评估过程中，政策评估者与决策者、执行者之间发生矛盾、冲突是常有的事。当因为决策者的主观失误导致错误而要承担责任时，他们会制造种种可能的理由来抵制或将评估引入歧途。而对于执行者而言，因为评估者强调客观性和公正性，所以执行者会感到受威胁和愤怒，而且评估者会打乱他们的行动计划和日常生活，妨碍预期目标的实现。如果政策的错误有执行者的原因和责任，他们也多同决策者一样，想方设法阻挠或反对政策评估。政策对象由于从错误的政策和异化的政策中获得既得利益或者为了保护其局部利益，也会通过相关的途径干扰或阻碍政策评估。

(七) 评估结论不被重视

在我国，政策评估的结论缺乏影响力、不被有关部门重视是一个不争的事实。评估研究一旦完成，其所提出的发现可能被人所忽视或攻击，提出各种理由，说明该研究未掌握要领或不周全。但凡热衷于某一项政策的执政者或受益人，不可能仅因评估研究指出：政策的成本多于利益的原因。

科勒门报告即是一例，其中一段发人深省，精辟绝伦的话，其表示："政府主管人员以及政策支持者，往往构想精致的理由，用以排斥政策影响研究而得到的消极性发现。纵然，有极度明显的数据足以证明他们所钟爱的政策绩效不佳，甚至产生副作用时，他们还会这样论证——①政策的影响是长期的，不能在目前就加以衡定而做出定论；②政策的影响在本质上是广泛而普遍的，并无任何单一的标准或指标，其足以衡量政策已完成的成就；③政策的影响是何等的细致，何能以粗略的量表或统计量来加以认定或发现；④实验研究不能有效地进行，因为取消某些人的服务，进而观察这种取消的作为，其所产生的影响，对他们而言是不公平的；⑤如接受与未接受服务者之间，并未造成差异的事实，乃表示政策执行得不够彻底所致，并指出有必要在政策上投入更多的资源；⑥一项政策若未能找出任何积极的影响，乃因研究本身的不足或偏误所致，绝非政策本身有问题。"这种现象使政策评估者产生莫大的无力感，更可见评估研究的艰难性。

在我国，政策评估的结论缺乏影响力、不被有关部门重视是一个不争的事实，这使得政策评估活动难以发挥其应有的作用，同时也是导致我国评估研究发展缓慢的一个重要原因。当政策评估的结论与政策支持者的期望不一致时，往往会受到他们的指责、批判，认为结论有片面性，不值得重视。即使政策评估的数据相当明显，足以证明政策相关人员的绩效不佳时，他们也还会提出种种理由加以反驳。当前这种现象在我国比较普遍，如不消除，政策评估就无法进行，更失去了其本身的意义。

二、我国政策评估的现状

我国政策评估的现状可以概括为：刚刚起步，问题重重。在我国，随着政策科学理论与实践的发展，科学的政策对经济发展和行政效能的巨大推动作用，使得党和政府日益重视政策评估对决策科学化、民主化的重要作用，并在实践过程中鼓励政策评估，开展政策评估。特别是中央出台的一些重大的基本政策，如国企改革、政府机构改革、金融制度改革等，无一不是经过专家和权威人士无数次调查研究、评估论证才最终出台的。我国从中央到地方各级政府内部都设有专门的政策研究机构，在最高层设有中共中央政策研究室、国务院发展研究中心等；在各高校和科研单位也都有专门进行政策研究的机构和人员。我国的新闻媒体和人民大众也开始呈现参与政策评估的热情，这是我国的政策评估相对喜人的一面。

但是另一方面，我国的政策评估还相当不规范、不完整，而且受到较多人为因素的影响，存在种种问题与困难。尤其是地方政府，虽然设立了相关政策研究和评估机构，但是这些机构的水平参差不齐，它们的主要工作是进行调查研究、分析预测和指导政策执行，很少对一项政策进行独立、正式和全面的评估。即使有的机构进行政策评估，其目的多半是被动的，评估往往是形式主义的，评估在很多时候成为对政府预出台的政策的可行性论证。目前在我国，严格遵循政策评估规律、按照系统的政策评估程序进行的正式和规范的政策评估基本上不存在。因此，政策评估可以说是我国政策过程中最为薄弱、最为苍白的一个环节，甚至可以说是政策制定过程的一个瓶颈。具体来说，当前我国政策评估工作存在如下主要问题。

(一) 评估者缺乏对政策评估的科学认识和认真态度

我国还没有形成科学的政策评估机制，决策主体(评估者)往往视政策评估为可有可无的工作，能不评估的尽量不评估；迫于需要进行评估的，往往缺乏科学的态度和方法，甚至经常夹杂着种种不良的动机，有意识地夸大或缩小、掩盖或曲解评估中的某些事实，以求实现某种特殊目的的政策评估成为“主观误区”，这种“主观误区”在我国政策评估过程中主要表现为五种形式。

1. 以研究取代服务

这在实践中表现为评估者借科学评估之名，故意拖延时间，使政策决定或政策终结迟迟不能完成。在此，评估研究是虚，不愿提供服务是实。

2. 以个人好恶取代科学

这在评估实践中表现为有些评估者进行政策评估的意图在于使效果不佳、绩效不良的政策合理化；有些评估者则以评估来掩饰决策的失败或错误；有些评估者甚至运用不正当的评估以达到诋毁对手的目的。这种政策评估的目的不在于政策，而在于政策背后的利益。

3. 以评估为沽名钓誉的手段

有些政策评估的目的在于证明政策的正面效果，对其负效应则避而不谈。这种做法实质上是把评估当作炫耀工作绩效的手段和歌功颂德的工具。

4. 以形式取代研究

有些时候，这次决定实际上早已做出，或者对某项政策的实践效果已经形成定见，却要借政策评估的形式肯定其合法性。

5. 以获取资源取代政策目的

这在评估实践中表现为有些政策主体借政策评估来证明政策的重要性，同时证明客观资源不只是有些政策的主要原因，从而要求更多地获取政策资源，尤其是评估经费等经济性资源。

(二) 评估标准以价值判断为主，评估方法以定性分析为主

评估标准是衡量政策质量高低的尺度，是政策评估的准参照物。科学的评估源于正确、合理的标准，评估标准的确定本身就是政策评估的一大难题。除了以价值判断为主的主观标准之外，不同类型的公共政策各有其专门的、特殊的评估标准。特别是价值标准由于主观性较强，容易受评估主体因素的影响，因此，加强政策事实分析与价值判断相结合是科学、准确评估的客观要求。然而，由于我国的传统与现实十分重视意识形态及道德的作用，助长了评估者按照原则判断取代事实分析的思维习惯。此外，当前我国从事官方政策评估工作的人士绝大部分是非“内行”，从事政策研究的专家、学者大多数是研究社会科学出身的，很少有人兼备自然科学和社会科学知识，其知识结构和思维方式比较单一，难以兼有思辨和公理化思维方式的长处，他们在政策评估时不可避免地偏好用价值判断取代事实分析。

政策评估方法与政策评估标准一样，是政策评估不可缺少的工具和手段。与政策评估不同的是，评估方法较具操作性和具体性。政策分析学科已经探索出一系列科学的政策评估方法，特别是定量分析的方法。但是，当前我国政策评估实践中使用的仍然是定性分析方法多，定量分析方法少；政策评估实践中用价值判断取代事实判断，用定性评估取代定量评估的行为导致我国政策评估的“主观误区”频频发生，也为某些具有不良动机的评估人员提供了实现私利的可能性。

(三) 缺乏独立的政策评估组织

政策评估组织一般包括官方政策评估组织和非官方政策评组织，我国政策过程的显著特征是“行政的双轨结构功能系统”，即从中央到地方的各级党委与各级人民政府两个系统。我国从中央到地方各级政府内部均设有相关的政策评估组织，但在实际运行中，这些机构往往摆脱不了对政府的依赖性，处于附属地位。这些机构在政策评估过程中常常受到来自上级领导的压力，无法独立、自主、客观和公正地展开工作，导致这些官方评估机构往往名存实亡，成为论证上级政策可行性的傀儡。非官方民间政策评估组织主要是政策评估组织和社会中介评估组织，在我国当前仍然相当缺乏。目前我国各级政府的政策研究组织承担了政府政策评估的大部分工作，而由专业人员组成的专业政策评估机构在我国的很多地方都尚未建立起来。

(四) 评估对象以政策输出为主，忽视对政策影响的评估

当前我国政策评估在很大程度上停留在对政府行为的检测上，或者对政策实现预定目标的程度的检测上，而对于更深层面的政策影响的评估很不全面，因此对政策方案制定的影响力也大大缩小。

(五) 资料和评估经费的欠缺

评估资料和评估经费的欠缺是困扰我国政策评估的两大难题。充足的、准确的资料和信息是进行政策评估的基础，这有赖于完备的信息管理系统的建立。然而我国相当部分政府机关不重视信息管理，资料记录残缺不全，统计数据不准确，信息处理凌乱，再加上很多内部资料不对外公开，使得评估人员获得信息存在重重困难。此外，有些相关

人员抵制政策评估，或者拒绝提供关键性资料，或者只提供对他们有利的资料，这进一步增大了获取准确信息的难度。至于评估经费，在我国，唯一的来源就是上级部门拨款，但在政策实践过程中，常常存在拨款不到位，拨款不充足，下级部门没有做到专款专用，人为减少政策评估款项等问题。因此，评估费用短缺是我国政策评估的又一大难题。

(六) 公众未能广泛参与政策评估

当前在我国，人民群众参与政策评估的热情高涨，他们通过各种途径对公共政策进行评议，主要有：①通过“领导接待日”“市长电话”“来信来访”等信访渠道；②通过上访渠道；③通过广播、电视等舆论性机构；④通过街头巷尾的议论。人民群众是政策的直接作用对象，他们对政策执行效果有着最真实、最深刻的体会。人民群众参与政策评估，可以使政府提供的公共服务符合他们的需要，改善和提高公共服务的质量。但是，传统行政管理的自上而下的金字塔的等级模式限制了公民广泛参与政策评估，公民参与评估常常被当作负担和费力不讨好的事。再加上我国政治生活中还较普遍存在着的“人治现象”，公众参与政策的热情未能得到充分的关注与重视，这是我国政策评估过程中的又一个缺陷。

三、大力推进我国政策评估事业

针对我国政策评估工作的缺陷，必须下功夫，从思想、组织、制度和手段等方面推进政策评估事业，使其向纵深发展，日益成熟起来。这不仅是一项有意义的工作，也是一项紧迫的任务。应从以下六个方面着手推进我国政策评估事业。

(一) 提高对政策评估工作重要性的认识

要推进政策评估工作的法则，必须在思想上加以重视。①要让全社会，尤其是政策部门充分认识到政策评估的意义。这需要加强政策科学的研究和传播，使人们认识到政策评估对于政策过程而言不是无关痛痒、可有可无的环节，而是必不可少的一环。它不仅有助于政策部门认识政策的特点、优劣和成效，监督政策的执行过程，补充、修正和完善政策，而且有助于开发政策资源，增强政策效益，从而在思想上予以重视并采取相应的行动。②必须端正政策评估的指导思想，改变视“评估”为“评优”“歌功颂德”的错误观念，正视评估的“批判性”功能，为实现决策的科学化和民主化服务。③要认识到评估工作的改进与发展是一个循序渐进的探索过程，推进我国政策评估事业的发展既不能裹足不前，也不能鲁莽激进。政策评估由于受到各种主客观因素的影响，在世界各国都是政策过程中的一个薄弱环节，评估工作的开展困难重重。因此，想要一夜之间取得重大突破是不现实的。

(二) 建立独立的政策评估组织

缺乏专职独立的政策评估组织和政策评估人员是我国公共政策评估实践停滞不前、有名无实的一个重要原因。纵观政策评估开展得比较好的西方国家，无不有相对完善的评估组织，政府和民间有许多评估机构，这些机构拥有大批职业的政策评估人员，他们独立地开展政策评估工作。针对我国评估组织的现状，可以从以下三个方面进行建设。

1. 规范、健全官方的政策评估组织

目前我国党政部门已经存在不少政策研究组织，必须强化这些机构的政策评估职能，必须改变现存的政策制定、评估两者合一的状况，把政策制定和政策执行分别交由两个相互分开的机构独立履行，使其各司其职，各负其责。

2. 大力发展民间的政策评估组织

大力发展民间的政策评估组织，并使之逐渐成为政策评估的重点。只要存在官僚等级制，官方的评估人员必然会或多或少地受到上级的压力，这在我国更是短时间内改变不了的事实。因此，要保证政策评估的客观和公正，必须辅之以外部的、独立的政策评估组织，主要是发展民间的政策评估组织。民间的政策评估组织是具有专门知识和社会关系广泛两大优势的，更容易进行社会沟通，了解民意，因而可以获得官方评估组织无法获得的信息。民间评估人员地位中立，更能够保持公正、客观的态度。除了专门性的政策研究机构，报纸、杂志和电视等新闻媒体也都非常积极地参与公共问题的发掘与公共政策的评估。我国建立民间政策评估组织首先需要政策的大力支持，重视民间评估结论，设立优秀评估奖励制度等配套措施，鼓励社会大众积极参与。特别是注意赋予民间评估机构超然、独立的地位，保证其工作免受政府干扰。

3. 加强专业评估人员队伍建设

必须加强对政府决策人员和评估人员的教育、培训，使其掌握政策评估的科学理论和相关技术方法，尽快从“外行”变成“内行”；必须采取有效措施，鼓励和吸引政策分析专业人士到政策评估组织任职工作；加强官方政策评估人员与非官方政策评估人员的交流和合作，最大限度地实现信息共享，把理论评估与决策现实有机地统一起来。

(三) 使政策评估制度化

发展政策评估事业除了思想上的软约束之外，还需要辅以制度法规的“硬约束”。制度意味着减少弹性，增加规范，这是使政策评估工作真正成为政策过程一部分的必要保障。政策评估的制度化主要包含三个方面内容：①实现政策评估的程序化。把评估列入政策过程之中，通过制度规定除象征性或符号性的公共政策外，每项政策最终都要进行程度不一的评估。②建立政策评估基金，解决评估经费来源问题。政策评估是一项庞大而复杂的系统工程，需要超乎寻常的财政支持，以便组织各方面专门人才，收集大量信息，开展评估工作。③重视评估信息的反馈和评估结论的消化、吸收。政策评估的结论必须与相关人员的奖惩直接联系起来，真正实现政策过程中的责、权、利相统一。评估结论不仅提供有关政策的长处和改善机会的信息，而且提供政策的弱点和不足的信息。这些信息应该勇于为重新评价、调整政策目标和后续政策的制定服务，使评估真正起到促进决策科学化和合理化的作用。

(四) 明确政策目标、精选评估对象

要使政策评估富有成效，就必须努力明确政策目标，这当然首先是政策规划阶段的任务。进行政策评估时必须回顾、审视当时的政策目标，了解某项政策的初衷，尽可能明确政策目标，同时要精心选择评估对象。在从事评估工作时，必须慎选评估对象。选择评估对象一般要遵循两个原则：①可行性，即选择那些条件比较成熟，比较容易进行

评估的政策进行评估，包括政策目标比较明确，评估资源较充足的政策；优点和局限性已经显露的政策；效果显而易见、比较容易测定的政策；等等。②有效性，即选择那些较具效益和价值的政策进行评估，如具有重要价值和显著效益的政策；决定政策效益因素并且可以得到控制的政策；评估的结论具有推广价值的政策；评估成本较低的政策；等等。根据以上两个原则，选定评估对象，力争较好的评估效果。

(五) 建立健全政策评估的信息系统

这项工作是收集、整理、加工和使用政策信息，为政策评估服务，是政策评估的基础工作之一。没有足够质量的信息，就不能进行科学决策，同样，也无法进行科学的评估。但是由于政策资源的多元性、政策重叠现象的存在、政策影响的广泛性，要全面收集政策信息又是一件复杂而困难的事。因此，要在政策过程的开始阶段就建立政策信息系统，对政策信息的收集、加工、交流和使用进行理论研究和总体设计，以便于改进评估系统，使评估活动更科学有效。政策信息系统的核心任务是系统地记录有关政策问题、政策投入、产出和外部环境变化等方面的信息资料。

必须建立覆盖全社会的、快速的信息反馈网络。政府部门除了法律规定应予保密的信息之外，其他一切有关公共政策制度背景、执行情况、评估结论等信息均应该通过网络及时向社会发布，最大限度地避免信息截留、失真。建立信息网络系统可以最大限度地实现决策中心、评估组织和社会公众之间的有效沟通，加快决策的科学化与民主化。

(六) 引入科学的评估理论、方法和技术

长期以来，我国的政策评估工作主要是判断政策实施后的效果是否与制度政策时的目标相一致，缺乏先进的评估理论、方法和技术。要克服这一问题，应该借鉴国外先进的评估理论和实践经验，引入科学的评估方法和技术。如学者所言，现在我国最大的问题不在于是不是应该引进西方先进的公共政策理论，而是如何使这些理论本土化，并迅速地普及这些先进的理论。

总之，在我国，由于政策评估发展的历史短暂，其工作又不易开展，政策评估事业尚处于起步阶段。政策评估是一项涉及面广、操作复杂的系统工程，加强和推进我国的政策评估事业需要做很多方面的工作，因此需要社会有关部门和人士的广泛支持，在实践中不断探索，不懈努力。

本章小结

政策评估作为衡量公共政策成效的重要工具，它的重要意义在于检验社会资源分配的合理性以及公共政策制定与执行的科学性和系统性。科学的政策评估不仅可以对政策问题进行分析和评价，发现并修正政策制定和执行中的有关问题以及评估政策的实际效果，还可以影响政策的发展方向。

随着社会的不断发展和政策活动的日益复杂，公共政策评估也呈现出多样化的分类。例如，按照评估活动组织活动形式将评估划分为正式评估与非正式评估；按照不同的评估者将评估划分为对象评估、专业评估、自我评估；按照评估实施的阶段将评估划分为

方案评估、执行过程评估与终结评估。一套科学、合理的评估标准可以判定一项政策的好坏及其目标实现程度。公共政策评估通过一套系统的标准对公共政策执行情况进行测量和评定。目前较为常见的标准有目标标准、政策投入标准、政策评估的公平与公正标准、效率标准以及公民参与和回应标准。

虽然公共政策评估是一个动态的过程，但是总体上会按照一定的步骤开展，一项政策评估的实施，基本依照组织准备、实施评估，以及撰写评估报告和总结这样三个相互关联的阶段。同时在过程中对评估者的职业伦理做出一定要求，如诚实原则、充分告知及同意原则、保守秘密及匿名原则、具备评估能力的原则及互惠原则等。政策评估作为修订原计划、内容、执行方法和程序的依据，往往会影响政策制定者、执行者等相关组织和个人的利益，这往往成为政策评估中的主观制约因素；同时政策评估还会因突发事件等原因而面对一些客观的阻碍因素。

总之，政策评估是政策的持续与终结、人民的支持、认定新问题、制定适合政策的基本前提；传统的对政策乐观想法已不复存在；资源成长已达极限的时代，危机时有爆发之际，政策问题也已变质；各级部门的结构、成员与运作的变迁，人民需求与期望的提升，均是政策评估研究有力的时代背景。

【关键概念】

政策评估　非正式评估　正式评估　方案评估　执行过程评估　终结评估

【思考题】

1. 如何理解政策评估？
2. 依美国学者罗森布隆的分析架构，政策评估的意义该如何界定？
3. 一般较为熟知的政策评估分类有哪些？
4. 政策评估有哪些较为常用的标准？
5. 试述政策评估的步骤。
6. 我国政策评估面临哪些困境？如何推进我国政策评估事业？

(扫一扫，看精彩案例)

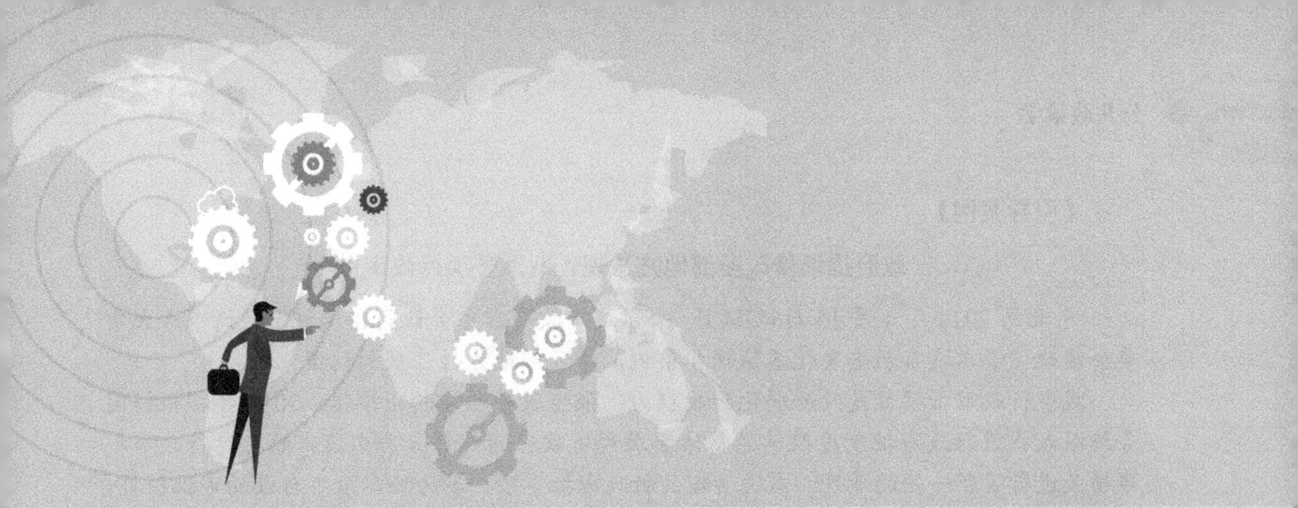

第九章　公共政策监控

公共政策监控是公共政策过程的一个基本环节或功能活动，它贯穿于公共政策过程的始终，对公共政策的制定、执行、评估和终结都起着重要作用。它主要是在公共政策制定、执行、评估等环节中，通过全方位监督，发现由于各种主客观因素导致的政策制定失误、执行不力、原定目标偏差、方案缺失等影响政策质量及效果的问题，并及时反馈给相应环节，以对政策进行不断的修正、补充和发展。这样才能提高公共政策绩效，实现公共政策目标。

学习目标

- 理解和掌握公共政策监控的含义、分类。
- 掌握公共政策监控的过程。
- 了解中外公共政策监控机制的运行。

【引导案例】

政府提请修改多部地方法规、取消多项行政审批

(东北网 2014 年 4 月 15 日讯)近日，哈尔滨市政府常务会议讨论通过了提请市人大常委会修改《哈尔滨市历史文化名城保护条例》等多部地方性法规的议案。

减少行政审批项目是政府弱化行政权力、强化服务职能的新举措。2013 年，根据国务院深入推进行政审批制度改革的总体要求和省政府的部署，哈尔滨市政府对行政审批事项又进行了新一轮的清理。本次清理的行政审批事项，多为哈尔滨市自设的审批项目，包括《哈尔滨市地名管理条例》规定的"地名有偿命名审批"，《哈尔滨市粉煤灰综合利用管理条例》规定的"办理运输粉煤灰准行证"，《哈尔滨市城市公共汽车电车轮渡船客运管理条例》规定的"公交企业停业、歇业或者终止营运许可"，《哈尔滨市城市排水条例》规定的"建设工程临时堵塞城市排水渠道审批"等。这些审批项目在设定之时，对于加强行政管理发挥了一定的积极作用，但随着社会、经济的发展，这些审批项目存在的条件发生了变化，已不符合转变政府职能的需求，甚至成为发展的障碍。为了推进政府职能转变，减政放权，促进哈尔滨市社会、经济的发展，市政府决定拆除这些自设的"门槛"。

本次清理不仅仅是对行政审批数量的削减，更是一次创新管理方式的实践。行政审批项目取消后，取而代之的是落实责任、主动服务、强化监督。例如，"清真食品生产经营审批"取消后，各有关部门将依据各自职责进行监管；"公交企业停运审批"取消后，采取加大处罚力度的方式来防止公交企业擅自停运行为的发生；"水上超高超重运载审批"今后将变为提前告知有关部门后，由有关部门采取现场监护措施，以保证桥梁安全。

为了使本次行政审批清理结果具有合法性，哈尔滨市政府提请市人大常委会对涉及的《哈尔滨市历史文化名城保护条例》等多部地方性法规进行修改。

案例思考：

请根据上述资料分析政策调整的原因及其基本程序。

第一节 公共政策监控概述

公共政策监控贯穿于整个政策过程的始末，是公共政策系统不可缺失的重要组成部分，对公共政策过程的各个活动环节进行监控，既有助于实现公共政策的合法化，也有助于保证公共政策的贯彻实施，是实现既定政策目标的有力保障。本节主要研究公共政策监控的含义、分类、作用和原则，首先对公共政策监控的基本理论有个认识。

一、公共政策监控的含义

在国内外公共政策学的研究中，对公共政策监控的研究要晚于对公共政策制定、执行等的研究。在实践过程中，公共政策的制定、执行、评估等环节上都出现了因不可测因素影响政策效果或监督不力而出现主观失误的问题，迫切需要从理论上寻求解释并探寻解决途径。因而，在近几年中，中外的政策学者逐渐将注意力投向公共政策监控问题。

国外学者对公共政策监控的研究主要强调通过科学的测量和记录政策运行信息来说明和解释政策执行情况，以及评估其执行效果，从而提出了政策监测的概念。邓恩从监测的本意出发揭示了政策监测的含义，“监测是用来提供公共政策的原因和结果的信息的政策分析程序。由于监测使分析者能够描述政策实施情况与结果之间的关系，它就成了获取有关政策执行状况的首要来源。从某种意义上讲，监测是努力说明和解释公共政策的另外一种说法”，而“政策监测是为衡量不同目标群体和受益者中目标锁定的主客观条件的变化而获取政策相关信息的过程”。彼得·罗西等人的研究认为，“项目监测(政策监测)就是系统地记录项目绩效的主要方面，包括项目是否按预期的或恰当的标准运行。项目监测通常包括服务利用领域内的项目绩效、项目组织和(或)项目结果”。

国内学者则多是从系统控制论的角度出发，强调政策监控的过程及其在公共政策系统中的作用。从系统控制论的角度看，所谓监控或控制，是指司控系统(监控主体)根据一定的标准，对受控系统(监控客体)发出指令以纠正其由于环节干扰而产生偏差状态的活动。对于公共政策监控的含义，大多数学者强调公共政策监控就是公共政策监督与公共政策控制的合称，是为了实现公共政策的合法化与保证公共政策的贯彻实施而对公共政策的制定、执行、评估和终结活动进行监督和控制的过程，其目的在于保证公共政策系统的顺利运行，提高公共政策制定与执行的质量，促进既定政策目标的实现和提高政策效率。

根据上述含义，公共政策监控的内涵包括如下四点。

(一) 公共政策监控的主体

公共政策监控的主体就是从事监控活动的个人、团体和组织，它是公共政策主体的有机组成部分，一般由立法机关、行政机关、司法机关、政党系统、利益集团、大众传媒及人民群众等组成。但公共政策监控的主体并不是完全固定的，呈现出变化性。一方面，由于公共政策由不同层次的机关及其组成人员制定、执行、评估及调整，因而公共政策监控的主体也会随之改变；另一方面，公共政策监控在政策过程的不同环节中由不同的机关及其组成人员负责实施，公共政策监控主体也会相应地发生变化。

(二) 公共政策监控的客体

政策过程的各个环节包括公共政策的制定、执行、评估、终结及承担这些功能活动的个人、团体和组织，都属于监控的对象。公共政策监控的主体和客体的划分具有相对性，它们之间并不是简单的监控与被监控的一一对应关系，而是相互交叉、重合，呈现为复杂的网络状的结构。例如，立法机关主要负责制定政策，它同时又有责任对下级立法机关(及人员)及相应的执行机关(及人员)进行监督与控制。但是，由于立法机关的权力并不是至高无上的，立法权来自于大众对政权的支持和认同，所以，即使是最高国家权力机关，也受一定的机构和社会力量的监督与控制。由此可见，在政策过程之中，公共政策监控的主体往往同时也是客体，二者处于复杂的相互作用之中。

(三) 公共政策监控的过程

公共政策监控是一个静态与动态结合的行动过程。首先，公共政策监控具有静态性，根据监控的目的、要求，建立起相应的内外部监控体制，包括机构的设置、人员的配备、规则的确立、物资的提供等。其次，公共政策监控具有动态性，运用内外监控体制，对政策运行中的各个环节实行检查、督促、指导，以帮助决策者、执行者和调整者发现存在的问题，寻找纠正偏差的措施，使整个政策过程不偏离预期的政策目标。

(四) 公共政策监控的目标

公共政策监控是一种目的明确的活动。公共政策监控要达到的目标是：保证公共政策本身的正确与完善，保证公共政策得到贯彻实施，保证公共政策目标的实现。

二、公共政策监控的分类

公共政策监控是一种多样化的活动，可以从不同角度对公共政策监控进行分类。

(一) 根据政策过程的阶段分类

按照公共政策监控在政策过程所处的不同阶段，公共政策监控可以分为公共政策制定监控、公共政策执行监控、公共政策评估监控、公共政策终结监控四种。

1. 公共政策制定监控

公共政策制定监控是对政策制定过程中的信息收集，问题界定，政策决策，政策撰制人员的选择，政策制定程序、政策发布程序以及方案的规划、选择和合法化等活动的监督和控制。通过对政策制定的监控，有助于保证政策本身的科学性和合理性，保证政策的实际结果达到预期目标，尽量减少决策失误。

2. 公共政策执行监控

公共政策执行监控是对政策执行过程的监控。政策本身的科学、合理并不一定能保证既定目标的实现，在政策执行过程中，可能是执行者本身的问题，也可能是目标团体的不配合等原因造成了政策的变形、扭曲及走样。因此，为了保证政策的全面、准确落实，就要对政策执行过程进行监督和控制，以纠正政策执行的偏差。

3. 公共政策评估监控

公共政策评估监控是对政策执行效果的评估活动过程的监控。由于现实的评估工作中存在的障碍可能会阻碍政策评估的顺利运行，所以必须对评估工作进行监控，才能保证获得客观、准确的政策效果信息，从而为政策的继续执行或终结提供依据。

4. 公共政策终结监控

公共政策终结监控是对政策终结活动过程的监控。通过该阶段的监控，促使及时废止失败或过时的政策，以减少损失，提高政策绩效。

(二) 根据政策监控的时态分类

按监控活动实施的时间来分，公共政策监控可分为事前监控、事中监控和事后监控三种。

1. 事前监控

事前监控是指政策监控主体在政策实施之前，就未来政策活动中可能发生的情况，特别是导致与预定政策目标不一致的各种因素进行预测，并采取预防措施加以预防，以尽量减少损失，确保政策目标的正确性、政策制定程序的合法性、政策方案的可行性等。

2. 事中监控

事中监控是指在政策运行过程中实施同步监控，即一旦发现与原定的政策目标不一致的地方就立即采取纠偏措施，提出调整意见，促使政策得到真正的落实。

3. 事后监控

事后监控是指在一种政策行为之后或一项政策活动过程结束之后，把政策活动产生的实际效果与既定的目标、要求和原则等做比较，找出并纠正偏差和失误，避免再犯同样的错误。

(三) 根据政策监控的层次分类

按照政策监控的层次，公共政策监控可以分为自我监控、逐级监控、越级监控三种。

1. 自我监控

自我监控是指政策制定和执行主体根据政策的目标要求，在政策过程中进行自我检查、自我分析，及时控制政策实施的进度、治理，纠正执行中的偏差，从而实现政策监控。

2. 逐级监控

逐级监控是指上下级的政策主体之间按照授权关系，自上而下地逐级对政策的制定、实施、评估等政策活动过程中的各项事务进行监督和控制。

3. 越级监控

越级监控是指越过终结层级，上层政策主体对下层政策主体直接进行监控，或者下层政策主体对上层政策主体进行监控。

(四) 根据政策监控的内容分类

按照政策监控的内容，公共政策监控可以分为目标监控和关键点监控两种。

1. 目标监控

目标监控是指以政策目标的实现与否作为监控的核心和重点，按照政策目标的要求来运行整个政策活动，随时监测政策运行过程中的目标状态，并以此为标准来调整政策活动的具体细节，以最终实现目标与结果相一致。

2. 关键点监控

关键点监控是对重点的监控，它是指以政策的重点为监控核心，即对政策的重点目标、重点内容、重点环节、重点主体进行的监控。实施关键点监控的首要任务是选准关键点。在一次政策活动中，监控的关键点可以是一个，也可以是多个。

(五) 根据政策监控的主体分类

按照公共政策监控的主体，可以分为立法机关的政策监控、行政机关的政策监控、司法机关的政策监控、政党系统的政策监控、利益集团的政策监控、公众和大众传媒的政策监控等。

三、公共政策监控的作用

邓恩认为，公共政策行为所带来的后果永远无法完全预知，因此，在政策行为开始之后进行跟踪监测至关重要。公共政策监控贯穿于政策活动的各个基本环节之中，在政策全过程中扮演着发现问题、反馈信息、纠正偏差等关键角色。对于公共政策系统来说，主要是通过公共政策监控子系统及监控活动来确定政策方案是否合理、合法，找出政策目标与执行手段之间、预期政策目标与实现政策绩效之间的差距，发现问题之所在，并从中寻找解决问题的新方法，如调整政策目标、加大执行力度、重新配置资源等。

(一) 保证公共政策的合法化

这里指的是对政策制定活动进行监控，以使政策的制定严格遵守法定的程序和原则，并且审查所制定的政策是否符合宪法和有关法规。它由有关的国家机关根据法定的程序和权限对立法活动所做的审查所构成，是政策取得合法性的一个重要环节。一般而言，政策合法化的实现是由各国的立法机关完成的。然而，各国的情况由于历史与现实上的种种原因而有很大的差别，这主要体现在宪法的解释权的归属不同这一点上。欧洲发达的资本主义国家一般都设有宪法法院，宪法的解释权都由宪法法院掌握，因此，政策的合法化最终是由宪法法院来完成的。美国采纳了三权分立的建国模式，建立了司法审查制度，由联邦法院大法官掌握宪法法院，因此，政策的合法化最终是由宪法法院来完成的。在我国，宪法的解释权属于全国人民代表大会及其常务委员会，因此人大和人大常委会从法律上来说对政策的合法化负最终责任。此外，由于我国的所有政策既不能违背宪法和有关法律法规，也不能与中国共产党的章程和纲领背道而驰，因此，政策的合法化也必须将这个重要因素考虑在内。由此可以看出，通过政策监控实现政策合法化包括两个方面的内容，即实现政策的形式合法化与内容合法化。实现形式合法化就是使政策的制定活动严格遵守法定的程序与规则；实现内容合法化就是使政策的目标、方案等不违背宪法和有关法规以及——对有些国家来说——不违背执政党的纲领和章程。值得一提的是，即使一项政策从形式到内容都合法化了，也未必就等于说它已经获得了合法性，因为该项政策仍然可能危害公众的利益、不能满足公众的愿望和要求。

(二) 保证公共政策得到贯彻执行

政策只有在被采纳并付诸实施之后，才有可能产生实际的作用并达到预期的目标。但是，由于执行者的认识水平、价值取向、个人及其所代表的利益、偏好等原因，经常使得政策在执行过程之中出现被误解、曲解、滥用、消极抵制甚至反抗等现象。这时，公共政策监控的作用就显示出来了，即根据一定的标准对政策的执行进行检查、监督，以保证政策达到预期目标，或者发现预期目标与实现效果之间的反差，并找出其中的原因。如果是因为预期目标太高而根本不可能实现，就必须调整目标以适应现实的条件；如果目标是正确的、可行的，却没有实现，问题就必然出在执行过程中。如果是执行不力，则需要加大执行力度；如果具体方法或步骤有误，则需要做相应的调整等。

(三) 实现公共政策的调整与完善

客观世界总是处于不断的变化发展之中，而人的认识能力的提高速度总是赶不上客观世界发展变化的速度。政策作为人的认识的产物，总会存在不尽完善之处。而且，政策一旦制定出来并付诸实践后，就需要保持相对的稳定。这就使政策的变动总是滞后于人的认识的深化，更滞后于外部世界的发展变化。因此，政策必须随着外部世界的变化和人的认识的深化而做出调整，只有这样才能使政策目标、实施步骤、执行手段等与现实相符合，从而产生良好的绩效。公共政策监控的作用就在于敏锐地捕捉外部世界的发展、认识的深化与政策直接的差距，以便及时做出调整，使之臻于完善。

(四) 促使公共政策终结

在政策过程中，时效性是一个重要特征，也是一种常见的现象，即原来适用的政策由于客观条件或客观环境的变化而不再符合现实需要了。其中的许多情况不是仅仅做出政策调整就能解决的，而是必须进行政策终结。例如，在为期 10 年的“文化大革命”中，决策者们以“无产阶级专政下继续革命”的理论为指导，制定了以“阶级斗争为纲”的路线，制定了许多错误的政策，使经济几乎崩溃，社会陷入混乱之中，给我国的建设事业造成了惨重的损失。这就不是政策调整的问题，而是政策终结的问题，要坚决而又审慎地废除那些错误的、无效的或是多余的政策。

四、公共政策监控的原则

虽然公共政策监控涉及公共政策制定、执行、评估和终结等各个不同的环节，但并非散见于各个环节，而是形成了自己的完整体系。为保证公共政策监控的科学运行，需要遵循以下基本原则。

(一) 封闭原则

在科学的政策监控过程中，首先必须符合封闭原则，即整个政策监控系统是由有机的、封闭的系统运行完成的。政策过程从制定、执行、评估到终结构成一个完整系统，政策监控围绕政策目标不断调整、完善政策，相应地构成一个封闭的监控系统。这个系统由相互影响和相互关联的子系统组成，局部监控与总体监控协调一致。而且，每个政策活动都有相应的监控，不留空白和死角。例如，在政策发布之后，为保证政策能够正确贯彻执行，不仅需要一部内容全面的执行法，而且应该有针对执行的监督法及反馈法，其中包括对在执行过程中产生矛盾的仲裁法，对执行发生错误的处理法等。

(二) 反馈原则

政策监控贯穿于政策运行全过程，具有动态性，需要随时收集政策运行各环节的信息，因而要运用反馈原则。在政策监控过程中，必须建立准确、高效的信息反馈系统。政策监控主体通过及时、准确地接收有关政策执行状况、结果等的反馈，及时校正违背或背离政策目标的情况，使政策按照政策目标的方向运行。因此，政策监控的有效性在很大程度上取决于灵敏、正确、有力的信息反馈。

(三) 能级原则

在政策监控过程中，需要科学、合理地划分和设置监控层次，并在每个层次配置有相应能力的监控者，这就是政策监控的能级原则。政策监控系统的子系统处于不同层次，不同的监控主体在各自层次内履行监控职责。需要注意的是，监控层次的划分应适度。如果监控层次设置过少，或监控者能力不够，就会使政策过程在某些环节失去监控；如果监控层次设置过多，或监控者能力过剩，又会造成监控资源的浪费，甚至造成职责不清、互相扯皮的现象，降低了监控的效率和效果。

第二节 公共政策监控的运行

公共政策监控是一个动态的过程，在政策过程中起着信息反馈的作用，主要由公共政策监督、公共政策控制、公共政策调整三大环节组成，每个环节既有自己在内容、方式等方面的特点，又相互影响、相互依存、相互配合。

一、公共政策监督

公共政策监督是公共政策监控主体从一定制度、法规的依据出发，对政策系统的运行包括公共政策的制定、执行、调整、终结、评估等活动进行监察和督促的行为。

(一) 公共政策监督的基本条件

1. 建立必要的制度、法规

这是形成公共政策监督的依据，有了一定的法规、制度，明确了政策主体的职责，公共政策监督就有了强有力的支持。

2. 政策监督者与政策监督对象之间应保持沟通，使监督有明确的目标

主要是通过各种监督机构或机制及时了解公共政策系统运行状况，掌握公共政策问题和公共政策目标，使监督有明确的标准。

3. 在机构设置上保持监督机构的独立性

监督机构对公共政策运行过程实施监督，调查了解公共政策运行过程的情况。但是监督机构只有在不受掣肘的前提下，监督才能真正地有效运转，才敢于在监督过程中提出异议。

4. 对监督对象要有影响权

影响权包括对违反公共政策的单位和个人加以处罚、责令其纠正政策运行过程中的各种错误和偏差的权力。影响权决定了监督的实际意义。

(二) 公共政策监督的特征

公共政策监督本身是一个动态的过程，它既是公共政策运行的重要内容，又是实现公共政策科学化和民主化的重要保证。其特征体现为预防性、补救性、完善性、参与性、促进性、情报性和教育性。

公共政策监督的预防性是指提前排除问题和潜在的紧急情况，并找出原因，防止在政策运行中出现困难和失误；公共政策监督的补救性是指排除产生缺陷的因素和弥补其后果；公共政策监督的完善性是指发现和利用现有潜力，对不断改善整个政策活动做出积极贡献；公共政策监督的参与性是指领导和公众对政策活动全过程的积极参与，包括政策制定、实施到问题的最终解释所采取的措施；公共政策监督的促进性是指证实和适当估价取得的成果并给予奖励和惩罚；公共政策监督的情报性是指经常向所有决策部门提高从监督中获得的、制定新政策需要的一切总结性情报；公共政策监督的教育性是指在完成政策目标和任务中推广正面的经验并汲取教训。

公共政策监督是公共政策监控的重要方面，通过公共政策监督有利于及时发现和纠正一切偏离政策目标、方向的行为。可以说，公共政策监督是保证政策目标实现的重要供给，是保证政策运行正确方向的重要手段，是纠正政策实施中各种问题的有力武器，是提高政策实施效率和质量的重要途径。

(三) 公共政策监督的内容

公共政策监督活动贯穿于整个政策过程之中，它的内容包括对政策的制定、执行、评估及终结的监督。

1. 对公共政策制定活动的监督

在过去的半个世纪里，国外学者的学术研究表明，官僚们能够转而为狭隘的集团利益服务。有研究证实，行政官员中存在着一种同现存政策结合并抗拒可能带来组织变化的创意的趋势。相应地，行政决策可能被排除了重要决策标准的技术取向所支配。托米斯·麦加里蒂在对几项行政机关的研究的基础上，注意到“技术官僚理性倾向于在决策过程的早期阶段缩小选择的范围并且排斥后来出现的新的选择，问题的规定性本身就可能取消了选择机会”这说明由于决策者的有限理性、决策者个人及其所代表的集团或党派的利益与偏好不同，也由于决策者所掌握的信息有限，以有限的甚至是错误的知识体现或价值体系为指导，决策者定出的任何一项政策都有可能是不完善的。

决策者对国内外形势的不完全正确的认识等因素也影响着决策的科学性。同时，由于决策者在制定政策时，可能没有严格遵守宪法和法律所规定的规则与程序，所以制定出的政策不合法。一些地方政策以保护主义为价值取向，制定出一些损害公共利益的公共政策，对本地区资源和市场的行政性保护现象以及为了维护本行业、本部门和本地区利益，人为设置市场障碍，防止外地同行业竞争者进入等。例如，陕西某县出台过一项政策，规定非本县生产的香烟一律按“走私烟”处理；重庆市也有一个县公开禁止外地化肥进入本县；另一个县在工程招标中为保护本地建设单位，公开宣布县外另一家单位符合法定程序的中标作废。对于这类政策的制定过程及其活动必须进行有效的监督，以保证政策制定的质量。

2. 对公共政策执行活动的监督

制定出科学的政策也不能完全保证能实现既定目标，因为政策执行过程中的具体情况，以及政策行为所带来的后果无法完全预知，政策若得不到贯彻实施，那么它所要解决的社会问题以及经济、社会发展目标就无法实现，再好的政策也可能成为一纸空文。因此，在政策出台之后，对其执行过程进行跟踪监督至关重要。

在某种意义上，每项公共政策的实施都可以用苗圃种植的幼苗做比喻。幼苗可能经历很大的自然变化，其结果可能长成一棵小树，也可能长成一棵大树。但是，幼苗一旦栽入土中，要想让它照预期成长起来，就需要水、养分和培植。如果任其自然生长，这棵幼苗就不确定能长成什么样子。政策的实施也是如此。在美国，一项政策一旦制定出来，国会对其结果通常只是粗粗阅过，把有关职责交到官僚机构手里便了事。因此，拉雷·N.格斯顿认为，国会监督的缺乏常常妨碍政策的实施。实际上，政策建议可以看作是对政策行为同政策结果之间关系的一种假设：若在时刻 T1 发生行为 A，则在时刻 T2 产生结果 O。所有假设无疑都是建立在关于原因和结果的先前的经验和假设的基础之上的，如果不同其后的结果进行验证，这些至多只是经验推测罢了。

在现实生活中，政策得不到贯彻实施甚至成为一纸空文的情况时有发生。政策若得不到贯彻实施，那么，它所要解决的社会问题以及经济、社会发展目标就无法实现。影响政策有效执行的因素主要有：政策问题的特性、政策本身的因素及政策以外的因素。例如，执行人员的素质与公众态度、执行机关的特性、机关组织间的沟通与协调等。对政策行为进行监督主要是为了保证政策执行活动遵循政策原定方案，监督监测政策是否得到贯彻执行，看看各项措施是否存在违背全局利益或整体利益的情况，及时发现和纠正一切违背政策目标的行为，提高政策实施的效率，确保目标的顺利实现。正如威廉·F.韦斯特认为："无论是主动的还是反应式的立法监督，都可以因之而起到保护政策执行的完整性，防范立法机关以外的破坏性影响的作用。"

3. 对公共政策评估活动的监督

政策评估是迈向科学决策的一个重要环节。它的目的在于取得有关政策的效果、效益和功能等方面的信息并进行判断，以作为决定政策变化、政策改进和制定新政策的依据。而政策监督则是监督主体对政策评估过程加以监督，以使评估活动能更好地发现政策偏差，并决定对其进行修改、调整、完善或是暂停执行。终止政策评估是一种反应性的经验，即把一项实施不力或产生了不受欢迎的影响或非预计的结果的政策收回决策领域内，这就是最后的机会。政策评估是制定政策过程的有力工具，因为它具有对政策制定者曾经认为已经解决的问题进行再次设计的可能性。在民主国家，政策评估对政策制定和随后的实施产生的利弊提供了检查方法。如果没有政策评估工作，就无法对政策的可靠性、实施人员的责任及政策制定机关的职责做出判断。

但是，政策评估在世界各国刚刚起步，是政策过程中的一个薄弱环节。常常由于在政策效果测量的准确性、评估标准的科学性、评估人员的意识和态度、评估意图的纯正性等方面欠妥，使评估活动和评估结果不可信，评估的真正目的被歪曲。可见，虽然评估者承担着"客观的"任务，但他们的工作自始至终都带有自己的价值观、标准和目的，在确定一项政策的影响时，有时缺乏公平的标准。因此，有必要对政策评估本身进行监督，使其在预计轨道上运行，以达到完善公共政策的预期效果。

4. 对公共政策终结的监督

政策终结是政策运作过程的最后一个环节，也是政策更新、政策发展的逻辑起点。及时地终止一项多余的、无效的，或已经完成使命的政策，有助于提高政策的绩效。如果没有政策终结，将失去政策的严肃性，从这个意义上说，对政策终结的监督实际上是对政策严肃性的保证。

总之，公共政策监督的对象是整个政策系统的运行，政策监督活动是政策主体对各政策环节运行情况的信息反馈，它的作用贯穿于政策全过程，各项监督活动是相互联系、不可分割的，它们共同为提高政策制定和执行的质量及提高政策绩效提供有力的保障。

二、公共政策控制

在政策活动中，无论政策在制定时做得多么完备和周密，在执行过程中都会出现一些难以预料的情况。可能是客观环境发生变化，也可能是执行人员主观的偏差，这就需要纠正公众偏差或原定计划，以保证制定出来的政策最大限度地得到贯彻和落实。

(一) 公共政策控制的概念

公共政策控制的概念主要来源于控制论。控制论的创始人维纳在《人有人的用处》一书中说："控制论包含着沟通和控制"，它是研究动态系统在变化的环境条件下如何保持平衡状态或稳定状态的科学，它以信息为基础，强调通过信息反馈了解运行状况传递，同时通过信息传递来实现控制。控制论的思想和方法渗透到几乎所有的自然科学和社会科学领域。公共政策控制是指公共政策监控主体在政策过程中尤其是政策执行中，为了保证政策的权威性、合法性和政策的有效执行，为达成特定的政策目标而对政策过程尤其是执行过程的偏差的发现与纠正的行为。其实质是对实际活动的反馈所做出的反应，它是改进工作的有效手段。如果没有控制，人们就不了解真实情况，工作就无法改进，就难以保证正确的工作方向，无法实现政策目标。

(二) 公共政策控制的分类

1. 按照性质分，公共政策控制可以分为反馈控制和前馈控制

反馈控制是政策监控者通过掌握政策的实际绩效的反馈信息，发现偏差，分析偏差产生的原因，并采取纠正偏差的活动。这是一种最主要的控制形式，但这种控制形式有一个非常明显的局限性，即时滞问题——从发现偏差到纠正偏差之间有一个时间差，因此，往往使纠正偏差错过时机，或者客观情况发生变化，影响纠偏的效果。前馈控制正好克服反馈控制的这一缺陷，它是不断利用最新的有用信息进行预测，把所期望的结果与预测的结果进行比较，从而事先制定纠偏措施，使实际绩效与期望的结果相一致。

2. 按照主客体关系分，公共政策控制可以分为间接控制和直接控制

间接控制是相对于决策分权化而言的。如前所述，在公共政策控制过程中，由于监控主体获得信息的有限性，对政策执行过程的反馈信息具有一个十分明显的局限性(即时滞问题)，因而容易错过纠正偏差的时机，或者跟不上客观情况的变化，影响纠偏的效果。因此，公共政策控制主体往往会把控制权力下放给各政策执行主体，这实际上实施的就是间接监控。间接监控有一个前提条件，即被授权执行监控的一方与授权方有一个一致的价值系统。否则，监控主体将进行直接控制，即保留集中控制，保留决策权，对政策各环节进行实时监控，以全面掌握政策系统的运行情况，及时控制政策的发展方向。

(三) 公共政策控制的程序

公共政策控制是由确立政策控制标准、衡量政策绩效和纠正政策运行偏差三个环节构成的。该过程如图 9-1 所示。

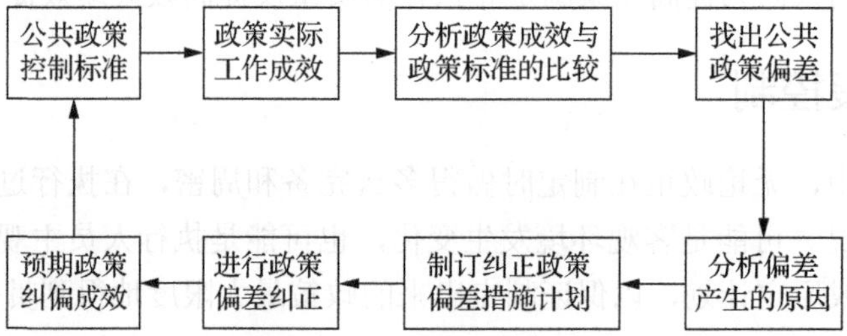

图 9-1　公共政策控制的程序

1. 确立政策控制标准

公共政策控制的目的是保证政策的顺利进行，取得预期的目标。标准是衡量政策的实际效果即绩效的尺度，确定政策控制标准是公共政策控制的起点。政策目标是公共政策控制最根本的标准，但政策目标是一般化的，往往不能直接成为控制的标准。因此，必须将其具体化才能成为控制标准，即将一般政策目标变成一系列的具体指标。常用的控制标准主要有实物标准、成本标准、资本标准、收益标准等。

2. 衡量政策绩效

理想的公共政策控制是采用前馈控制即在实际偏差出现前预见到它们，并预先采取纠偏的应对措施。但是在实际的政策过程中，由于各种主客观条件的限制，很难做到这一点。因此，必须在政策的实际运行过程中，随时监控政策运行的情况，衡量政策的实际绩效，将实际结果与预定的目标或期望的结果加以比较，及时发现偏差。衡量政策绩效的准确与否，既取决于标准是否合理，也取决于是否找到合适的衡量、评价方法。必须注意，不应把实际的政策效果理解为最后的政策结果，有时它可能仅是一种阶段性的成果，或由中间状况推测出的结果。公共政策控制不仅是对最终的政策结果的纠正，也包括对中间过程出现的问题的纠正。

3. 纠正政策运行偏差

这一环节包括确定偏差的类型、程序，找出偏差产生的原因，并采取纠正偏差的措施。政策在实际运行中产生偏差的原因是多种多样的，也许是政策的环境发生了改变；也许是目标不恰当；也许是执行组织或人员执行不力或协调不够；也许是财力、人力不足；等等。在找出偏差产生的原因之后，必须采取行之有效的方法加以纠正，对政策加以调整。

(四) 公共政策控制的循环

公共政策控制的主要功能是通过政策控制的主体对政策计划、目标、标准等的掌握，及时发现预期的政策绩效与实际的政策绩效直接的差距，并分析产生差距的原因，最后决定是重新调配资源以加大执行力度还是对政策进行调整、终结等。由此可见，公共政策控制不是一个单项的不可逆的过程，而是一个不断循环的过程。这种循环关系如图 9-2 所示。

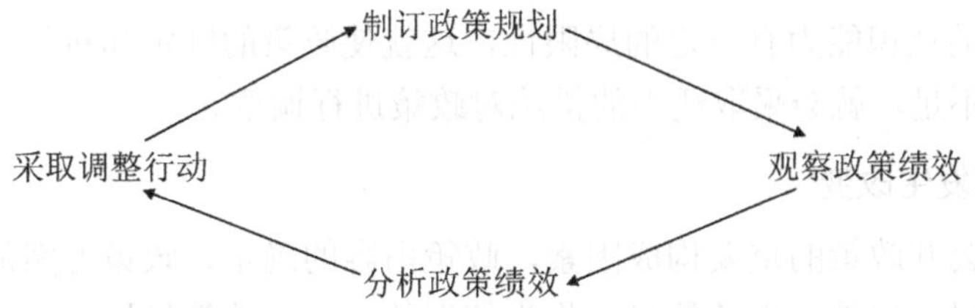

图 9-2 公共政策控制的循环

其中，制定规划是将政策内容化为可操作的实施细则的过程，也是进行政策控制的标准，它包括明确执行者及其职责、制定实施步骤和程序、预算实施成本(如人力、物力、财力和技术资源)等。将政策规划付诸实施之后，控制者便根据政策规划，通过信息反馈系统对执行过程进行监督，及时掌握该规划所产生的实际效果，然后进入分析阶段。实际绩效可能会超过原先所定的标准，这说明以前的标准过低，那就必须调整政策规划，提高标准。实际绩效如果比预期绩效差，就必须分析造成差异的具体原因：如果原因在于执行不力，那么就可以重新调配资源以提高绩效；如果原因在于政策规划本身将标准定得过高，则须降低标准。此外，还有一种情况是，通过实施，发现制定的政策根本就是不可行或是错误的，那就必须及时终止该项政策，以避免更多的损失和浪费，这主要取决于政策环境所提供的条件。这样就完成了一轮循环并进入下一轮新的循环。

三、公共政策调整

公共政策调整是指在政策监督和控制所获得的有关政策系统运行的反馈信息的基础上，对政策方案、方案与目标之间的关系进行不断的局部修改、补充和发展，以便达成预期政策效果的一种政策行为。它实质上是公共政策方案的重新制定和执行的过程，或者是作出法规的局部修正、调整和不断完善的过程。

(一) 公共政策调整的依据

1. 公共政策问题本身发生变化

公共政策意在解决公共问题，在现代生活中，公共问题的涉及范围越来越广泛，问题之间相互交叉，某领域内出现了新问题或发生某个事件，会引起相关政策问题的变动，因此，公共问题在政策制定或执行过程中可能发生改变。问题的改变通常要求对政策做出相应调整。

2. 政策环境发生改变

公共政策作为一个开放性系统，存在于社会环境之中，与环境相互作用、相互影响。政策问题归根到底是从环境中产生出来的，政策运行的条件和资源也都是由环境提供的。而环境是不断变化的，如果政策环境发生的变化已经对政策运行的条件与资源产生影响，或者已经超出了政策问题的状况，政策就必须适应环境做出调整。

3. 政策主体认识发生改变

政策是认识的产物，体现了参与者的认识水平。在现实生活中，客观事物总是复杂多变的，而人们的认识能力有一定的局限性，这就使政策的制定和执行存在不足。人们认识到了政策的不足，就会采取适当的措施对政策进行调整。

4. 政策目标发生改变

政策目标是公共政策的重要构成因素，政策内容的确定、政策方案的选择、政策手段的运用，都是以更好地实现政策目标作为依据的。一旦政策目标发生了变化，政策方案就必须加以调整，以重新与目标一致。这种政策目标的改变，既可能发生在具体政策的层次上，也可能发生在国家的总政策、基本政策的层次上。

5. 政策资源发生改变

与环境改变的依据有关联的是政策资源变化的依据。政策的制定、执行、监控、评估，都是需要一定类别、一定数量的资源作为支持的。政策资源并不是一个现成的恒量，它与政策制定、实施主体实际掌握的公共管理权力、本身的权威、从环境中提取资源的能力有关。因此，政策资源也是一个变量，政策资源发生变化，政策的实施就需要进行调整。

6. 政策局限性的暴露

任何一项公共政策，都不可避免地存在某种局限性。有些局限性是在政策制定和实施的过程中，由于人们主观的失误或客观条件的影响导致的；有些局限性是由政策的时空特点决定的。在政策实施前，或在政策执行的初期阶段，局限性不一定会立即暴露出来，但随着政策实施的深入，某些局限性就会起作用并影响政策的效果。为尽量减少局限性带来的损失，就需要进行政策调整。

7. 政策的负面作用加大

与政策局限性有联系的是政策的负面作用。从辩证的观点看问题，任何政策都是矛盾的统一体，既有正面的作用，也有负面的作用。但制定和执行政策的初衷是希望利用它来积极推动社会向前发展，总是希望让它发挥最大的正面效用。在制定政策时，可能已经将副作用降到最小，但还是有些负面作用要政策执行到一定阶段才会表现出来。一旦这些负面影响扩大，政策就必须进行调整以抑制其负面效应。

(二) 公共政策调整的内容

公共政策调整的内容多种多样，主要包括政策问题的重新界定、政策目标的重新确定、政策方案的重新拟订、政策效力的调整、对政策主客体的调整和政策关系的调整。

1. 政策问题的重新界定

随着政策过程由制定到监控等环节的推进，人们可能发现对问题原有的认识并不全面，问题的某些重要方面或边界条件可能被忽视，环境的变化可能改变了问题的性质。因此，在这一阶段，有必要根据已掌握的新信息，对政策问题加以重新认识和重新界定。

2. 政策目标的重新确定

这包括将原来模糊、不准确的目标加以明确化，根据变化了的环境校正或修订原有的目标等方面。有些政策在实施时，会发生原来设计目标与客观实际不完全一致甚至相脱离的情况，或者目标值定得过高而无法达到；或者目标定得过低公众不满意；或者规定的分目标过多，分散资源；或者实现目标的时限定得过死，缺乏余地。这就必须采取措施对政策目标进行必要的校正、修订或再确立，或降低目标要求，或减少分目标个数，或改变目标时限，从而使经过调整的新目标符合客观实际。

3. 政策方案的重新拟订

政策实施时，也会发生原定方案的运行成本过高、运行条件过于苛刻、负面影响过大等不利于政策继续执行的情况，这时需要调整的就是政策方案。方案的调整应根据不同情况而定：原先方案基本可行的，只要做某些修改或补充，如降低运行成本、拓宽适应范围、加强应付紧急事态的能力等，使之更加合理和适应变化了的现实；原先方案实施的理想条件于实际所能提供的条件差距过大时，则要对旧方案做较大变动；若原来的方案基本行不通，就应该及时重新制订方案。例如，国有股减持方案出台之后，经过一段时间的实施，股市未涨反跌，大部分股民对该政策方案表示反对，有关部门不得不停止执行该方案，进行调整。

4. 政策效力的调整

政策效力即政策发挥作用的范围和程度。每一项公共政策都是针对一定范围、一定时间、一定层次的社会公共问题而制定和实施的。因此，政策对社会生活和公众利益调节的效能会受到时间、空间和层次的制约。当政策实施中发现政策的效力达不到要求时，就要对政策的效能加以调整，从而保持政策具有较高的效能。一般在三个方面加以调整：范围上，或扩大或缩小政策起作用的范围；时间上，或缩短或延长政策实施的时间；层次上，或加深或减少政策调节的层次。

5. 对政策主客体的调整

政策的实施是一个动态的过程，其主体总是处于不断的变化之中，有些客体也处于变化之中，为保证政策运行的连续性，须及时调整政策主体。有时政策执行的主体与客体本身的问题会使政策实施不到位，如执行政策的主体内部产生矛盾、机构不健全、职责不清，或政策执行主体与政策客体关系紧张，这也需要对政策的主客体进行调整。

6. 政策关系的调整

社会公共问题是复杂多样的，也是相互关联的。因此，关联公共事务的不同层次的政府部门或同一层次政府的不同部门，在同一时间可能从各自不同的角度制定相互关联的政策。而各个部门在制定和实施政策时，往往只从本部门的职责、利益出发，自觉或不自觉地忽略其他政策，就容易使一项政策与其他相关政策缺乏协调，产生矛盾、摩擦、冲突、功能互相抵消等问题。这就需要调整政策间的关系，形成协调的政策结构，发挥出相关政策的互补功能，以扩大政策的积极效应。

(三) 公共政策调整的策略

公共政策调整是非零起点，对既有的利益分配格局会在一定程度上发生改变，因而在政策调整过程中，对公众利益、参与积极性及政府形象会产生一定的消极影响。为了尽量减少政策调整的消极作用，更好地实现政策的目标，在政策调整过程中，需要进行策略上的思考。

1. 局部调整

局部调整是在政策执行与预定目标产生差距时，只对政策系统和实施过程做出少量的、缓慢的修改或补充。例如，存在若干相关政策时，只对其中个别政策加以调整；对单项政策，只对其个别的分目标或实施范围做出修订；对政策执行的某些措施进行改变，等等。这种调整不会引起太大的震动。这是政策调整中使用最多的调整方法。

2. 分层调整

分层调整主要是用在对政策系统的调整上。为了解决某个较为复杂的政策问题，必须制定和实施不同类型、不同方面或领域的政策。政策的分层调整主要有两种调整策略：一是在不同执行层次上进行政策调整。可以是自上而下的调整，也可以是自下而上的调整。二是对于相关政策构成的系统，先挑选具有代表性的、对解决政策问题起关键作用的单项政策加以调整，然后再对其余政策逐步调整，这也可以集中突破一点，取得相关经验。

3. 跟踪调整

这种策略常常在对政策执行的偏差原则、政策调整的最终结构及各个步骤还不太清晰的情况下使用。有时，一项或几项政策在实施后与预期的效果出入较大，公众中也产生了强烈的政策调整诉求。但偏差原因究竟是什么，详细的调整计划是什么，调整后会出现什么新问题，这些都不太清楚，而公众对调整的要求又非常迫切。在这种情况下，最适宜的办法就是抓住影响最大的个别政策或某项政策的个别环节进行调整，然后再逐项政策、逐个环节地跟踪调整。这种方法的好处是可以摸索实验，对的就推进，错的就停住。

(四) 公共政策调整的形式

公共政策所要解决的社会问题的发展与所发挥作用的环节不同，需要调整的幅度也会有所不同。有些公共政策只是影响的要素发生了部分改变，只需对这些系统和实施过程做少量、缓慢的修改或补充，即做局部调整；而有些公共政策由于影响要是发生了性质上的转变，需要做全面的系统调整。无论是哪种调整，都表现出以下形式。

1. 公共政策的修改

这是对正式实施中和正在试行中的政策的具体内容、作用范围所做的修改与订正，主要有两种方式。①政策修改，即在保持原政策基本框架不变的情况下，对其部分内容、适用范围及有关实施的手段、技术所做出的改动。②政策修订，即在保持原政策的基本框架不变的前提下，对其主要内容、功能范围所进行的修改订正。这两种调整方式的目的都是使具体政策更为精确、完整。

2. 公共政策的增删

这是对执行中政策的内容、作用范围和适用时间所做的缩减与扩充，主要有两种方式。①政策补充。它是因为原来的公共政策方案已经不适应不断发展的形势的需求，导致新的社会的需要未能在政策方案中有所体现，因而必须对原来的公共政策做出进一步的扩充，主要是在保持原来公共政策基本框架的前提下，或者对公共政策内容做出补充，扩大公共政策的适用范围，提高公共政策的作用目标，或者延长公共政策起作用的时间，以拓展现行政策的功能，增强公共政策的作用效力。②政策删减。由于原有的政策目标定得过高、政策作用的范围过广等原因，而目前还不具备完全实行和实现的条件，需要在继续执行现行政策的条件下，减少其政策的部分内容，缩小其作用范围，缩短其作用时间，以在最有效的范围内发挥公共政策的功能。

3. 公共政策的更新

这是对实施中的现行政策所做的变革。原来政策陈旧，需要一些新的内容来代替，如主要的政策内容、政策目标、政策适用范围、政策执行主体、政策目标团体都不同程度地发生了变化。政策更新通常是在一个国家的政治、经济生活出现重大变革的时期发生的政策调整形式。

4. 公共政策的撤换

这是对实施中的已经失去了合理性和科学性的政策所采取的调整形式。当社会政治、经济生活出现重大改革，原有的体制和社会评价标准正在为新的体制和新的评价标准所取代的情况下，将原先实施的政策从整体上加以撤销，并代之以全新内容、目标、效能的政策。

(五) 公共政策调整的原则

人们制定政策时，对影响政策的因素及其可能产生的结果都不可能认识得很全面，因此要做出相应的调整，公共政策调整要遵循以下原则。

1. 预设性

公共政策调整不仅必要而且必须，但是在现实中某些政策已经明显不能适应现代社会发展的需要，却长期得不到调整。这是因为，和其他事物一样，公共政策也有它的惯性。但是和其他事物不同的是，随着公共政策的运行，由于利益惯性的结构化，公共政策会比其他事物具有更强的惯性。这就是所谓的政策“自锁”现象。为了有效地避免政策“自锁”现象的发生，应当在政策制定当初，就要根据政策环境的可能变化，预先设计好政策调整的周期，以防止政策长期惯性所造成的危害。

2. 针对性

公共政策调整往往是局部的，即在原来政策的基础上，针对政策执行中遇到的新情况做出新的调整。政策调整虽然必要，但是频繁的政策调整往往有害无益。政策频繁变动不仅会造成政策资源的浪费，以及社会成员普遍的、结构性的短期行为；更严重的是，还会导致公共政策体系结构性紊乱，并影响到政府和社会之间的信赖关系。因此，政策调整应遵循针对性原则，有针对性地对政策执行中的问题进行调整，以保持政策的整体稳定性。

3. 适度性

适度是指公共政策调整的幅度和范围应该在一个可接受的限度内。公共政策调整是对已经实施一段时间的政策进行的调整，当一项政策实施一段时间后，已经采取了大量宣传贯彻手段，投入了一定的人力、物力、财力等资源，以及在政策作用对象中形成了某种影响，人们已经有了接受此政策的惯性。在这种情况下，如果政策调整的幅度和范围过大、过急，人们从心理和行为上会难以适应。所以，一项政策的调整除了应当做重新宣传和解释之外，调整的幅度和范围应该在人们心理承受的范围之内，调整幅度较大的政策要采取适当的过渡措施。

4. 求实性

实事求是是公共部门工作的基本原则，也是政策过程要监测的基本原则。公共政策调整就是要对现行政策中存在的不足进行调整。在我国，由于政策的构成和运行方式往往与政治制度、价值观念等相关联，理论上的研究和实践中的改革都可能遇到许多禁区，因此在公共政策调整时要坚持实事求是的原则，从而解放思想，制定出高水平的决策和调整方案。

5. 创新性

现在许多国家为了提高公共政策的科学性，都进行了许多重大改革。其中许多改革都取得了成果，使得制定政策的水平得到提高。在公共政策调整中要注意吸收先进经验，提高公共政策调整的技术方法水平。在吸收借鉴外部经验的同时，也要注意结合实际情况，创造性地吸收，而且在公共政策调整过程中要注意自己的创新，因为自主创新的东西比较适合本国国情及具体政策的情况。

6. 反馈性

反馈是指系统把信息输出后，又将信息作用的结果返回到系统，并对系统的再输出产生一定影响。政策调整中的信息反馈，就是要求公共政策主体根据政策执行系统、政策评估系统等渠道反馈回来的信息，对政策方案进行调整，再输出给执行系统，重新执行以达到预定的政策目标。反馈一般分为正反馈和负反馈两种形式。正反馈是指反映政策方案在执行中取得的成果，负反馈是指反映政策方案在执行中存在或暴露的问题和失误。为更好地发挥政策作用，政策主体可以利用正反馈扩充政策，实现政策目标，利用负反馈补充、修改和完善政策方案，使政策与政策目标更好地协调。在公共政策调整中，正反馈和负反馈都是需要的。尤其是负反馈，可以纠正政策方案出现的失误和偏差，减少政策造成的损失。

(六) 公共政策调整的影响

公共政策调整对政策系统及其环境会产生一定的影响，主要分为积极影响和消极影响两个方面。

1. 公共政策调整的积极影响

(1) 公共政策调整有利于保证公共政策的科学合理。一方面，任何政策都是为了解决既定环境和背景下的具体问题而制定的。在政策实施过程中，如果制定政策所依据的客观环境发生变化，使原来的政策问题改变或解决了，或者出现了新情况、新矛盾，为了保证政策的科学性，就需要依据新环境，对原有政策做出部分或全部的改变。另一方面，政策制定和执行主体所掌握的信息是有限的，其认识也有一个从低级到高级、从片面向全面、从不完善向完善的发展演化过程，因而其创新性再强，也不能保证制定出的任何政策都是完善的、合理的，这就要不断地站在新的高度看问题，适时地调整公共政策，使之更加合理。

(2) 公共政策调整有利于政策的有序进行。政策在实施过程中可能会有一些计划之外的情况使政策运行出现无序状态，如政策执行的主体之间出现矛盾与意见分歧，政策执行主体与客体发生矛盾，几种政策交叉且相互摩擦。这时，就需要暂时中断政策的实施，对政策主体的内部关系、政策主体与客体的关系、几种政策的相互关系进行调整，从而使政策有序地运行。

(3) 公共政策调整有利于保持公共政策的相对稳定性和连贯性。公共政策作为人们日常生活的指南必须具有空间和时间内的相对稳定性，即在目标和宗旨不变的情况下，根据变化了的实际情况进行调整，使公共政策的合理内容在变动中得以保留，这既可以保证政策的动态发展性，又可以保证政策的连贯性和稳定性。

2. 公共政策调整的消极影响

(1) 公共政策调整会造成一部分已经投入的政策资源的浪费。公共政策在制定、执行等环境需要进行调查论证、政策宣传、典型实验，建立相应的管理和操作的组织，培训有关管理与操作人员，还有对与政策相关的工程与项目投入资金、设备和技术等，如果政策调整了，这些投入就会没有收益或收益不足。

(2) 公共政策调整会挫伤一部分公众的积极性。在按照原来的政策计划实施时，一部分公众可能从中获得了利益；如果政策发生调整，原先获得利益的公众可能不会再得到这些利益，甚至可能丧失已经得到的利益，因此这部分公众就会变得消极，甚至对公共机构产生不满。

(3) 公共政策调整会对公共机构的形象产生影响。公众总是希望政策能够保持稳定性，从而使自己的努力有可靠的预期并做出长期的规划。如果政策经常调整，公众会无所适从，对行为的结果无法预期，就会对政策产生怀疑，对公共机构产生不信任，从而损害公共机构和公共政策的形象。

公共政策调整中产生某些消极影响是不可避免的，关键是政策的实施机构如何采取有效措施，将消极影响化解掉。可以采取如下措施：①进行公共政策调整宣传。通过宣传让公众对公共政策调整的必要性有充分的认识，对公共政策调整可能产生的影响有足够的心理准备。②注意调整力度。如果对某项政策须做大力度调整，可以分几次进行，尽量做到不产生巨大震荡。③把握调整时机。公共政策调整直接涉及部分公众的利益，当公众意见较大，或者具体的环境还不太有利时，可以暂缓调整，待公众情绪冷静下来，具体环境又较为宽松时，再实施调整。

第三节　中外公共政策监控机制的比较

公共政策监控机制是指政策监控子系统的运行机制，其中最重要的是监控主体的构成及其发生作用的内容和方式。由于政治制度、政治文化和社会经济发展水平等方面的差别，各国的政策监控机制的构成及其运行方式是不同的。

一、公共政策监控机制的构成

公共政策监控机制的主体与政策的制定、执行主体在许多情况下是一致的，包括立法机关、司法机关、行政机关、政党系统、利益集团、公众与社会舆论等。

(一) 立法机关对公共政策的监控

立法机关是最重要的政策制定主体，也是最重要的政策监控主体之一。在西方各国，根据议会对政府政策进行监控的权威大小和地位高低，可将政策监控分为一级监控机制(如美国的议会至上型)、二级监控机制(如美国的三权制衡型)和三级监控机制(如法国的有条件的议会监控型)。

1. 通过法律监控公共政策

公共政策的制定或实施均不得违背法律，也不能超越法律，否则均被视为非法。也就是说，立法机关所制定的法律为公共政策提供了框架，是对公共政策强有力的制约。如，1973 年美国国会通过的“战争权决议”规定，总统对外宣战的决定必须首先获得国会两院的授权方能生效。国会两院可以 2/3 或以上多数，推翻总统对国会通过法案的否决。

2. 通过审查监控公共政策

通过审查监控公共政策就是听取和审议预算、决算和立项等，对公共政策的内容、规模和方式等进行监控。立法机关有权审查政府的有关报告和计划，其所要听取和审议的报告与计划主要是由国家行政机关提出的国民经济和社会发展计划及计划执行情况的报告，以及关于国家预算及预算执行情况的报告等。立法机关通过对上述报告的审查并做出相应的决议，对公共政策产生强烈影响，并实现监控的目的。在西方国家，政府的重大公共政策一般须经议会批准方可实施；议会还可以通过财政拨款权来影响政府的公共政策。

3. 通过专门机构监控公共政策

通过视察、检查和组成针对特定问题的调查委员会，对政府各部门的政策及其实施情况加以监控。各国宪法一般规定，立法机关及其代表有权视察和检查政府部门的工作，以便在日常性监控工作中发现问题并提出建议，以此来督促政府各部门改进工作。例如，20 世纪 80 年代，美国国会就先后成立临时的特别委员会和特别调查委员会，调查“伊朗门事件”。

4. 通过任免官员监控公共政策

这是指国家通过对政府的人事任免权或不信任投票，来监控公共政策的制定与实施。

运用该权力旨在防止被任命者与公众利益相冲突，更主要的是借此积极影响行政官员的政策主张，从而达到监控的目的。例如，总统制国家的立法机关，对总统提名的高级官员具有监督审查权；内阁制国家的立法机关，对政府首脑有直接选举权，对其他重要官员免职有监督同意权。

5. 通过质询监控公共政策

质询方式就是由议员或代表在立法机关中就与公共政策的实施有关的事件，向政府责任机关及主要负责人发问并要求予以作答的方法。由于质询是由法律赋予议员的权力，公共政策的有关实施者对此无权避而不答，因而质询也是立法机关监控公共政策的强有力的形式之一。

【拓展阅读】

西方立法机关的监督

在发达资本主义国家，立法机关对公共政策的监控，根源于其分权与制衡思想。政治理论对于权力问题的主要观点是“一切政治权力都必须是有限的”，其根源可以追溯到古希腊斯多葛派关于社会契约的思想，成为宪政理论的基本原则之一。因此，建立了种种体制以限制、监督权力的运行。例如，美国的双重分权制度、英国的两院制、瑞士的委员会制度等。这一原则运用于公共政策过程，就是任何一个国家机关即任何一种权力都不能单独操纵公共政策，公共政策的制定、实施、调整、终结更多的是一个交易的过程，是由各方及其所代表的利益集团进行谈判的结果。

在美国，国会凭借监督权的行使，对行政机关执行政策加以监督与评估。美国国会对行政机关的政策监控权在宪法上并无明文规定，它是配合国会的拨款权、咨询与同意权而来的。国会通过拨款和预算的权力来控制行政机关的“荷包”，即所谓“荷包控制权”。行政机关为了维持现有的计划或创设新的计划，所需经费须得到国会的同意，对经费的控制实际上就是对政策的控制。国会对行政机关的政策或计划若表示不满，或是认为行政机关在执行政策时缺乏效率，国会可以削减其经费。

在政策执行的过程中，行政机关扮演了一个重要的角色。政策执行是否有效，视行政人员的素质而定，国会凭借对行政机关的人事控制，保证行政人员素质维持一定的水准，故对机关人事的控制，也是行政效率提高的一种保证。国会对行政机关人事的控制，可以分两方面来说明：一是由国会制定法律，规定行政人员的资格及雇佣条件。二是由参议院行使“咨议与同意”的权力，同意(或否决)总统所做的高级行政官员的提名，包括内阁部长、联邦法官、驻外大使等提名。

此外，国会监督权有时是通过调查权来行使的，由国会就某一项政策的执行发表调查报告。国会调查有两个目的：一是了解行政机关作业的情形；二是对行政机关缺乏效率或管理不当，予以揭发。

(二) 司法机关对公共政策的监控

司法机关的职责在于通过严格执法，以维护法律的尊严。西方司法机关主要指法院，我国还包括检察院。司法机关通过审查、提起公诉和审判等行为，对严重违反国家政策的人员实施法律制裁，对政策的实施起着强有力的制约作用，从而达到政策监控的目的。

司法机关的政策监控在各国的表现形式各不相同，所起的作用也有所不同。一般而言，司法机关对公共政策的监控主要表现在以下几方面：依法裁定公共政策的制定程序与原则是否合法；依法裁定公共政策的内容是否合法；依法监督公共政策的执行是否合法。

由于司法机关的权力具有被动性，即只有利害关系人请求后才行使，主要体现的是“不告不理”的诉讼原则，因此司法机关的政策监控具有一定的局限性——如果利害关系人没有向司法机关提出请求，那么即使政府机关及其人员在政策过程中有违法行为，司法机关也无能为力。例如，法院并不在国会某项立法或总统某项行动一通过或出现时就立即宣布其违宪，联邦法院也不在国会或行政机构行动之前提出咨询意见。尽管司法监控是一种消极的监控，但它毕竟是以法律为依据、以国家强制力为后盾，所以仍被认为是一种强有力的监控形式。

(三) 行政机关对公共政策的监控

行政机关的政策监控是行政系统内部对自身行为的一种纵向监督和控制，主要是指上级主管机关对下级执行机关工作的指示、检查、布置、督促等。由行政机关所实施的政策监控主要采取两种形式：一般行政监控和专门行政监控。

一般行政监控是从行政法规定的行政管理权中产生，由上级政府部门对下级政府部门及其所属机关的监督和控制，主要包括三种情况：①中央政府对所属部门和地方政府及其人员的监督与控制；②综合部门的政策监控，即行政机关通过综合性的业务，如劳动认识、福利、保险、文教、卫生、税务等，对各部门、各地区进行的政策监控；③主管部门对下级业务部门及所属单位的执行情况的监控。

专门行政监督是由专门的监督机关对行政机关内部的工作人员所实施的监控，其内容侧重于对违法违纪现象的查处。监控的对象是自然人而非法人，即它只能对具体的违法违纪人员进行查处，而不能针对某个机关或部门。

(四) 政党系统对公共政策的监控

政党系统可以划分为执政党(也可以包括参政党、多党联合执政等形式)和在野党两类，主要影响作用的是执政党，在野党对其也有一定的影响。

一般执政党的政策监控主要包括以下四种形式：①将执政党成员选入立法机构，通过影响立法来影响并监控公共政策的制定。通过这种途径，该党及其所代表的利益、纲领、路线、方针等都可以在公共政策中得到反映。这种方式对公共政策的监控力度很大。②将执政党成员列入各级政府机关及政府各部门中，以影响政策的实施。这是一种强有力地监控政策执行的途径。例如，在西方，执政党一般不直接参与政府决策和政策执行，而是以政府首脑的名义发挥间接作用。③通过从党纪到国法的各种形式对政策制定者和执行者进行检查、监督、任免或处罚，以强制手段保证执政党的政策贯彻执行。执政党对国家各种权力机构的控制权为实现这一监控方式提供了有力保障。④通过执政党所影响的社会团体、社会组织及它所掌握的大众传媒等进行舆论宣传，从而对公共政策各个环节进行有力的监控。在野党在公共政策的监控中也发挥着重要作用。其监控主要有两种：①由于在野党可以在立法机关、行政机关占有一定的席位，因此能够根据法律赋予的权力对政策过程施加一定的影响并加以制约。例如，美国的在野党虽无权参与政府政策的制定，但有权在议会内外批评执政党的内政外交，发挥监督、牵制政府施政的作用，并组成后备政府，随时准备取而代之。我国与西方国家相比，参政党即民主党派参政议政的权力较大，从而政策监控的力度也较大。②在野党也可以动用其所影响的社会力量，如社团组织、新闻媒体等对国家各级机关及其工作人员进行各种形式的监督。

(五) 利益集团对公共政策的监控

利益集团是以特定的利益为背景而进行经常性活动的组织，它可以看成是为实现某种共同利益诉求的公民联合体。除了某些取得法权地位的利益集团以外，一般利益集团影响政策的活动，在形式上和公民是一样的，只不过与单个的公民相比，利益集团产生的影响更大一些。它们的存在与发展，对政治生活的参与是现代社会多元化的一个表现。利益集团通过它们的种种活动，对公共政策有非常重要的影响。一方面，利益集团会通过各种手段、方式，极力争取通过、实施对自身有利的法规和政策；另一方面，利益集团又会想方设法试图阻挠、反对、推迟不利于自己利益集团的法规、政策的通过与顺利实施。游说是各种有组织的利益集团影响公共政策的主要方式，如通过接近政策决策者、提供政策相关信息、影响舆论或提供竞选支持等来影响政策。我国的各种利益集团正在形成中，已经形成的利益集团对政策过程正逐步产生影响，对政策过程的监控作用日益增强并成为一种趋势。

(六) 公众与社会舆论对公共政策的监督

我国是社会主义国家，是劳动人民当家做主的国家，我国宪法规定：“中华人民共和国公民对于任何国家机关和工作人员，有提出批评和建议的权利；对于任何国家机关和国家工作人员的违法失职行为，有向有关国家机关提出申诉、控告或者检举的权利。”一般地说，无论是理论上还是实践上，公众对公共政策的监控都是通过社会舆论的形式实现的。社会舆论是公共意志的集中反映，它体现和表达了公众的利益、愿望和要求。因而公共舆论确定了公共政策的基本范围和方向，在现代政策中的影响应引起高度重视。

在现代民主社会中，社会舆论的作用越来越大。它不仅对政策问题的发现、政策的规划、政策的决定具有重要影响，而且它在政策执行的调控中也发挥着特殊的功能。社会舆论对政策执行的监控主要通过以下方式实现：①对政策的执行进行跟踪报道，让政策执行机构的行为直接显露在政策目标群体和公众面前，从而使政策的执行更加公开化、透明化；②对政策执行中的效果和问题加以评论，让政策执行机构能及时地听取政策目标群体和公众对政策的实施和实施中的中间效果的意见和建议。

社会舆论的作用因各国国情不同而有所不同。民主化程度较高的国家，媒体的开放和竞争使社会舆论的力量较大；而在某些国家，各种大众传媒均为执政党所控制，尽管舆论自由取得合法地位，但大众传媒可能有名无实，只是执政党的喉舌而非民意表达的阵地。社会舆论对政策监控要真正发挥舆论监督的作用，除了保证它的相对独立性外，还要有其他监控主体如行政机关、司法机关等的密切配合。行政和法律手段的监控和社会舆论的监控密切配合，才称得上是完整意义上的公共政策监控机制。

二、西方公共政策的监控机制

西方发达国家的公共政策监控机制，目前已经形成了一个较为完整的公共政策监控体系，其理论基础、运作程序和制度机制较为完善。

(一) 公共政策监控机制的基本依据

西方公共政策监控机制的基本依据是权力的分立与互相制衡原则。这一原则运用于公共政策过程中，是指任何一个国家机关即任何一种权力都不能单独操纵公共政策，公共政策的制定、实施、调整、终结和评估更多的是一个交易的进行，是由各方及其所代表的利益进行谈判的结果。决策者不是简单地面临一种选择，私人和官方的行动者均提出各种不同的政策建议并争取决策者接受，而可能的结果是决策者根据这些建议通过弹性的行动或决策方案。

公共政策方案的提出、制定、采纳、实施和调整等，都应照顾到社会有关各方面的利益、愿望和要求，任何一方的利益都不能被忽视，不能仅仅考虑一方的利益，这就使得相反的公共政策过程由于各方面的参与而成为类似于市场交易的一个过程。因此，实行非市场体制的国家，不可能采纳分权与制衡的原则，也就不可能具有这种公共政策过程的市场化。

(二) 公共政策监控机制的社会舆论

西方社会舆论的重要内容是新闻自由，新闻自由权是人民主权的一种表现，国家权力来源于人民，政权的合法性来自于人民的认同与支持。这一方面表现在由宪法所肯定和保护的选举权，另一方面则体现在新闻自由。当代西方各国官方机构一般没有查处新闻的权力，新闻是自由的，甚至可以是不公正的、歪曲事实的，只要能说出理由即可。新闻媒介的真正功能在于它们能够影响已经被决定的事情、问题的范围及分辨可选择的政策，将民众的目光引向社会、经济和政治危机等方面，这些都是政策制定中要考虑的重要内容。

社会舆论对于公共政策的影响，取决于国家是否控制着一切或大多数社会化工具和一切传播媒介。如果是，则意味着只允许有一种声音即国家的声音；如果不是，则意味着存在着多种声音。只有在第二种情况下，社会舆论才能对政策进行监督和控制。欧美各国的社会舆论之所以能够对政策的制定、实施、评估、调整和终结等各个环节产生较大的影响，其重要原因就在于新闻自由有宪法和制度上的保证，任何国家机关、任何领导人都不敢公然侵犯、损害新闻的自由与独立。

(三) 公共政策监控机制的司法审查

司法审查学说是美国政治理论的一个独特之处。根据司法审查学说，联邦法院不仅有权审查联邦行政机关和国会的行为是否违宪，而且有权以州政府的活动违宪为由而宣布其无效。司法审查制度既有其理论渊源，又有宪法的保障，还有具体的可操作的规则和程序。

1. 司法审查的理论渊源

司法审查制度的理论渊源，可以由启蒙运动追溯到中世纪教权与王权的二元对立，直至古希腊和古罗马，经过漫长的历史演化，终于使得“限权政府”的观念成为社会各界的共识，其直接的理论则来自于洛克和孟德斯鸠“官员分权与制衡”的思想。也就是说，美国宪法是欧洲分权与制衡理论制度化、具体化的表现方式，经此转变之后，分权与制衡的抽象原则才具有可操作性，因而能够在现实生活之中运转起来。

2. 司法审查的限制原则

进行司法审查并不意味着联邦法院可以为所欲为，它同样也要受到许多限制，包括宪法限制和政策限制。此外，最高法院还根据一些具体原则拒绝受理某些案件，而不去裁决它是否违宪，主要包括：①诉讼资格问题，即什么人可对是否符合宪法问题提出诉讼；②时机问题，即何时可对是否合宪问题提出诉讼；③标的问题，即什么样的宪法问题可向联邦法院提出诉讼。上述三个方面的问题，使司法审查制度具备了可操作性。因此，司法审查制定及其理论体现了分权与制衡的原则，其精神实质在于以权力制约权力，从而使得权力的运行不再是任意的和专断的，保证了权力的有序运行。

3. 司法审查的主要内容

司法审查主要表现为对联邦政府行为的审查和州政府行为的审查。对联邦政府行为的审查在美国宪法中，找不到有关司法审查制定的任何明示的条文根据。首开司法审查先例的是 1803 年的“马伯里诉麦迪逊案”，此后确立了联邦法院在阐释宪法方面具有最高权威的基本原则。在 1974 年“合众国诉尼克松案”的判词中，最高法院裁定，国会可以要求总统对司法程序做出回答，被告即使是总统也不能使秘密通信成为特权，这一问题成为法院裁定的理由。而对州政府行为的审查最早鉴于 1801 年最高法院宣布的一项州法律违宪。在对 1815 年“马丁诉亨特的承租人案”的裁决中，斯托里大法官代表联邦最高法院发表意见，认为“决定联邦最高法院享有管辖权的因素是案件，而不使法院”。对此案的裁决一直是联邦最高法院对州法院行使管辖权的关键依据。

4. 中央政府权力的扩张

自 20 世纪初以来，欧美各发达资本主义国家都先后经历了一个中央政府权力扩张的过程，这一过程直到现在仍在继续之中。其中的原因引起了理论界的强烈兴趣。国际的福利政策被公认是主要原因之一。但是自从福利政策实行以来，这种格局就逐渐被改变了。福利政策涉及的问题大都是全国性的，如教育、卫生、住房、保险等。一方面，为公平起见，必须制定全国统一的最低标准；另一方面，福利政策的推行也使得地方政府所必须提供的服务项目逐渐增加，使得本来有限的地方财源不足以应付日益庞大的开支，这就使得中央政府的财政拨款(占地方总开支的 45%左右)显得日益重要。这很自然地导致了中央政府权力的扩张，也导致了中央政府对地方政府影响力的扩大。这种中央政府权力的扩张，在欧美各国的表现大致是相同的。

这种中央政府权力的扩张趋势在欧美各国都不同程度地、以不同形式表现出来，这既使欧美各国中央与地方关系的传统格局产生了重大变化，也使得中央政府有了更多的手段影响和控制地方政府的行动。也就是说，由于地方政府在财政上越来越依赖中央政府，因此使得由中央政府实施的公共监控越来越具有实质性的意义。

三、我国公共政策监控机制

(一) 我国公共政策监控机制的主体

我国公共政策监控机制的主体由立法机关，政府机关，司法机关，中国共产党，各民主党派，人民群众，人民团体的公共政策监控所组成。

1. 立法机关的权力监控

我国人民代表大会是国家最高权力机关，也是最高监督机关。人民代表大会的公共政策监控是其立法权派生的、具有最高法律效力的监督形式。它既是一切监督的总和，又是影响、制约或控制其他国家机关的一种国家行为。

权力机关对公共政策进行的监控活动是人民群众影响、制约、监督或控制国家行政机关和司法机关的一种形式。我国人大的政策监控在总体上可分为法律监督和工作监督两个方面。法律监督的认定对规范性文件、制定程序和内容是否违宪、违法所做出的裁决。例如，裁决由国务院制定的授权立法、行政法规、决定和命令，以及地方国家权力机关制定的地方性法规和决议等。工作监督是人大对行政与司法机关的具体活动和官员的具体行为的监督，分为行政监督、司法监督和人事监督。其中，行政监督是对行政行为，如行政决策、行政计划、政府财政行为、外交和战争权力等的合法性、合理性等的监督；司法监督是人大对司法行为的最高监督，包括审议法院、检察院的工作报告，审查涉及全局的司法政策和争论较大、涉及面广的重大案件等；人事监督是根据法律规定对政府官员的任命、考核和罢免等。

我国人大主要通过下列途径对政策实施监控：①听取和审议“一府两院”的工作报告；②审查国际计划和预算；③质询；④人事任免及罢免；⑤人大及其代表的视察、检查活动；⑥调查委员会等。

2. 政府机关的行政监控

政府机关对政策的监控是一种纵向的在政府系统内部进行的监控活动，主要是通过上级主管机关对下级执行机关工作的指示、检查、布置、督促等实现的。政府机关监控的主要内容如下。

(1) 专门行政监察。由专门国家机关来予以实施，其机构设置及其权力由国家立法保障。这是我国行政机关内自我监督体系中最强有力的手段。

(2) 由上对下监控。这是指上级行政机关对所属部门及下级机关的业务监督和人事任免。这是最经常、最普遍的监控方式，以法律法规和纪律等为依据，具有强制性。

(3) 由下对上监控。这是指所属部门和下级机关根据民主集中制原则对上级机关的监控。上级机关对其所提出的建议、意见、批评等不一定全部采纳，但应予以重视和分析。

(4) 业务性的监控。如劳动人事、福利、保险、文教、卫生和税务等监控。不限于某个部门或地区，需要许多部门、地区、行业直接的密切配合以确保政策的正常运转。

(5) 专业性的监控。它是根据有关法律而设的专业性的审计机关，依法对国务院及其所属部门和地方各级政府的财政收支、财务收支状况进行监督的一种主要方式。

3. 司法机关的司法监控

各级人民法院和人民检察院通过审查、提起公诉、审判等行为，对严重违反国家政策的工作人员、公民个人、单位或其他组织形成强有力的制约，以此进行间接的政策监控。在一些行政诉讼案件中，对各级政府的一些涉及具体行政行为的规定、办法或命令等，法院可以不予以适用，且在审判过程中可附带审查这些规定、办法或命令是否违反国家宪法和法律，具有较高的权威性。

司法监控的主要途径有：①依法对政策制定程序和原则是否合法进行裁定；②依法对政策内容是否合法进行裁定；③依法对政策执行是否合法进行监督，如对行政裁量权使用的合法性进行监督等。我国实行“议行合一”的体制，司法权力从属于立法机关，司法监督活动必须受立法机关的监督。

4. 中国共产党的政策监控

中国共产党是我国的执政党，党对全国社会生活各个方面的领导，决定了公共政策的基本内容和基本方向，以及党在政策监控系统中的特殊地位和作用。其政策监控主要采取以下方式。

(1) 政治监控。主要表现为政治、组织和思想上的领导，积极挑选德才兼备的人才充实到各级领导岗位，用马列主义、毛泽东思想、邓小平理论、“三个代表”重要思想、科学发展观、习近平新时代中国特色社会主义思想教育和武装全党、全军、全国各族人民，坚定不移地贯彻执行党的路线、方针和政策。

(2) 党纪监控。党纪监控是中国共产党监督广大党员及干部的重要形式，它虽不具备法律效力，但因党纪监督影响着监督对象的政治前途而具有极强的现实约束力。党纪监督主要是通过党的中央和地方各级纪律检查委员会具体负责并予以实施。

(3) 组织监控。组织监控主要是通过党的基层组织实施政策监控。党的基层组织遍及国家和社会生活的各个领域，是党与党员、群众相联系的桥梁和纽带，是领导群众进行社会主义建设的具体实施者，是党的路线、方针、政策等的具体贯彻者和监督者。

(4) 媒体监测。即党和政府对媒体中特定对象内容的集中性收集、分析和反馈并形成媒体监测报告，这是党和政府机构及时掌握媒体中重要信息，从而促进政府科学决策的重要参考。

5. 各民主党派的参与监控

我国各民主党派是参政党，在我国的政策监控中发挥着重要作用。各民主党派对公共政策的监控，主要是通过人民政治协商会议这一社会主义统一战线组织实现的。政协委员通过政协向中央和地方各级党政领导机关提出建议案，委员通过视察、提交提案、举报或以其他形式提出批评建议。人民政协的委员来自各行各业，因为他们一般都具有较高的思想文化素养，所以由他们提出的建议往往比较合理，其批评也往往比较中肯。

6. 人民群众、人民团体的舆论监控

人民群众与人民团体有权对一切国家机关及其工作人员的行为进行监督，也有权反对对合法权益的任何形式的侵犯与损害。我国人民群众及其团体的政策监控方式主要包括：①通过选举自己的代表，行使对政策的监控权；②通过大众传媒表达自己对政策的态度、意见、建议或批评；③通过上访或向有关方面写信等形式，进行政策监督；④各种群众组织可通过合法途径，有组织地向有关国家机关表达其利益、愿望、要求、意见和批评等；⑤人民群众通过消极的抵制或主动的行动，来表达对现行政策的不满。

(二) 完善我国公共政策监控机制的若干思考

我国公共政策监控机制经过几十年的建设与运行之后，已经初步形成了一个较为完

善的体系，对公共政策的整个过程进行了有力的监督控制。由全国人民代表大会、国务院及地方各级人民政府和人民法院、检察院等构成的公共政策监控机制，既明确分工，又密切协作，对公共政策的制定与实施等起到了积极的作用。但目前我国的政策监控机制还存在着一些不足之处：除执政党系统和行政系统的政策监控较为有力与有效外，人民代表大会及其常务委员会、人民法院、人民检察院、人民团体、社会舆论、公民个人等监控主体的政策监控活动均存在着监控功能弱化现象，即存在着不敢监控、监控失职、无力监控等问题。

针对这些问题，完善我国公共政策监控机制的对策措施包括如下七个方面。

1. 强化立法机关和司法机关的监控功能

作为人民利益的代表，权力机关及司法机关有必要也有能力加强对政府公共政策的监控，使不合理的公共政策得以终止，科学的公共政策能够被采纳和执行，使人民的利益得到保护和增长。

2. 建立健全公共政策法律

用法律来规范公共政策的制定、实施、评估和终结等过程，将公共政策运行过程纳入法制化轨道。既要加强立法工作，使公共政策运行有法可依；又要加大执法力度，使公共政策依法运行。这就使公共政策监控有了法律保障，更具权威性。

3. 制定公共政策实施具体办法

主要是明确公共政策监控的地位、性质、作用、主体、职权、基本原则、监控对象和监控范围等。这是使法定权力进入可操作层面的关键性环节，真正保证各组成监控主体的权力，而不再仅仅是象征性的权力。

4. 提高公共政策监控者的素质和水平

这包括对具体实施公共监控的工作人员的素质提出一定的要求，对他们进行培训，或者组成由有关专家组成的、针对某个特定问题的、临时性的委员会等。

5. 完善公共政策监控的辅助手段

这包括建立财产申报制定、建立法定的信息中心、扩充工作人员等。此外，可以学习英国的做法，提高中央财政收入占全国财政收入的比重，使中央政府对地方政府的公共政策监控有更大的影响力。

6. 监控条块结合的公共政策监控模式

我国秦朝时期就建立了独立的监察系统，对各级官员的施政进行了较为有效的监控。鉴于我国的实际情况，应当条块结合，改变目前以块为主的状况。例如，适当的纪律检查委员会和同级党委的双重领导，以上级纪委为主的体制；市人民法院和人民检察院受上级人民法院和人民检察院的直接领导等。

7. 加强公众和社会舆论的公共政策监控

公众的公共政策监控有着其他主体的监控所无法替代的地位和作用，它既促使该家机关及其工作人员有效制定、执行公共政策，又使民意得到反映，保障公民的合法权益、民主权利。党和政府应当为人民群众的公共政策监督创造各种便利，广开监督渠道，激发广大人民参与监督的积极性。社会舆论可以及时反映公众对公共政策的态度，这对公共政策监控有重要作用。因此，新闻媒体要尽量多地反映百姓心声，这既有利于公众反映对公共政策的意见和看法，也有利于公共政策制定者及时获悉民意，科学制定公共政策解决社会问题；新闻媒介对公共政策的监控也能对政府形成较强的压力，促使政府更科学、有效地制定和执行政策。

本章小结

政策监控是由监控主体，一般由立法机关、司法机关、行政机关、政党系统、利益集团、公众与社会舆论等组成，通过对政策的制定、执行、评估、终结以及承担这些功能活动的个人、团体和组织进行监督、控制和调整，以保证政策本身的正确与完善、政策得到贯彻实施以及政策目标的实现。它贯穿于政策全过程，与其他环节形成循环体系。政策监控的类型划分很多，按照政策监控在政策过程所处的不同阶段，政策监控可以分为政策制定监控、政策执行监控、政策评估监控和政策终结监控。按照政策监控发生的不同时态，可以分为事前监控、事中监控和事后监控。按照政策监控的内容，政策监控可以分为目标监控和关键点监控。按照政策监控的层次，政策监控可以分为自我监控、逐级监控和越级监控。不论哪类监控，都需要遵循三个基本原则，即封闭原则、反馈原则和能级原则，从而确保政策监控的科学运行。最终保证政策的合法化、保证政策的贯彻实施、促进政策的调整与完善、促使政策终结等作用的顺利发挥。

政策监控的运行过程，是由政策监督、政策控制和政策调整三大环节所组成的一个动态过程。政策监督是由政策监控主体以一定的制度、法规为依据，对政策系统的运行，包括政策的制定、执行、评估及终结活动，所实施的监测和督促。政策控制就是政策监控主体为了保证政策的权威性、合法性和达成政策的目标，通过不断的信息反馈，对政策过程中出现偏差的发现与纠正的行为。政策调整是在政策监督和控制所获得的有关政策系统运行的反馈信息基础上，对政策方案及方案与目标之间的关系等进行不断修正、补充和发展，以达到预期效果。

我国公共政策监控机制主体由立法机关，政府机关，司法机关，中国共产党，各民主党派，人民群众，人民团体的公共政策监控所组成。我国公共政策监控机制经过几十年的建设与运行之后，已经初步形成了一个较为完善的体系，对公共政策的整个过程进行了有力的监督控制。

【关键概念】

公共政策监控　公共政策监督　公共政策控制　公共政策调整　公共政策监控机制

【思考题】

1. 简述公共政策监控的作用及原则。
2. 简述公共政策监督的内容。
3. 公共政策控制的程序有哪些？

4. 公共政策调整的依据是什么？

5. 借鉴西方国家公共政策监控机制，分析完善我国公共政策监控机制的对策措施。

(扫一扫，看精彩案例)

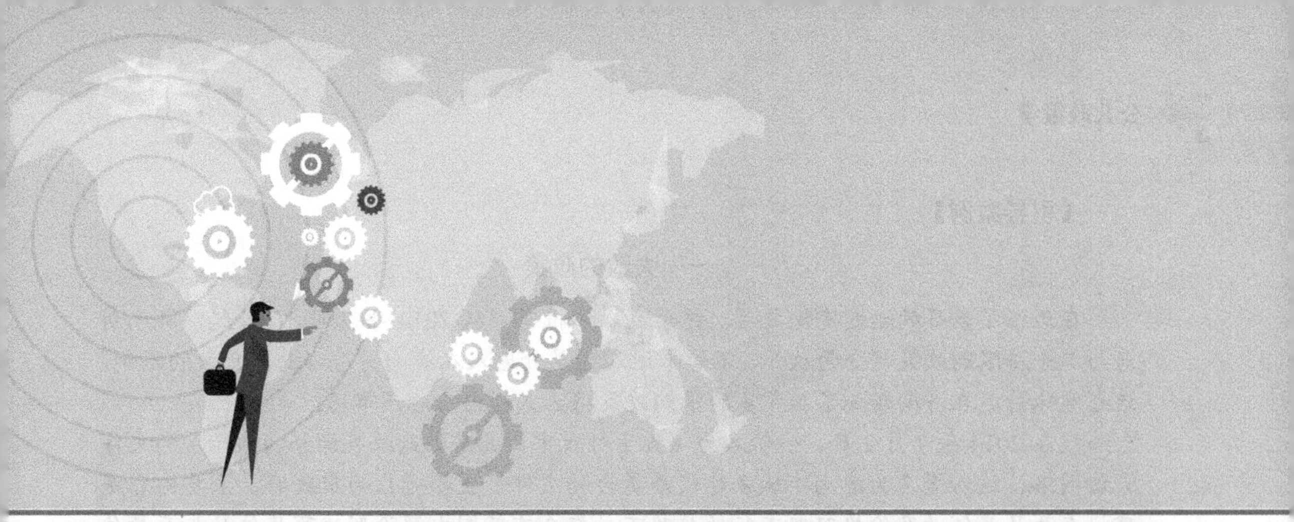

第十章　政策终结与政策周期

政策终结是政策过程的最后一个环节，也是政策分析内容的组成部分。通过政策评估会发现，有些政策目标已经实现，问题已经解决，政策已经达到了预期的效果，完成了自己的使命，已没有存在的必要；还有一些政策完全背离了既定的目标，被实践证明是完全失败的、多余的或无效的，根本不能解决它所要解决的问题。因此，政策终结在政策过程中具有十分重要的意义。一项多余的、不必要的或无效的政策，若不能及时予以终结，不但会浪费宝贵的政策资源，还会延误解决政策问题的时机，并损害政府在人们心目中的威望。因此，政策终结肩负着重要的历史使命，是政府部门适应环境、提供政策绩效的关键环节。

政策过程经过政策制定、执行、评估、监控，最后进入终结阶段，完成一个政策周期。本章着重考察政策终结和政策周期，需要了解政策终结的类型、作用，认识政策终结的主要障碍，并掌握克服这些障碍的策略。政策周期是政策科学的一项重要内容，要理解政策周期研究的重要意义，以及政策周期和经济发展周期之间的关系。

学习目标

- 理解公共政策终结的内涵、作用、类型及形式。
- 了解公共政策终结的因素分析。
- 掌握公共政策终结的障碍与策略。
- 分析我国公共政策终结的现状与未来发展对策。
- 了解政策周期的内涵及意义。

【引导案例】

一项失败的政策

在历经了多日的遮遮掩掩之后，终于有媒体报道，从2014年7月10日起，济南新房与二手房限购政策将全面放开，不管本地人还是外地人在济南买房都没有套数的限制。这也意味着，在济南实施了三年多的限购政策将正式退出房地产市场。

就在2014年7月2日，一份名为《关于对我市商品房限购政策调整的请示》的文件见诸网络。这份署名为济南市城乡建设委员会的文件，上报对象为市政府，主要内容是建议在商品房销量及价格双双下行的趋势下，在全市范围内解除新建商品住房与存量住房的限购政策。这份文件随即被广泛传播，同时，文件上还有署名为济南市相关领导的批阅意见，如“同意城乡建委建议，待报国家住建部备案实施”等字样。

为什么济南市取消限购还需要报“国家住建部备案实施”？不妨先看看规定限购的2010年国发10号文是怎么说的。这份《国务院关于坚决遏制部分城市房价过快上涨的通知》指出，“要严格限制各种名目的炒房和投机性购房。商品住房价格过高、上涨过快、供应紧张的地区，……地方人民政府可根据实际情况，采取临时性措施，在一定时期内限定购房套数”。

这份通知最奇妙之处就在于没有设定期限，而只是笼统地说地方政府可根据实际情况，“采取临时性措施，在一定时期内限定购房套数”。也正是如此，此前呼和浩特市相关负责人在解释呼和浩特解除限购令时也说，“我们这次出台这个文件完全符合政策要求，国家相关部门对房产限购的文件第一次注明限购时限为一年，以后的文件中没有强调时限，只是要求各地根据市场行情进行调控”。

尽管国务院的文件中规定这个限购令只是一种“临时性措施”，换句话说，地方政府可以根据当地的情况做出相应变通，但是在2014年之前，并没有地方政府解除限购——即便是那些被认为房价已经调整到位的地区，也没有明文宣布取消。例如，楼市下降最为严重的温州，从2013年8月开始就已经停止了限购，但温州官方并未正式下发文件，而是在实际操作中按照一定标准执行：2011年3月14日后已购买一套住宅的当地户籍家庭，可以再购买一套住宅，但名下所有房产只能是两套，之前名下无房产的可以再购买两套。在济南市之前，国内没有一个城市敢公开宣布停止房产限购。

为什么国务院通知中规定属于一定时期内“临时性措施”的限购会成为地方政府不敢违背的禁令？一个可能的解释正是由于该文件的“一定时期”这样的模糊性语词，成为地方政府不敢明确解除限购的原因。在2010年国务院的“新国十条”中，不仅指出要稳定房价，同时还破天荒地实行考核问责机制，将稳定房价和住房保障工作作为省级人民政府负总责、城市人民政府抓落实的工作责任制。不仅如此，包括住房和城乡建设部、监察部等在内的中央政府部门要对省级人民政府的相关工作进行考核，加强监督检查，建立约谈、巡查和问责制度。

尽管“新国十条”规定地方人民政府可以“根据实际情况”采取临时性措施，但需要注意的是，地方政府是否完成了国务院通知中规定的“稳定房价和住房保障工作”的判定标准是来自住房和城乡建设部以及监察部等中央部委。换句话说，即便地方政府认为当地的房价已经企稳，可以采取措施解除限购，但是一旦住建部等辅助考核部门认为房价还未调整到位，那么地方政府解除限购的决定还会被视为不当，甚至有可能被约谈、巡查和问责。

在这种机制下，地方政府为了表明它是切实在履行“稳定房价和住房保障工作”的，就会对中央政府的限购举措进行层层加码。“新国十条”指出“对不能提供 1 年以上当地纳税证明或社会保险缴纳证明的非本地居民暂停发放购买住房贷款”，不少地方政府如上海和北京，就扩大解释面，那些即便有纳税证明和社保缴纳证明的单身非本地居民也排斥在外，原因就是“新国十条”在规定的信贷政策中是以“家庭”作为判定标准，于是很多单身的非本地居民就被排除在外，上海甚至还出现了一个“非沪单身联盟”，专门抗议政府的调控政策。

尽管在“新国十条”中限购只是一个“临时性措施”，但由于“稳定房价和住房保障工作”是地方政府的职责，因此地方政府宁可矫枉过正，也不愿意放松限购。直到时任住建部部长姜伟新于 2014 年 3 月份提出“双向调控”的思路之后，情况才有所改变，但为了不背上违抗限购令的恶名，各地政府都在暗中较劲不成为第一个废止限购的“出头鸟”，沈阳市甚至还上演了一天之内“限购”被废止和恢复的闹剧。

正是这种有形无形的约束，房产限购能够在过去四年中一直被坚持下来，尽管很多地方政府是多么的不情愿。

现有经济适用房政策是否应终结

1993 年国发 30 号文件最早推出经济适用房概念，那里面使用的是“经济实用”。提出完整的政策主张的是 1994 年国发 43 号文，然后 1998 年国发 23 号文明确确定了以经济适用房为主体的、按收入分层次的住房供应体系。最初的政策文件对“中低收入”这个概念并没有明确的界定，因为这个词本身就可以理解为“中等+低收入”，就是说中低本身是一个相对的标准，是一个定性的概念，并没有明确数量级。到今天为止有关经济适用房政策都有这样一个规定，就是具体执行由各地方政府自己决定，那么各地方政府在制定具体实施细则的时候，把中低收入有的理解为“中等+低收入”，有的理解为“中等偏下+低收入”。如果按前一种理解，根据国家统计局现有的城镇居民收入的七个等级来看，前一种包括了社会家庭的 70%，就是中等偏上以下的都可以包括在这个范围之内。而如果按后一个理解的话，中等偏下+低收入，这个群体只是全社会家庭的 30%。最低收入的就是 10%，即全社会 10%的居民能享受廉租房政策。2003 年国家发改委和建设部下发的发改投资 2003492 号文明确提出经济适用房是具有保障性质的政策性住房，是解决中等偏下收入家庭住房的重要途径。那么在 2003 年以后各地方政府出台的经济适用房政策的办法，都已明确地把这个目标群体限定在中等偏下，就是只涵盖社会家庭的 30%的范围。但是政策当时形成的时候并不是要单纯解决中低收入家庭的住房问题，还要担负很多的使命。在当时的背景下，担负了扩大内需和拉动经济增长的使命，所以这个政策的目标比较宽泛，并不是很具体。

从 1994 年提出这个概念，同年建设部发出了经济适用房管理办法，一直到 2004 年管理办法没有什么变化，基本的政策要点就是行政划拨土地，招标建设，限制建筑标准，限制价格，限制交易，限制对象。2004 年的管理办法在具体操作上更加规范了，但是在整个文件里面找不到政策对象。到目前为止，经济适用房政策已经形成了一个完整的政策体系。从 1998 年完整地提出经济适用房、商品房和廉租房的体系以来，经济适用房到底有多少供给社会?

现在很多人都认为经济适用房是由房地产商开发提供的，但事实上经济适用房的供给渠道包括房地产开发企业提供、集资合作建房、单位自建房。“集资合作建房”这个概念早于经济适用房，从 1978 年改革开放之初就提出了，一直到 2004 年，都把集资合作建房作为经济适用房的一种。单位自建房就是单位可以利用自有土地建经济适用房。因此，我们谈到经济适用房的时候，现在国家统计局统计年鉴上关于经济适用房的定义讲的主要是由房地产商提供的，这个说法是不全面的。严格地讲，经济适用房应该是一个完整的供给体系，而不是单一的一种。实际上不同的供给渠道跟当初住房制度改革的追求是不完全一致的，现在享受经济适用房政策的住房占到了 80%，由房地产开发企业提供的经济适用房只占到 20%。从 1998 年到 2004 年下达了七批经济适用房建设计划，而这个建设计划不包括集资合作建房，主要是享受优惠政策，计划面积达到 10.47 亿平方米，相当于全国新建住房的 32%，但是完成计划的面积只有 4.77 亿平方米，而集资合作建房、单位自用土地建设和项目自带住宅约有 11 亿平方米。由于城市管理等制度因素，特别是自用地的枯竭，估计在大中城市集资合作建房的比例会越来越少。但是在一些地级城市，已经明确下文禁止集资合作建房。因此，从整个供给方式和交易方式来看，在经济适用房的供给体系下，这个供给量将会越来越多地倾向于由房地产开发企业提供经济适用房。

REICO 工作室委托专业调查公司对北京、西安、太原三个城市做了抽样调查，调查结果显示经济适用房主要满足了中等偏上家庭的需要，中等偏下和低收入家庭所占比例并不高。三个城市经济适用房自用率平均达到 70.29%，其中北京市达到 51.34%，西安市达到 92.1%，太原市达到 80.25%。受访业主的家庭收入分布包括从最低收入家庭到高收入家庭在内的各个分组的家庭，北京市受访业主中属于较高收入以下的家庭占 58.4%，属于较低收入的和低收入的家庭占 22.3%，属于高收入的家庭占 25.8%。从三个城市房屋情况来看，建筑面积为 60～90 平方米，但是三个城市有 1/3 以上的房屋面积超过 90 平方米。经济适用房实际购买者对房屋总体房价、使用面积、户型结构和地理位置的评价基本满意，但有大约 80%的经济适用房业主认为经济适用房政策没有达到目的，并且普遍提出，真正的低收入者还是买不起经济适用房。

据对全国 16 个主要城市的调查，1998 年以来，城镇居民的住房面积得到大幅度提高。2004 年底，调查城市人均使用面积平均达到 20.15 平方米，比 1998 年提高了 3 平方米；户均面积达到了 60.17 平方米，比 1998 年提高了 8.59 平方米。按照政策组出的目标对象，即全社会 70%的家庭群体，从 1998 年到 2004 年间人均住房使用面积从 16.91 平方米提高到 19.71 平方米，户均住房使用面积从 51.42 平方米提高到 59.19 平方米。1998 年人均使用面积相当于高收入家庭的 85%，而 2004 年相当于高收入家庭的 79%，1998 年户均住房使用面积相当于高收入家庭的 95%，2004 年相当于 88%。1998 年人均收入为 4 821.98 元，2004 年达到 7 844.05 元；1998 年人均收入相当于高收入家庭的 43%，2004 年人均收入相当于高收入家庭的 39%。从 30%的群体来看，从 1998 年到 2004 年人均住房面积从 16 平方米提高到 18 平方米，户均住房使用面积从 50.76 平方米提高到 57.19 平方米。1998 年人均面积相当于高收入家庭的 81%，2004 年则是 73%。1998 年人均收入为高收入家庭的 32%，2004 年则相当于高收入家庭的 27%。从 1998 年到 2004 年的调查中发现，城市中低收入家庭住房获得方式发生了较大变化，表现出明显的商品化和私有化特征，1998 年所有中低收入家庭都以租赁公房为主，其次是房改私房和原有私房。2004 则变为以房改私房为主，其次是租赁公房和商品房。

REICO 工作室分析认为，从户均住房面积看，当前全社会住房相对水平差别并不悬殊，没有理由认为全国城镇中低收入家庭阶层面临普遍性的住房困难问题。但是，在目前新增住房需求中，来自中低收入家庭的新增住房需求面临支付能力不足的问题。

案例思考：

1. 试对现行经济适用房政策进行效果评估。
2. 现行经济适用房政策是否应予以终结？
3. 若予以终结，采用哪种终结方式比较好？

第一节 公共政策终结概述

政策终结是指公共决策者通过慎重的政策评估之后，采取必要措施，终止那些过时、多余、无效或失败的公共政策的过程。政策终结不仅是戴明循环的最后一个环节，也是政策周期的最后一个环节。政策终结研究兴起于 20 世纪 50 年代的美国，最早由美国政治学家拉斯韦尔提出。后来随着 20 世纪 90 年代西方国家新公共管理运动的开展而得到了广泛的重视，随后发展成为政策科学研究的一个热点问题和领域。我国政策终结的研究状况可以从两个方面来看：一方面，目前我国关于政策终结的研究还存在巨大的理论空白，关于政策终结的研究都是在西方国家学者就该领域进行研究的基础上进行的，且关于政策终结并没有出现专著性作品，而是散见于各种公共政策学的教科书及学术论文中。另一方面，对政策终结的重视程度逐渐增强，研究人数不断增加，代表学者有林元苍、聂元军、詹国彬等，并且逐渐重视实证研究。

一、政策终结的内涵

“终结”一词，人们在生活中常用，它一般是指某一活动或某一事物在时间和空间上的终止或结束。世上万事万物都有其生命过程，都会经历从无到有、从小到大、从兴盛到衰亡、从开始到结束这样一个发展过程，没有一劳永逸的事情。终结现象的产生是一种必然，它符合事务运动和发展的规律。

政策终结是一个专门的政策科学术语，是公共政策领域里发生的终结现象。它与一般意义上的终结有一定的区别，即政策终结不是一种自然形成的现象，而是一种人们的主动性行为，使人们在政策执行过程中发现问题并予以纠正，旨在提高政策绩效的政策行为。政策终结同时也是政策周期的最后一个环节，起着承上启下的作用。它既是一个周期的结束，也是新的政策周期的开始。政策终结既是综合运用政策过程各阶段成果的环节，也是总结各阶段成果、指导下个政策周期的环节。

什么是政策终结？狄龙认为，政策终结是“政府当局对某一特殊功能、计划、政策或组织，经过深入评估而加以结束或终止的过程”。丹尼尔斯认为，狄龙的定义没有考虑到组织自身终结不合适政策的主动性，也不能应用于政府精简、削减预算的终止行为上来。因此，他给政策终结下了一个不同的定义："政策终结是对政府项目、政策、组织的终结，也是组织为削减预算对自身的调适和政府服务民营化而产生的削减"。关于终结与政策过程的关系，他指出："政策终结位于政策过程的末端，对一项政策的终结意味着一项新的政策的开始，所以政策终结也是一个发展的概念"。还有西方学者将政策终结简要地界定为"对政府特定的职能、计划或组织的故意的结束或终止"。

从政策过程来看，政策终结往往发生在政策评估之后，一般针对以下四种情况：①已经实现了政策的既定目标(完成了自己的历史使命)；②发现政策背离了既定目标(可能是完全失败的，政策执行的越好，离目标可能就越远)；③发现政策完全是多余的或无效的(有它没它可能一个样，政策完全成了一种摆设)；④发现政策的实施引发了更为严重的问题(不合理的地方太多，副作用太大，为治小病致人大病，不是良药而是毒药)。

政策终结的概念可以这样来表述：政策终结是指政策制定者经政策评估后，发现一些政策已经过时、多余、失效，或引发了重大的不良后果，必须采取措施予以终止的行为。

二、政策终结的作用

从政策终结的结果来看，其作用突出表现在以下四个方面。

(一) 有利于节省政策资源

众所周知，对任何政府而言，政策资源都是十分有限的。执行一项本不该继续执行下去的政策，政府付出的不仅是实际成本，还有机会成本。毛泽东曾经讲过，"贪污和浪费是极大的犯罪"。如果政府浪费政策资源，明知不可为、不能为而为之，在老百姓看来就是一种犯罪行为。纳税人交了税，他们是有权利对公共资源的利用加以监督的。政策的运行是必须付出成本的，即要耗费政策资源。任何一个国家的财政负担和资源配置都是有限的。政策失效会导致资源配置的无效率，浪费政策资源。因此，当政策失效时，就需要政府权威部门对该政策进行主动的、及时的终结。只有终结过时或失效的政策，才能减少人力、物力、财力的无效消耗，从而节省有限的政策资源。

(二) 有利于提高政策效率

有时，问题就出在政策不是太少了而是太多了，规制冲突，政策打架，导致政策效率低下。俗话说，"一条鱼腥一锅汤"，不终结那些失败或失效的政策，就会给其他政策的执行带来负面影响，破坏政策执行的整个大环境。同时，由于政策运行周期的特点，只有不断地终结过时、失效而导致绩效低下的旧政策，出台适应新形势的新政策，从而保持政策的周期性循环，政策绩效才能大大地提高。

(三) 有利于政策过程的优化和政策质量的提高

政策制定是面向未来的活动，而且未来会出现许多意想不到的因素。没有不犯错误的政府，也没有一劳永逸的政策。因此，建立有效的政策评估和终结机制，有利于及时地发现问题，纠正错误，总结经验，汲取教训。这对政策过程各个环节的工作改善和公共政策内容质量的提高都是非常有益的。终结旧政策有利于分流、淘汰和优化现有政策人员，提高政策主体素质。且政策终结伴随着组织机构的裁撤、更新和发展，必然有助于政策组织的优化。

(四) 有利于避免政策僵化

所谓政策僵化，指的是一项长期存在、没有及时予以终结的政策，在发展变化了的环境下，继续执行该政策，不仅不能解决问题，反而成为解决问题的阻力和障碍，带来严重的不良后果。政策终结可以避免政策僵化。

三、政策终结的类型

为了进一步理解政策终结的概念，对政策终结的类型加以分析是很有必要的。关于政策终结的类型，西方学者进行了大量的研究，其中有两种分类方法具有代表性，①根据政策终结所需要的时间进行分类，②根据政策层次进行分类。

(一) 根据政策终结所需要的时间进行分类

早期的政策终结研究者对终结进行了不同的分类，丹尼尔斯在《公共项目的终结》(1997 年)一书中对美国政策终结研究的发展进行了回顾。他认为，政策终结的类型有两种：①自然型，即政策自然老化，效力逐渐减弱；②博弈型，即遭遇强烈抵制，需要进行力量博弈，这一过程不但需要运用终结的各种策略，而且需要强有力的终结执行者，相比前者，后者遭遇更多的困难和考验。

而巴达克根据终结行为持续的时间不同将政策终结划分为突然暴发型、逐渐衰退型和力量博弈型三种类型。以下结合我国政策实践加以说明。

1. 突然暴发型

这是指特定的政策在短时间内终结的类型。在项目终结的情况下，最常见的就是这种政策终结类型。

2003 年 3 月 17 日晚 10 时许，刚刚在一个月前受聘于广州某公司的武汉科技学院艺术设计专业 2001 届毕业生孙志刚走在广州市天河区黄村的马路上，突然被天河区黄村街派出所的警察拦住了去路，要求检查其身份证。因为刚来广州，还没办理暂住证，当晚他出门时，也没随身携带身份证，被作为“三无人员”带回派出所。孙志刚进行了争辩、顶撞，惹怒了当事警官，所以在孙志刚的同学成先生和另一个同事带着身份证和钱去保释他时，警察没有释放他。反而在 3 月 18 日，将孙志刚作为“三无人员”送往广州收容遣送中转站。当晚，孙志刚因身体不适被转往广州市收容救治站。20 日凌晨 1 时多，孙志刚遭同病房 8 名收治人员的两度轮番殴打，于当日 10 点 20 分死亡。救治站死亡证明书上称其死因是心脏病。4 月 18 日，中山大学中山医学院法医鉴定中心出具尸检检验鉴定书，结果表明，孙志刚死前 72 小时曾遭毒打。4 月 25 日，《南方都市报》以“被收容者孙志刚之死”为题，首次披露了孙志刚惨死事件。次日，全国各大媒体纷纷转载此文，并开始追踪报道。5 月 14 日，法学博士俞江、滕彪、许志永以中国公民的名义，向全国人大常委会上书，建议对《城市流浪乞讨人员收容遣送办法》进行违宪审查。5 月 23 日，北京大学法学院教授贺卫方、沈岿等 5 位法律学者，以中国公民的名义，联名致信全国人大常委会，建议就孙志刚案成立特别调查组，同时对收容遣送制度提请启动特别调查程序。

同年 6 月 18 日，国务院第 12 次常务会议通过决议，废止 1982 年 5 月 12 日由国务院发布的《城市流浪乞讨人员收容遣送办法》。

2. 逐渐衰退型

这是通过长时期的缩减政策所需预算等方法而逐渐终结的类型。

《投机倒把行政处罚暂行条例》由国务院于1987年发布，主要针对以牟取非法利润为目的，违反国家金融、外汇、金银、工商管理法规，非法从事工商业活动，扰乱市场，破坏社会主义秩序的行为。经历过计划经济时代的人几乎没有不知道“投机倒把”这个词的，在那个物资匮乏的年代，“投机倒把”被视为一种严重扰乱市场秩序，比“挖社会主义墙脚”还恶劣的行径，许多人因此获罪。可以说，投机倒把罪是为计划经济而生的，如低价买进高价卖出、提供劳务收取报酬、买卖国家专营的或限制流通的或凭计划买卖的商品和物资等都是投机倒把的主要表现形式。经过20年的改革开放，我国的经济体制已从单一的计划经济体制过渡到市场经济体制，因此，具有强烈的计划经济色彩、单纯为保障计划经济体制服务的投机倒把罪不再适应社会经济生活，从概念界定到主要内容都已经时过境迁了，失去了继续存在的土壤和条件，到了画上句号的时候。

1997年《中华人民共和国刑法》修订取消了投机倒把罪。尽管如此，对投机倒把的处罚仍在行政领域执行。2005年9月，“月球大使馆”在工商部门注册，注册人李捷声称拥有全部月球，并开始售卖月球土地。次月，北京月球村航天科技有限公司就被北京市工商局以涉嫌投机倒把为由叫停。这也是最后一次听到“投机倒把”的字眼。2008年1月23日，国务院公布了《关于废止部分行政法规的规定》，92件行政法规被废止或宣布失效，《投机倒把行政处罚暂行条例》在列。国务院宣布其失效的理由是：“调整对象已消失，实际上已经失效”。

3. 力量博弈型

这是指与强烈抵制政策终结的力量博弈，使其终结。公车私用普遍，超编超标屡禁不止，成为公共财政的包袱，也是滋生腐败的温床。我国从1979年开始，就陆续出台关于领导干部用车的规定。1998年国家体改委正式提出公车改革计划。此后，各地改革之声不断，改革举措频出，但遭到既得利益集团的有利抵触和有效化解，改革未见明显成效，公车数量日益泛滥，“越改越多，越改越乱”成为不争的事实。改革试点或无疾而终，或成为“半拉子工程”，甚至出现“补贴照拿、公车照坐”的局面，车改成了变相增加福利的游戏，严重挫伤了公车改革的公信力。

十多年来国内公车改革遭遇博弈困境，最大的问题还是没有下决心取消公车。为此，地方上有呼声，希望进行调查实践，国家统一出台公车改革办法，以协调推动全国的改革。2013年11月25日，《党政机关厉行节约反对浪费条例》公布。中共中央用党内法规的方式倡导节约、反对浪费，为的是更好地释放制度的刚性约束力。条例对社会公众关注强烈的“三公消费”等问题做出了全面规范。其中更引人注目的是，这部条例对公车改革提出了明确的方向。条例指出，坚持社会化、市场化方向改革公务用车制度，改革公务用车实物配给方式，取消一般公务用车，保留必要的执法执勤、机要通信、应急和特种专业技术用车及按规定配备的其他车辆，普遍公务出行实行社会化提供，适度发放公务交通补贴。同样，一次交通补贴，很自然地完成了公务活动的市场化承载，从总体上会大大节约成本、提高公众效率。因而，这次取消一般公务用车的意义在于，能够契合社会心理，最大限度地减少浪费，更好地发挥社会和市场两个方面的积极性。

(二) 根据政策层次进行分类

德利翁把政策终结分类为功能、组织、政策、项目等不同政策层次上的终结。

1. 政府功能的终结

政府功能的终结意味着终结政府对市民的服务。在政策终结的所有内容中，以功能的终结最难。因为一方面，功能的履行或承担是政府满足人们需要的结果，若予以取消，势必引起各方面的反对；另一方面，某项功能往往不是由某项政策单独承担的，而是由许多不同的政策和机构共同承担的，予以终结往往需要做大量的组织和协调工作。由于政府功能是通过组织和政策来实现的，因此政策终结时所遇到的最大抵制不是组织本身，而是由组织所发挥的政府功能。例如，关于 1973 年和 1982 年的尼克松和里根总统的新联邦主义的功能和机构改革的卡夫曼的研究等。

2. 组织机构的终结

政府组织是为了履行特殊的政府功能而慎重设计的，是根据政府组织法等法律而设立的，所以具有很强的生存倾向。况且组织有很多成员，所以对组织终结的抵制也很强。例如，关闭美国国立培训学校、关闭国防部和邮政当局的政府设施等。伴随着政策终结进行的机构缩减或撤销就是组织的终结，也称为机构终结。有些机构是专门为某项政策而设的，随着政策的终结，机构也随之撤销；有些机构往往同时承担着多项政策功能，某项政策的终结不足以导致机构的撤销。因此，通常的做法就是通过缩小规模、减少经费等办法对机构进行缩减。机构终结的难度也比较大，因为它关系到有关人员的切身利益，在实施时难免遭到有关人员的强烈抵制，使得机构终结无法顺利进行。这就是为什么在现实生活中，许多本该随着某项政策历史使命的结束而裁撤的机构仍然存在的原因。

3. 政策自身的终结

由于政策是由组织制定并执行的，因此，对政策终结的抵制比组织终结弱，而与项目终结相比则更强。例如，美国的 B-1 轰炸机、联邦政府对医科大学的补助政策、扫除贫困政策、A-plane 政策等。与前两种终结相比，这种终结所遇到的阻力较小。这是因为就某项具体政策而言，其目标比较单纯，如某个教育政策、社会福利政策等，容易进行评估并决定取舍。另外，政策更改的成本远比功能转变、组织调整要少得多，因而容易得到实际部门的认可。再加上政策的可选择性较大，也使得政策本身的终结在操作上比较容易实现，不像机构终结那样受到多方面的牵制和约束，不容易操作，实行起来步履维艰。

4. 政策项目的终结

政策项目的终结就是政策的具体项目及执行措施的终结。在所有终结内容中，项目的终结是最容易达成的。项目是为达到目标的正式手段，规模和影响最小。由于项目是具体的，因此自我防御的政治资源也最小，终结也最容易。例如，美国联邦研究开发项目的终结。

政策终结包括对功能、组织、自身和项目的终结，终结难度是递减的。功能是最难终结的，即使在组织被撤销以后，政策的功能也有可能由别的组织来执行。组织比政策更难以终结，这是因为组织会牺牲某一项政策寻求自保。相对来说，政策终结更容易实现一些，项目终结最容易实现。

四、政策终结的形式

彼得·德利昂与加里·布鲁尔在其合著的《政府分析基础》(1983 年)一书中，根据政策终结的程度，将政策终结划分为完全终结和部分终结。他们详细阐释了五种部分终结的类型。①代替型。这是用能够满足同样要求的新内容来代替陈旧内容的类型，一般以革新的结果出现，是重新更换低效的技术和程序的类型。②合并型。这正像在企业领域中为追求规模经济和有效控制而经常进行的企业合并和企业集中化一样，因整合政策或项目而部分终结的类型。③分离型。这是把原来的政策划分为几种，从而用重新调政策受益集团来弱化抵制，以此来达到逐渐终结的类型。④渐减型。这是在美国那样稳定的政治体制下最普遍的类型，是通过缩减型预算或项目调整的方式逐渐重新组成政策和制度，从而达到终结的形态。⑤断绝型。这是用新的政策来代替旧的政策，在其目标和需要也发生变化的过程中达到终结的类型。

政策内容决定了其影响，政策特征决定了其功能。政策的变动往往涉及一系列因素，可能会引起很多的社会震动，所以政策终结的实现更多的时候并不需要采取激变的、大刀阔斧的、完全彻底的变革形式，而是多采用那种渐进的、连续的、不断渗透的、由点及面的变革方式。具体来说，政策终结主要有以下几种方式。

(一) 政策废止

政策废止是指彻底结束旧的政策，完全取消其相关功能，即完全终结。政府会根据政治、经济和社会形势的发展变化，不定期地清理、废止一些不合时宜、过时了的政策，如我国劳动教养制度的废止。

(二) 政策替代

政策替代是指用新政策替代旧政策，但所面对的政策问题和政策目标基本没有改变。新政策往往是在方式方法和操作程序方面做了较大变动，其目的是更好地解决旧政策没有解决好或根本解决不了的问题，以满足目标群体的政策需求、实现原定的政策目标。例如，“孙志刚事件”直接导致《城市流浪乞讨人员收容遣送办法》(1982 年)的废止以及《城市生活无着的流浪乞讨人员救助管理办法》的出台。

(三) 政策合并

政策合并是指旧政策被终结，但其要实现的功能并没有被取消，而是将其合并到其他的政策内容中去。政策合并一般分为两种情况：①将终止的政策内容合并到一项现有政策当中，作为现有政策的一部分。例如，《北京市外地来京务工经商人员管理条例》2005 年 3 月被废止，条例中尚需执行的部分内容由相关的规章取代，条例中尚在执行的外地来京人员的户籍管理、租赁房屋治安管理、计划生育管理方面的内容，其管理措施可以通过《北京市外地来京人员户籍管理规定》《北京市外地来京人员计划生育管理规定》《北京市外地来京人员租赁房屋治安管理规定》三个市政府规章来加以解决。②把两项或两项以上被终结的政策合并为一项新的政策。例如，国家教育部制定的全国普通高等院校统一缴费上学的规定就是原有的公费和自费上学的规定合并而成的。根据效率原则，能够合并的事项应该坚决合并，能够一起完成的任务绝不分散去做。因此，政策合并被认为是提高政策效率的有效途径。

(四) 政策分解

政策分解是指将旧政策的内容按照一定的规则分解成几部分，每一部分独自形成一项新政策。分解作为政策终结的方式之一，虽然从形式上终结了原有的政策，但其实质性内容却通过各个新政策的形成而保留了下来。当原有政策由于内容繁杂、目标众多而影响政策效果时，分解不失为一个有效的方式。例如，我国传统的社会保障是一种单一型的就业保障或称单位保障，主要是通过“单位办社会”的形式来实现干部、职工的社会保障福利。这种计划体制下的产物无法适应改革后的新形势。为此，国家有关部门按照保障内容的不同，将原有的政策按类分解，建立了养老保险、失业保险、工伤保险、医疗保险、生育保险等多项保障措施。政策目标是变单位保障为社会保障，改变“单位办社会”的问题，逐渐转变人们的办事观念，从求组织解决到找单位办理，有效地提高了政策执行效率，更好地实现了政策目标。

(五) 政策缩减

政策缩减是指采用渐进的方式，一步步对政策进行终结，其目的是有效缓解因政策终结所带来的巨大冲击，逐步协调好各方面的关系，比较稳妥地实施终结，减少那些不必要的损失。一般来说，缩减往往通过逐步减少对政策的投入、逐渐缩小政策的实施范围、放松对执行标准的控制等措施加以实施。例如，我国的户籍制度改革就体现了缩减的政策终结形式，中小城市放开，特大城市慎行，一步步减少户籍制度对社会生活和经济领域的影响。再如，党的十八届三中全会做出的人口与计划生育政策重大调整的决定亦是如此。

(六) 政策法律化

政策法律化是另一种意义上的终结。现代社会离不开政策与法律，二者皆为有关公共事务管理的规范与准则。但是，它们虽有共同的属性，也有明显的不同。从广义的公共政策角度而言，法律是公共政策系统的有机组成部分，是公共政策的一种特殊表现形式，公共政策应当包括法律。然而从狭义上看，公共政策则与法律相对，公共政策与法律虽然越来越多地表现出强烈的渗透性，但还是应该有所区别。

所谓政策法律化，是从狭义的公共政策概念出发，国家有关机构把一些经过实践检验的、比较成熟和稳定的、能够在较长时间内发挥作用的政策性内容上升为国家的法律、法规，赋予这些政策内容相应的法律效力，并得到国家强制力的保障。

1. 政策法律化的基本条件

(1) 对全局有重大影响的政策可以上升为法律，使之纳入法制轨道，以更好地保障其作用的实现。

(2) 具有长期稳定性的政策可以上升为法律。法律是稳定、严肃和具有权威性的，不能朝令夕改。

(3) 只有比较成功的政策才能上升为法律。一般性政策较之法律对客观需要的反应更为灵敏，具有一定的伸缩性和灵活性。而法律是刚性的，并不具备弹性特征。因此，在立法条件尚不成熟时，不应把那些不成熟的政策纳入立法轨道。一般性政策在执行中经不断修正与完善，被实践证明是行之有效的时候，就具备了上升为法律的条件。

总之，政策转变为法律是客观现实的需要，政策法律化必须具备全局、稳定、成熟和必要等要件，社会生活的复杂多变要求将具备一定条件的政策上升为法律。只有这样，才能更好地促进社会法治的完善。

2. 政策法律化的形式要求

政策法律化无疑是一种立法活动，需要遵循立法程序。其立法主体一是享有国家立法权的立法机关，二是享有委托立法权的行政机关。公共政策法律化具有形式方面的要求。公共政策的表现形式多种多样，除法律规章外还有行政命令、政府首脑的文章、讲话和指示，以及国家行动计划与项目等，其中包括规范形式也包括非规范形式。而法律的表现形式则比较单一，主要是以规范性文件形式存在。由此可见，法律对形式的要求明显高于政策。这决定了公共政策在向法律转化的过程中，必须进行从非规范到规范的形式转变，而这明显受制于立法水平的高低。立法技术的发展程度无疑会对公共政策的法律化构成非常重要的影响。

3. 法律局限性的制约

法律至上是法治社会的首要特征，但是法律却并非万能而是有限的。所谓法律的局限性，是指法律基于其防范人性弱点工具的特质在取得其积极价值的同时不可避免地要付出的代价，是法律由于其技术上的特点不能完整地实现其目的的情况。概括而言，法律的局限主要表现在以下六个方面。

(1) 法律具有天生保守的倾向和难以应变的弊端。

(2) 法律无法全面涵盖和适应已经存在或即将发生的社会现象。

(3) 法律语言的拙劣导致自由裁量范围的扩大化。

(4) 法律总是存在从管理走向强制、从控制走向压制的潜在危险。

(5) 法律执行的成本问题。

(6) 法律的实现总要受制于一定的外部条件。

法律的局限性无疑会制约政策的法律化。在政策法律化的进程中，应当合理区分政策和法律的界限，给政策留出应有的存在空间。法律是法治社会主要的而非唯一的治理手段，法律的局限性需要依靠政策等治理手段予以补充，政策在符号性、灵活性、即时性、具体性等方面明显与法律不同，从而可以在某种程度上填补法律留给社会的空白。在法治社会中，政策不能取代法律，法律也同样不能取代政策。

五、政策终结的因素分析

政策终结主体的任务是努力挖掘和充分利用有利于政策终结的要素和条件，以同时增加推力和削减阻力。有利于政策终结的要素和条件很多，这里主要介绍五个要素。

(一) 政策终结的触发机制：政策终结的导火线

按照美国学者拉雷・N.格斯顿的理解，触发机制是指一个重要的事件(或整个事件)，该事件把例行的日常问题转化为一种普遍共有的、消极的公众反应。公众反应反过来成为政策问题的基础，而政策问题随之引起触发事件。他还指出，除了像经济萧条、军事侵略和自然灾害这类明显的破坏之外，大多数触发机制对公众政策过程的影响都是通过对事件本身的反应过程的事后观察而得到确定的。拉雷·N.格斯顿认为，如果一种进步或一种行动引起公众的明显关注和公众对变革的普遍要求，那么它就被认为是一种触发机制；而如果一种过程未引起显著反应，则不是触发机制。这里的触发机制是引致政策得以制定的触发机制，它发生在公共政策的制定阶段。其实，在政策的终结阶段也同样存在着引致政策终结的触发机制。过时的、无效的政策长期充斥于社会，引发了大量的社会问题、社会矛盾和社会冲突，这些问题、矛盾和冲突又会以一个个事件的形式表现出来。而当这些事件中的某个事件引起了公众的广泛关注和强烈的变革要求时，这个事件就成了政策终结的触发机制。

政策终结的触发机制是政策终结的导火线。如果一个触发事件影响的人数足够多，且此事件引起了公众以担心或愤怒的形式关注，那么公共政策的制定者们很可能会对此事件予以足够的重视。他们就会考虑是废除过时的、无效的政策，还是部分修改，或制定一个全新的政策来取代旧政策。因此，政策终结的可行性之一就在于当出现了如上所述的触发事件时，政府的决策者或政策的制定者能敏锐地察觉其重要性并牢牢抓住这一契机，将已经引起公愤的、过时的、无效的政策予以废止。反之，若触发事件虽已出现并引起众怒，但政策决策者或制定者却无动于衷，不做任何反应，那么旧政策将会继续实施下去，但政府的合法性则出现动摇。

(二) 政策评估：政策终结的前提

一般而言，政策评估被认为是政策过程中的一个重要环节，它既是政策终结的前提和依据，同时也是政策终结的可行性因素之一。这里的政策评估专指事后评估，即政策实施后的影响的评估。一项政策到底应该继续执行还是需要进行修正，到底应该进行大修大改还是需要进行局部微调，到底应该完全废止还是需要部分代替，这些问题都需要通过政策评估加以解决。

通过政策评估，人们能够对某一政策本身的价值做出判定，从而决定这项政策是持续、发展、调整还是终结。通过政策执行实际效果的评估，人们会发现有些政策目标已经实现，问题已经解决，政策已经达到预期的效果，完成了自己的使命，没有必要继续存在；还有一些政策则完全背离了既定的目标，被实践证明是完全失败的、多余的、无效的，根本不能解决它所面对的政策问题。这些政策如果继续执行下去，不仅会浪费政策资源，而且会贻误解决问题的有利时机。因此，这些政策都应及时地退出社会和历史的舞台，并由新政策加以取代。政策评估可由政府自身进行评估，也可雇用社会组织进行评估，或第三部门自发、无偿地进行评估，在经过这些多元评估主体的评估之后，政府政策制定者就可综合他们的评估结果从而得出比较公正、客观的结论，以此来决定是否应该终止原来的政策、计划和组织。政策终结只有建立在这样的综合评估结果之上才是真正可行的、科学的，也才是最有说服力的。当然，在政策终结前，还应向广大公众公布该项公共政策评估的结果，以赢得他们对公共政策终结的支持和消解政策终结的阻碍力量。这样，政策制定者或政府政策的决策者将自觉地依评估结果终结过时的、无效的政策，或在民意的巨大压力下不得不终结那些旧政策。

(三) 利益格局的变动：政策终结的根本因素

一个社会处在常态运行的情况下，既定的政策已经对社会各个领域和各个层面上成员的利益结构做了安排，但某些个体为了谋求更多的利益而导致利益分化，使原有的利益结构出现松动，随之产生政策松动和政策创新，一旦个体能获得比原来更多的利益，具有这种相同行为的个体就会聚合起来以抵抗旧政策，维护新的政策，保护新的利益。当某种利益分化与聚合进行到一定程度时，就会形成新的较为稳固的利益集团或群体，就会对政策制定者施压，要求改变或废止不利于其利益的旧政策，从而促成某些旧政策的终结。

有些时候，政策终结的反对势力会形成某种联盟，带给终结集团强大的压力，当政策终结的阻力很大且一时难以改变这种状况时，政府会做出一定的妥协。政府不得不正视现实的压力，放弃较高的目标期望值，以有条件退让的方式，换取有限目标的实现，即缩小政策终结的范围，因为政策终结的范围越小，反对终结的人就会越少。实际上在当代社会，多元化和民主化已经成为一种趋势，这种妥协已经成为一种司空见惯的政治现象。

(四) 领导者的执政能力及个性特征：政策终结的人为因素

政治领导者的领导力是领导者知识、智慧、意志和决断力等内在素质的外在综合表现。政治领导者的人数虽少，但他们能量巨大，往往对于全社会甚至对于一个时代的世界格局产生重大影响。在公共政策方面，他们的影响也是举足轻重的，可以说直接影响，有时甚至决定政策的制定、执行、评估和终结全过程。政治领导者的领导力越强，意味着其对形势的判断能力、对新事物新情况的分析能力及创新能力越强，因而也就越有可能促成过时的、无效的政策的终结。英明的政治领导者会倾听来自专家学者、普通民众等各方面的呼声，且能敏锐地察觉到过时的、无效的政策所带来的弊端和危害。因此，他们会向政策制定者施加强大压力，从而促使政策制定者去真正评估那些有问题的政策，将那些过时的、无效的政策及时地予以废止，同时，也将那些无效的、不必要的组织机构予以撤销。

纵观世界范围内国家和社会的改革运动，无一不是政治领导者(政治领袖)发起和促成的。这种国家和社会层面的变革所带来的不是一两项政策的小终结，而是通常涉及国家和社会中各个领域、各个层次上的无数具体政策的大终结。在这种变革的时代背景下，各国公共政策得以终结的可行性大大增加，这不得不归功于政治领导者的领导作用。20世纪70年代以来，为迎接国际化、信息化和市场化的挑战，解决越来越复杂的国内社会问题，减轻日益沉重的财政压力和债务负担，西方各国纷纷开展了大规模的政府再造运动。这场运动因受新公共管理理论的指导和影响，故又称新公共管理运动。这场席卷全球的运动正是在各国政府首脑(政治领袖)的倡导下得以迅猛展开的。在美国，前总统克林顿于1993年签署了一系列改革政府的法令法规。同样地，在英国，由撒切尔首相领导的英国政府也于20世纪80年代末90年代初开展了政府的重塑运动——“公民宪章”运动和“竞争求质量”运动，力图通过服务承诺方式和市场竞争机制提高公共部门服务质量，也取得了显著效果。

政治领导者是国家政治、社会变革的积极倡导者和推动者，也是过时的、无效的政策得以终结和新政策得以推行的促成者。其在政策终结上的作用是无人可替代的，而政治领导者的这种作用归功于其自身的领导力，因此，政治领导者的领导力是政策终结的一个重要的可行性因素，也是政策得以终结的保障。

(五) 公共舆论的推力：政策终结的环境因素

公共舆论因素是与公共政策过程紧密相连的，它既是影响和阻碍政策终结的要素，也是促使政策得以终结的要素。当反对政策终结的人借助媒体制造出的公共舆论就是阻碍政策终结的要素；反之，当赞同政策终结的人借助媒体制造出的公共舆论就是推动政策终结的要素。因此，公共舆论的推力因素是政策终结的可行性要素之一。它是公共政策得以终结的催化剂，其作用不可轻视。詹姆斯·E.安德森说过：“公共舆论确定了公共政策的基本范围和方向。”国内外的许多政策实践也都表明，当公共舆论对政策终结持积极态度时，政策终结就显得比较容易；相反，当公共舆论对政策的终结持消极态度时，就会阻碍政策终结的进行。

公共舆论是由媒体制造出来的，所以媒体就被赋予了重要作用，它一方面直接影响着政府官员，另一方面又影响着民众的观念。托马斯·R.戴伊在其名著《自上而下的政策制定》一书中肯定了媒体在美国自上而下的政策制定模式中发挥的重大作用。他说：“当华盛顿的政治家们必须回答记者的问题，必须对新闻报道做出反应，必须对编辑意见做出回应时，媒体就直接施加影响于政府的决策。通过呼唤民众关注各种各样的社会‘问题’和‘危机’，媒体就在间接地影响着政策制定者。”在戴伊看来，精英们依靠媒体来界定“社会问题”，进而制造“问题”，使政府和民众做好准备，“迎接”解决问题答案的出台，即“或者是新制定的公共政策，或者是重新修订的公共政策的颁布”。在此，戴伊将媒体制造出的公共舆论作为新政策制定和旧政策终结的必要条件。公共舆论因人们对由媒体“制造”出的问题的广泛关注和议论，从而对政府官员施加巨大的要求解决问题的压力，这就最终迫使政府决策者不得不面对这些问题并采取措施来解决它们。可以说，公众舆论直接引导着政府决策者，指示他们必须关注哪些问题，并进而解决哪些问题。因此，要促使那些过时的、无效的政策得以终结，就需要发动或借助媒体，使媒体首先关注那些过时的、无效的政策。关注这些政策的评估效果，关注这些政策的弊端和危害，进而引起公众的广泛关注，形成强大的公共舆论，再进而促使政策制定者关注并终结那些过时的、无效的政策。媒体舆论在政策终结中的作用如图 10-1 所示。

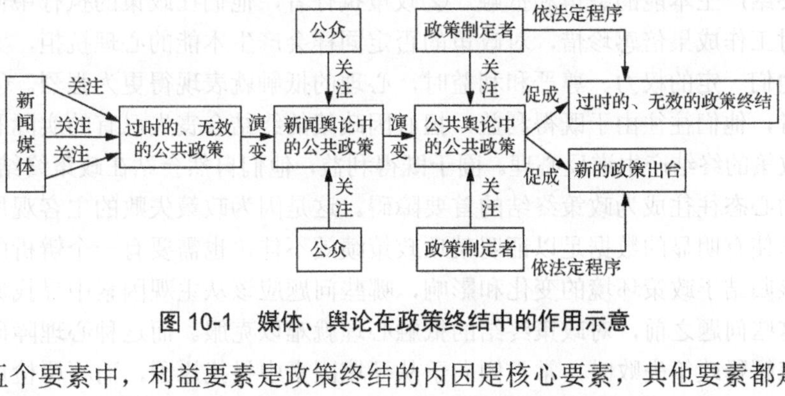

图 10-1 媒体、舆论在政策终结中的作用示意

以上五个要素中，利益要素是政策终结的内因是核心要素，其他要素都是外因。利益的分化和聚合从根本上要求过时的、无效的政策不断地被终结和淘汰；科学、客观的政策评估结果是政策终结的前提和依据；公共舆论作为催化剂则大大加快了政策终结的

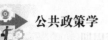

速度；政治领导者的领导力是政策终结的助推力和坚实的保障；触发机制则是政策终结的导火线。以上五个可行性因素在政策终结中的作用各不相同，但它们之间也不是完全孤立的，而是相互联系、相互作用、相互渗透的。例如，触发机制的作用离不开公共舆论的造势，政治领导者的领导力的发挥离不开科学的政策评估结果和公共舆论。若这五个可行性要素同时发挥作用，则必将加速公共政策的终结。

第二节　公共政策终结的障碍与策略

政策终结并不是人们想象的那样是自然而然的结束过程，而是一种需要采取行动的过程。由于政策终结涉及一系列的人员、机构和制度等复杂因素，因此，政策终结会碰到许多困难和障碍。了解这些问题和障碍所在，有助于采取合适的终结策略。

一、政策终结的障碍

彼得德利昂提出了一个关于政策终结障碍的理论框架。它包括六种障碍：①心理上的抵触；②机构的持续性；③机构的动态适应性；④反终结的联盟；⑤法律程序上的障碍；⑥高昂的终结成本。阻碍政策终结的因素涉及政策影响所及的方方面面，一项范围越广的政策，其终结的障碍就越多。一般来说，终结一项政策遇到的障碍至少包括如下七个方面的内容。

（一）相关人员心理上的抵制

“那些与政策相关的人员都愿意看到政策继续存在下去，却很少有人喜欢听到计划失败或计划改变”。这种心理上的抵触往往在政策面临终结时会表现得尤为明显。政策终结必然涉及对原有利益格局的打破和调整，这就必然会损害一部分既得利益者，他们会对政策终结产生心理抗拒。此外，出于对过去状态的一种默认以及对新政策效果的不确定性，人们也会产生抵制心理。具体来说，对政策终结存在抵触心理的主要有三种人：①政策制定者，他们为原有政策的制定花费了心血，感情上不容易接受它的失败。而且承认政策的失败等于承认了自己工作上的失误，这可能对权力地位构成负面的影响，因而对政策终结产生本能的恐惧和抵触。②政策执行者，他们在政策的执行中倾注了智慧和精力，对工作成果倍感珍惜，对政策的否定同样会产生本能的心理抗拒，尤其当原有政策带给他们一定的权力、尊严和利益时，心理的抵触就表现得更为强烈。③社会中的政策受益者，他们往往由于既得利益，担心因政策的终结会丧失已有的实际利益，就难免对某项政策的终结产生逆反心理。囿于既得利益，他们自然会站在政策终结的对立面。这三类人的心态往往成为政策终结的首要障碍。这是因为政策失败的主客观原因往往比较复杂，即使有明显的数据足以证明某项政策绩效不佳，也需要有一个辨析的过程，哪些问题应该归结于政策环境的变化和影响，哪些问题应该从主观因素中寻找原因，在没有弄清楚这些问题之前，对政策终结的抵触心理就难以克服。而这种心理障碍的存在，又使人们在解释政策失败时，常常倾向于从环境因素中寻找原因，而不愿检讨政策本身的失误。

(二) 现存组织机构的持续性

政策执行机构和其他社会政治组织一样，都具有寻求生存和发展，以及自我扩张的本性，哪怕它已经无事可做，没有存在的必要了。这对政策终结构成很大的障碍。现存组织机构的持续性主要表现在三个方面：①机构的惯性。当不同的机构相互配合并开始执行某项政策时，一种惯性就油然而生了。机构的惯性使政策执行一旦开始就很难停止。如果想要修改其方向或让其停下来，必须从外部施加很大的力量才能做到。这是因为机构固有的惯性使它本能地反对任何变化的要求。②机构的生命力。机构如同人一样，生存能力很强，“某一机构存在的时间越长，它被终止的可能性越小，经过一定时间，会形成继续存在的条件和对它的支持”。当政策终结危机组织机构的生存时，它会千方百计地减轻所面临的压力，改变策略或调整结构，想方设法地延续政策终结的进程，给政策的及时终结带来消极影响。③机构的动态适应性。在评估者眼中，机构是相对静态的。但是，机构本身却有一种动态的适应性，可以随环境和需要的变化而产生变动，甚至能针对政策终结的各种措施来调整自己的方向，使终结计划夭折或破产。正如查尔斯·琼斯在《公共政策研究导论》中指出的：“组织机构是动态而不是静态的，它会调整自己的方向以适应变化了的要求。”这就增加了政策终结的困难。

(三) 法律制度层面上的障碍

任何政策的制定与执行，任何组织的建立与扩展，都是通过一定法律程序进行的。同样，一项政策的废止，一个组织的撤销也必须经过一套法定的程序。这一过程不仅耗时费力，而且操作起来往往非常复杂。特别是那些已经上升为法律的政策，要使其终结可谓困难多多。不仅如此，把失败的政策在法律程序中予以曝光，会使人们对立法活动的严肃性和科学性产生怀疑，这种情况是很多人都不愿看到的。程序上的复杂性往往影响政策终结的及时进行。立法机关在考虑终止某项政策或法律时，往往顾虑重重，举棋不定。因此，许多政策终结行为受阻于法律的滞后性。

(四) 行政机关的联盟

执行某些政策而获得既得利益的行政机关，往往会在政策面临终结时结成联盟，共同反对政策终结。这些反对终结的行政机关，一方面会要求其内部成员齐心协力共同抵制终结；另一方面则互相团结，拉拢和接近政府内外有影响的人士抵制终结。这种因执行某项政策而获得既得利益的行政机关一旦结成一个共同体，就能极为有效地威胁政策终结行为，使政策终结无法进行。这是因为行政机关比其他任何社会组织都有便利的条件进行政治活动，它们可以利用自身有利的地位影响公共政策。

(五) 利益集团的影响

利益集团就是利益相同的人们为争取和保障自己的权益而结合起来的团体。由于公共政策大多涉及利益与价值的分配，因而各利益集团会千方百计地努力影响公共政策。当政策终结迫在眉睫时，反对政策终结的利益集团为维护既得利益，必然会采取各种合法或非法的途径，如游说或行贿等，以阻止政策终结。现代公共选择理论证明，利益集团的力量很大，总能左右公共政策，并且和政治家、政府官员互相利用，形成一个“铁三角”。利益集团的存在使得政策终结更为困难。

(六) 社会舆论的压力

“公共舆论确定了公共政策的基本范围和方向。”通过报纸、刊物、广播、电视等新闻媒介所形成的社会公共舆论，不能不对政策终结产生影响。在当代，随着新闻传播技术的日新月异，公共舆论借助新闻传播媒介可以渗入社会的方方面面，形成广泛的社会影响力和巨大的社会冲击力。因此，西方国家称公共舆论为与立法、行政、司法并立的“第四种权力”。如果某一项需要终结的公共政策受到舆论的广泛支持，无疑会受到极强的阻力，“当选的公共官员如果公然无视公共舆论，并不把其作为他的决定准则中的一种，那么他简直是愚蠢透顶；而且可能会发现自己是民意测验中的不幸人物。”

(七) 政策终结的高昂成本

政策终结的高昂成本也是影响其实施的一个关键因素。政策终结的成本有两种。

(1) 现有政策的沉淀成本。沉淀成本是指投入决策、某个计划或某个项目的时间、资金或其他资源的无法弥补的花费。它限制了目前投入的选择范围。也就是说，已经在政策上投入的资金、人力制约了决策者下一步的行动计划。这是错误政策终结的障碍。政策终结往往会使人感到进退两难。一方面，政策在执行中被证明是无效的，继续追加投入，可能会进一步扩大损失；另一方面，如不继续投入而使政策终结，那前期的所有投入都将付诸东流。现行的政策或组织机构已经投入了巨额成本但没有得到回报，对决策者而言，这种时候会普遍表现出希望政策再持续一段时间以观后效这样一种心态，都盼望会有奇迹出现。投入的成本越高，终结者下决心终结的难度就越大。此外，终结有风险，对终结一项政策后的结果不确定。事实上，政策终结后采取的新政策并不能保证一定会带来更好的结果，这也使终结者难以下终结的决心。

(2) 政策终结行为本身也需要付出高昂的成本。有时候短期内终结一项政策的花费比继续这项政策的花费要多。不仅要筹措政策终结所需要的各项费用，以制定和执行新的政策，组建新的机构，而且为了照顾各方面的利益与关系，有时还要对有关单位和个人进行补偿。即便如此，仍有可能得罪一些有势力的反对力量。在这些高昂代价的重压之下，政策决策者在比较权衡之后很有可能改变初衷，放弃终结。但是，正如我国的一句老话所说：“舍不得孩子套不住狼”，为了以后的发展，付出暂时的代价是值得的。

【拓展阅读】

沉没成本与心理效应

沉没成本是指由于过去的决策是已经发生了的，而不能由现在或将来的任何决策改变的成本。人们在决定是否去做一件事情的时候，不仅看这件事对自己有没有好处，而且也看过去是不是已经在这件事情上有过投入。我们把这些已经发生不可收回的支出，如时间、金钱、精力等称为沉没成本。在经济学等决策过程中经常会用到沉没成本这个概念。沉没成本常用来和可变成本作比较，可变成本可以被改变，而沉没成本则不能被改变。

在政策终结过程中，由沉没成本导致的心理效应表现得尤为强烈。由于需要进行政策终结，因而势必直接或间接地引起与政策有关人员的心理反应，给政策终结带来种种不利因素。政策终结无疑会引发相关人员的复杂情感，一些人会有命运相系的心理反应，即一荣皆荣，一损皆损，因而容易失去理性的判断标准和公正的客观尺度，导致盲目、偏激等情绪化行为。政策执行实际上就是一个成本沉没的过程，然而沉没的不光是金钱，也包括利益。政策终结会使一些人挣扎于既有利害关系的旋涡当中，他们在心理上产生的不安与骚动被称为政策终结的心理效应。

综上所述，政策终结面临着许多困难和障碍，政策涉及的方方面面都有可能成为政策终结的阻碍因素和反对力量。因此，要终结某一项政策，并不是一件轻而易举的事情，但适时地终结那些绩效不佳的政策，又是政策管理者刻不容缓的责任。因而，有必要对促进政策终结的有效策略进行研究。

二、政策终结的策略

所谓政策终结的策略，是指在政策终止过程中，智慧和艺术的运用，实质上它也是一种政治过程。美国学者罗伯特·贝恩提出了政策终结的十二项忠告大部分是关于终结策略的：①不要放试探性气球；②扩大政策支持者的范围；③把焦点放在政策的危害性上；④利用意识形态的转变来证明危害；⑤不要妥协；⑥吸收局外人作为终结者；⑦避免立法表决；⑧不要侵犯立法机关的特权；⑨接受短期内增加的代价；⑩推迟新的受惠者；⑪提倡采用而不是终结；⑫只终结必要部分。

过时的、无效的或不必要的政策最终走向终结的方式有很多，各种终结策略有不同的特点。政策制定者或决策者应根据不同的情境来选择相应的终结策略。

(一) 休克策略

休克策略是指在一个很短的时间内，明确、彻底地终结一个公共政策以及由此政策衍生的所有内涵和外延的策略选择。休克策略类似于美国学者莱斯特和斯图尔特提出的Big Bang策略。所谓Big Bang策略，是指在一个指定的时间宣布官方决定，完全终结一个公共政策的策略。这是一个“粉碎性”的力量，使反对者没有时间组织反抗。这种终结策略的推出通常要经过各方势力长时间的斗争和酝酿。

1. 终结条件

休克策略是一种强力的终结策略，这种政策的使用要求社会公众有强烈的终结某项公共政策的愿望，政策终结的动力极大，阻力极小。另外，对于那些对社会发展构成严重阻碍或时效性比较强的公共政策，采用休克策略也是比较恰当的。

2. 终结方式

休克策略通常需要经历一个很长的酝酿过程，在充分评估终结的必要性、风险及代价之后，平衡各方利益，完成终结的一切准备工作。在做好各项准备之后，立即宣布终结时间，完整、彻底地终结与政策有关的组织、人员、预算等各个方面。如果有新政策取代旧政策，在终结旧政策后立即启动新政策。休克政策各项终结过程均是明确、清晰的，过渡时期非常短，一般会指定一个明确时刻作为终结标志。

3. 策略利弊

休克策略的优势在于终结过程快，终结程度彻底，政策终结的后遗症很小。同时，休克策略为新政策的出台奠定了一个良好的政策基础，使新政策容易推行。另外，休克策略的终结过程漏洞很小，因此，终结过程的成本低，新政策的见效也比较快。但是，休克策略的缺点也是显而易见的。休克策略没有缓冲时间，没有过渡措施，强制终结的后果就是在一个很短的时间内对社会生活产生比较强烈的冲击，特别是对公众心理的冲击尤其剧烈。因此，休克策略特别适用于终结那些公众反应强烈，即有强大的终结动力的公共政策。政府使用休克策略时必须注意，在休克策略中政府的作用是极其有限的，如果缺乏公众基础，强行使用休克策略，其结果将是政府与公众处于对立状态，终结过程将招致来自公众的强大阻力而搁浅，因此，休克策略的风险是所有策略里面最大的。

4. 策略实例

休克策略在很多有关公共管理的法律法规的推行过程当中应用十分广泛。例如，在交通方面，终结旧的《交通安全管理条例》，启动新的《道路交通安全法》的过程就是典型的休克策略，新旧政策的交替是以规定时刻的方式进行的。另外，20 世纪 80 年代早期，美国里根政府终结能源部的过程也是典型的休克策略。再如，我国在"入世"前，国务院和各部门共清理出需要制定、修订或废止的法律、行政法规、规章和其他政策措施共 1 150 多件，也属于典型的休克策略。

(二) 缓冲策略

缓冲策略是指在公众终结政策的意愿比较强烈的情况下，采用明确的时间表，分阶段、有步骤地终结公共政策的策略选择。缓冲策略终结政策的目的和过程与休克策略同样清晰明确，但是，缓冲策略并不追求一次性终结政策，而是用明确的步骤分阶段地终结政策，各个阶段之间分界明显，有时各个阶段之间有明确的时间划分。

1. 终结条件

缓冲策略与休克策略相似，也是一种比较强有力的终结策略，但是，政策终结的压力、时效性和紧迫性都不如休克策略。在某些情况下，虽然有强烈的终结意愿，但是政策牵涉面比较广，需要一定的过渡时间的政策终结过程也会采用缓冲时间。

2. 终结方式

缓冲策略当中，政策不是一次性终结，而是分步骤终结，各个步骤之间关系明确，目标清晰。缓冲策略主要有两种终结方式。①从组织、人员、预算等方面逐步终结政策。这种终结方式的主要意图是延迟政策受害群体的出现和延迟政策受惠群体的出现，避免受害群体与受惠群体发生矛盾和分化，保持政策终结的公众基础。另外，这种终结方式也给执行政策的政府组织以一定的缓冲时间，避免由于对政策执行机构冲击过大而引起反弹，进而危及政策终结过程本身的顺利进行。②从政策的变更、过渡、终结等方面逐步终结政策。这种终结方式主要适用于终结一个比较庞大的旧政策的同时推出新政策的情况，采用分步过渡的终结策略可以有效保护公众利益，避免公众在政策终结过程中的不必要损失，同时为新政策的出台奠定基础，预留出一个比较充分的缓冲时间。

3. 策略利弊

缓冲策略具有一定的灵活性，政策终结过程也比较短，同时，由于其终结步骤是事先明确拟定的，所以缓冲策略的漏洞也比较小。由政府信用为担保的时间表使缓冲策略面临的反抗压力也比较小，不大可能在短时间内形成足以威胁政策终结的反抗力量，因此，其政策终结成本也比较低。缓冲策略的主要弊端在于其终结计划的制定上，如果时间表和步骤之间时间过长，则计划难以适应环境的变化，同时给过渡时期钻政策“空子”的行为提供了平台。另外，缓冲策略虽然具有一定的缓和“阵痛”的功能，但是，它毕竟也是一种步步紧逼的策略，因此，对于社会公众的压力和冲击也是比较大的。需要注意的是，在缓冲策略当中，政府的职能是给定一个清晰明确的时间表，并且切实保证这个时间表的执行，与在公众的沟通方面同样是消极的、被动的。

4. 策略实例

缓冲策略在政策终结过程中的应用十分广泛。我国在废止一些大的政策的过程中，经常使用缓冲政策。例如，我国终结旧的身份证政策，启用新的IC卡身份证的过程当中，采用的就是缓冲政策，在一个时期内两种身份证可以并存，逐步终结旧政策。此外，我国终结旧环境政策，启用更加严格的新环境政策时使用的也是缓冲政策，采用百分比达标、限期整改、关停并转等一系列步骤，逐步终结旧政策并解决遗留问题。

(三) 桥梁策略

桥梁策略是指在政策终结过程中不制定明确的时间表，但是缓慢而不间断地推进政策终结结果，同时重视与公众的沟通和联系，争取公众支持的政策终结策略。在桥梁策略中，公共政策面临的来自公众的压力并不是非常大，但是政策本身对于发展的阻碍比较明显。与缓冲策略相比，桥梁策略最大的特点是政府开始发挥主动地引导作用，与公众进行沟通，同时桥梁策略的终结过程没有清晰的界限，其渐进式终结的过程更加隐蔽。桥梁策略类似于long whimper策略，这是一种温和的终结过程，逐渐减少政策赖以生存的资源，直至将政策完全终结。

1. 终结条件

采用桥梁策略的政策终结过程通常发生在那些终结意愿不强烈，但是危害性比较大的公共政策上。这些公共政策的危害性需要全面的信息和专业的知识才能够分析和判断。因此，在桥梁策略中政府的终结意愿表现明显。

2. 终结方式

桥梁策略的终结方式是渐进式终结。一方面桥梁策略没有固定的时间表，而是制定一系列指标，只有当上一个指标体系达成之后，才会推动下一步终结过程，各个终结过程之间没有明显的界线和标志，终结过程缓慢而有力；另一方面，桥梁策略由于来自公众的终结意愿不强烈，终结动力不足，为了防止终结过程的中途搁浅，政府通常会主动出击，与公众沟通争取公众对政策终结的支持和理解，并借此降低政策终结过程的冲击，减少政策终结过程的阻力。

3. 策略利弊

桥梁策略的优势在于其终结过程的灵活机动，以及与公众的沟通，这使得桥梁策略对社会和公众心理的冲击都比较小。但是，桥梁策略的缺陷也是比较明显的，由于桥梁策略没有制定明确的时间表，所以采用桥梁策略终结政策的时间有可能很长，造成政策终结过程久拖不决，效率低下，终结成本也随之上升。同时，过长的终结过程使得反对终结的力量有足够的时间组织反抗，有可能使终结过程被迫停止。另外，渐进式的终结过程虽然具有隐蔽性，同时也给政策终结漏洞预留空间。而且桥梁策略对政府的要求很高，假如政府不能采取有效手段说服公众，还是有可能招致公众的阻力而使政策终结过程流产。

4. 策略实例

政策终结过程中的公众听证制度就是典型的桥梁策略。通过对公众的沟通和解释，为政策终结提供了足够的民意基础。我国在很多公共政策终结方面逐步引入了听证制度，提高了政策终结的针对性和可行性，减少了政策的冲击和破坏。例如，北京市在终结一些公共交通政策时的听证制度。但是，也有一些政策在听证过程中流产，如在涨价等政策的听证过程中就遭遇公众阻力而无法实施。

(四) 非正式终结策略

非正式终结策略是指当政策终结过程遭遇来自公众的阻力，但是政策本身确实有终结的必要时，保留政策的名称而终结其内涵与外延的一种政策终结策略。政策终结的必要性与公众终结政策的意愿并不是完全一致的，尤其是当政策本身发生变异，具有衍生利益的时候更是如此。非正式终结策略的目的就是尽可能减少政策终结的破坏性，并且尽可能保留和兼顾政策的衍生利益，以推动政策终结过程。

1. 终结条件

在使用非正式终结策略时，就意味着政策终结遭遇了比较大的阻力。这种阻力主要来源于以下三个方面：①政策并非完全失效，尚有其存在价值，但是阻力效应远远大于存在价值。这时的政策受益群体还有一定的规模，因此推动终结的力量和阻碍终结的力量并存，造成政策终结动力不足。②政策在长期的执行过程中产生的附加效益使政策受益群体规模扩大。③政策在推出时考虑不周，但是朝令夕改将损害政府的威信。在上述阻力存在的条件下，采用非正式终结的策略是理想的选择。

2. 终结方式

非正式终结一般有两种方式，①保留政策的名称而终结一切该政策的外延和内涵，直至政策自然消亡；②采用无限期暂停的方式终结政策，直至政策影响完全消失。

3. 政策利弊

非正式终结策略能够在政策终结过程中遭遇强大的阻力的情况下化解危机，缓和矛盾，使政策终结能够继续推进。由于终结过程是隐蔽的、非正式的，因此对社会和公众的冲击很小，不会引起反弹，在大量终结政策的转型时期，非正式终结策略的优势尤其明显。但是，非正式终结策略的弊端也很明显。①非正式终结过程实际上是一种妥协策略，不可避免地留下许多后遗症，甚至会使旧政策死灰复燃；②非正式终结策略终结过程很长，成本很高；③非正式终结策略使公众产生“暗箱操作”的感觉，可能会损害政府公信力。

4. 政策实例

非正式终结策略的实例很多，典型的有两例。①我国户籍制度的终结，户籍制度是计划经济的产物，在当前形势下严重阻碍了社会发展。但是长期以来，户籍制度的运行衍生出来了许多附加效应，如城市居民对农村居民的心理优越感。因此，反对户籍制度终结的群体还有一定的规模，因此，现阶段采用的是将户籍制度无力化的做法，即逐步消解户籍制度本身的实际效用，而保留户籍制度的附加效用，在时机成熟时，再正式终结该政策。②我国的个性化车牌政策的终结，个性化车牌的政策本身是有缺陷的，实施该政策不久就发现了一系列问题，因此终结该政策势在必行，但是该政策推出的时间很短，正式终结会损害政府形象，因此政府采用的就是非正式终结策略，即宣布该政策暂时冻结，但是不宣布其解冻时间，实际上就等于无限期冻结该政策。

（五）逆动策略

逆动策略可以说是政策终结过程中的危机策略，即政策威胁到社会和公众的根本利益，且这种威胁迫在眉睫，但是同时，反对终结的力量又十分强大。在这种危机环境下，一切常规的终结策略都难以奏效，政府可采用逆动策略，即推动旧政策运行，使其危害在短时间内进一步明显，从而积聚起足以终结该政策的推动力量。

1. 终结条件

逆动策略的终结条件有两个：①政策终结要求必须十分迫切，且威胁性极大；②阻碍终结的力量极大，使正常的终结过程几乎无法进行。

2. 终结方式

逆动策略的终结方式是欲擒故纵，运用一系列策略使政策的危害更快显现，以推动终结。一般来讲有以下方法：①保留政策，使其继续运行一段时间，拒绝改良；②放任政策的危害性结果蔓延到一定程度，有意削弱对该政策的压制力度。

3. 政策利弊

逆动策略是一种险中求生的危机策略，其最大的优势就在于推动几乎不可能终结的政策走向终结，特别是推动一些关乎全局的重大政策走向终结，从而为社会和公众赢得极大的利益。但是，逆动策略风险性极高，因为采用逆动策略时，政策终结处于停滞状态，反对终结的力量已经集结完毕，政策终结面临强大阻力，如果逆动策略奏效，将可以挽回颓势，但是，一旦失败，将对政策本身甚至政府造成重大伤害，从这个角度讲，逆动策略的本身也是最高的。同时，由于逆动策略追求的是“破而后立”的效果，因此，一切斗争都是显性的，对社会公众心理和社会生活本身的冲击也是所有策略里面最高的。

4. 策略实例

我国从计划经济走向市场经济转型时期曾经部分使用过逆动策略。在是否终结计划经济政策的问题上，各方意见分歧严重，顾虑重重，于是，中央采取部分的逆动策略，让那些计划经济的政策继续推行一段时间，使公众真正感受到计划经济政策的巨大弊端。结果，经过一段时间，计划经济的弊端进一步显现出来，支持改革的力量进一步壮大，终于推动了这一具有历史意义的政策终结。美国政府在克林顿执政时期的预算政策争夺中采用的也是逆动政策，只不过这次是争夺政府预算案获得通过。按照当时两党在国会当中的力量对比，可以肯定的是困难重重，在这种情况下，克林顿政府出人意料地在最后关头放弃了努力，使美国政府暂时停止了运转，结果造成公众对国会的巨大不满，迫使国会做出让步，顺利解决了危机。

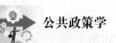

第三节 我国公共政策终结

一、我国公共政策终结的状况

改革开放初期，由于种种原因，各地在政策终结过程中不同程度地存在一些问题。在计划经济体制向市场经济体制转型时期，许多不适应新体制建立的旧政策没有及时地终结，这严重影响了社会主义市场经济体制的建立，制约了我国经济的发展。因而促使政府部门重新认识政策终结的重要性，并清理了大量旧政策。例如，1992 年底国家物价局废除治理整顿期间的文件 23 份，废除行政法规 13 份；1993 年外经贸部连续发了 3 个公告，宣布废除几百项具体政策规定。尽管如此，我国在公共政策终结上仍然存在较大的问题。

我国公共政策终结状况主要表现如下。①对政策终结的认识不够。政策终结是政策过程的一个环节，政策是有生命周期的，有生产，自然就有终结，但终结往往被忽视。忽视的原因主要是由于对政策终结作用的认识存在模糊。②政策终结的力度不够。在我国，虽然政策部门采取了有力措施，终结了很多失效或与法律相违背的政策。但由于种种障碍因素的影响，政策终结的力度仍然不够，甚至一些计划经济体制下制定的并与之相适应的过时政策仍没有终结，如粮油关系政策。粮票早已停止流通，粮食供应制度早已消亡，粮油关系存在的土壤已不复存在，而这一政策却没有及时地终结。上大学的人，还要按规定办理粮食迁移手续，这给人们的生活带来了极大的不便，同时也影响了政府的形象。③政策终结的程序不合法现象时有发生。政策出台是要符合法定程序的，其终结也是如此。“程序之所以重要，是因为程序是规范政府行为的经常性的、经过验证的现实有效的主要途径”。然而在政策实践中，不按照法定程序进行终结的现象时有发生，特别是地方政府，一份“红头文件”就可以终结一项政策，这违背了政策公示的程序，政策最后要以公报、决定、决议等形式向全社会公布(国家机密除外)。

二、我国公共政策终结的困难

我国公共政策终结的困难主要表现在政策终结受到一些因素的阻碍。公共政策终结是政策过程的一个重要环节，不论是政策功能的完成，还是组织机构的结束，抑或是政策的法律化，都会导致政策的终结。但在实际操作中，尤其是在我国当前各种组织机构庞杂紊乱的状况下，一项政策的终结却存在诸多因素，有主观的因素，也有客观的因素，但深层次的阻滞是组织的利益。

在我国，利益分化的过程是伴随着改革的进程而发展的。我国改革的一个基本出发点，就是把个人利益与其对社会所做的贡献结合起来。改革的基本思路是：通过利益的差异激发人们追求利益的积极性，并以此来促进社会生产力的发展。这种进程打破了原来的利益一致的“神话”，使得每个个体都可以理直气壮地去追求利益。正是出于这样的考虑，邓小平同志一再强调，要让一部分人先富起来，让一部分地区先富起来。然而，随着改革的深入，“在市场条件下利益分化及其利益聚合正改变着社会的既定程序。可以认为，现在许多社会问题，如企业破产、职工下岗、秩序紊乱、治安恶化等，都是与这种利益分化有着一定关系的”。由此可见，尽管人们追求利益是其社会行为的基本出发点，适度的利益分化是社会发展的根本动力，但是，一个社会的利益差别和利益分化出现过度时，必会影响到社会稳定，从而影响社会的可持续发展。这样，要使社会得以稳定持续发展，有效地避免利益高度分化和聚合，实现利益的协调发展就显得十分重要了。而利益的协调和利益的保护职责主要依靠政府通过政策和法律来履行。在一定意义上来说，政府政策的基本性质，在于社会资源或社会利益进行权威性分配，而在资源的分配过程中，必然发生有些人受益而有些人受损的情况。从这一点切入，我们便可分析得出，在我国，政策终结困难的根本原因主要来源于以下两个方面。

(一) 组织自身障碍

无论是政策的制定还是政策的执行，都是由组织机构来承担的，没有组织机构就不存在政策执行的载体。一项新政策的执行可以指派给现存的机构，也可以通过建立新机构来执行。政策执行机构如同权利一样，具有为自身寻求自身生存空间而无限扩张的本性，直到遇到障碍为止。即使某机构没有生存的必要，也不会自行停止自身的运行。这是因为每个组织要生存，都要寻求一定的资源并掌握一定的资源。而这种资源在组织中就物化为组织的利益。组织机构具有以下三个特征，这三个特征在某种程度上都成为政策终结的障碍。

1. 组织机构的持久性

一个机构如没有强外力阻止是能够持续很长时间的。通常它持续的时间越长，就越难终结。这正如安德森所说“某一机构持续的时间越长，它被终结的可能性就越小，经过一段时间，会形成对它继续存在的条件和支持”。持久性造成组织利益的固化，而组织利益的固化又反过来增强组织的持久性。

2. 组织机构的适应性

机构一般具有动态适应性的特点，它可以随着客观环境的变化和实现的需求而产生变动，甚至能根据政策终结的各种措施来调整其方向，以破坏政策终结。查尔斯·琼斯曾说“组织机构是动态的而不是静态的，它能调整自己的方向来适应变化了的要求”。动态的调整是利益所诱致，客观环境的变化导致组织利益的不平衡，从而需要调整以平衡各方利益。

3. 机构的惯性

当机构开始运行起来执行政策时，它就自然产生了惯性。其惯性作用增加了政策终结的难度。因为惯性作用使得组织机构向前运动，反对任何变化性的要求。而组织既得利益者的活动又可以极大地增加组织向前运行的惯性。

(二) 利益阻碍

组织利益上的阻碍主要是现有政策受益者的阻碍，而哪些人才能称得上政策受益者呢？可以从以下三个方面加以理解。①政策制定者。他们为原有的政策制定花费了心血，感情上不容易接受它的失败。而且承认政策的失败就等于自己工作的失误，这可能对自身权力地位构成负面影响，因而对政策终结产生本能的恐惧和抵触。②政策执行者。他们在政策执行中倾注了智慧和精力，对工作成果会感到珍惜，成果能给他们带来权利、尊严和利益。对政策的否定就是剥夺他们的既得利益，抵触就成了自然现象。③社会中的政策受益者。他们由于既得利益，自然会站在政策终结的对立面。

各项公共政策的最终执行者都是人，而人都有着自身利益追求的行为倾向，因此难以做到政策执行中的绝对的“价值中立”。如果一项公共政策威胁到自身利益，执行者就有可能抵制这一政策，因而就使得该项政策很难顺利、有效地得到执行。法国行政学家夏尔·德巴什认为，对于政策机构来说，“如果政策与它所期望的东西不相符合或在它看来无法实施时，它将反对这种毫无活力的东西或者试图改变既定措施的内容”。

公共政策本身的弹性空间成了一些政策执行主体牟取自身利益的广阔天地。恰如詹姆斯·安德森所说：“行政机构常常是在宽泛的和模棱两可的法令下运行的，这就给他们留下了较多的空间去决定做什么或者不做什么”。这样，政策执行主体的成本收益预期也就必然在政策执行过程中发挥着重要的作用，即尽力降低政策执行的风险，争取自身利益的最大化。萨巴特和马兹曼尼安认为，任何政策的执行都可以从三个完全不同的角度来看：①初始政策制定者(中心)；②执行层官员(外围)；③计划指向的私人行动者(目标团体)。“尽管外委的官员很少明目张胆地违反(中心)法律，但是很多研究表明，他们还是要大胆地行使权力实现自己的目标，以满足自己组织的需要，并对付自己环境中的紧迫问题”。几年前，我国在公务用车的使用问题上，中央准备进行大的改革，终结一些相关的政策，实施新的管理办法，但虎头蛇尾，最后不了了之，究其原因，就是因为关系到公共政策执行主体的自身利益，而抵制政策的终结。

公共政策的实质就是对利益和资源划分，因而，公共政策执行主体在执行政策时，必然进行成本收益预期。如果其实际收益与预期收益之间，或者其本人的收益与他人的收益之间存在差距，就产生相对被剥夺感。这种利益受损的心理感受将直接影响到公共政策执行主体的有效政策执行。政策终结的高昂成本是影响政策终结的重要因素。政策终结的成本包括两个方面：①现有政策的沉淀成本；②终结行为本身要付出的代价。

政策终结是一种行政过程，要涉及一系列人员、机构、活动和制度等复杂因素。因此，政策终结具有相当大的难度。政策终结无论由反对者、终结者、改革者，还是由评估者所倡导，均可形成一股强大的抵制力量，阻碍终结的完成。

三、我国公共政策终结的未来发展对策

针对我国公共政策终结的未来发展对策，国内学者宁骚提出政策终结的六项对策：①重视说服工作，消除抵触情绪；②注意因势利导，营造有利气氛；③公开评估结果，争取支持力量；④废旧立新并举，缓和终结压力；⑤通过试探试点，避免矛盾激化；⑥终结必要部分，减少终结代价。巴达克也曾在文章中谈到促成政策终结的五项条件：①在行政上采取一些变更；②改变原政策所根植的思想理念；③促成人们对政策持续的乐观期待产生动摇；④采取渐进方式，使终结政策温和进行；⑤要在政策终结之前进行新的政策设计。

作为一项困难重重、十分复杂的政策行为，政策终结要求决策者运用智慧和技巧，

采取灵活的措施，加以妥善处理，否则，将带来不良后果。综合以上政策终结的对策，提出我国政策终结的对策。

(一) 加强宣传教育，消除抵触情绪

宣传引导公众非常重要，它通过摆事实、讲道理，能使人们提高认识，消除不满。但宣传一定要适度，不用过分，应该给人们以充分的选择自由，否则很容易产生逆反心理，使宣传工作得不偿失。

说服教育工作同样重要，这是开展各项工作的一个法宝。1998 年国务院机构改革，党中央和国务院的领导针对改革中遇到的问题，做了大量深入细致的思想工作，使得新中国成立后这次动作最大的机构调整，在机构的撤销、合并和人员的下岗分流中没有遇到太大的阻力，顺利完成了既定目标。

(二) 公开评估结果，争取更多的支持力量

政策终结支持者的态度和人数的多寡在很大程度上决定了政策终结的成败。政策终结的倡导者必须想方设法争取各方力量的支持，以推动政策终结的实现。政策评估和政策终结都是政策过程的一个环节，通常，政策评估之后就可以确定政策是否需要终结。公开政策评估结果，可以争取到潜在的支持者。这些支持者包括：非政策标的个人或团体(标的是指政策执行的对象)、社会舆论等。公开政策评估结果，甚至还可以争取到由于政策终结利益受损可能不大的个人或团体。因为通过公开政策评估结果，揭露某项政策无效，可以让人们明白为什么政策必须终结，如果不终结，让其继续执行，将对社会带来什么样的危害和损失，并让他们认为到如及时终结那些无效或失效的政策，虽然短期内自己的利益可能受到某种损失，但从长期来看，不仅会有利于社会，有利于人民，而且自己也将从中受益，这样就可能转变人们对政策终结的态度，由政策终结的反对者转而成为理解者，甚至成为支持者。

(三) 废旧立新并举，构建新的利益格局

“政策终结这个概念不仅隐含了一套期望、规则和惯例的终止，政策活动停止，机关组织的撤销，而且包含了新期望的提出，新规则、新惯例的建立，崭新活动的开始，机关组织的更新与发展”。由于存在利害关系的牵扯，人们往往会对改革产生一定的抵触心理。但社会是发展的，条件是变化的，在我们长大成人的过程中，不能总是穿着儿时的衣裳。这点道理可能人人都明白，但实践中却会有很多的顾虑。政策终结意味着打破原有的利益分配格局，这样总有一些人或团体的利益受损，很不愿意看到政策终结，他们成了政策终结的反对者。但他们一般不会马上反对一项新政策的出台，如果我们能同时构建新的利益分配格局，出台一个新政策，就能够大大地减少政策终结的阻力，因为新政策的出台不仅可以使人们在丧失对旧政策的期望的同时得到了一个新希望，而且还可以使更多的人或团体受益。这些受益者能成为政策终结的推动力量。例如，在我国农村“费改税”的试点改革中，有些乡镇政府把向农民征收的乡镇统筹款和村提留款统一纳入税收，开征农村公益事业建设税，作为乡镇财政的固定性收入，由乡镇财政统一管理，统一支配。再如，1994 年开始的我国税收改革政策就是利税分流包干政策的终结与分税制政策的出台同时进行，收到了良好的效果。

的确，并举的做法可以大大减少政策终结的争议和阻力，但这种办法要求较高，操作难度大，对实际操作部门提出了更高的要求，因为废旧立新并举，工作压力大，不仅需要处理好旧政策终结，而且还需要落实好新政策的推行，需要操作者拥有完整的计划、良好的协调能力、缜密的宏观思维，如果安排不当，会严重影响旧政策的终结与新政策出台的进程。

(四) 做出必要妥协，降低终结成本

在实践操作中，折中妥协通常表现为迫于某一种情境压力而放弃某一目标，同时作为交换，坚持和强调另一目标。客观地说，折中妥协是完全必要的，在实际操作过程中，绝大多数政策终结都存在这一现象，只是程度和方式不同而已。同时，这也是马克思主义“原则的坚定性和策略的灵活性”这一原理在政策过程上的体现。毕竟，这比完全不能实现政策终结的目标还是前进了一步。这种方法运用的前提是，可能由于条件不够成熟，政策终结的阻力过于强大，而政府又必须进行政策终结。在这种情形下，政府不得不接受现实，做出必要的让步，放弃较高的目标期望值，以降低目标的方式来换取较低目标的实现。在政策实践中，适当地妥协是必要的。因为政策终结也是一种政治博弈的过程。在力量对比面前，做出适度的让步在某种程度上可以看作是“正和博弈”，当进退两难的时候，这可能是唯一的选择。当然，政府完全有能力采取果断措施，但往往需要付出很大的代价，带来很多消极的影响。因此，有时政府就不得不正视现实的压力，放弃较高的目标期望值，以有条件退让的方式，换取有限目标的实现，即缩小政策终结的范围，因为终结的范围越小，反对终结的人就会越少。实际上，妥协并非只是软弱，而是代表了一种民主的精神。在当代社会，多元化和民主化已经形成一种社会趋势，折中与妥协已经成为一种司空见惯的政治现象。必要的妥协没有什么不好，政府没有必要害怕妥协。当然，妥协不是没有原则的，不应做出无原则的退让。

(五) 选择有利时机，把握政策焦点

2012 年的几起劳教案吸引了舆论的聚光灯，为政策终结迎来了契机。永州“上访妈妈”唐慧被劳教案，重庆渝北礼嘉镇居民彭洪转发漫画被劳教案，最引人关注的是重庆大学村干部任建宇被劳教一案。这些事件让大家觉得有必要探讨劳教制度本身。程序明白才有清白，处事公正才有公信。问题的出现主要是源于劳动教养制度对公民资源权利剥夺的随意和非理。背离法治才是问题的焦点。自 1957 年国务院出台《关于劳动教养问题的决定》以来，劳教制度在我国已经施行 50 余年。随着我国民主法治的发展，该制度已经明显滞后，表现出许多不足。特别是在我国《立法法》等法律颁布后，限制公民人身自由的权力只能由法律设定，劳教已陷入不合法的窘境。加之劳教的审批权属于公安机关，在机制上缺乏应有的监督，在实践操作中自由裁量，从而为一些地方政府开设了“司法自留地”，使之成为一些人打击报复的工具。正因为如此，改革劳教制度的呼声越来越高，已渐渐成为社会共识。任建宇一案进一步证明，劳动教养制度是法治的一个“溃疡”，如果不做“手术”，如何完善国家法治建设。

国务院新闻办公室 2012 年 10 月 9 日发布了《中国的司法改革》白皮书。这是我国首次就司法改革问题发布白皮书。中央司法体制改革领导小组办公室副主任赞赏白皮书时表示，改革劳动教养制度已经形成社会共识，相关部门做了大量的调研论证工作，广

泛听取了专家学者和人大代表的意见和建议，正在研究具体的改革方案。2013 年 11 月 12 日，党的十八届三中全会通过的《中共中央关于全面深化改革的若干重大问题的决定》宣布：废止劳动教养制度。2013 年 12 月 28 日，第十二届全国人大常委会第六次会议通过了《关于废止有关劳动教养法律规定的决定》。

(六) 加强法制建设，适当运用强制力推行

任何一项政策的制定和实施都必须有法定的主体依据相关的法律通过相应的程序加以制定和实施，并因此而具有合法性和权威性。同样，政策终结也要有相应的法律制度作为保障。就我国当前的现状而言，法律滞后是一个不争的事实，这从某种程度上影响了政策终结的实现。因此，各级立法机关要有与时俱进的精神，根据发展变化了的客观环境及时地进行相关的立法活动，以便为政策终结提供法律制度上的保障。

任何一项政策，都会有人受益，有人受损。由于行为主体之间存在的差异，政策终结可能造成有的个人或团体受益多一些，有的受益少一些。在一些细节问题上难以取得完全一致，而政策终结又是唯一的出路选择，观望等待有可能错过政策终结的良机。这时需要政策终结的操作者运用强制力，采取闪电般的行动结束任务。如下达行政命令，发布行政决定，甚至撤换有关单位领导人的职务等。这也是改革者在策略的选择上运用的一个有效办法。当然这需要政策终结的操作者具有政治魄力，能审时度势，当机立断。不过这种方法不能滥用，否则易引起严重后果。

(七) 适当利益补偿，缓解终结压力

政策终结是一种利益的调整，对原有政策的受益者而言会有很大影响，因而会使他们产生抵触情绪，阻碍政策终结的进行。

利益补偿既是对政策终结造成利益损失的个人或团体的一种救助渠道，又是完善政策终结的利益协调、促进政策终结顺利完成的重要基石。政策终结会打破原有的利益分配格局，因政策终结而利益可以受损的个人或团体会意识到威胁而空前团结起来阻止终结，因而政策终结的利益受损者成为政策终结的最大阻力。因此，通过合理的利益补偿机制，给利益受损的个人或团体提供适当的补偿，对缓解利益冲突、促进政策终结顺利进行起着减震缓冲的作用。对政策终结的利益受损者的利益补偿，也要考虑到政策制定和执行机构的利益损失，同时应根据利益受损的性质来确定利益补偿的方式。利益补偿的范围较广，有直接的经济补偿，还有间接的经济补偿。对直接经济利益损失的个人或团体，应该给予直接的经济补偿，如一次了断性经济补偿；对因政策终结造成的权力、职位等间接利益受损的个人或团体，应该给予适当的间接的经济补偿，如合理安排组织撤销或合并后人员的去向，并尽量保障其具有与政策终结前相同或相近的职权、工资和福利待遇等。

以广州市取消公共交通免费乘坐为例。根据广州市政府的决定，为了方便亚运会期间的出行，从 2010 年 11 月 1 日起至 12 月 21 日止，除节假日外，广州全市所有公交、地铁免费搭乘，无论是本地人还是外地人，不需要刷卡或投币，也不需要出示任何身份证明，即可免费乘车。同时，从 11 月 1 日起至 12 月 21 日止开始实行单双号限行。但公共交通免费政策实行不到一周，广州市政府 11 月 6 日晚即宣布：从 11 月 8 日(周一)起，全市取消免费乘坐地铁、公交和过江轮渡的优惠措施，改为发放交通补贴。具体措施如下：①8日零时开始，广州市公共交通地铁和公交(包括轮渡)以及地铁广佛线恢复实施付费乘坐；②广州十区、两个县级市的户籍家庭以及在广州居住半年以上的外来人口家庭每户补贴150元，集体户口每人补贴50元；③亚运会、亚残运会期间，亚运会注册人员、志愿者、持票观众仍可免费乘坐公共交通。事实上，恢复实施付费乘坐的主要原因是免费期间广州市交通的负荷过大，大大超出了本身的运输能力。广州市免费乘坐公交、地铁五天，数据显示地铁客流量上涨100%，日均客流量近800万人次。考虑到市民的出行安全，广州市政府最终决定取消免费乘坐的措施，代之发放交通补贴，对市民给予经济补偿。

第四节 政策周期

公共政策本身是一个运动的过程，旧政策逐趋终结，新政策不断产生，形成政策循环往复，从而产生了政策周期现象。政策周期的研究，将有助于防止政策僵化，促进新的、充满活力的政策的产生。

一、政策周期的内涵

一项政策经过制定、执行、评估、监控等阶段后，必然有一个终结的阶段。正是从对政策这种阶段化分析和研究中，人们提出了“政策周期”的概念。政策周期，又称政策运行的周期或政策过程的周期，是指公共政策经过制定—执行—评估—监控—终结这几个阶段后形成的一个周期。其表明新的政策往往不是凭空产生的，而是原有政策的延续，是为了适应新情况对原政策加以修改或调整，从而形成政策的一个新的周期，实现新老政策的交替循环。

不同政策周期的时间长短是不一样的。决定政策周期时间长短的因素很复杂，但主要和政策目标的大小远近、环境变化及实施的难易程度相关。一般来说，政策目标越大、越长远，环境情况变化及实施的难易程度越大，政策的周期越长；反之，政策周期越短。政策周期的长短还与具体政策的情况有关，一项错误的政策，人们自然希望它的周期短一些，尽快结束；一项经实践检验是正确的政策，人们可能也希望它的周期短一些，尽快用法律的形式固定下来，一般具有较强的稳定性，如我国的改革开放政策。

作为政策周期理论倡导者的美国政策学家C.D.琼斯认为，政策周期过程是由5个阶段11项要求构成的周期运行过程。①问题认定阶段，即从问题到政府的阶段，包括了认知、界定、集结、组织和代议等功能活动和基本要求；②政策制定阶段，即政府为解决公共问题而采取行动的阶段，包括方案规划、合法化与拨款等功能活动和基本要求；③政策执行阶段，即政府解决问题的阶段；④政策评估阶段，即由政府回到政府的阶段；⑤政策终结阶段，即问题解决或变更阶段。

政策周期理论认为政策应被看成许多的连续阶段：①决定目标。拥有权威的领导人决定他们希望实现的目标。②选择行为路线。从一系列意见当中，根据每种路线的相对成本和收益来选择实现这些目标的行动路线。③实施行动路线。工作人员不得不执行这些选择出来的行动路线，余下来的组织过程也就被看成是实施这些选择。④评估结果。

决策实施的结果(应该)可以被评估——“决策的生效是彻底的和经济的吗？”(效率评估)，“对于那些决策要解决的问题来说，决策的实施对它们产生了期望中的影响了吗？”(效果评估)。⑤决策修正(包括政策终结)。如果必要的话，就要根据评估来修正政策或终结旧政策。

由于政策周期还意味着新、旧政策的循环，因此，政策周期理论的研究还包括对新、旧政策二者之间关系的研究。旧政策成功或失败的原因是什么，导致失败或成功的具体因素有哪些；新政策应如何汲取旧政策提供的经验教训，使政策在新一轮的周期中不重蹈覆辙，更好地解决社会问题。由于政策周期的制定、执行、评估、监控和终结都已成为政策过程中的独立研究对象，因此对政策周期来说，新、旧政策之间的关系才是研究的重点。通过对新、旧政策更替中承上启下、周而复始、螺旋式上升和发展现象的研究，促进政策效率的提高。因为，政策周期反映出政策的效率，同样的政策在相近的环境中运行周期相对较短，政策目标率先实现，政策的效率就相对高些；反之，政策的效率就相对低些。从这个意义上说，研究政策周期的目的就是缩短政策周期，促进政策在相对较短的时间内实现政策目标，同时也为新一轮周期的开始奠定一个良好的基础。

二、研究政策周期的意义

政策周期研究是公共政策学研究的重要组成部分，研究政策周期，有助于建立完整的公共政策学学科理论体系。自公共政策学发展出现“趋后倾向”以来，对整个公共政策过程的研究日益受到重视。这里所说的整个公共政策过程，是指一个完整的政策周期。目前，公共政策不仅成为西方政治学中富有活力的新学科，而且也成为西方经济学的核心，当代西方经济学的各个派别，无一不以提出一定的公共政策主张作为理论研究的根本任务。美国麻省理工学院社会学教授 D.勒纳在《从社会科学到政策科学》一文中，回溯了过去三个世纪公共政策课题的时代变迁与社会科学发展之间的相互联系，甚至断言“公共政策切合性”构成了整个社会科学的核心。而我国的公共政策学科体系尚不完整，所以注重研究公共政策周期，将填补我国公共政策研究中的一个理论空白，有利于进一步促进我国公共政策学的发展，形成有中国特色的公共政策理论，从而对我国的政策实践产生积极的推进作用。

政策周期研究既有理论意义，又有实践意义，具体地说，主要有以下五个方面。

(一) 政策周期研究有助于建立完整的政策科学学科体系

政策周期研究是政策科学研究的重要组成部分。目前，政策科学不仅成为西方政治学中富有活力的新学科，而且也成为西方经济学的核心，当代西方经济学的各个流派，无一不以提出一定的政策主张作为理论研究的根本任务。这是因为社会科学的一些学科，如政治学、经济学等的实现价值在很大程度上取决于它们的政策化程度，政策化是这些学科研究的直接归宿。换句话说，这些学科的研究成果只有通过政策这个中介才能转化为社会实践。从这个意义上说，政策科学完全应该成为当代社会科学领域优先发展的一门学科。改革开放以来，经过十几年的探索，我国的政策科学研究已经起步，并取得了可喜的成绩，一些专著、译著也已出版，一些杂志等也先后设立专栏介绍政策科学，建立完整的具有中国特色的政策科学学科体系已是大势所趋。但是，在已经进行的研究中，对政策周期的探讨不详，甚至没有，而对完整的政策科学学科体系来说，政策周期理论又是不可或缺的。因此，研究政策周期将填补我国政策科学研究中的一个理论空白，并为促进政策科学的发展及运用起到不可估量的作用。

(二) 政策周期研究有助于提高公共政策的科学性

在现代社会中，政府对社会生活的管理主要是通过制定和实施公共政策来进行的。政策制定的科学与否，执行的有效与否，直接关系到社会的稳定与发展。公共政策周期研究有助于提高公共政策制定的科学性。这是因为，通过公共政策周期的研究，可以优化公共政策制定系统，促进公共政策决策的科学化，减少公共政策制定的失误，确保公共政策发挥应有的作用。加强对政策周期理论的研究，有助于通过对公共政策制定的科学化和程序化，促进具有中国特色的公共政策制定体系的建立。

(三) 政策周期研究有助于促使政策终结，提高政策成效

现实中的政策因存在许多阻碍因素而难以终结，这就意味着大量过时的、无效的、不必要的政策充斥其中，导致了政策的低效和资源的巨大浪费。而通过对政策周期的研究，对现行的政策进行定期或不定期的梳理，分别对政策过程各阶段的考察和研究，特别是在综合、客观地评估之后，就可促使那些过时的、无效的或不必要的政策得以终结，以提高政策的成效。

(四) 政策周期研究有助于保持公共政策的连续性和稳定性

公共政策具有严肃性，要求每一项公共政策的制定和执行都要保持相对的连续性和稳定性，而它必须建立在对公共政策周期的研究之上。这是因为：①通过对政策周期的研究，公共政策制定者可以了解公共政策是否实现了预期的目标，公共政策执行是否产生了偏差，以及随着条件的变化，是否需要对公共政策进行调整；②通过对政策周期的研究，公共政策制定者可以依据对周期进行研究所得出的结论，做出是坚持原政策、修改原政策、还是终止原政策，制定新政策的决定；③通过对公共政策周期的研究，公共政策制定者可以根据原公共政策成功或失败的经验教训，使建立在原公共政策基础之上的新公共政策在新一轮的周期中扬长避短，提高公共政策的功效。公共政策的连续性和稳定性是由政策本身的严肃性决定的，是经济发展、社会进步的必然要求。我国政策领域中出现的诸如政策之间缺乏连贯和衔接、“撞车”现象，政策朝令夕改等问题，通过对政策周期的研究和分析，都是可以避免的。

(五) 政策周期研究有助于推动政治、经济、社会、文化等领域的发展，促进改革开放不断深化

当前，我国正处于经济体制、政治体制的全面改革之中，改革不仅带来了生机、希望，也带来了许多新问题和新挑战。通过对各项政策周期及其互动关系的研究，制定出一整套相互配套的改革政策，以在新体制内部形成互相制衡的机制，可以推动改革开放事业向前发展。同时，市场的发育和完善，离不开科学、合理的政策的推进。随着社会主义市场经济的逐步建立和改革的深入，哪些政策要淘汰，哪些政策要完善，哪些政策要制定，都离不开政策周期的研究。如果理论研究跟不上，不能及时地回答政策领域中提出的新问题，经济发展就不能顺利进行。改革开放40多年来，我国对政策周期的研究是不够的。在政治、经济、文化、教育和科技领域，不论是政策决策者还是政策研究人员，对这方面的关注都是不够的。忽视政策周期的研究造成了相当不利的后果：没有从整体上思考问题，不能很好地按照各种体制之间、政策之间以及每一个政策过程的各个阶段之间的互动关系和逻辑顺序，协调配套地进行改革及制定政策，以至于往往单项推进，孤军深入，导致系统结构不合理、政策不配套，出现某些混乱。因此，加强对政策周期的研究，可以更好地处理好这些关系，促进政策的协调配套。

本章小结

本章主要讨论了政策终结的内涵、类型、作用及具体形式；关于政策终结的类型，两种分类方法具有代表性；政策的作用在于有利于节约政策资源、提高效率，有利于政策过程的优化和政策质量的提高；其中又以P.德利翁根据政策层次的分类最为典型，他把政策终结分类为功能、组织、政策、项目等不同政策层次上的终结。本章还分析了公共政策终结的障碍和策略，策略主要包括休克策略、缓冲策略、桥梁策略、非正式策略及逆动策略；政策周期是指公共政策经过制定—执行—评估—监控—终结这几个阶段后形成的一个周期，政策周期的研究既有理论意义，又有实践意义。

【关键概念】

政策终结　休克策略　缓冲策略　桥梁策略　非正式终结策略　逆动策略　政策周期

【思考题】

1. 政策终结的含义是什么？
2. 政策终结的分类情况如何？
3. 政策终结可能会遇到哪些障碍？
4. 政策终结的策略有哪些？
5. 政策终结的策略的作用有哪些？
6. 试论述政策终结的未来发展对策。

(扫一扫，看精彩案例)

参考文献

[1] B.Guy Peters and Frans K.M.van Nispen,Public Policy Instruments.Edward Elgar,1998.

[2] Steven Cohen and William Eimicke ,Tools for Innovators,San Francisco:Jossey-Bass Publishers,1998.

[3] Weiss, Carol H. Evaluation: Methods for Studying Programs and Policies (Englewood Cliffs, N.J.: Prentice-Hall, Inc.) 1998.

[4] Christopher Hood,The Tools of Government,Chatham: Chatham House,1996.

[5] Michael.Howlettand M.Ramesh,Studying Public Policy:Policy Cycles and Policy Subsystems.Oxford University,1995.

[6] Dunn, William N. Public Policy Analysis: An Introduction (Englewood:1iff, N.J.: Prentice-Hall, Inc.) 1994

[7] E.S.Savas,Privatization,The Key to Better Goverment.Chtham,NJ:Chatham House,1987.

[8] Peter H. Rossi and Howard E. Freeman,Evaluation: A Systematic Approach.Beverly Hills, CA: Sage, 1982.

[9] R.Weatherley,M.Lipsky. Street Level Bureaucracy and Institutional Innovation: Implementing Special Education Reform. Harvard Educational Review, 1975.

[10] H. D. Lasswell, A.Kaplan,Power and Society[M]. New Haven,Yale University Press,1970.

[11] D.Easton, The Political System[M]. New York: Kropf,1953.

[12] 戴维·L.韦默，等. 公共政策分析——理论与实践[M]. 北京：中国人民大学出版社，2013.

[13] 迈克尔·豪利特，M.拉米什. 公共政策研究政策循环与政策子系统[M]. 庞诗，译. 上海：生活·读书·新知三联书店，2006.

[14] 海伦·英格兰姆，等. 新公共政策——民主制度下的公共政策[M]. 上海：上海交通大学出版社，2005.

[15] 詹姆斯·P.莱斯特，等. 公共政策导论[M]. 2 版. 北京：中国人民大学出版社，2004.

[16] 托马斯·R.戴伊. 理解公共政策[M]. 10 版. 北京：中国人民大学出版社，2004.

[17] 米切尔·黑侥. 现代国家的政策过程[M]. 北京：中国青年出版社，2004.

[18] 保罗·A.萨巴悌尔. 政策过程理论[M]. 上海：生活·读书·新知三联书店，2004.

[19] 约翰·W.金登. 议程、备选方案与公共政策[M]. 2 版. 北京：中国人民大学出版社，2003.

[20] 弗兰克·费希尔. 公共政策评估[M]. 北京：中国人民大学出版社，2003.

[21] 卡尔·帕顿，大卫·沙维奇. 政策分析和规划的初步方法[M]. 北京：华夏出版社，2002.

[22] 彼得·罗西，等. 项目评估方法与技术[M]. 6 版. 北京：华夏出版社，2002.

[23] 托马斯·R.戴伊. 自上而下的政策制定[M]. 北京：中国人民大学出版社，2002.

[24] 威廉·N.邓恩. 公共政策分析导论[M]. 北京：中国人民大学出版社，2002.

[25] 史蒂文·科恩，罗纳德·布兰德. 政府全面质量管理：实践指南[M]. 北京：中国人民大学出版社，2002.

[26] 帕特里特·基利. 公共部门标杆管理：突破政府绩效的瓶颈[M]. 北京：中国人民大学出版社，2002.

[27] 卡尔·帕顿，等. 政策分析和规划的初步方法[M]. 北京：华夏出版社，2001.

[28] 拉雷·N.格斯顿. 公共政策的制定——程序和原理[M]. 重庆：重庆出版社，2001.

[29] 威廉·F.韦斯特. 控制官僚——制度制约的理论与实践[M]. 重庆：重庆出版社，2001.

[30] 欧文·E.休斯. 公共管理导论[M]. 2版. 北京：中国人民大学出版社，2001.
[31] 埃莉诺·奥斯特罗姆. 公共事务的治理之道[M]. 余逊达，译. 上海：生活·读书·新知三联书店，2000.
[32] 叶海卡·德罗尔. 逆境中的政策制定[M]. 上海：上海远东出版社，1996.
[33] 戴维·奥斯本，特德盖·布勒. 改革政府——企业精神如何改革者公营部门[M]. 上海：上海译文出版社，1996.
[34] 斯图亚特·内格尔. 政策研究：整合与评估[M]. 长春：吉林人民出版社，1994.
[35] 詹姆斯·E.安德森. 公共决策[M]. 唐亮，译. 北京：华夏出版社，1990.
[36] 斯图亚特·S.那格尔. 政府研究百科全书[M]. 林明等，译. 北京：科学技术文献出版社，1999.
[37] 史蒂文·凯尔曼. 制定公共政策[M]. 北京：商务印书馆，1990.
[38] 查尔斯·E. 林德布罗姆. 政策制定过程[M]. 北京：华夏出版社，1988.
[39] 陶学荣. 公共政策学[M]. 4版. 大连：东北财经大学出版社，2016.
[40] 陈振明. 政策科学教程[M]. 北京：科学出版社，2015.
[41] 王曙光，李红星，刘西涛. 公共政策学[M]. 北京：中国财富出版社，2014.
[42] 黄顺康. 公共政策学[M]. 北京：北京大学出版社，2013.
[43] 宁骚. 公共政策学[M]. 2版. 北京：高等教育出版社，2011.
[44] 谢明. 公共政策分析概论[M]. 北京：中国人民大学出版社，2011.
[45] 陈庆云. 公共政策分析[M]. 北京：北京大学出版社，2011.
[46] 王骚. 公共政策学[M]. 天津：天津大学出版社，2010.
[47] 汪大海. 现代公共政策学[M]. 北京：清华大学出版社，2010.
[48] 徐家良. 公共政策分析引论[M]. 北京：北京师范大学出版社，2009.
[49] 张国庆. 公共政策分析[M]. 上海：复旦大学出版社，2009.
[50] 冯静. 公共政策学[M]. 北京：北京大学出版社，2007.
[51] 钱再见. 公共政策学新编[M]. 上海：华东师范大学出版社，2006.
[52] 牟杰，杨诚虎. 公共政策评估：理论与方法[M]. 北京：中国科学社会出版社，2006.
[53] 张俊生. 公共政策的有效执行[M]. 北京：清华大学出版社，2006.
[54] 林水波，张世贤. 公共政策[M]. 台北：五南图书出版股份有限公司，2006.
[55] 宁国良. 公共利益的权威性分配——公共政策过程研究[M]. 长沙：湖南人民出版社，2005.
[56] 徐凌，张继. 公共政策分析[M]. 长沙：湖南人民出版社，2004.
[57] 张金马. 公共政策分析：概念·过程·方法[M]. 北京：人民出版社，2004.
[58] 陈振明. 公共政策分析导论[M]. 北京：中国人民大学出版社，2015.
[59] 陈振明. 公共政策分析[M]. 北京：中国人民大学出版社，2002.
[60] 严强，王强. 公共政策学[M]. 南京：南京大学出版社，2002.
[61] 张成福，党向云. 公共管理学[M]. 北京：中国人民大学出版社，2001.
[62] 张金马. 政策科学导论[M]. 北京：中国人民大学出版社，2001.
[63] 林永波. 公共政策新论[M]. 台北：台北智胜出版公司，1999.
[64] 陈振明. 政策科学[M]. 北京：中国人民大学出版社，1998.
[65] 陈庆云. 公共政策分析[M]. 北京：中国经济出版社，1996.
[66] 伍启元. 公共政策[M]. 北京：商务印书馆，1989.